KIERKEGAARD:
DIE HAUPTWERKE

ANNEMARIE PIEPER
(HRSG.)

KIERKEGAARD: DIE HAUPTWERKE

EIN LESEBUCH

narr\f
rancke
e\atte
mpto

Umschlagabbildung: Søren Kierkegaard im Alter von 25 Jahren, gezeichnet von Niels Christian Kierkegaard, 1840 (Kongelige Bibliothek Kopenhagen). Textauszug aus Søren Kierkegaard, „Die Tagebücher" 1834-1855, ausgewählt und übertragen von Theodor Haecker, München 1949, S. 203

Bibliografische Information der Deutschen Nationalbibliothek
Die Deutsche Nationalbibliothek verzeichnet diese Publikation in der Deutschen Nationalbibliografie; detaillierte bibliografische Daten sind im Internet über http://dnb.dnb.de abrufbar.

Dischingerweg 5 · D-72070 Tübingen

Internet: www.francke.de
E-Mail: info@francke.de

Satz: typoscript GmbH, Walddorfhäslach
Printed in Germany

ISBN 978-3-7720-8605-2

Inhalt

Abkürzungen der Werke Kierkegaards und ihre pseudonymen Verfasser

BA	*Der Begriff Angst* (Vigilius Haufniensis)
Br	*Philosophische Brocken* (Johannes Climacus)
Deo	*De omnibus dubitandum est* (Søren Kierkegaard)
E/O I/II	*Entweder/Oder*, Erster/Zweiter Teil (Ästhetiker A, Ethiker B; Hg. Viktor Eremita)
FZ	*Furcht und Zittern* (Johannes de Silentio)
KT	*Die Krankheit zum Tode* (Anti-Climacus)
Schr	*Die Schriften über sich selbst* (Søren Kierkegaard)
Sta	*Stadien auf des Lebens Weg* (William Afham, Frater Taciturnus; Hg. Hilarius Buchbinder)
TB	*Die Tagebücher* (Søren Kierkegaard)
UN I/II	*Unwissenschaftliche Nachschrift*, Erster/Zweiter Teil (Johannes Climacus)
Wie	*Die Wiederholung* (Constantin Constantius)

Vorwort

Søren Kierkegaard hat die moderne Existenzphilosophie begründet. Er brach aus dem Mainstream der klassischen Metaphysik aus, die ihre Denkbemühungen auf das Ideelle als das Wesentliche alles Seienden schlechthin konzentrierte, und versuchte dem als das Unwesentliche Ausgeschiedenen eine Stimme zu geben: dem Einzelnen, Geschichtlichen, Zufälligen, das durch alle begrifflichen Raster fällt, aber narrativ wiederbelebt werden kann. Damit hat Kierkegaard dem postmodernen, individualistisch und pluralistisch geprägten Selbstverständnis den Weg bereitet. Seine Kritik der abendländischen Wesensmetaphysik zielte darauf ab, das Individuelle zu rehabilitieren, dessen Besonderheit und Einzigartigkeit für die traditionelle Definition des Menschen als *animal rationale* (vernunftbegabtes Lebewesen) belanglos war. Kierkegaard ergänzte die Frage nach dem Wesen (*essentia*) um die nach dem Sein (*existentia*) des Menschen, das er als Selbstwerden auffasste.

Auf einen kurzen Nenner gebracht lässt sich der existenzphilosophische Denkansatz Kierkegaards so charakterisieren: Die traditionelle Philosophie – insbesondere die abendländische Metaphysik und der deutsche Idealismus – begründete eine Wesensphilosophie, die das Allgemeine, eben das Wesen (*essentia*) der Dinge begrifflich fixierte, unter Absehung von der *existentia* und damit von allem Besonderen, Differenten, Vielfältigen. Auf den Menschen bezogen folgte daraus, dass er nur als abstraktes Konstrukt „der Mensch“ in den Blick gerückt wurde, nicht jedoch als individuelle Person. Vor allem in der Auseinandersetzung mit seinem philosophischen Intimfeind Hegel gelangte Kierkegaard zu dem Ergebnis, dass die Aufgabe des Philosophen nicht darin bestehe, ein metaphysisches Gesamtsystem zu entwickeln, in welchem der einzelne Mensch eine bloß marginale Rolle spiele, da er in den Prozess der Selbstwerdung des Absoluten hinein gesogen werde und letztlich darin untergehe. Vielmehr müsse über die menschliche Existenz nachgedacht werden, und zwar nicht in abstrakten Begriffskonstruktionen, sondern in konkreten Schilderungen des geschichtlichen Existierens als individueller Mensch, als einzigartige und unverwechselbare Person, deren Lebensform nur narrativ angemessen zur Darstellung gebracht werden kann. Es gibt nicht den Menschen als solchen, sondern es gibt Individuen, die geworden sind, was sie sind, durch die Art und Weise, wie sie existieren, wie sie im Verlauf ihrer Geschichte Gebrauch von ihrer Freiheit gemacht haben. Kierkegaard hat deshalb den Begriff des Menschen durch das Wort „der Einzelne" ersetzt und in seinen Schriften bestimmte Lebensformen gleichsam hautnah und so authentisch wie möglich dargestellt. Kierkegaard wollte, dass die Leser sich mit der jeweiligen Existenzweise auseinandersetzen, ohne ihn – Kierkegaard – mit der prototypisch geschilderten Figur zu verwechseln oder sich vorschnell damit zu identifizieren.

Kierkegaard redete jedoch nicht dem Beliebigen das Wort, vielmehr rückte er die jeweilige Perspektive in den Blick, aus der er (fiktive) Erzähler über ihre persönlichen Lebensentwürfe und die sie leitenden Sinnvorstellungen berichten ließ. Gelebte Freiheit teilt sich für ihn nicht in der spekulativen Durchdringung abstrakter, als wünschenswert erachteter Formen des Menschseins mit, sondern in der kritischen Selbstreflexion von Individuen, deren Selbstbestimmungsakte dem Leser ein Urteil abverlangen, das ihn zugleich zum Nachdenken über die eigene Existenzweise zwingt.

Was die Lektüre seiner Schriften zu einem Genuss macht, ist die Bildhaftigkeit und literarische Qualität seiner Sprache. Besonders wenn Kierkegaard polemisch wird, sind seine Analogien unschlagbar. Für das Hegelsche Systemdenken bietet er gleich mehrere absurde Vergleiche an: (1) Da baue einer ein prächtiges Schloss, wohne aber selber in der Hundehütte, weil das Schloss ein Luftschloss sei. (2) Man möchte seine Wäsche in einem Geschäft waschen lassen, in dessen Schaufenster sich ein Schild befinde, auf dem *Waschsalon* steht, müsse aber unverrichteter Dinge wieder abziehen, weil nur das Schild zum Verkauf stehe. (3) Das spekulative Denken erinnere an eine Schlange, die sich in den Schwanz beißt, um von hinten in ihr eigenes Auge zu schauen. (4) Wer sich auf Hegel einlasse, dem ergehe es wie der Hexe, die ihren eigenen Magen aufisst.

Kierkegaard macht sich generell lustig über einen Denker, der „als existierendes Subjekt denkend davon abstrahieren will, dass es existierend ist“ (UN I, 73); selbst ein Logiker, der sein Leben lang nichts als Logik betrieben habe, *existiere* doch in anderen Kategorien. (Ebd., 85) Andererseits ist Kierkegaard kein Agnostiker, der das Existieren als einen irrationalen Prozess begreift. Auch wer existiert, bedient sich seines Verstandes, aber ihm geht es nicht um objektive Resultate, sondern um ihn selbst als existierendes Subjekt. „Die Aufgabe des subjektiven Denkers besteht darin, *sich selbst in Existenz zu verstehen.*“ (UN II, 55)

Die ironischen Bilder machen noch einmal anschaulich, worum es Kierkegaard als Denker der Existenz geht. In einem bloßen Gedankenkonstrukt – und sei es auch ein alles in Begriffe fassendes System – kann man nicht existieren. Der Verstand als der Konstrukteur des Systems lässt kein anderes Apriori gelten als dasjenige, was einen rationalen und damit denkimmanenten Anfang hat. Was hingegen ohne ihn angefangen hat, in der Zeit, aufgrund eines Freiheitsaktes, interessiert ihn nicht, weil er nur das (Denk-)Mögliche zu reflektieren vermag, unter Abstraktion vom logisch Unableitbaren, Konkret-Geschichtlichen. „Eben weil das abstrakte Denken *sub specie aeterni* (vom Standpunkt des Ewigen) her reflektiert, sieht es ab von dem Konkreten, von der Zeitlichkeit, vom Werden der Existenz, von der Not des Existierenden: dass dieser nämlich aus dem Ewigen und dem Zeitlichen, hineingestellt in die Existenz, zusammengesetzt ist.“ (UN II, 1)

Die Qual dieser inneren Zerrissenheit menschlicher Lebewesen in den Blick zu rücken, ist Kierkegaards Anliegen. Der Selbst-Werdensprozess macht sich nicht von selbst. Er erfordert vielmehr fortgesetzte Anstrengungen und kennt keinen endgültigen Abschluss. Trotzdem hat das Streben nach Glück, nach einem gelungenen, im Ganzen geglückten Dasein seine Berechtigung, wenn sich der Selbstentwurf an Zielen orientiert, die einerseits realistisch, andererseits sozial verbindlich sind.

***

Die für dieses Lesebuch ausgewählten Texte Kierkegaards wurden der ersten in deutscher Übersetzung erschienenen Werkausgabe entnommen: *Gesammelte Werke* in 37 Abteilungen, Eugen Diederichs Verlag, Düsseldorf/Köln 1950–1974 (Nachdruck im Grevenberg Verlag, Simmerath 2003/2004). Als Herausgeber und Übersetzer fungierten Emanuel Hirsch, Hajo Gerdes und Martin Junghans. Obwohl das Deutsch in heutigen Ohren manchmal etwas altbacken klingt, gibt es gute Gründe für diese Entscheidung. (1) Kierkegaards Dänisch entspricht nicht dem zeitgenössischen Jargon, sondern den stilistischen Ausdrucksformen und Sprachgewohnheiten, wie sie um die Mitte des 19. Jahrhunderts in akademischen Kreisen gepflogen wurden, und Kierkegaards eigenem Erzählton. Die Übersetzer haben dies mit gelegentlich etwas altertümlichen Wortbildungen zu berücksichtigen versucht, was jedoch die Verständlichkeit der Texte nicht beeinträchtigt. (2) Die Hirsch-Ausgabe der Schriften Kierkegaards ist die vollständigste – jedenfalls so lange die geplante Neuübersetzung des Kierkegaardschen Gesamtwerks noch in den Anfängen steckt. Außer der Hirsch-Ausgabe gibt es mehrere Teilausgaben, die in diversen Verlagen publiziert und von verschiedenen Übersetzern erarbeitet wurden. Die nur in der Hirsch-Ausgabe vorhandenen Texte mit solchen aus anderen, vielleicht ‚moderner' anmutenden Ausgaben zu mischen, hätte die Homogenität der für das Lesebuch ausgewählten Kapitel erheblich gestört.

Ich bedanke mich herzlich für die vorzügliche Betreuung seitens des Lektorats, namentlich bei Tillmann Bub und Isabel Johe, für ihre sachkundige Unterstützung bei der komplizierten Zusammenstellung und Verzahnung der unterschiedlichen Textsorten.

Rheinfelden, im September 2018 Annemarie Pieper

Einführung

Leben

Kierkegaards Leben war äußerlich wenig aufregend. Abgesehen von vier kurzen Aufenthalten in Berlin während seiner Studienzeit verbrachte er sein ganzes Leben in Kopenhagen, wo er am 5. Mai 1813 als jüngstes von sieben Kindern geboren wurde. Fünf seiner Geschwister starben vor ihm, teils schon im Kindesalter. Einzig sein acht Jahre älterer Bruder Peter Christian überlebte ihn um dreiunddreißig Jahre.

Wichtigste Bezugsperson war der Vater Michael Pedersen Kierkegaard, ein von pietistischer Frömmigkeit durchdrungener und mit tiefen Schuldgefühlen belasteter Mann. Seine Schwermut bedrückte auch den Sohn, aber zugleich regte er mit seiner Erzählfreude die Phantasie des Kindes an. Oft führten Vater und Sohn ihre Spaziergänge im Haus durch, als flanierten sie auf der Straße. Sie wanderten auf der Diele hin und her, machten sich gegenseitig aufmerksam auf Personen, denen sie begegneten, und auf alles, was sich auf und am Rande der Straße abspielte. (Vgl. Deo, 113 f.) Diese frühe Schulung der Einbildungskraft war mit entscheidend dafür, dass Kierkegaard später kaum reale Gesprächspartner brauchte, sondern fiktive Figuren erfand, die als pseudonyme Autoren oder Herausgeber seiner Bücher fungierten und sich wechselseitig in eine dialogische Beziehung verstrickten, deren Fäden Kierkegaard als Regisseur miteinander verwob.

Kierkegaard begann auf Wunsch des Vaters, doch eher halbherzig, ein Theologiestudium. Am liebsten hielt er sich in den Kopenhagener Kaffeehäusern auf und war ein gern gesehener spritziger und witziger Gast bei gesellschaftlichen Anlässen, ohne dass ihm dies eine nachhaltige Befriedigung verschafft hätte. Ganz im Gegenteil machte er sich oft völlig deprimiert auf den Heimweg und hätte sich am liebsten erschossen. Klaas Huizing hat in seinem Roman *Der letzte Dandy* Kierkegaards Kopenhagener Studienzeit und die wechselnden Stimmungslagen hinreißend beschrieben (München 2003).

Nach dem Tod des Vaters (1838) studierte Kierkegaard, was er schon immer vorgezogen hatte, nämlich Philosophie. Er verlobte sich mit einer jungen Frau, Regine Olsen, ließ die Verlobung jedoch ein Jahr später platzen, indem er die Rolle eines frivolen Herzensbrechers spielte, der für eine Ehe ungeeignet schien. (Vgl. TB III, 301–317) Tagebuchstellen legen allerdings die Vermutung nahe, dass sich die Schuldgefühle des Vaters auf den Sohn übertragen hatten. Er glaubte, der Familienfluch habe bereits den größten Teil seiner Geschwister dahingerafft und sei vom Vater auf ihn übergegangen. So war er fest davon überzeugt, mit 34 Jahren – im Alter Jesu Christi – zu sterben. Seine ambivalente Einstellung zur Sexualität hing damit zusammen, dass der Vater in erster, kinderlos gebliebener Ehe eine intime Beziehung zum Dienstmädchen Ane Lund unterhalten hatte, das er im Jahr nach dem Tod seiner Frau heiratete, heiraten musste, weil sie schwanger war – damals alles andere als ein Kavaliersdelikt, zumal für einen dem Pietismus verpflichteten Mann.

Kierkegaard reiste als Student zum Wintersemester 1841/42 nach Berlin, um den späten Schelling zu hören, der auf dem Lehrstuhl Hegels über die Philosophie der Mythologie und der Offenbarung las. Nach anfänglicher Begeisterung wandte sich Kierkegaard jedoch enttäuscht wieder seinen eigenen Studien zu, schloss sein Philosophiestudium mit einer Abhandlung über den Begriff der Ironie ab und begann mit unglaublicher Produktivität Bücher zu verfassen. Bekannt wurde er 1843 mit *Entweder/Oder* (der erste Teil schließt mit dem berühmten *Tagebuch des Verführers*). Es folgte ein weiteres Dutzend Bücher, größtenteils pseudonym veröffentlicht, darunter *Furcht und Zittern, Philosophische Brocken, Der Begriff Angst, Stadien auf dem Lebensweg, Unwissenschaftliche Nachschrift, Die Krankheit zum Tode*. Dass er der Verfasser all dieser Schriften war, war in Kopenhagen bekannt, und mit jedem Buch wurde das öffentliche Interesse geringer.

Kierkegaard fehlten nach dem Tod des Vaters reale Gesprächspartner, er vereinsamte. Seinen Lebensunterhalt bestritt er vom väterlichen Erbe. Pfarrer wie sein Bruder wollte er nicht werden, weil ihm die dänische Staatskirche und deren Repräsentanten immer unglaubwürdiger schienen. Das offiziell gepredigte und gelebte

Christentum war ihm zu oberflächlich. Zunehmend isoliert startete er seine Angriffe gegen die Institution Kirche und deren Repräsentanten, wurde selbst in den Medien durch bösartige Karikaturen verunglimpft, und verbitterte. Am 11. November 1855 starb Kierkegaard, nachdem er sechs Wochen zuvor auf der Straße zusammengebrochen war und einen Schlaganfall erlitten hatte. Er wurde 42 Jahre alt.

Chronik

1756 Geburt des Vaters Michael Pedersen Kierkegaard
1768 Geburt der Mutter Ane Lund
1797 Heirat der Eltern
1813 5. Mai Geburt von Søren Kierkegaard als jüngstes von sieben Kindern
1830 Beginn des Studiums der Theologie und Philosophie
1837 Erste Begegnung mit Regine Olsen
1838 Tod des Vaters
1841 Abschluss des Studiums der Philosophie mit der Arbeit *Über den Begriff der Ironie*; Auflösung der Verlobung mit Regine Olsen; Reise nach Berlin, um Schelling zu hören
1842 *Johannes Climacus oder De omnibus dubitandum est:* autobiographische Erzählung, die Fragment geblieben ist
1843 Erneute Reise nach Berlin; *Entweder/Oder*; *Die Wiederholung*; *Furcht und Zittern*; *Vier erbauliche Reden*
1844 Philosophische Brocken; *Der Begriff Angst*
1845 Dritte Reise nach Berlin; *Drei Reden bei gedachten Gelegenheiten*; *Stadien auf dem Lebensweg*; *Achtzehn erbauliche Reden*
1846 *Abschließende unwissenschaftliche Nachschrift zu den Philosophischen Brocken*; *Eine literarische Anzeige*; vierte Reise nach Berlin
1847 *Buch über Adler* (posthum erschienen); *Erbauliche Reden in verschiedenem Geist*; *Der Liebe Tun*
1848 Christliche Reden

1849 *Zwei kleine ethisch-religiöse Abhandlungen; Die Krankheit zum Tode; Der Gesichtspunkt für meine Tätigkeit als Schriftsteller* (posthum)
1850 Einübung im Christentum
1854 *War Bischof Mynster ein Wahrheitszeuge?* Polemik gegen die dänische Staatskirche
1855 *Flugblätter gegen die Kirche*; *Der Augenblick*; Tod Søren Kierkegaards am 11. November nach einem Schlaganfall

Werk

Die zentrale Frage, die sich durch Kierkegaards existenzphilosophische Schriften hindurch zieht, ist die Frage nach dem Glück. Es ist kein Zufall, dass er gerade das Glück zum Angelpunkt seiner Überlegungen wählt, denn nichts ist individueller und von Mensch zu Mensch verschiedener als der persönliche Glücksentwurf. Kierkegaard lässt die unterschiedlichen Glücksangebote durch seine Pseudonyme daraufhin prüfen, ob und wie sie zu einem gelingenden, das heißt sinnvollen, im Ganzen geglückten Leben beitragen. So werden in *Entweder/Oder* die ästhetische und die ethische Lebensform vorgestellt, durch den Mund zweier befreundeter Männer, von denen der eine das sinnliche Glück in einer hedonistischen Variante – die Lust und den Genuss –, der andere das Glück zwischenmenschlicher Beziehungen preist.

Entscheidend für die Qualität des Glücks ist dessen Dauer und weniger die Intensität des Augenblicks. Die ästhetische Lebensform ist instabil, weil das Genuss-Glück sich als flüchtig erweist und mit immer raffinierteren Strategien herbeigeführt werden muss. Kierkegaard hat sich die doppelte Bedeutung des griechischen Wortes *aisthesis*, das einerseits die sinnliche Wahrnehmung, andererseits die künstlerische Gestaltung von etwas bezeichnet, zu eigen gemacht. Viele der von Kierkegaard beschriebenen Figuren, die sich von einer ästhetischen Glücksvorstellung leiten lassen, sind deshalb Künstler: Dichter, Schriftsteller, Philosophen, die der Flüchtigkeit des sinnlichen Genusses Paroli zu bieten versuchen, indem sie ihn in Worte fassen und in Form von Reden, Gedichten,

Werken gleichsam haltbar machen. Aber einem derart konservierten Lustempfinden fehlt die Spontaneität. Es macht letztlich unglücklich wie die Figur des Ästhetikers A eindrücklich vor Augen führt.

Dauerhafter als das ästhetische Glück ist für den Ethiker B, einen Gerichtrat, das soziale Glück. Er zählt Ehe, Freundschaft und Beruf als Glücksspender auf. Deren Füllhorn erschöpft sich nicht so rasch wie das von den Ästhetikern begehrte Glück der Göttin Fortuna, weil es seine Fülle nicht dem unberechenbaren Zufall verdankt, sondern den Investitionen in ein belastbares Beziehungsnetz, das auch all jene Unglücksfälle mit trägt, die in einem Leben unvorhergesehen und ungewollt passieren können. In der Pflege zwischenmenschlicher Beziehungen erweitert ein Ich sein egozentrisches Interessenspektrum durch Einbeziehung der Bedürfnisse eines Du oder des Wir. Persönliches Engagement macht so nicht nur einen, sondern viele glücklich.

Obwohl dauerhafter als das ästhetische Glück, ist auch das soziale Glück störanfällig durch äußere Umstände, die das Glücksstreben behindern. Dauerhaftes Glück verspricht allein eine ewige Seligkeit, wie das Christentum sie verheißt. Garant eines solchen Glücks ist ein Gott, der sich vermöge seiner Allmacht dafür verbürgt. Doch wie Johannes Climacus, der sich für das christliche Glücksangebot interessiert, erfahren muss, ist dieses an schwer zu erfüllende Bedingungen geknüpft. Schuld- und Angstgefühle, in Verbindung mit einer stolzen Vernunft, die sich nicht demütigen lassen will und daher gegen die Unterwerfung unter den göttlichen Willen auflehnt, versperren den Zugang zur ewigen Seligkeit. Das Resultat ist Verzweiflung, deren verschiedene Formen Anti-Climacus als eine Krankheit zum Tode beschreibt und als deren einzige Therapie er den Glauben an Jesus Christus als Sohn Gottes kennt.

Kierkegaards Pseudonyme haben die Funktion, ihn als Autor in den Hintergrund zu rücken. Die Leser sollen sich mit den in den Lebensformen der fiktiven Figuren konkretisierten Sinnvorstellungen kritisch auseinandersetzen und ihr eigenes Urteil bilden, unabhängig von allem, was Autoritätspersonen für richtig oder falsch halten. Deshalb bevorzugt Kierkegaard eine indirekte Kommunikation. Er spricht nicht als Søren Kierkegaard zum Leser – außer in den theologischen Texten (Predigten, erbauliche Reden) –, sondern lässt an seiner Stelle fiktive Personen, die aus ihrer speziellen Perspektive ihre Lebensweise in den Blick rücken, zu Wort kommen, um beim Leser eine Art Selbstanalyse in Gang zu setzen. Dadurch schützt Kierkegaard seine Privatsphäre ebenso wie die des Lesers, dessen Selbstwerdungsprozess autonom erfolgen soll, eigenverantwortlich und allein sich selbst, den Mitmenschen und Gott gegenüber rechenschaftspflichtig.

Kierkegaard hat seinen Pseudonymen latinisierte Namen gegeben, die bereits eine erste Auskunft über die jeweiligen Verfasser geben. So bedeutet *Vigilius Haufniensis:* der Wächter von Kopenhagen. Als Autor von *Der Begriff Angst* wacht er über den immer mehr ins Unverbindliche abrutschenden Umgang der Einwohner mit dem Christentum. *Johannes de Silentio* hingegen, der angesichts der Bereitschaft Abrahams, seinen Sohn Isaak zu opfern, sich als „Ritter der unendlichen Resignation" zu erkennen gibt, sieht sich in *Furcht und Zittern* durch die ihm unbegreifliche Glaubenskraft Abrahams zum Schweigen genötigt. Das Pseudonym, das Kierkegaard am häufigsten verwendet, ist *Johannes Climacus*: Protagonist einer unvollendeten frühen Schrift mit dem Titel *De omnibus dubitandum est,* dann der Verfasser der *Philosophischen Brocken* und der umfangreichen *Unwissenschaftlichen Nachschrift zu den Philosophischen Brocken*. Für Johannes Climacus gibt es ein historisches Vorbild, einen christlichen Mönch, der um 579–649 im Kloster Vatos auf dem Berg Sinai gelebt hat. Die Dokumente über ihn sind spärlich, aber vermutlich war es der Name, der Kierkegaard gereizt hat. Sein Climacus bezeichnet sich als Nichtchrist, der aber dringend wissen möchte, wie man Christ werden kann, weil er gern der vom Christentum verheißenen ewigen Seligkeit teilhaftig würde. Der Name des historischen Johannes Climacus leitet sich vom griechischen Wort „klimax" ab, lateinisch „scala paradisi". Die Leiter, die zum Paradies führt, hat dreißig Stufen, auf denen der Emporsteigende seine Laster überwindet und sich alle Tugenden aneignet, die erforderlich sind, wenn man Gott von Angesicht zu Angesicht begegnen will. Das Stufenmodell der Leiter hat Kierkegaard auf den von ihm beschriebenen Weg übertragen, der beim Ästhetischen beginnt, über Moral und Religion zum christlichen Bekenntnis führt.

Kierkegaard bestimmt als Adressaten seiner Werke den Einzelnen, nicht die große Masse. Wie sein Vorbild Sokrates begründet er dies damit, dass aus einer existentiellen Perspektive die Wahrheit nicht von der Anzahl der Personen abhängt, die einen Sachverhalt als zutreffend bestätigt. Das Muster, dem gemäß ein Urteil nur dann objektiv wahr ist, wenn jedermann den darin behaupteten Sachverhalt überprüfen und bejahen kann, taugt nicht für die Beurteilung einer individuellen Lebensform. Ob und auf welche konkrete Weise jemand ästhetisch, ethisch oder in einem christlichen Sinn religiös existiert, ist ureigenste Angelegenheit des Betreffenden selbst. Überließe man diese Entscheidung einer fremden Mehrheit, käme dies einer Fremdbestimmung gleich, und dadurch würde die Wahrheit geradezu verfehlt.

[...] Es gibt eine Anschauung vom Leben, welche meint, daß da, wo Menge ist, auch die Wahrheit ist, daß es der Wahrheit selber ein Bedürfnis ist, Menge für sich zu haben. Es gibt eine andre Anschauung vom Leben; sie meint, daß überall da wo Menge ist, die Unwahrheit ist, so daß, ob etwa, um die Sache einen Augenblick auf die äußerste Spitze zu treiben, gleich alle Einzelnen, jeder für sich, in der Stille die Wahrheit hätten, dennoch alsogleich, da wo sie in Menge zusammen kämen (dergestalt, daß die „Menge" irgendeine entscheidende, abstimmende, lärmende, laute Bedeutung bekäme), die Unwahrheit zur Stelle wäre. [...]
Denn „Menge" ist die Unwahrheit. [...] Die Unwahrheit ist erstlich, daß da „die Menge" tue, was entweder nur der Einzelne in der Menge tut, oder jedenfalls jeder Einzelne tut. Denn eine Menge ist ein Abstraktum, das keine Hände hat; jeder Einzelne hingegen hat regelmäßig zwei Hände, und wenn dann er, der Einzelne, seine zwei Hände an Caius Marius legt, so sind es dieses Einzelnen zwei Hände, jedoch wohl nicht die seines Nachbars, noch weniger die – der Menge, welche keine Hände hat.[...] Menge ist die Unwahrheit. Niemand hat darum im Grunde mehr Verachtung für das Mensch Sein als diejenigen, die es sich zum Beruf machen an der Spitze von Menge zu stehen. (Schr, 99–102)

Kierkegaards Angriff auf „die Menge" hat zwei Spitzen. Die eine richtet sich gegen Hegel und „das System". Die andere zielt auf das gängige Christentumsverständnis. Der Einzelne – als Individuum, das sich in seinen konkreten Lebensverhältnissen als es selbst entwickelt – fällt aus jedem System heraus. Im System ist er unter den Begriffen *Mensch* oder *Subjekt* zwar mitgedacht, aber eben nicht als dieser bestimmte Einzelne, sondern nur als allgemeines Konstrukt, als abstrakter Stellvertreter für unterschiedslos alle Menschen. Was Kierkegaards Hegel-Kritik anbelangt, so muss man wissen, dass sie sich weniger auf ein Studium der Originalschriften Hegels gründet als auf die durch den akademischen Zeitgeist kolportierten Theoreme, in deren Zentrum die Begriffe „das Absolute", „das System", „Spekulation" und „Vermittlung" (von Kierkegaard durchgängig mit „Mediation" übersetzt) standen. Das intellektuelle Klima in den Geisteswissenschaften war mit dem Gedankengut des Deutschen Idealismus durchsetzt, als dessen Hauptrepräsentant Hegel diskutiert wurde. Kierkegaard entwarf seine Hegel-Kritik als Kontrastfolie für seine Gewichtung des Einzelnen, Konkreten, Geschichtlichen, für das er in einem System Hegelscher Prägung keinen Platz sah.

Ebenfalls verfehlt wird der Status des Einzelnen aus Kierkegaards Sicht, wenn jemand als Mitglied der christlichen Gemeinde ein offizielles Glaubensbekenntnis ablegt, indem er sich den Anweisungen der kirchlichen Oberen fraglos unterwirft, anstatt sich auf eine persönliche Beziehung zum Mensch gewordenen Gott Jesus Christus einzulassen und auf der Basis dieses Verhältnisses ein autonomes Selbst zu werden. Bischof Mynster als kirchliches Oberhaupt in Kopenhagen war Kierkegaards bevorzugtes Ziel für seine Angriffe gegen eine Religiosität, die den christlichen Glauben aushebelte, indem sie das individuelle Gottesverhältnis dem Machtanspruch selbst ernannter Vertreter Gottes unterstellte.

„Der Einzelne" ist die Kategorie, durch welche, in religiöser Hinsicht, die Zeit, die Geschichte, das Geschlecht hindurch muß. [...] Meine Aufgabe setzt mich zum mindesten weit minder der Gefahr aus, niedergetreten zu werden, da sie darin bestand, als geringer Knecht (jedoch, was ich von Anbeginn gesagt und aber und aber wiederholt habe, „ohne Vollmacht") die Vielen womöglich zu veranlassen, einzuladen, zu bewegen durch diesen Engpaß „der Einzelne" hindurchzudringen, durch welchen jedoch, wohl zu merken, niemand dringt ohne der Einzelne zu werden; das Entgegengesetzte ist ja eine kategorische Unmöglichkeit. – Und doch, ja wenn ich eine Aufschrift für mein Grab verlangen sollte, ich verlange keine andre als „jener Einzelne"; ist sie auch noch nicht verstanden, [...] wahrlich sie wird es werden. Diese Kategorie, daß ich diese Kategorie gebraucht habe, zumal so entscheidend und so persönlich, gibt, ethisch, den Ausschlag; ohne diese Kategorie und ohne den Gebrauch von ihr, der gemacht ist, würde die Reduplikation der gesamten schriftstellerischen Wirksamkeit fehlen. [...] „Der Einzelne" ist die Kategorie des Geistes, der geistigen Erweckung, – der Politik so entgegengesetzt wie nur möglich. Irdischer Lohn, Macht, Ehre usf. ist mit ihrer rechten Anwendung nicht verbunden; denn selbst wenn sie im Interesse des Bestehenden gebraucht wird, Innerlichkeit interessiert die Welt nicht, und wenn sie zur Erschütterung gebraucht wird, sie interessiert die Welt dennoch nicht, denn Opfer bringen, sich opfern lassen, was ja die Folge davon sein muß, daß sie nicht darauf sieht, Macht im Sinnlichen zu werden, interessiert die Welt nicht. [...] „Der Einzelne"; das ist die christlich entscheidende Kategorie, und sie wird auch entscheidend werden für die Zukunft des Christentums (Schr 115 f.). „Der Einzelne"; mit dieser Kategorie steht und fällt die Sache des Christentums, nachdem die Weltentwicklung so weit in Reflexion gelangt ist als sie ist. Ohne diese Kategorie hat der Pantheismus schlechthin gesiegt. (Schr 112–117)

Wirkung

Was Kierkegaard nach wie vor aktuell macht und auch diejenigen fasziniert, die seine religiöse Überzeugung nicht teilen, sind seine psychologischen Analysen von Angst und Verzweiflung, die eindrücklichen Schilderungen von Krisen und Lebenskonflikten aus der Perspektive pseudonymer Figuren, deren Streben nach Glück an ihnen selbst scheitert, entweder weil ihr Begehren maßlos ist, oder weil sie nicht sie selbst bzw. ein anderer als sie selbst sein wollen. Kierkegaard hat es meisterhaft verstanden, „*das Existenzverhältnis* [...] *in existierender Individualität*" (UN I, 243) exemplarisch vorzuführen und seine Leserschaft zu einem Urteil über die eigene

Lebensform herauszufordern. Dies hat ihm nicht nur unter Philosophen, sondern auch in theologischen Kreisen sowie bei Dichtern und Dramatikern Anerkennung verschafft.

Die Begründer der „Dialektischen Theologie" stützten sich vor allem auf Kierkegaards Climacus-Schriften. So arbeitet Karl Barth den unendlichen von menschlicher Seite nicht überbrückbaren Unterschied zwischen Gott als dem ganz Anderen und dem Menschen am sprachlich nicht fassbaren Paradox von Jesus Christus heraus (*Der Römerbrief*, 1922), während Rudolf Bultmann seine Konzeption einer Existenztheologie bei der Geschichtlichkeit der menschlichen Existenz ansetzt und von dort aus den Bogen über den historischen Jesus Christus zu Gott schlägt (*Glauben und Verstehen* 1, 1954).

Literarische Werke sind zunächst von skandinavischen Autoren unter dem Einfluss Kierkegaards verfasst worden. Vor allem *Entweder/Oder* gab dazu den Anstoß. So lässt Henrik Ibsen in seinem Dramatischen Gedicht *Brand* (1882) den gleichnamigen Pfarrer gemäß der rigoros befolgten Devise „Alles oder nichts" in sein Unglück rennen. August Strindberg erzählt in seinem Drama *Nach Damaskus* (1889) die Geschichte eines Mannes, der im ständigen Ringen mit Gott sein Ich zu bilden versucht. Im deutschen Sprachraum hat Rainer Maria Rilke in seinem Roman *Die Aufzeichnungen des Malte Laurids Brigge* (1910) die Form von Tagebucheintragungen gewählt, um die Entwicklung eines jungen Mannes zu schildern, der sein Trauma des ungeliebten Kindes aufzuarbeiten versucht, und schließlich ein Hirtendasein führt, in dem er durch die Liebe zu Gott sich selbst neu erfindet. Max Frisch schließlich hat in seinem Roman *Stiller* (1954) ausdrücklich auf *Entweder/Oder* Bezug genommen und tagebuchähnliche Aufzeichnungen gewählt, um die Sehnsucht der Hauptfigur zu schildern, in einer existentiellen Selbstwahl ein anderer zu werden und dabei zugleich zu seinem wahren Selbst zu finden.

In der Philosophie sind es einerseits die deutschen Existenzphilosophen Karl Jaspers und Martin Heidegger, andererseits die französischen Existentialisten Jean-Paul Sartre und Albert Camus, die Kierkegaard nahe standen, obwohl sie dessen Christentumsverständnis nicht teilten. Jaspers fokussierte sein Werk im Rahmen der von ihm so genannten Existenzerhellung auf die menschliche Freiheit, deren Grenzsituationen er unter Verwendung zentraler Kierkegaardscher Begriffe wie „das Selbst“, „der Einzelne“, „Entweder-Oder“ „Angst“ „Paradox“ „Sprung“ auslotete. Den Offenbarungsglauben lehnte er ab. (*Vernunft und Existenz*, 1960)

Heidegger hingegen verleugnete den Einfluss Kierkegaards auf seine Existentialontologie, obwohl die Terminologie von *Sein und Zeit* (1963) unübersehbar aus dem Geiste Kierkegaards lebt. Begriffe wie „Angst“, „Sein zum Tode“, „Geschichtlichkeit des Daseins“, „Nichts“ u. a. dienen auch bei Heidegger einer Analyse der menschlichen Existenz, allerdings wie bei Jaspers ohne Einbeziehung des christlichen Gottes.

Sartres Essay *Ist der Existentialismus ein Humanismus?* (1983), in dem es um die Frage der ethischen Selbstwahl geht, liest sich wie ein Kommentar zum zweiten Teil von Kierkegaards *Entweder/Oder*. Sartres direkte Bezugnahme auf Kierkegaards Erzählung der Abraham-Geschichte in *Furcht und Zittern* dient der Bestätigung seiner These, dass der Mensch gegenüber seinen Mitmenschen verantwortlich ist für seine Entscheidungen. Allerdings hält Sartre den Menschen für absolut frei, während Kierkegaard Freiheit als ein göttliches Geschenk auffasste, woraus er der Rechtfertigungspflicht gegenüber Gott Priorität einräumte.

Camus schließlich fühlte sich mit Kierkegaard tief verbunden. Er machte sich dessen Ausgangspunkt bei der absurden Zerrissenheit der menschlichen Existenz zu eigen, fand in der Figur des Sisyphos, der sich unermüdlich mit dem Wälzen seines Steins plagt, grandiose Bilder für das Unglück und den Schmerz des vergeblich nach einem alles umfassenden Sinn auslangenden Menschen. Doch den Sprung in die Irrationalität eines Glaubens an Gott hielt er für philosophischen Selbstmord. (*Der Mythos des Sisyphos*, 1942).

Auch mehr als anderthalb Jahrhunderte Jahre nach Kierkegaards Tod faszinieren seine Schriften. Man findet in seinem Werk Anregungen zu einer Lebenskunst, die das Streben nach Selbstverwirklichung und persönlichem Glück mit einer Kritik der Vernunft verbindet, einer sich selbst aufklärenden Vernunft, der es um die Feststellung ihrer Grenzen geht, jenseits welcher sich ein Raum für die Freiheit eröffnet und damit für konkrete individuelle Selbstentwürfe, deren Sinnhaftigkeit ihrer existentiellen Bewährung harrt.

I. Die menschliche Existenz

Einleitung

Ein Individuum stiftet seine persönliche, von der aller anderen Individuen verschiedene Identität, indem es es selbst wird; und es wird es selbst, indem es nicht einfach passiv da ist, sondern sich intellektuell, emotional und affektiv so zu sich selbst verhält, dass es in dieses Selbstverhältnis zugleich alles einbezieht, was im Horizont seiner Lebenswelt Bedeutung hat: die Natur, die Mitmenschen, Gott.

Das Sich-zu-sich-selbst-Verhalten wird erschwert durch die antinomische Grundstruktur, die das menschliche Sein durchzieht. Existieren heißt: in Gegensätzen leben, die sich logisch nicht vermitteln lassen, sondern vom existentiellen Denker, der sich als Vermittler denkend, fühlend, wollend und handelnd zwischen ihnen ausspannt, subjektiv aufeinander bezogen werden müssen. Wenn er sich als „Verhältnis, das sich zu sich selbst verhält", zwischen das Ewige und das Zeitliche, das Unendliche und das Endliche, das Notwendige und das Zeitliche schiebt – wenn er also „konkret" wird in der ursprünglichen Bedeutung des Wortes: mit den beiden Polen des Gegensatzes zusammenwächst und diesen aushält, ohne ihn aufzuheben –, bringt er eine bewegliche Einheit hervor, die in jedem Augenblick neu konstituiert werden muss.

Menschliches Sein lässt sich nicht wie ein feststehender Tatbestand beschreiben, denn es handelt sich um ein bewegliches, veränderliches Sein. Kierkegaard nennt es in wörtlicher Übersetzung des lateinischen Worts „inter-esse" Zwischensein: Wer existiert, ist immer in irgendeiner Weise dazwischen, er nimmt Anteil an dem, was mit ihm und um ihn herum passiert. Dieses angespannte Zwischensein in der ununterbrochenen Tätigkeit des Sichverhaltens stellt sich dar als ein ständiges Auf-dem-Sprung-Sein. Um die unterschiedlichen Aspekte des Seins zusammenhalten zu können – wobei die größte Herausforderung darin besteht, den Gegensatz zwischen dem Körperlich-Materiellen und dem Geistig-Seelischen auszuhalten –, muss der Existierende das Risiko des Sprunges eingehen. „Der Sprung [ist] die Kategorie der Entscheidung." (UN I, 91; vgl. Br 41) Der Vorgang des Existierens ist demnach kein Automatismus, der wie ein Naturprozess ohne eigenes Zutun abläuft, vielmehr präsentiert er sich als eine Aneinanderreihung von Freiheitsakten in der Zeit. Die Metapher des Sprunges signalisiert, dass die menschliche Existenz kein statisches Sein ist, sondern dass sich das Individuum als es selbst hervorbringen soll, indem es sein Leben kreativ gestaltet. „Der subjektive Denker ist nicht Wissenschaftler, sondern Künstler. Existieren ist eine Kunst.“ (UN II, 55) Existieren erweist sich so als Lebenskunst im Sinne einer produktiven Tätigkeit, eines fortgesetzten Strebens danach, sein Leben gleichsam künstlerisch zu gestalten, und zwar nach Maßgabe einer Idealvorstellung von sich selbst, die primär sinnlich (ästhetisch), moralisch (ethisch) oder religiös (christlich) fundiert sein kann.

Das Bild des Sprunges veranschaulicht sehr schön, dass bei einer Entscheidung nicht bloß der Kopf, sondern der ganze Mensch gefordert ist. Man muss abschätzen, wie breit der Graben ist, von welcher Stelle aus man am besten Anlauf nimmt, wo man abspringt, um dort zu landen, wohin man möchte, ob die Kräfte ausreichen für den Sprung. Und am Ende, nachdem er das Risiko kalkuliert und seinen Entschluss gefällt hat, springt der ganze Mensch hinüber. Dort ist er keineswegs endgültig angekommen und kann sich für den Rest seines Lebens ausruhen. Vielmehr wird ein neues Ziel anvisiert, und der ganze Prozess beginnt von vorn. Jede einzelne Entscheidung, ob ästhetisch, ethisch oder religiös motiviert, ist ein Sprung. Die Lücke, der Graben, die Zweiheit, die sich wie ein Riss durch die Existenz hindurch zieht, kann immer nur momentweise, im Sprung überwunden werden. Danach öffnet sie sich wieder. Für immer geschlossen wird sie nur im Tod, wenn der Mensch aufhört zu existieren und sich nicht mehr verhalten kann.

1 Denken und Existieren

Das Existieren; Wirklichkeit

In der Sprache der Abstraktion kommt das, was die Schwierigkeit der Existenz und des Existierenden ausmacht, eigentlich nie zum Vorschein, geschweige denn daß die Schwierigkeit erklärt wird. Eben weil das abstrakte Denken vom Standpunkt der Ewigkeit her (sub specie aeterni) betrachtet, sieht es ab von dem Konkreten, von der Zeitlichkeit, vom Werden der Existenz, von der Not des

Existierenden: daß dieser nämlich aus dem Ewigen und dem Zeitlichen, hineingestellt in die Existenz, zusammengesetzt ist [...]. Will man nun annehmen, daß das abstrakte Denken das Höchste ist, so folgt daraus, daß die Wissenschaft und die Denker stolz die Existenz verlassen und es uns anderen Menschen überlassen, das Schlimmste zu erdulden. Ja es folgt daraus zugleich etwas für den abstrakten Denker selbst, daß er nämlich, da er ja doch selbst auch ein Existierender ist, in irgendeiner Weise distrait sein muß.

Abstrakt nach Wirklichkeit fragen (wenn es überhaupt richtig ist, abstrakt danach zu fragen, da ja doch das Einzelne, das Zufällige ein zum Wirklichen Mithinzugehörendes ist und der Abstraktion direkt entgegensteht) und abstrakt darauf antworten ist nicht annähernd so schwer, wie danach fragen und darauf antworten, was es heißt, daß dieses bestimmte Etwas eine Wirklichkeit ist. Von diesem bestimmten Etwas sieht nämlich die Abstraktion ab; aber die Schwierigkeit liegt gerade darin, dieses bestimmte Etwas und die Idealität des Denkens zusammen zu setzen, indem man es denken will. Um solch einen Widerspruch kann sich die Abstraktion nicht einmal kümmern, denn die Abstraktion verhindert ihn ja gerade.

Die Mißlichkeit der Abstraktion zeigt sich eben in bezug auf alle Existenzfragen, wo die Abstraktion die Schwierigkeit dadurch entfernt, daß sie sie ausläßt, und dann sich damit brüstet, alles zu erklären. Sie erklärt die Unsterblichkeit überhaupt, und siehe da, das geht vortrefflich, indem die Unsterblichkeit mit der Ewigkeit identisch wird, mit der Ewigkeit, welche wesentlich das Medium des Gedankens ist. Aber darum, ob ein einzelner existierender Mensch unsterblich ist, worin gerade die Schwierigkeit liegt, kümmert sich die Abstraktion nicht. Sie ist interesselos, aber die Schwierigkeit der Existenz ist das Interesse des Existierenden, und der Existierende ist unendlich interessiert am Existieren. Das abstrakte Denken verhilft mir daher in der Weise zur Unsterblichkeit, daß es mich als ein einzelnes existierendes Individuum totschlägt und mich dann unsterblich macht, und hilft daher ungefähr ebenso wie der Doktor bei Holberg, der mit seiner Medizin dem Patienten das Leben nahm – aber auch das Fieber verjagte.[i] Wenn man daher einen abstrakten Denker betrachtet, der sich selbst nicht klarmachen und eingestehen will, welches Verhältnis sein abstraktes Denken dazu hat, daß er ein Existierender ist, so macht er, selbst wenn er noch so hervorragend wäre, einen komischen Eindruck, weil er im Begriff steht aufzuhören, ein Mensch zu sein. Während ein wirklicher Mensch, aus Unendlichkeit und Endlichkeit zusammengesetzt, gerade darin seine Wirklichkeit hat, diese zusammenzuhalten, unendlich interessiert am Existieren, ist solch ein abstrakter Denker ein Doppelwesen: ein phantastisches Wesen, das im reinen Sein der Abstraktion lebt, und eine bisweilen traurige Professorengestalt, die jenes abstrakte Wesen wegstellt, wie man einen Stock wegstellt. Wenn man den Lebenslauf eines solchen Denkers liest (denn seine Schriften sind vielleicht ausgezeichnet), dann schaudert's einem zuweilen bei dem Gedanken, was es heißt, Mensch zu sein[1]. Wenn eine Spitzenklöpplerin noch so herrliche Spitzen hervorbrächte – es ist doch traurig, an dieses verkrüppelte, bedauernswürdige Wesen zu denken, und so ist auch der Anblick eines Denkers komisch, der trotz aller Bravour persönlich wie ein Kleinigkeitskrämer[ii] existiert, der sich persönlich wohl verheiratete, aber kaum mit der Macht der Liebe bekannt oder von ihr bewegt war, dessen Ehe daher wohl ebenso unpersönlich war wie sein Denken, dessen persönliches Leben ohne Leidenschaft und ohne leidenschaftliche Kämpfe war und der philiströs nur darum besorgt war, welche Universität die beste Lebensstellung biete. Ein solches Mißverhältnis, sollte man meinen, sei eine Unmöglichkeit im Verhältnis zum Denken; man sollte meinen, das gehöre nur dem Elend der äußeren Welt an, wo der eine Mensch Sklavenarbeit für den andern verrichtet, so daß man die Klöppelspitzen nicht ohne Tränen bewundern kann, wenn man an die Klöpplerin denkt. Man sollte meinen, daß ein Denker das reichste menschliche Leben führe – so war es (jedenfalls) in Griechenland.

Mit dem abstrakten Denker ist es eine andere Sache, wenn er, ohne sich selbst und das Verhältnis des abstrakten Denkens zur Existenz verstanden zu haben, entweder dem Antrieb eines Talents folgt oder dazu dressiert wird, etwas Derartiges zu werden. Ich weiß

---

1 Und wenn man dann in seinen Schriften liest: Denken und Sein sind eins, so denkt man, indem man an sein Leben und seinen Lebenslauf denkt: Das Sein, mit dem das Denken identisch ist, ist wohl nicht das Menschsein.

wohl, daß man gern eine Künstlerexistenz bewundert, die, ohne sich davon Rechenschaft abzulegen, was es heißt, ein Mensch zu sein, ihrem Talent folgt, so daß der Bewunderer ihn über seinem Kunstwerk vergißt; aber ich weiß auch, daß ein so Existierender sein Tragisches darin hat, daß er eine Differenz[iii] ist, die nicht persönlich im Ethischen reflektiert ist, und ich weiß auch, daß in Griechenland der Denker kein verkrüppelter Existierender war, der Kunstwerke hervorbrachte, sondern daß er selber ein existierendes Kunstwerk war. Das Denkersein sollte sich doch wohl auch am allerwenigsten als eine Differenz zum Menschsein verhalten. Wenn es somit der Fall ist, daß einem abstrakten Denker der Sinn für das Komische gefehlt hat, so ist das eo ipso der Beweis dafür, daß all sein Denken die Leistung eines vielleicht ausgezeichneten Talents ist, aber nicht die eines Menschen, der im eminenten Sinne als Mensch existiert hat. Doch doziert man, daß das Denken das Höchste sei, daß das Denken alles einschließend unter sich enthalte, und gleichzeitig erhebt man keinen Einspruch dagegen, daß der Denker nicht wesentlich als (qua) Mensch existiert, sondern als die Differenz eines Talents. Daß die Aussage vom Denken sich nicht in der Vorstellung vom Denker redupliziert, daß die eigene Existenz des Denkers seinem Denken widerspricht, zeigt, daß man bloß doziert. Denken steht höher als Gefühl und Phantasie, das doziert ein Denker, der selbst weder Pathos noch Leidenschaft hat; man doziert, das Denken stehe höher als Ironie und Humor, und das doziert ein Denker, dem ganz und gar der Sinn für das Komische abgeht. Wie komisch! Wie das ganze abstrakte Denken in bezug auf das Christentum und in bezug auf alle Existenzprobleme eine Studie im Komischen ist, so ist das sogenannte reine Denken überhaupt eine psychologische Merkwürdigkeit, eine bewundernswerte Art von Geistreichigkeit im Zusammensetzen und Konstruieren in einem phantastischen Medium: dem reinen Sein. Dieses reine Denken ohne weiteres als das Höchste zu vergöttern, zeigt, daß der Denker niemals in der Eigenschaft als (qua) Mensch existiert hat, daß er unter anderem niemals in eminentem Sinne gehandelt hat, ich meine nicht in der Richtung auf rühmliche Tat, sondern in Richtung auf Innerlichkeit. Aber im eminenten Sinne zu handeln gehört wesentlich mit dazu, um als (qua) Mensch zu existieren; und dadurch, daß man handelt, dadurch, daß man auf der äußersten Spitze seiner subjektiven Leidenschaft mit dem vollen Bewußtsein einer ewigen Verantwortung das Entscheidende wagt (was doch jeder Mensch vermag), bekommt man etwas anderes zu wissen, sowie, daß Menschsein etwas anderes ist, als jahraus, jahrein etwas zu einem System zusammenzuschustern. Indem man wesentlich als (qua) Mensch existiert, bekommt man auch Empfänglichkeit für das Komische. Ich sage nicht, daß jeder, der wirklich als Mensch existiert, deshalb imstande ist, komischer Dichter oder komischer Schauspieler zu sein, aber er hat Empfänglichkeit dafür.

Daß die Sprache der Abstraktion eigentlich nicht die Schwierigkeit der Existenz und des Existierenden zum Vorschein kommen läßt, werde ich im Hinblick auf eine entscheidende Frage beleuchten, von der schon so viel geredet und geschrieben worden ist.

Wie bekannt, hat die Hegelsche Philosophie den Satz vom Widerspruch aufgehoben[iv], und mehr als einmal hat Hegel selbst mit Nachdruck über solche Denker Gericht gehalten, die in der Sphäre des Verstandes und der Reflexion blieben und deshalb behaupteten, daß es ein Entweder – Oder gebe. Seit der Zeit ist es ein beliebtes Spiel geworden, daß jedesmal, wenn einer von einem Entweder/Oder (aut – aut) munkelt, tripp trapp tripp trapp ein Hegelianer [...] hoch zu Roß ankommt, einen Sieg erficht und wieder heimreitet. Auch bei uns sind Hegelianer mehrmals auf der Jagd, besonders nach Bischof Mynster, gewesen, um die glänzenden Siege der Spekulation zu erfechten, und Bischof Mynster ist mehr als einmal ein überwundener Standpunkt geworden, wenn er sich auch für einen überwundenen Standpunkt sehr gut hält und es eher zu befürchten ist, daß die ungeheuere Anstrengung des Sieges die unüberwundenen Sieger zu stark angegriffen hat. Und doch liegt dem Streit und dem Sieg vielleicht ein Mißverständnis zugrunde. Hegel hat vollkommen und absolut darin recht, daß es, ewig angesehen, unter dem Blickwinkel der Ewigkeit (sub specie aeterni), in der Sprache der Abstraktion, im reinen Denken und dem reinen Sein kein Entweder/Oder (aut – aut) gibt; wo zum Teufel sollte es das da geben, da ja die Abstraktion gerade den Widerspruch fortnimmt, so daß Hegel und die Hegelianer sich lieber die Mühe machen sollten zu erklären, was die Spiegelfechterei zu bedeuten habe, Widerspruch, Bewegung, Übergang usw. in die Logik hineinzubringen. Die Verfechter des Entweder/Oder (aut – aut) haben unrecht, wenn sie in das Gebiet des reinen Denkens eindringen und da ihre Sache verfechten wollen. Wie jener Riese, mit dem Herkules kämpfte, seine Stärke verlor, sobald er vom Erdboden in die Höhe gehoben wurde[v], so ist das Entweder/Oder (aut – aut) des Widerspruchs eo ipso aufgehoben, wenn es aus der Existenz herausgehoben und in die Ewigkeit der Abstraktion eingeführt werden soll. Andrerseits hat Hegel ebenso vollkommen unrecht, wenn er, die Abstraktion vergessend, von ihr her in die Existenz hinabstürzt, um mit aller Gewalt das Entweder/Oder (doppelte aut) aufzuheben. Dies zu tun ist nämlich in der Existenz eine Unmöglichkeit, denn damit hebt er zugleich die Existenz auf. Wenn ich die Existenz fortnehme (abstrahiere), dann gibt es kein Entweder/Oder (aut – aut); wenn ich es in der Existenz fortnehme, dann bedeutet das, daß ich die Existenz fortnehme, und damit hebe ich es ja nicht in der Existenz auf. Ist es unrichtig, daß es etwas Wahres in der Theologie gibt, was es in der Philosophie nicht ist, dann ist es ganz richtig, daß es für den Existierenden etwas Wahres gibt, was es in der Abstraktion nicht ist, und es ist zugleich ethisch wahr, daß das reine Sein Phantasterei ist und daß es einem Existierenden verwehrt ist, vergessen zu wollen, daß er ein Existierender ist. Mit einem Hegelianer darf man sich daher nur mit Vorsicht einlassen, und man muß sich vor allem vergewissern, mit wem man die Ehre hat zu reden, ob er ein Mensch ist, ein existierender Mensch, ob er selbst, auch wenn er schläft, ißt, sich schneuzt und tut, was sonst ein Mensch so tut, unter der Form der Ewigkeit (sub specie aeterni) ist? Ob er selbst das reine Ich-Ich ist, was doch wohl niemals einem Philosophen eingefallen ist, und wenn er es nicht ist, wie er sich denn existierend zu dem verhält, zu der Zwischenbestimmung, in der die ethische Verantwortung in und mit und bei dem Existieren gehörig respektiert ist? Ob er existiert? Und wenn er existiert, ob er dann nicht im Werden ist? Und wenn er im Werden ist, ob er sich dann nicht zu dem Zukünftigen verhält? Ob er sich dann niemals so zu dem Zukünftigen verhält, daß er handelt? Und wenn er niemals handelt, ob er dann nicht verzeihen will, daß ein ethisches Individuum in Leidenschaft mit dramatischer Wahrheit von ihm sagt: daß er ein Schafskopf sei. Aber wenn er im ganz ausgesprochenen Sinne (sensu eminenti) handelt, ob er sich dann nicht in unendlicher Leidenschaft zum Zukünftigen verhält? Ob da dann nicht ein Entweder/Oder (aut – aut) ist? Ob nicht die Ewigkeit für einen Existierenden – nicht die Ewigkeit, sondern das Zukünftige ist, und die Ewigkeit nur die Ewigkeit für den Ewigen ist, der nicht im Werden ist? Man frage ihn, ob er auf folgende Fragen antworten kann, d. h. wenn eine solche Frage sich an ihn richten läßt, ob das, daß man das Existieren soweit als möglich aufgibt, um unter der Form der Ewigkeit (sub specie aeterni) zu sein, etwas ist, was ihm widerfährt, oder etwas, was man kraft eines Beschlusses tut, ob es vielleicht sogar etwas ist, was man tun soll? Denn soll man es tun, so ist eo ipso ein Entweder/Oder (aut – aut) etabliert, selbst im Verhältnis dazu, unter der Form der Ewigkeit (sub specie aeterni) zu sein. Oder ob er unter der Form der Ewigkeit (sub specie aeterni) geboren wurde und seit der Zeit unter der Form der Ewigkeit (sub specie aeterni) dahinlebte, und daher nicht einmal verstehen kann, was das ist, wonach ich frage, da er niemals mit etwas Zukünftigem zu tun gehabt oder irgendeine Entscheidung erfahren hat? In dem Falle sehe ich ja wohl ein, daß es kein Mensch ist, mit dem ich zu reden die Ehre habe. Aber damit bin ich noch nicht fertig, denn das scheint mir eine sonderbare Sache, daß solche rätselhaften Wesen auftreten. Vor dem Ausbruch von Cholera pflegen eine Art Fliegen zu kommen, die man sonst nicht sieht; sollten nun diese märchenhaften reinen Denker nicht gleicherweise ein Zeichen sein, daß der Menschheit ein Unglück bevorstehe, wie z. B. das, daß ihr das Ethische und das Religiöse abhanden kommt? Folglich sei man vorsichtig einem abstrakten Denker gegenüber, der nicht nur im reinen Sein der Abstraktion verbleiben will, sondern haben will, daß dies das Höchste für einen Menschen sein soll, und daß ein solches Denken, das dazu führt, das Ethische zu ignorieren und das Religiöse mißzuverstehen, das höchste menschliche Denken sein soll. Dagegen sage man bloß nicht, daß es unter dem Blickwinkel der Ewigkeit (sub specie aeterni), dort, „wo alles ist und nichts entsteht“ […] (die Lehre der Eleaten[vi]), ein Entweder/Oder (aut – aut) gebe. Hingegen, wo alles im Werden ist, wo nur so viel von der Ewigkeit zur Stelle ist, daß sie in der leidenschaftlichen Entscheidung gegenhalten kann, dort, wo die Ewigkeit sich als das Kommende zum Werdenden verhält, dort ist die absolute Disjunktion zu Hause. Wenn ich nämlich Ewigkeit und Werden zusammen setze, bekomme ich nicht Ruhe, sondern das Kommende. Daher kommt es wohl, daß das Christentum die Ewigkeit als das Zukünftige verkündigt hat, weil es Existierenden verkündigt wurde, und daher nimmt es auch ein absolutes Entweder/Oder (aut – aut) an.

Alles logische Denken findet in der Sprache der Abstraktion und unter der Form der Ewigkeit (sub specie aeterni) statt. Die Existenz in der Weise denken, heißt von der Schwierigkeit absehen, der nämlich, das Ewige im Werden zu denken, wozu man doch wohl genötigt ist, da der Denkende selbst im Werden ist. Abstrakt denken ist daher leichter als existieren, wenn dieses nicht verstanden werden soll als etwas, was man so existieren nennt, ebenso wie das, so etwas wie ein Subjekt sein. Hier haben wir wieder ein Beispiel dafür, wie die einfachste Aufgabe die schwierigste ist. Existieren, denkt man, sei nichts Besonderes, geschweige denn eine Kunst, wir existieren ja alle; aber abstrakt denken: das ist was. Aber das in Wahrheit Existieren, also mit Bewußtsein seine Existenz durchdringen, zugleich ewig gleichsam weit über sie hinaus sein und doch in ihr gegenwärtig und doch im Werden: das ist wahrlich schwierig. Wenn das Denken in unserer Zeit nicht etwas Wunderliches, etwas Angelerntes, geworden wäre, so würden die Denker auch einen ganz anderen Eindruck auf die Menschen machen, ähnlich wie es in Griechenland der Fall war, wo ein Denker zugleich ein in Leidenschaft durch sein Denken begeisterter Existierender war, und wie es einmal in der Christenheit der Fall war, wo ein Denker ein Glaubender war, der begeistert sich selbst in der Existenz des Glaubens zu verstehen suchte. Wenn das mit den Denkern in unserer Zeit ebenso wäre, dann würde das reine Denken zu einem Selbstmord nach dem anderen geführt haben; denn Selbstmord ist die einzige Existenzkonsequenz des reinen Denkens, wenn dieses sich nicht als etwas Partielles zu dem Menschsein verhalten und eine Übereinkunft mit einem ethisch und religiös persönlichen Existieren treffen, sondern alles und das Höchste sein soll. Wir preisen den Selbstmord nicht, wohl aber die Leidenschaft. Nun dagegen ist ein Denker ein sehenswürdiges Geschöpf, das zu gewissen Zeiten des

Tages in seltener Weise geistreich ist, aber sonst nichts mit einem Menschen gemein hat.

Die Existenz unter der Form der Ewigkeit (sub specie aeterni) und in der Abstraktion denken, heißt, sie wesentlich aufheben, und ist gleich dem ausposaunten Verdienst, den Satz vom Widerspruch aufzuheben. Existenz läßt sich nicht ohne Bewegung denken, und Bewegung läßt sich nicht unter der Form der Ewigkeit (sub specie aeterni) denken. Die Bewegung auslassen ist nicht gerade ein Meisterstück, und sie als Übergang in die Logik hineinbringen, und mit ihr Zeit und Raum, bedeutet nur neue Verwirrung. Insofern alles Denken indessen ewig ist, ist die Schwierigkeit für den Existierenden (gegeben). Mit der Existenz umgehen ist eine überaus schwierige Sache, ebenso wie mit der Bewegung. Denke ich sie, so hebe ich sie auf, und damit denke ich sie nicht. Da könnte es wohl richtig scheinen zu sagen, daß es etwas gibt, was sich nicht denken läßt: das Existieren. Aber da ist die Schwierigkeit wiederum, daß die Existenz es dadurch zusammen setzt, daß der Denkende existiert.

Weil die griechische Philosophie nicht distrait[vii] war, ist die Bewegung ein beständiger Gegenstand ihrer dialektischen Anstrengungen. Der griechische Philosoph war ein Existierender, und das vergaß er nicht. Deshalb nahm er zum Selbstmord seine Zuflucht oder zum Absterben im pythagoreischen Sinne oder zum Totsein im sokratischen Sinne, um denken zu können. Er wurde sich bewußt, daß er ein Denkender war, wurde sich aber auch zugleich bewußt, daß gerade die Existenz als Medium ihn fortwährend daran hinderte, kontinuierlich zu denken, weil sie ihn beständig ins Werden setzte. Um also in Wahrheit denken zu können, entleibte er sich. Die moderne Philosophie lächelt vornehm über eine solche Kinderei, gerade als ob nicht jeder moderne Denker ebenso gewiß, wie er weiß, daß Denken und Sein eins sind, zugleich wüßte, daß es nicht der Mühe wert ist, das zu sein, was er denkt.

Auf d i e s e m Punkt des Existierens und bei der Forderung des Ethischen an den Existierenden muß man gegenhalten, wenn eine abstrakte Philosophie und ein reines Denken alles dadurch erklären wollen, daß sie das Entscheidende wegerklären; man muß nur unerschrocken wagen, ein Mensch zu sein, und sich nicht schrecken oder durch Geniertheit narren lassen, so etwas wie ein Phantom zu werden. Etwas anderes wäre es, wenn das reine Denken sich über sein Verhältnis zum Ethischen und über sein Verhältnis zu einer ethischen existierenden Individualität näher erklären würde. Aber das ist es gerade, was es niemals tut, ja was es nicht einmal Miene macht, tun zu wollen, da es in dem Falle sich ja auch mit einer anderen Art Dialektik einlassen müßte, nämlich der griechischen oder der Existenz-Dialektik. Den Sichtvermerk der Ethik darf jeder Existierende mit Recht von allem verlangen, was sich Weisheit nennt. Ist der Anfang einmal gemacht, ist es ein unmerklicher Übergang, daß der Mensch nach und nach vergißt zu existieren, um unter der Form der Ewigkeit (sub specie aeterni) zu denken: so ist der Einwand anderer Art. Es können innerhalb des reinen Denkens vielleicht viele, viele Einwände gegen das Hegelsche erhoben werden, aber dabei bleibt im wesentlichen alles unverändert. Denn so bereitwillig ich in meiner Eigenschaft als geringer Leser, der sich keineswegs anmaßt, Richter zu sein, dazu bin, Hegels Logik zu bewundern, – so bereitwillig ich bin einzuräumen, daß da für mich viel zu lernen sein kann, wenn ich wieder zu ihr zurückkehre, so stolz, so trotzig, so eigensinnig werde ich auch sein, so unerschrocken in meiner Behauptung: daß die Hegelsche Philosophie dadurch, daß sie nicht ihr Verhältnis zu einem Existierenden bestimmt, dadurch, daß sie das Ethische ignoriert, die Existenz verwirrt. D i e Skepsis ist immer die gefährlichste, die am wenigsten nach einer solchen aussieht; das aber, daß das reine Denken die positive Wahrheit für einen Existierenden sein sollte, ist Skepsis; denn diese Positivität ist schimärisch. Das Vergangene, die ganze Weltgeschichte erklären zu können, ist etwas Herrliches; soll aber das, nur das verstehen zu können, was vergangen ist, das Höchste für einen noch Lebenden sein, so ist diese Positivität Skepsis, und eine gefährliche Skepsis, weil es mit dem ungeheuer vielen, was man versteht, berückend aussieht. Daher kann Hegels Philosophie das Schreckliche begegnen, daß der indirekte Angriff der allergefährlichste sein kann. Laß einen zweifelnden Jüngling, aber einen existierenden Zweifler, laß ihn mit dem liebenswürdigen unbegrenzten Vertrauen der Jugend zu einem Heros der Wissenschaft, laß ihn sich dessen getrösten, in der Hegelschen Positivität die Wahrheit, die Wahrheit für die Existenz zu finden: er schreibt so ein schreckliches Epigramm auf Hegel. Man mißverstehe mich nicht. Ich meine nicht, jeder Jüngling sei imstande, Hegel zu überwinden; bei weitem nicht; ist der Jüngling eingebildet und töricht genug dazu, so ist sein Angriff nichtssagend. Nein, der Jüngling soll niemals daran denken, ihn angreifen zu wollen, er soll sich vielmehr beugen wollen unter Hegel mit weiblicher Hingabe, aber doch auch mit genügender Stärke, um seine Frage festzuhalten: dann ist er ein Satiriker, ohne es zu ahnen. Der Jüngling ist ein existierender Zweifler, beständig im Zweifel schwebend greift er nach der Wahrheit – um in ihr existieren zu können. Er ist also negativ; und Hegels Philosophie ist ja positiv, was Wunder also, daß er sich ihrer getröstet! Aber siehe, das reine Denken ist für den Existierenden eine Schimäre, wenn die Wahrheit etwas sein soll, worin man existieren kann. Existieren zu sollen mit Hilfe der Anleitung des reinen Denkens ist dem gleich, in Dänemark nach einer kleinen Karte von ganz Europa reisen zu sollen, wo Dänemark nicht größer ist als eine Stahlfeder – ja es ist noch unmöglicher. Die Bewunderung des Jünglings, seine Begeisterung, sein unbegrenztes Vertrauen zu Hegel ist gerade die Satire auf Hegel. Dies würde man längst eingesehen haben, wenn das reine Denken sich nicht mit Hilfe einer (allgemeinen) Opinion hielte, die den Menschen so imponiert, daß sie nicht wagen, etwas anderes zu sagen, als daß es prachtvoll ist, es verstanden zu haben – desungeachtet, daß das doch in gewissem Sinne unmöglich ist, da niemand durch diese Philosophie dahin geführt werden kann, sich selbst zu verstehen, was doch wohl eine absolute Bedingung für alles andere Verstehen ist. Sokrates hat recht ironisch gesagt, daß er nicht mit Bestimmtheit wisse, ob er ein Mensch sei oder etwas anderes; ein Hegelianer aber kann im Beichtstuhl mit aller Feierlichkeit sagen: Ich weiß nicht, ob ich ein Mensch bin – aber das System habe ich verstanden. Ich will doch lieber sagen: Ich weiß, daß ich ein Mensch bin, und ich weiß, daß ich das System nicht verstanden habe. Und wenn ich das dann so ganz schlicht gesagt habe, so will ich hinzufügen, daß, wenn einer von unsern Hegelianern sich meiner annehmen und mir zum Verständnis des Systems verhelfen will, meinerseits dem nichts im Wege stehen soll. Ich werde mich bemühen, so dumm wie möglich zu sein, um womöglich keine einzige Voraussetzung zu haben außer meiner Unwissenheit, damit ich desto mehr lernen kann; und mich bemühen, so gleichgültig wie nur möglich gegen jede Beschuldigung der Unwissenschaftlichkeit zu sein, nur um sicher zu sein, daß ich etwas lerne.

Existieren, wenn dies nicht wie bloß so existieren verstanden werden soll, kann man nicht ohne Leidenschaft. Jeder griechische Denker war daher auch wesentlich ein leidenschaftlicher Denker. Ich habe öfter darüber nachgedacht, wie man einen Menschen in Leidenschaft bringen könnte. Dann habe ich gedacht: wenn ich ihn auf ein Roß setzen könnte und dies dann scheu gemacht und in den wildesten Galopp gebracht würde; oder noch besser, um die Leidenschaft so recht hervorzutreiben, wenn ich einen Mann, der so schnell wie möglich irgendwo hingelangen wollte – und also schon etwas in Leidenschaft wäre –, auf ein Roß setzen könnte, das kaum gehen kann: und doch ist es mit dem Existieren genauso, wenn man sich dessen bewußt sein soll. Oder wenn man einem Fuhrmann, falls er überhaupt in Leidenschaft kommen könnte, einen Pegasus und einen Schinder zusammen vor einen Wagen spannte und sagte: Fahr nun – dann, denke ich, würde es glücken. So aber steht es mit dem Existieren, wenn man sich dessen bewußt sein soll. Die Ewigkeit ist wie jener geflügelte Renner unendlich schnell, und die Zeitlichkeit ist ein Schinder, und der Existierende ist der Fuhrmann, wenn nämlich Existieren nicht so etwas sein soll, was man so existieren nennt; denn dann ist der Existierende kein Fuhrmann, sondern ein voller Bauer, der im Wagen liegt und schläft und den Pferden ihren Lauf läßt. Das versteht sich, auch erfährt, auch er ist ein Kutscher, und so gibt es vielleicht viele, die – auch existieren.

Insofern Existenz Bewegung ist, gilt, daß es doch ein Kontinuierliches gibt, das die Bewegung zusammenhält, sonst gibt es nämlich keine Bewegung. Gleich wie das, daß alles wahr ist, bedeutet, daß nichts wahr ist, so bedeutet das, daß alles in Bewegung ist, daß es keine Bewegung gibt [...]. Das Unbewegliche gehört mit zur Bewegung als das Maß der Bewegung, sowohl in der Bedeutung von Telos als auch von Metron, sonst ist das, daß alles in Bewegung ist, wenn man auch die Zeit fortnehmen und sagen will, daß alles immerfort Bewegung ist, eo ipso Stillstand. Aristoteles, der auf so viele Arten und Weisen die Bewegung hervorhebt, sagt daher, daß Gott, selbst unbewegt, alles bewege. Während nun das reine Denken ohne weiteres alle Bewegung aufhebt, oder sie sinnlos mit in die Logik hineinbringt, ist die Schwierigkeit für den Existierenden die, der Existenz die Kontinuierlichkeit zu geben, ohne welche alles einfach verschwindet. Eine abstrakte Kontinuierlichkeit ist keine Kontinuierlichkeit, und das, daß der Existierende existiert, verhindert wesentlich die Kontinuierlichkeit, während die Leidenschaft die momentweise Kontinuierlichkeit ist, die zugleich gegenhält und die Impuls der Bewegung ist. Für den Existierenden sind das Maß der Bewegung die Entscheidung und die Wiederholung. Das Ewige ist die Kontinuierlichkeit der Bewegung, eine abstrakte Ewigkeit aber ist außerhalb der Bewegung, und eine konkrete Ewigkeit im Existierenden ist das Maximum der Leidenschaft. Alle idealisierende [...] Leidenschaft nämlich ist die Antizipation des Ewigen in der Existenz für einen Existierenden, um zu existieren [...]; die Ewigkeit der Abstraktion wird dadurch gewonnen, daß man von der Existenz absieht; in das reine Denken kann ein Existierender nur durch ein mißliches Anfangen hineingekommen sein, eine Mißlichkeit, die sich auch dadurch rächt, daß die Existenz des Existierenden unbedeutend wird, und seine Rede etwas wahnwitzig, was beinahe mit der Menge der Menschen in unserer Zeit der Fall ist, wo man selten oder nie einen Menschen reden hört, als ob er sich bewußt wäre, daß er ein einzelner Existierender ist, sondern der einen pantheistisch schwindlig werden läßt, wenn auch e r von Millionen und Staaten und weltgeschichtlicher Entwicklung redet. Aber die Antizipation des Ewigen für einen Existierenden durch die Leidenschaft ist doch nicht die absolute Kontinuierlichkeit, sondern die Möglichkeit der Annäherung an die einzig wahre, die es für einen Existierenden geben kann. [...]

Die Abstraktion ist interesselos, aber das Existieren ist für einen Existierenden sein höchstes Interesse. Der Existierende hat daher beständig ein Telos[viii] [...]. Das reine Denken aber ist gänzlich schwebend, und nicht wie die Abstraktion, die wohl von der Existenz absieht, aber doch ein Verhältnis zu ihr bewahrt, während das reine Denken im mystischen Schweben ohne irgendein Verhältnis zu einem Existierenden innerhalb seiner selbst alles erklärt, nur nicht sich selbst; innerhalb seiner selbst alles erklärt, wodurch die entscheidende Erklärung dessen, wonach eigentlich gefragt wird, unmöglich wird. Wenn also ein Existierender fragt, wie sich denn das reine Denken zu einem Existierenden verhält, wie er es macht, dahinein zu kommen, so antwortet das reine Denken nichts, sondern erklärt die Existenz innerhalb seines reinen Denkens, und verwirrt dadurch alles, daß dem, woran das reine Denken stranden muß, nämlich an der Existenz, daß dem in einem verflüchtigten Sinne ein Platz innerhalb des reinen Denkens angewiesen wird, wodurch alles, was auch immer dadrinnen so von Existenz gesagt werden könnte, wesentlich zurückgenommen ist. Wenn im reinen Denken von einer unmittelbaren Einheit der Reflexion in sich und der Reflexion im andern geredet wird, und davon, daß diese unmittelbare Einheit aufgehoben wird, so muß da ja etwas zwischen die Momente der unmittelbaren Einheit treten. Was ist das? Ja, das ist die Zeit. Aber die Zeit läßt sich keinen Platz innerhalb des reinen Denkens anweisen. Was soll also das mit der Aufhebung und dem Übergang und der neuen Einheit bedeuten? Was heißt das überhaupt, so zu denken, daß man beständig nur Miene macht dazu, weil alles, was man sagt, absolut zurückgenommen ist? Und was soll es dann bedeuten, nicht einzugestehen, daß man so denkt, sondern beständig die positive Wahrheit dieses reinen Denkens auszuposaunen?

Wie die Existenz das Denken und das Existieren dadurch zusammen gesetzt hat, daß der Existierende ein Denkender ist, so gibt es zwei Medien: das der Abstraktion und das der Wirklichkeit. Das reine Denken aber ist noch ein drittes Medium, ein ganz neuerfundenes. Es beginnt, wie es daher heißt, nach der erschöpfendsten Abstraktion. Um das Verhältnis, das die Abstraktion immer noch zu dem hat, wovon es abstrahiert, weiß das reine Denken, was soll ich sagen: frommer- oder gedankenloserweise, nichts. In diesem reinen Denken ist Ruhe vor allem Zweifel, ist die ewige positive Wahrheit, und was man sonst noch zu sagen beliebt. Das heißt, das reine Denken ist ein Phantom. Und wenn die Hegelsche Philosophie frei von allen Postulaten ist, so hat sie dies durch e i n irrsinniges Postulat gewonnen: das Anfangen des reinen Denkens.

Für den Existierenden ist das Existieren sein höchstes Interesse, und die Interessiertheit am Existieren die Wirklichkeit. Was Wirklichkeit ist, kann in der Sprache der Abstraktion nicht angegeben werden. Die Wirklichkeit ist ein inter-esse zwischen der Abstraktion hypothetischer Einheit von Denken und Sein. Die Abstraktion stellt abhandelnd Möglichkeit und Wirklichkeit dar, aber ihre Auffassung von Wirklichkeit ist eine falsche Wiedergabe, da das Medium (der Wiedergabe) nicht die Wirklichkeit ist, sondern die Möglichkeit. Nur dadurch, daß sie die Wirklichkeit aufhebt, kann die Abstraktion ihrer habhaft werden, aber sie aufheben heißt gerade, sie in Möglichkeit verwandeln. Alles, was in der Sprache der Abstraktion innerhalb der Abstraktion über die Wirklichkeit gesagt wird, wird innerhalb der Möglichkeit gesagt. In der Sprache der Wirklichkeit verhält sich nämlich die ganze Abstraktion wie eine Möglichkeit zur Wirklichkeit, nicht zu einer Wirklichkeit innerhalb der Abstraktion und der Möglichkeit. Die Wirklichkeit, die Existenz ist das dialektische Moment in einer Trilogie, deren Anfang und deren Schluß für einen Existierenden, der sich als (qua) Existierender in dem dialektischen Moment befindet, nicht dasein können. Die Abstraktion schließt die Trilogie zusammen. Ganz richtig. Aber wie macht sie das? Ist die Abstraktion so ein Irgendetwas, oder ist sie nicht der Akt des Abstrahierenden? Der Abstrahierende aber ist ja ein Existierender, und als Existierender also in dem dialektischen Moment, das er, solange er existiert, nicht mediiren[ix] oder zusammenschließen kann, am allerwenigsten absolut. Wenn er es daher tut, so muß sich dies wie eine Möglichkeit zur Wirklichkeit, zur Existenz verhalten, in der er selber ist. Er muß erklären, wie er es macht, d. h. wie er als Existierender es macht, oder ob er aufhört zu existieren, und ob einem Existierenden das erlaubt ist.

In demselben Augenblick, wo wir so zu fragen anfangen, fragen wir ethisch und machen die Forderung des Ethischen an den Existierenden geltend, die nicht, darin bestehen kann, daß er von der Existenz abstrahieren soll, sondern daß er existieren soll, was auch das höchste Interesse des Existierenden ist.

Das Aufgehobensein des dialektischen Moments (der Existenz) kann er als Existierender am allerwenigsten absolut festhalten; dazu wird ein anderes Medium als die Existenz erfordert, die ja gerade das dialektische Moment ist. Kann ein Existierender das Aufgehobensein wissen, so kann er es nur wissen als eine Möglichkeit, die, sobald das Interesse gesetzt wird, nicht gegenhalten kann, weshalb er es nur interesselos wissen kann, was er als (qua) Existierender nie ganz werden kann, und was durch Annäherung (approximando) erreichen zu wollen ihm als (qua) Existierendem, ethisch gesehen, gar nicht erlaubt ist, da umgekehrt das Ethische ihm das Interesse an der Existenz unendlich macht, so unendlich, daß der Satz vom Widerspruch absolute Gültigkeit erhält.

Es zeigt sich wieder, was zuvor nachgewiesen wurde: Auf die Schwierigkeit, die die der Existenz und die des Existierenden ist, läßt sich die Abstraktion gar nicht ein. Die Wirklichkeit im Medium der Möglichkeit denken ist nicht die Schwierigkeit, im Medium der Existenz denken zu sollen, wo die Existenz als Werden den Existierenden am Denken verhindern will, als wenn sich die Wirklichkeit nicht denken ließe, während doch der Existierende ein Denker ist. Im reinen Denken sitzt man im Tiefsinn bis über beide Ohren, und doch erhält man mitunter den Eindruck, daß etwas Distraites über dem Ganzen ruht, weil dem reinen Denker nicht klar ist, was es heißt, ein existierender Mensch zu sein.

Jedes Wissen um Wirklichkeit ist Möglichkeit; die einzige Wirklichkeit, um die ein Existierender mehr als wissend ist, ist seine eigene Wirklichkeit, daß er da ist; und diese Wirklichkeit ist sein absolutes Interesse. Die Forderung der Abstraktion an ihn ist, interesselos zu werden, damit er etwas zu wissen bekomme; die Forderung des Ethischen an ihn ist, unendlich interessiert am Existieren zu sein.

Die einzige Wirklichkeit, die es für einen Existierenden gibt, ist seine eigene ethische; um alle andere weiß er nur, aber das wahre Wissen ist ein Übersetzen in die Möglichkeit.

Die Zuverlässigkeit der Sinneswahrnehmung ist Betrug. Das hat schon die griechische Skepsis hinreichend nachgewiesen, und der moderne Idealismus ebenso. Die Zuverlässigkeit, die das Wissen um das Historische haben will, ist auch nur Betrug, insofern sie die Zuverlässigkeit der Wirklichkeit sein will, weil der Wissende erst dann um eine historische Wirklichkeit weiß, wenn er sie in Möglichkeit aufgelöst hat. [...] Die Abstraktion ist die Möglichkeit, die vorausgehende oder die nachfolgende. Das reine Denken ist ein Phantom.

Die wirkliche Subjektivität ist nicht die wissende, denn durch das Wissen ist der Mensch im Medium der Möglichkeit, sondern die ethisch existierende Subjektivität. Ein abstrakter Denker ist wohl da, aber daß er existiert, ist eher wie eine Satire über ihn. Daß er sein Dasein dadurch beweist, daß er denkt, ist ein sonderbarer Widerspruch; denn in demselben Grade, wie er abstrakt denkt, in demselben Grade abstrahiert er gerade davon, daß er da ist. Insofern wird allerdings sein Dasein als eine Voraussetzung deutlich, von der er sich losreißen will, aber die Abstraktion selbst wird doch wohl damit ein sonderbarer Beweis für sein Dasein, da sein Dasein gerade aufhören würde, wenn sie ihm ganz gelänge. Das cartesianische cogito ergo sum[x] ist oft genug wiederholt worden. Versteht einer unter diesem Ich in cogito einen einzelnen Menschen, so beweist der Satz nichts: ich *bin* denkend, also bin ich; aber *bin* ich denkend, was Wunder, daß ich bin, das ist ja schon gesagt, und das erste sagt sogar noch mehr als das letzte. Wenn also einer unter dem Ich, das in cogito steckt, einen einzelnen existierenden Menschen versteht, dann ruft die Philosophie: Torheit, Torheit, hier ist nicht von meinem Ich oder deinem Ich die Rede, sondern von dem reinen Ich. Aber dieses reine Ich kann doch wohl keine andere Existenz haben als Gedankenexistenz. Was soll dann die Form des Schlusses bedeuten? Dann schließt man ja gar nicht, denn dann ist der Satz eine Tautologie.

Wenn gesagt wird, daß der abstrakte Denker, weit davon entfernt, durch sein Denken zu beweisen, daß er da ist, eher klarmache, daß es seiner Abstraktion nicht ganz gelingen wolle, das Entgegengesetzte zu beweisen, wenn dies gesagt wird, dann daraus umgekehrt schließen zu wollen, daß ein Existierender, der wirklich existiert, gar nicht denke, so ist das ein willkürliches Mißverständnis. Wahrlich denkt er, aber er denkt umgekehrt alles in Relation zu sich, unendlich interessiert am Existieren. Sokrates war dergestalt wahrlich denkend, aber er setzte alles andere Wissen in die Indifferenz, unendlich das ethische Wissen akzentuierend, das sich zu dem an der Existenz unendlich interessierten, existierenden Subjekt verhält.

Vom Denken aufs Dasein zu schließen, ist also ein Widerspruch; denn das Denken nimmt gerade umgekehrt vom Wirklichen das Dasein fort und denkt es, indem es das Wirkliche aufhebt, indem es das Wirkliche in die Möglichkeit übersetzt [...] (UN II, 1–18)

[...] im reinen Denken kann überhaupt nicht wirklich nach der Verschiedenheit (von Denken und Sein) gefragt werden. – Daß das Denken Realität habe, nahm die griechische Philosophie ohne weiteres an. Durch eine Reflexion auf sie mußte man zum gleichen Resultat kommen; aber warum verwechselte man Gedankenrealität mit Wirklichkeit? Gedankenrealität ist Möglichkeit und das Denken hat nur jede weitere Frage, ob das nun wirklich sei, abzuweisen.

***

Schon im Verhältnis Hegels zu Kant zeigt sich die Mißlichkeit der „Methode". Eine Skepsis, die das Denken selbst in Beschlag nimmt, kann nicht dadurch zum Stehen gebracht werden, daß man sie durchdenkt; denn das muß ja durch das Denken geschehen, das auf seiten des Aufrührers ist. Sie muß (vielmehr) abgebrochen werden. Kant innerhalb des phantastischen Schattenspiels des reinen Denkens beantworten, heißt ihn gerade nicht beantworten. – Das einzige An-sich, das sich nicht denken läßt, ist das Existieren, mit dem das Denken gar nichts zu tun hat. Wie sollte es da aber möglich sein, daß das reine Denken diese Schwierigkeit sollte aufheben können, da es als reines Denken abstrakt ist; wovon aber abstrahiert das reine Denken? Von der Existenz, und also von dem, was es erklären sollte.

***

Wenn sich das Existieren nicht denken läßt, und der Existierende doch denkend ist, was will das denn heißen? Das heißt, er denkt momentweise, er denkt im voraus und er denkt hintennach. Die absolute Kontinuierlichkeit kann sein Denken nicht bekommen. Nur phantastischerweise kann ein Existierender beständig unter der Form der Ewigkeit (sub specie aeterni) sein.

***

Ist Denken dasselbe wie Erschaffen, wie Dasein geben? Ich weiß sehr wohl, und werde bereitwilligst die Richtigkeit dessen einräumen, was man gegen einen törichten Angriff auf den philosophischen Satz von der Identität von Denken und Sein eingewandt hat. Man hat also richtig eingewandt: daß Denken und Sein eins seien, dürfe nicht in bezug auf die unvollkommenen Existenzen so verstanden werden, als ob ich z. B. durch das Denken einer Rose ebendiese hervorbrächte. (In demselben Sinne hat man auch mit einer gewissen Geringschätzung gegenüber den Verfechtern des Satzes vom Widerspruch gezeigt, daß dieser sich gerade bei den niedrigsten Existenzen, im Verstandesverhältnis zwischen Endlichkeiten: vorn und hinten, rechts und links, hinauf und hinunter usw., am vorteilhaftesten ausnehme.) Aber in bezug auf die vollkommnere Existenz also gilt, daß Denken und Sein eins sind? So z. B. in bezug auf die Ideen. Jawohl. Hegel hat ganz recht; und doch sind wir nicht einen Schritt weiter gekommen. Das Gute, das Schöne, die Ideen sind an sich so abstrakt, daß sie gegen Existenz gleichgültig sind, und zwar gleichgültig gegen andere als Gedankenexistenz. Der Grund also, weshalb es da mit der Identität von Denken und Sein seine Richtigkeit hat, ist der, daß hier unter Sein nichts anderes als Denken verstanden werden kann. Aber dann ist die Antwort also eine Antwort auf etwas, wonach dort, wo die Antwort zu Hause ist, nicht gefragt werden kann. Und nun ist doch wohl ein einzelner existierender Mensch keine Idee, und seine Existenz doch wohl etwas anderes als die Gedankenexistenz der Idee? Existieren (im Sinne von: dieser einzelne Mensch sein) ist wohl eine Unvollkommenheit im Vergleich mit dem ewigen Leben der Idee, jedoch eine Vollkommenheit dem gegenüber, gar nicht zu sein. Solch ein Zwischenzustand ist ungefähr das Existieren, etwas, was für ein Zwischenwesen, wie es der Mensch ist, paßt. Also, wie steht es mit der vermeintlichen Identität von Denken und Sein bezüglich der Art von Existenz, wie sie die eines einzelnen existierenden Menschen ist? Bin ich das Gute, weil ich es denke, oder bin ich gut, weil ich das Gute denke? Keineswegs. Bin ich da, weil ich es denke? Die Verteidiger des philosophischen Satzes von der Identität von Denken und Sein sagten ja selbst, daß er nicht für die unvollkommenen Existenzen gelte; ist denn nun das Existieren als einzelner Mensch eine vollkommene Idee-Existenz? Und gerade danach wird ja gefragt. Hier gilt wohl umgekehrt: weil ich da bin und denkend bin, deshalb denke ich, daß ich da bin. Die Existenz scheidet hier die ideelle Identität von Denken und Sein; ich muß existieren, um denken zu können, und ich muß denken können (z. B. das Gute), um darin zu existieren. Als dieser einzelne Mensch zu existieren ist keine so unvollkommene Existenz wie z. B. die, eine Rose zu sein. Darum sagen wir Menschen ja auch, wie unglücklich wir auch immer sein mögen, es sei doch immer etwas Gutes, zu existieren; wobei ich mich eines Schwermütigen erinnere, der einmal mitten in seinem Leiden, als er sich wünschte, tot zu sein, beim Anblick eines Korbes Kartoffeln sich selbst die Frage stellte, ob er nicht doch mehr Freude am Existieren habe als eine Kartoffel. Aber ein einzelner Mensch zu sein ist auch keine reine Idee-Existenz. In der Weise existiert nur der reine Mensch, und d. h. der existiert nicht. Die Existenz ist beständig das Einzelne, das Abstrakte existiert nicht. Daß daraus folgen sollte, daß das Abstrakte keine Realität habe, ist ein Mißverständnis; es ist aber auch ein Mißverständnis, die Rede dadurch zu verwirren, daß man nach Existenz in bezug darauf fragt oder nach Wirklichkeit in der Bedeutung von Existenz. Wenn also ein Existierender nach dem Verhältnis zwischen Denken und Sein, zwischen dem Denken und dem, was Existieren heißt, fragt und die Philosophie erklärt, daß dieses Verhältnis das der Identität sei, dann antwortet sie nicht auf die Frage, denn sie antwortet dem Frager nicht. Die Philosophie erklärt: Denken und Sein sind eins, doch nicht in bezug auf das, was einzig und allein ist, was es ist, dadurch daß es da ist, z. B. eine Rose, die gar nicht Idee in sich hat; also nicht in bezug darauf, wo man am deutlichsten sieht, was Existieren als Gegensatz zum Denken ist. Aber Denken und Sein sind eins in bezug auf das, dessen Existenz wesentlich gleichgültig ist, weil es so abstrakt ist, daß es nur Gedankenexistenz hat. Aber damit hat man die Antwort auf das eigentlich Gefragte: das Existieren als ein einzelner Mensch übergangen. Das ist nämlich nicht Sein in demselben Sinne, wie eine Kartoffel ist, aber auch nicht in demselben Sinne, wie die Idee ist. Die menschliche Existenz hat Idee in sich, ist aber doch nicht Idee-Existenz. [...] (UN II, 31–33)

[...] – Ich kann von mir selbst abstrahieren; aber daß ich von mir selbst abstrahiere, bedeutet ja gerade, daß ich zugleich da bin.

***

Gott denkt nicht, er erschafft; Gott existiert nicht, er ist ewig. Der Mensch denkt und existiert, und Existenz scheidet Denken und Sein, hält sie in Sukzession auseinander.

***

Was ist abstraktes Denken? Es ist das Denken, wo es keinen Denkenden gibt. Es sieht ab von allem anderen als dem Gedanken, und nur der Gedanke ist, in seinem eigenen Medium. Die Existenz ist nicht gedankenlos; aber in der Existenz ist der Gedanke in einem fremden Medium. Was soll es da heißen, in der Sprache des abstrakten Denkens nach der Wirklichkeit in der Bedeutung von Existenz zu fragen, da die Abstraktion gerade davon absieht? – Was ist konkretes Denken? Es ist das Denken, wo es einen Denkenden gibt und ein bestimmtes Etwas (in der Bedeutung von etwas Einzelnem), das gedacht wird; wo die Existenz dem existierenden Denker den Gedanken, die Zeit und den Raum gibt. [...] (UN II, 35)

2 Das denkende Subjekt

Während das objektive Denken gegen das denkende Subjekt und dessen Existenz gleichgültig ist, ist der subjektive Denker als existierender wesentlich an seinem eigenen Denken interessiert und existiert in ihm. Deshalb hat sein Denken eine andere Art von Reflexion, nämlich die der Innerlichkeit, die des Besitzes, wodurch es diesem Subjekt und keinem anderen angehört. Während das objektive Denken alles aufs Resultat abstellt und der ganzen Menschheit zum Betrügen durch Abschreiben und Hersagen des Resultats und des Fazits verhilft, stellt das subjektive Denken alles auf das Werden ab und läßt das Resultat aus, teils weil es eben dem Denker gehört, da er den Weg hat, teils weil er als Existierender ständig im Werden ist, was ja jeder Mensch ist, der sich nicht wie ein Narr dazu hat verleiten lassen, objektiv zu werden, oder dazu, unmenschlicherweise die Spekulation zu werden.

Die Reflexion der Innerlichkeit ist die Doppelreflexion des subjektiven Denkers. Denkend denkt er das Allgemeine, aber als existierend in diesem Denken und es erwerbend in seiner Innerlichkeit wird er immer mehr subjektiv isoliert.

Die Verschiedenheit des subjektiven und objektiven Denkens muß sich auch in der Form der Mitteilung[2] äußern, d. h. der subjektive Denker muß sofort darauf aufmerksam werden, daß die Form künstlerisch ebensoviel Reflexion enthalten muß, wie er selbst existierend in seinem Denken davon hat. Wohlgemerkt: künstlerisch, denn das Geheimnis liegt nicht darin, daß er die Doppelreflexion direkt aussagt: eine solche Aussage ist gerade ein Widerspruch.

Die gewöhnliche Kommunikation zwischen Mensch und Mensch ist ganz unmittelbar, weil die Menschen im allgemeinen unmittelbar existieren. Wenn der eine etwas vorträgt und der andere sich wörtlich zu dem gleichen bekennt, so nimmt man von ihnen an, daß sie einig sind und einander verstanden haben. Gerade weil der Vortragende nicht auf die Doppelheit des Gedanken-Daseins aufmerksam ist, kann er auch nicht auf die Doppelreflexion der Mitteilung aufmerksam werden. Er ahnt daher nicht, daß diese Art von Einigkeit das größte Mißverständnis sein kann, und natürlich auch nicht, daß ebenso, wie sich der subjektiv existierende Denker durch die Doppelheit selbst frei gemacht hat, der springende Punkt der Mitteilung gerade darauf beruht, den anderen frei zu machen. Gerade deshalb darf er sich nicht direkt mitteilen, ja das zu tun ist sogar frevelhaft. Das letztere gilt um so mehr, je mehr das Subjektive das Wesentliche ist, und somit vor allem im Religiösen, wenn der Mitteilende nicht etwa Gott selbst ist oder sich auf die wunderhafte Vollmacht eines Apostels berufen darf, sondern wenn

---

2 Die Doppelreflexion liegt schon in der Idee der Mitteilung selbst, daß nämlich die in der Innerlichkeit der Isolation existierende Subjektivität (die durch die Innerlichkeit das Leben der Ewigkeit ausdrücken will, wo alle Sozialität und Gemeinschaft undenkbar ist, weil die Existenzkategorie der Bewegung sich hier nicht denken läßt, weshalb sich auch keine wesentliche Mitteilung denken läßt, weil jeder, wie anzunehmen ist, wesentlich alles besitzt) sich mitteilen will, also daß sie zu gleicher Zeit ihr Denken in der Innerlichkeit ihrer subjektiven Existenz haben und doch sich mitteilen will. [...]

er bloß Mensch ist und zugleich ein Freund davon, daß in dem, was er sagt und tut, Sinn und Verstand ist. Darum sieht der subjektive religiöse Denker, der um dies zu sein die Doppelheit des Daseins begriffen hat, leicht ein, daß die direkte Mitteilung ein Betrug gegen Gott ist (die Gott möglicherweise um eines anderen Menschen Anbetung in der Wahrheit betrügt), ein Betrug gegen sich selbst (als hätte er aufgehört, ein Existierender zu sein), ein Betrug gegen einen anderen Menschen (der nun möglicherweise nur ein relatives Gottesverhältnis erreicht) und ein Betrug, der ihn mit seinem ganzen Denken in Widerspruch bringt. Dies wiederum direkt auszusagen, würde wieder ein Widerspruch sein, weil die Form die direkte wäre trotz aller Doppelreflexion der Aussage. Von einem Denker zu fordern, er solle in der Form, die er seiner Mitteilung gibt, seinem ganzen Denken und seiner Weltanschauung entgegenreden; ihn damit zu trösten, daß er so Nutzen stifte; ihn sich überzeugt fühlen zu lassen, daß keiner viel danach fragt, ja daß es in unseren objektiven Zeiten keiner merke, da solche weiteren Konsequenzen nur Narrenpossen seien, die jeder systematische Lohndiener für nichts achte: ja, das sind gute Ratschläge, die obendrein nicht einmal teuer sind. Gesetzt also, es wäre die Lebensanschauung eines religiös existierenden Subjekts, daß man keine Schüler haben dürfe, daß das Verrat gegen Gott sowohl als auch gegen die Menschen sei; gesetzt, er wäre etwas dumm (denn gehört schon ein wenig mehr als Ehrlichkeit dazu, um durch die Welt zu kommen, so ist Dummheit immer vonnöten, um so recht sein Glück zu machen und so recht von vielen verstanden zu werden) und sagte das direkt mit Salbung und Pathos: was dann? Ja, dann würde er verstanden werden, und es würden sich bald zehn melden, die, nur um einmal in der Woche umsonst rasiert zu werden, mit der Verkündigung dieser Lehre ein Engagement suchen würden, d. h. er hätte das überaus große Glück gehabt, zur weiteren Bestätigung seiner Lehre Schüler zu bekommen, die diese Lehre annähmen und verbreiteten, daß man keine Schüler haben dürfe.

Das objektive Denken ist ganz gleichgültig gegen die Subjektivität und damit gegen die Innerlichkeit und die Aneignung; seine Mitteilung ist daher direkt. Es versteht sich von selbst, daß es darum keineswegs leicht zu sein braucht, aber es ist direkt, es hat nicht den Trug und die Kunst der Doppelreflexion, es hat nicht die gottesfürchtige und humane Sorgfalt in der Mitteilung wie jenes subjektive Denken, es läßt sich auswendig hersagen. Das objektive Denken ist daher bloß auf sich selbst aufmerksam und ist daher keine Mitteilung[3], wenigstens keine künstlerische Mitteilung, insofern da doch immer gefordert werden würde, den Empfänger zu bedenken und auf die Form der Mitteilung hinsichtlich des Mißverstehens des Empfängers zu achten. Das objektive Denken[4] ist wie die meisten Menschen so herzlich gut und mitteilsam; es teilt sich ohne weiteres mit und greift im Höchstfall zu Beteuerungen seiner Wahrheit, zu Empfehlungen, zu Verheißungen, daß alle Menschen einmal diese Wahrheit annehmen werden – so sicher ist es. Oder vielleicht eher so unsicher, denn die Beteuerung, und die Empfehlung und die Verheißung, die ja freilich der anderen wegen geäußert werden, die sie annehmen sollen, dürften vielleicht auch wegen des Lehrers geäußert werden, der der sicheren und verläßlichen Stimmenmehrheit bedarf. Verweigert ihm die Mitwelt diese, so zieht er Wechsel auf die Nachwelt – so sicher ist er. Diese Sicherheit hat etwas gemein mit der Unabhängigkeit, die, unabhängig von der Welt, die Welt als Zeugen ihrer Unabhängigkeit braucht, um dessen sicher zu sein, daß man unabhängig ist.

Die Form der Mitteilung ist etwas anderes als der Ausdruck der Mitteilung. Wenn der Gedanke seinen rechten Ausdruck im Wort gefunden hat, was durch die erste Reflexion erreicht wird, dann kommt die zweite Reflexion, die das eigene Verhältnis der Mittei-

---

3 So geht es immer mit dem Negativen; wo es unbewußt dabei ist, verwandelt es das Positive gerade in das Negative; hier verwandelt es die Mitteilung in Illusion, weil das Negative in der Mitteilung nicht gedacht wurde, sondern diese ganz allein nur positiv gedacht ist. Im Trug der Doppelreflexion ist die Negativität der Mitteilung gedacht, und daher ist diese Mitteilung, die im Vergleich mit jener anderen Mitteilung, wie es scheint, keine ist, gerade Mitteilung.

4 Man muß sich beständig dessen erinnern, daß ich vom Religiösen rede, wo das objektive Denken, wenn es das Höchste sein soll, gerade Irreligiosität ist. Überall dagegen, wo das objektive Denken in seinem Recht ist, da ist auch seine direkte Mitteilung in der Ordnung, weil es gerade nicht mit der Subjektivität zu tun haben soll.

lung zum Mitteilenden betrifft und das eigene Verhältnis des existierenden Mitteilenden zur Idee wiedergibt. Wir wollen noch einmal ein paar Beispiele anführen, wir haben ja Zeit genug; denn was ich schreibe, ist ja nicht der erwartete letzte §, mit dem das System fertig ist. Gesetzt[5] also, es wollte jemand folgende Überzeugung mitteilen: die Wahrheit ist die Innerlichkeit; es gibt objektiv keine Wahrheit, sondern die Aneignung ist die Wahrheit. Gesetzt, er besäße Eifer und Begeisterung, um es sagen zu können; denn wenn die Leute das hörten, dann wären sie gerettet. Gesetzt, er sagte das bei jeder Gelegenheit und ergriffe nicht nur die leicht in Schweiß Geratenden, sondern auch abgehärtete Menschen: was dann? Dann würden sich wohl einige Arbeiter finden, die an dem Markte müßig gestanden hätten und erst auf diesen Ruf hin in den Weinberg gingen, um zu arbeiten – nämlich diese Lehre allen zu verkündigen. Und was dann? Dann hätte er sich selbst noch weiter widersprochen, wie er gleich von Anfang an sich widersprochen hatte, weil schon der Eifer und die Begeisterung, es sagen zu können und es hören zu lassen, ein Mißverständnis war. Die Hauptsache ist ja gerade, verstanden zu werden, und die Innerlichkeit des Verstehens würde ja gerade darin bestehen, daß es der Einzelne bei sich selbst verstände. Nun, hat er es gar dazu gebracht, Ausrufer zu bekommen. Und ein Ausrufer von Innerlichkeit ist ein sehenswertes Tier. Um wirklich eine solche Überzeugung mitzuteilen, dazu ist Kunst und Selbstbeherrschung erforderlich; genug Selbstbeherrschung, um in Innerlichkeit zu erfassen, daß das Gottesverhältnis des einzelnen Menschen die Hauptsache ist und daß die Geschäftigkeit eines Dritten Mangel an Innerlichkeit und Überfluß an liebenswürdiger Dummheit bedeutet; und genug Kunst, um unerschöpflich, wie es die Innerlichkeit ist, die doppeltreflektierte Form der Mitteilung zu variieren. Je mehr Kunst, desto mehr Innerlichkeit; ja, hätte er viel Kunst, könnte er sogar gern sagen, daß er sie gebrauche, dessen sicher, daß er im

---

[5] Ich sage bloß: gesetzt, und unter dieser Form darf ich ja das Gewisseste und das Widersinnigste bringen; denn selbst das Gewisseste wird ja nicht als das Gewisseste gesetzt, sondern wird nur als das Angenommene gesetzt, um die Sache zu klären; und selbst das Widersinnigste wird ja nicht wesentlich gesetzt, sondern als angenommen, um das Konsequenz-Verhältnis zu beleuchten.

nächsten Augenblick die Innerlichkeit der Mitteilung sichern könne, weil er ja unendlich besorgt ist, seine eigene Innerlichkeit zu bewahren, welche Sorge den Besorgten vor aller positiven Geschwätzigkeit rettet. – Gesetzt, es wollte jemand mitteilen, daß nicht die Wahrheit die Wahrheit sei, sondern daß der Weg die Wahrheit sei, d. h. daß die Wahrheit nur im Werden sei, im Prozeß der Aneignung, daß es also kein Resultat gebe; gesetzt, er wäre ein Menschenfreund, der das notwendigerweise allen Menschen anzeigen müsse; gesetzt, er schlüge den vortrefflichen abschneidenden Richtweg ein, es in direkter Form im Bekanntmachungs- und Anzeigenblatt mitzuteilen, wodurch er eine Masse Anhänger gewönne, während der künstlerische Weg trotz äußerster Anstrengung seinerseits es unentschieden ließe, ob er irgendeinem Menschen geholfen habe: was dann? Ja, dann würde seine Aussage gerade ein Resultat. – Gesetzt, es wollte einer mitteilen, daß alles Rezipieren ein Produzieren sei; gesetzt, er wiederholte es so häufig, daß dieser Satz sogar auf Vorlagen fürs Schönschreiben gebraucht würde: dann hätte er freilich seinen Satz bestätigt bekommen! – Gesetzt, es wollte einer die Überzeugung mitteilen, daß das Gottesverhältnis eines Menschen ein Geheimnis sei; gesetzt, er wäre ein so recht netter, angenehmer Mann, der andere Menschen so überaus gern hätte, daß das aus ihm heraus müßte. Gesetzt, er hätte doch noch soviel Verstand, daß er etwas merkte von dem Widerspruch, der darin liegt, daß er dies direkt mitteilte, und er es also gegen ihr Schweigeversprechen mitteilte: was dann? Dann müßte er entweder annehmen, daß der Schüler weiser sei als der Lehrer, daß nämlich der Schüler wirklich schweigen könne, was der Lehrer nicht konnte (eine ganz ausgezeichnete Satire über das Lehrersein!), oder er müßte so im Galimathias das Glück gefunden haben, daß er den Widerspruch gar nicht entdeckte. Es ist sonderbar mit diesen netten, angenehmen Menschen. Daß es aus ihnen heraus muß, ist doch etwas so Rührendes – und etwas so Eitles, zu glauben, daß ein anderer Mensch in seinem Gottesverhältnis unsern Beistand brauche, als ob Gott sich und dem Betreffenden nicht schon selbst helfen könnte. Aber es ist allerdings ein bißchen anstrengend, existierend den Gedanken festzuhalten, daß man vor Gott nichts ist, daß es mit all unseren Anstrengungen ein Scherz ist; und ist ein bißchen eine harte Zucht, jeden Menschen so zu ehren, daß man sich nicht direkt in sein Gottesverhältnis einzumischen wagt, teils weil man genug mit seinem eigenen zu tun haben soll, teils weil Gott kein Freund von Fürwitz ist.

Überall, wo in der Erkenntnis das Subjektive von Wichtigkeit ist, wo also die Aneignung die Hauptsache ist, da ist die Mitteilung ein Kunstwerk, sie ist doppeltreflektiert, und ihre erste Form besteht gerade in dem Ränkevollen, daß die Subjektivitäten gottesfürchtig auseinandergehalten werden müssen und nicht gerinnend in Objektivität zusammenlaufen. Dies ist das Abschiedswort der Objektivität an die Subjektivität.

Die gewöhnliche Mitteilung, das objektive Denken hat keine Geheimnisse, erst das doppeltreflektierte subjektive Denken hat Geheimnisse, d.h. all sein wesentlicher Inhalt ist wesentlich Geheimnis, weil er sich nicht direkt mitteilen läßt. Das ist die Bedeutung des Geheimnisses. Daß die Erkenntnis nicht direkt ausgesagt werden kann, weil das Wesentliche an ihr gerade die Aneignung ist, bewirkt, daß sie für jeden ein Geheimnis bleibt, der nicht auf dieselbe Weise bei sich selbst doppeltreflektiert ist; daß aber das die wesentliche Form der Wahrheit ist, bewirkt, daß diese auf keine andere Weise gesagt werden kann. Wenn einer es daher direkt mitteilen will, so ist er dumm; und wenn einer es von ihm verlangen will, dann ist er auch dumm. Einer solchen trügerischen künstlerischen Mitteilung gegenüber würde die übliche menschliche Dummheit rufen: das ist Egoismus. Wenn dann die Dummheit siegte und die Mitteilung direkt würde, so hätte die Dummheit soviel gewonnen, daß der Mitteilende ebenso dumm geworden wäre.

Man kann zwischen dem wesentlichen und dem zufälligen Geheimnis unterscheiden. Es ist z.B. ein zufälliges Geheimnis, was in einem Geheimen Staatsrat gesagt worden ist, solange es noch nicht bekannt ist; denn die Aussage selbst kann direkt verstanden werden, sobald sie bekannt wird. Es ist ein zufälliges Geheimnis, daß keiner weiß, was in einem Jahr geschieht; denn wenn es geschehen ist, wird man es direkt verstehen können. Wenn dagegen Sokrates sich durch seinen Dämon von jedem Verhältnis isolierte und z.B. posito annahm, daß jeder so handeln müsse, so würde eine solche Anschauung vom Leben wesentlich ein Geheimnis oder ein wesentliches Geheimnis bleiben, denn sie ließe sich nicht direkt mitteilen. Das Höchste, was er vermochte, war, künstlerisch mäeutisch[xi] einem anderen negativ zu demselben zu verhelfen. All das Subjektive, das sich durch seine dialektische Innerlichkeit der direkten Form der Äußerung entzieht, ist ein wesentliches Geheimnis.

Die Form einer solchen Mitteilung in ihrer unerschöpflichen Kunst entspricht dem eigenen Verhältnis des existierenden Subjekts zur Idee und gibt es wieder. Um dies in der Form des Experiments deutlich zu machen, ohne zu entscheiden, ob sich wirklich jemand dessen existierend bewußt gewesen ist oder nicht, d. h. so existiert hat oder nicht, will ich das Existenz-Verhältnis andeuten.

[...]

Da das existierende Subjekt eben existierend ist (und das ist doch das Los jedes Menschen, ausgenommen das der Objektiven, die das reine Sein haben, um darin zu sein), so ist es ja im Werden. Wie denn seine Mitteilung in der Form wesentlich mit seiner eigenen Existenz konform sein muß, so muß sein Denken der Form der Existenz entsprechen. Ein jeder kennt nun die Dialektik des Werdens von Hegel her. Was im Werden die Alternation zwischen Sein und Nichtsein ist (eine Bestimmung, die jedoch etwas undeutlich ist, insofern das Sein selbst zugleich das Kontinuierliche in der Alternation ist), das ist später das Negative und das Positive.

Man hört in unserer Zeit oft genug vom Negativen und von negativen Denkern reden, man hört aus diesem Anlaß oft genug den Wortschwall der Positiven und ihre Dankgebete zu Gott und Hegel, daß sie nicht seien wie jene Negativen, sondern Positive geworden seien. Das Positive beim Denken läßt sich nun auf folgende Bestimmungen beziehen: sinnliche Gewißheit, historisches Wissen und spekulatives Resultat. Aber dieses Positive ist gerade das Unwahre. Die sinnliche Gewißheit ist Trug (vergl. die griechische Skepsis und die ganze Darstellung in der neueren Philosophie, woraus man sehr vieles lernen kann); das historische Wissen ist Sinnestäuschung (da es Approximationswissen ist); und das spekulative Resultat ist Blendwerk. All dieses Positive drückt nämlich nicht den Zustand des erkennenden Subjekts in der Existenz aus und betrifft daher ein fingiertes objektives Subjekt. Mit einem solchen sich selbst verwechseln heißt angeführt werden und angeführt sein. Jedes Subjekt ist ein existierendes Subjekt, und daher muß sich dieses in all seinem Erkennen ausdrücken, und zwar so, daß es das Erkennen an einem illusorischen Sichabschließen in Sinnengewißheit, in historischem Wissen und in illusorischem Resultat hindert. Im historischen Wissen bekommt der Mensch eine Menge von der Welt zu wissen, aber nichts von sich selbst; er bewegt sich ständig in der Sphäre des Approximationswissens, während er in seiner vermeintlichen Positivität sich einbildet, die Gewißheit zu haben, die sich doch nur in der Unendlichkeit haben läßt, in der er doch als Existierender nicht sein kann, aber beständig ankommen kann. Nichts Historisches kann mir unendlich gewiß werden, dies ausgenommen, daß ich da bin (was wieder nicht für ein anderes Individuum unendlich gewiß werden kann, das wiederum nur so um sein eigenes Dasein unendlich weiß), was nichts Historisches ist. Das spekulative Resultat ist insofern Illusion, als das existierende Subjekt denkend davon abstrahieren will, daß es existierend ist, und sub specie aeterni sein will.

Die Negativen haben daher beständig den Vorteil, etwas Positives zu haben, nämlich das, daß sie auf das Negative aufmerksam sind. Die Positiven haben überhaupt nichts, denn sie sind betrogen. Gerade weil das Negative im Dasein vorhanden ist und überall vorhanden ist (denn Dasein, Existenz ist beständig im Werden), darum kommt es darauf an, als einzige Rettung davor, beständig darauf aufmerksam zu sein. Dadurch daß das Subjekt positiv sicher gemacht wird, ist es gerade angeführt.

Die Negativität, die im Dasein ist, oder richtiger: die Negativität des existierenden Subjekts (die sein Denken wesentlich in adäquater Form wiedergeben muß) ist in der Synthese des Subjekts begründet, daß es ein existierender unendlicher Geist ist. Die Unendlichkeit und das Ewige sind das einzige Gewisse, aber indem es im Subjekt ist, ist es im Dasein, und der erste Ausdruck dafür ist seine Trüglichkeit und dieser ungeheure Widerspruch, daß das Ewige wird, daß es entsteht.

Da kommt es darauf an, daß das existierende Subjekt für sein Denken eine Form hat, worin es dies wiedergeben kann. In der direkten Aussage sagt es gerade etwas Unwahres, wenn es dies sagt; denn in der direkten Aussage ist gerade das Trügliche ausgelassen, so daß also die Form der Mitteilung Verwirrung stiftet, wie wenn die Zunge des Epileptischen das verkehrte Wort sagt, wenn auch der Redende es vielleicht nicht so deutlich merkt wie der Epileptische. Nehmen wir ein Beispiel. Das existierende Subjekt ist ewig, aber als existierend ist es zeitlich. Das Trügerische der Unendlichkeit besteht nun darin, daß in jedem Augenblick die Möglichkeit des Todes vorhanden ist. Alles positive Sicherheitsgefühl ist auf diese Weise verdächtig gemacht. Bin ich mir dessen nicht in jedem Augenblick bewußt, so ist mein positives Vertrauen zum Leben eine Kinderei, desungeachtet daß es spekulativ und auf seinem systematischen Kothurn[xii] vornehm geworden ist. Bleibe ich mir aber dessen bewußt, so ist der Gedanke der Unendlichkeit so unendlich, daß er meine Existenz gleichsam in ein verschwindendes Nichts verwandelt. Wie gibt nun das existierende Subjekt diese seine Gedanken-Existenz wieder? Daß es sich so mit dem Existieren verhält, weiß jeder Mensch, aber die Positiven wissen es positiv, d. h. sie wissen es gar nicht – aber das versteht sich, sie sind ja auch eifrig mit der ganzen Weltgeschichte beschäftigt. Einmal im Jahr bei einer feierlichen Gelegenheit ergreift sie dieser Gedanke, und nun sagen sie in der Form der Beteuerung aus, daß es so sei. Aber daß sie es nur einmal bei einer feierlichen Gelegenheit bemerken, verrät zur Genüge, daß sie sehr positiv sind, und daß sie es im Gewißheitsgefühl der Beteuerung sagen, zeigt, daß sie, selbst während sie es aussprechen, nicht wissen, was sie sagen, weshalb sie es auch im nächsten Augenblick wieder vergessen können. Für solche negative Gedanken ist nämlich die trügerische Form die einzig adäquate, weil die direkte Mitteilung in der Zuverlässigkeit des Kontinuierlichen wurzelt, wohingegen das trügerische Dasein, wofern ich es auffasse, mich isoliert. Wer darauf aufmerksam ist, wer sich damit genügen läßt, Mensch zu sein, und Stärke und Muße genug hat, sich nicht betrügen lassen zu wollen, um dann, von Gleichgesinnten bewundert und vom Dasein verspottet, über die ganze Weltgeschichte sprechen zu dürfen: der meidet die direkte Aussage. Bekanntlich war Sokrates ein Tagedieb, der sich weder um die Weltgeschichte noch um die Astronomie kümmerte (diese gab er, wie Diogenes erzählt, auf, und wenn er später stillstand und vor sich hinstarrte, kann ich doch nicht, ohne übrigens eine Entscheidung darüber fällen zu wollen, was er eigentlich trieb, annehmen, daß er nach den Sternen sah), sondern viel Zeit und Eigenheit genug hatte, sich um das einfache M e n s c h l i c h e zu kümmern, eine Bekümmerung, die sonderbarerweise als Eigenheit betrachtet wird bei M e n s c h e n , während es dagegen ganz und gar nicht sonderbar ist, eifrig mit der Weltgeschichte, der Astronomie u. dergl. beschäftigt zu sein. [...] Dieser Wahnsinn in erster Instanz kann dann zugleich für Sokrates bedeutet haben, daß er, während er mit den Menschen sprach, in dem, was er sagte, zugleich ganz privatim mit der Idee konferierte, was keiner verstehen kann, der nur direkt reden kann, und was nichts nützt, ein für allemal zu sagen, da das Geheimnis gerade darin besteht, daß es immer und überall zur Stelle sein muß im Gedanken und in dessen Ausdruck, ebenso wie es überall im Dasein zur Stelle ist. Es ist insofern gerade das Richtige, daß man nicht verstanden wird; denn dadurch ist man ja gegen Mißverstehen gesichert. [...]

Der subjektive existierende Denker, der die Unendlichkeit in seiner Seele hat, hat sie immer, und daher ist seine Form beständig negativ. Wenn dem so ist, wenn er wirklich existierend die Form des Daseins in seiner Existenz ausdrückt, so ist er existierend beständig ebenso negativ wie positiv; denn seine Positivität besteht in der fortgesetzten Verinnerlichung, in welcher er um das Negative weiß. Unter den sogenannten Negativen gibt es indes manche, die, nachdem sie vom Negativen Wind bekommen haben, dem Positiven verfallen und mit Geschrei in die Welt hinausgehen, um ihre beglückende negative Weisheit anzuempfehlen, aufzunötigen und feilzubieten – und ein Resultat kann man ja auch ausrufen, wie man holsteinische Heringe usw. ausruft. Viel klüger als die Positiven sind diese Ausrufer nicht, wohingegen es eine Inkonsequenz von den Positiven ist, so böse auf sie zu werden, denn wesentlich sind sie Positive. Die Ausrufer sind nicht existierende Denker, sie waren es vielleicht einmal, bis sie das Resultat fanden; von dem Augenblick an existieren sie nicht länger als Denker, sondern als Ausrufer und Auktionatoren.

Aber der eigentlich subjektive existierende Denker ist beständig ebenso negativ wie positiv und umgekehrt; er ist es beständig, so lange er existiert, nicht ein für allemal in einer schimärischen Mediation. Seine Mitteilung ist dementsprechend, also daß er nicht dadurch, daß er so außerordentlich mitteilsam ist, die Existenz eines Lernenden sinnlos in etwas anderes verwandelt, als was eine menschliche Existenz überhaupt ist. Er weiß, daß das Unendliche negativ ist in Bezug auf das Dasein, er hält beständig diese Wunde der Negativität offen, was ja zuweilen das Rettende ist (die anderen lassen die Wunde zuwachsen und werden Positive – Betrogene); in seiner Mitteilung drückt er das gleiche aus. Er ist daher niemals ein Lehrer, sondern ein Lernender, und wenn er beständig ebenso negativ wie positiv ist, so ist er beständig strebend.

Auf diese Weise entgeht ja freilich einem solchen subjektiven Denker etwas, er bekommt nicht die positive wohlige Freude am Leben. Für die meisten Menschen verändert sich das Leben, wenn sie in ihrem Forschen bis zu einem bestimmten Punkt gekommen sind; sie verheiraten sich, nehmen Stellungen fürs Leben ein, denen zufolge sie, um der Schande zu entgehen, etwas fertig haben, Resultate haben müssen (denn die Geniertheit vor Menschen gebietet, ein Resultat zu haben; was die Scham vor dem Gott gebieten könnte, daran denkt man weniger), dann halten sie sich selbst wirklich für fertig oder müssen sich der Sitte und des Brauchs halber dafür halten, oder seufzen und klagen einmal darüber, daß es so vieles gibt, was sie am Streben hindert (welche Beleidigung gegen den Gott, wenn der Seufzer ihn suchen würde; welche Beleidigung gegen den Gott, wenn der Seufzer auch nur so der Sitte und des Brauchs halber ausgestoßen würde; welch Widerspruch, darüber zu seufzen, daß man nicht dem Höheren nachjagen könne, weil man nach dem Niederen greift, anstatt das Seufzen zu unterlassen und das Greifen nach dem Niedrigeren zu unterlassen!); dann beschäftigen sie sich auch ab und zu damit, ein bißchen zu streben, aber das Spätere ist doch nur die spärliche Randbemerkung zu dem längst fertigen Text. Auf diese Weise wird man davon befreit, daß man ausübend (exequierend) auf die anstrengenden Schwierigkeiten aufmerksam wird, die die einfachste Aussage über das in der Eigenschaft als (qua) Mensch Existieren enthält, während man als positiver Denker Bescheid weiß über die Weltgeschichte und die privatissima Gottes des Herrn.

Der Existierende ist beständig im Werden; der wirklich existierende subjektive Denker bildet beständig diese seine Existenz denkend nach und setzt all sein Denken in das Werden. Es ist hiermit beschaffen wie mit dem Stil-Haben; nur der hat eigentlich Stil, der nie etwas auf Vorrat hat, sondern jedesmal, wenn er beginnt, „die Wasser der Sprache bewegt“, so daß der alleralltäglichste Ausdruck für ihn mit neugeborener Ursprünglichkeit ersteht.

Dies stete Im-Werden-Sein ist der Unendlichkeit Hinterlist gegen das Dasein. Es kann den sinnlichen Menschen zur Verzweiflung bringen, denn man fühlt doch ständig den Drang, etwas Fertiges zu haben; aber dieser Drang ist vom Übel, und man muß ihm absagen. Das unaufhörliche Werden ist die Ungewißheit des Erdenlebens, worin alles ungewiß ist. Das weiß ja auch jeder Mensch, und sagt es auch dann und wann, besonders bei feierlichen Gelegenheiten, nicht ohne Schweiß und Tränen, sagt es direkt und rührt andere und wird selbst gerührt – und zeigt durch die Tat, was er schon durch die Form seiner Aussage zeigte, daß er nicht versteht, was er selbst sagt[6]. Lucian[xiii] läßt in der Unterwelt Charon folgende Geschichte erzählen: Ein Mann stand da in der Oberwelt und sprach mit einem seiner Freunde, den er zu sich zum Essen einlud und dem er ein seltenes Gericht versprach. Der Freund dankte für die Einladung. Da sagte der Mann: Aber laß es nun ja auch bestimmt sein, daß du kommst. Bestimmt, antwortete der Eingeladene. Dann trennten sie sich, und ein Dachziegel fiel herab und schlug den Eingeladenen tot – Ist das nicht zum Totlachen, fügt Charon hinzu. Gesetzt, der Eingeladene wäre ein Redner gewesen, der vielleicht einen Augenblick zuvor sich selbst und andere gerührt hätte, indem er davon redete, daß alles ungewiß sei! Denn so reden die Menschen: in dem einen Augenblick wissen sie alles, und in demselben Augenblick wissen sie es nicht. Und deshalb hält man es für Torheit und Wunderlichkeit, sich darum und um die Schwierigkeiten zu kümmern, weil ja jeder das weiß. Was nämlich nicht jeder weiß, was ein Differenz-Wissen ist, darum sich zu bekümmern, das ist herrlich; aber was jeder weiß, wo also der Unterschied in der Narrheit besteht, wie er es weiß, darum sich zu

---

6 Daran erkennt man die durchgebildete Individualität, wie dialektisch das Denken ist, in welchem sie ihr tägliches Leben hat. Sein tägliches Leben in der entscheidenden Dialektik der Unendlichkeit zu haben und doch weiter fortzuleben: das ist die Kunst. […]

bekümmern ist unnütze Mühe – man kann sich auch gar nicht wichtig damit tun. Gesetzt, der Eingeladene hätte vom Grunde der Ungewißheit aus geantwortet, was dann? Dann wäre seine Rede der eines Wahnsinnigen nicht unähnlich gewesen, wenn das auch wohl nicht von vielen bemerkt worden wäre; denn es kann ja so trüglich gesagt werden, daß nur der, der selbst mit solchen Gedanken vertraut ist, es entdeckt. Ein solcher sieht es dann auch nicht als Wahnsinn an, was es auch nicht ist; denn während die Aussage sich im Scherz vielleicht in schnurriger Weise in die übrige Rede hineinschlingt, hat der Redende vielleicht ganz privatissime ein Rendezvous mit dem Gotte, der gerade dann zur Stelle ist, sobald die Ungewißheit aller Dinge unendlich gedacht ist. Deshalb kann der, der wirklich für den Gott ein Auge hat, ihn überall sehen, während der, der ihn nur bei außerordentlichen Gelegenheiten sieht, ihn eigentlich überhaupt nicht sieht, sondern abergläubisch betrogen ist, indem er ein Phantom sieht. [...] (UN I 75–79)

[...] Der subjektive Denker ist Dialektiker in bezug auf das Existentielle; er hat die Denkleidenschaft dazu, die qualitative Disjunktion festzuhalten. Aber andrerseits: wird die qualitative Disjunktion unbesehen gebraucht, wird sie ganz abstrakt auf den einzelnen Menschen angewandt, so kann man sich der lachhaften Gefahr aussetzen, etwas unendlich Entscheidendes zu sagen, und in dem, was man sagt, sogar recht haben, und doch nicht das Geringste sagen. Es ist daher in psychologischer Hinsicht recht sonderbar, zu sehen, daß so die absolute Disjunktion betrügerisch gerade als Ausflucht benutzt wird. Wenn auf jedes Verbrechen die Todesstrafe gesetzt wird, so endet es damit, daß gar kein Verbrechen bestraft wird. So auch mit der absoluten Disjunktion, unbesehen angewandt; sie wird dann gleichsam zu einem stummen Buchstaben; sie läßt sich nicht aussprechen, oder sie läßt sich aussprechen, sagt aber nichts. Die absolute Disjunktion, als zur Existenz gehörend, hat daher der subjektive Denker mit Denkleidenschaft, aber er hat sie als die letzte Entscheidung, die verhindert, daß alles ins Quantitieren verändert wird. So hat er sie denn zwar zur Hand, aber nicht in der Weise, daß er dadurch, daß er abstrakt auf sie rekurriert, gerade Existenz verhindert. Der subjektive Denker hat daher zugleich ästhetische

Leidenschaft und ethische Leidenschaft, wodurch die Konkretion gegeben wird. Alle Existenzprobleme sind leidenschaftlicher Art, denn mit der Existenz ist, wenn man sich ihrer bewußt wird, die Leidenschaft gegeben. So über die Existenzprobleme nachzudenken, daß man die Leidenschaft ausläßt, bedeutet, überhaupt nicht über sie nachdenken, heißt, die Pointe vergessen, daß man ja selbst ein Existierender ist. Doch ist der subjektive Denker nicht Dichter, wenn er auch zugleich Dichter ist; nicht Ethiker, wenn er auch zugleich Ethiker ist; aber er ist zugleich Dialektiker und wesentlich selbst existierend, wohingegen die Existenz des Dichters im Verhältnis zum Dichtwerk unwesentlich ist, und ebenso die des Ethikers im Verhältnis zur Lehre, und die des Dialektikers im Verhältnis zum Gedanken. Der subjektive Denker ist nicht Wissenschaftler, er ist Künstler. Existieren ist eine Kunst. Der subjektive Denker ist ästhetisch genug, damit sein Leben ästhetischen Inhalt bekommt, ethisch genug, um es zu regulieren, und dialektisch genug, um es denkend zu beherrschen.

Die Aufgabe des subjektiven Denkers besteht darin, *sich selbst in Existenz zu verstehen*. Das abstrakte Denken redet ja zwar vom Widerspruch, und vom immanenten Vorantreiben (der Bewegung) durch den Widerspruch, aber des ungeachtet hebt es dadurch, daß es von der Existenz und vom Existieren absieht, die Schwierigkeit und den Widerspruch auf. Der subjektive Denker aber ist ein Existierender, und ist doch ein Denkender; er abstrahiert nicht von der Existenz und vom Widerspruch, sondern er *ist* darin, und doch soll er denken. In all seinem Denken hat er also das mitzudenken, daß er selbst ein Existierender ist. Dann aber wird er wiederum auch immer genug zu denken haben. Mit der reinen Menschheit ist man bald fertig, und mit der Weltgeschichte auch; denn selbst solche ungeheueren Portionen wie China, Persien usw. verschlingt das hungrige Ungeheuer, der welthistorische Prozeß, wie nichts. Mit dem Glauben ist man, abstrakt gesehen, bald fertig; aber der subjektive Denker, der, indem er denkt, zugleich bei sich selbst in Existenz ist, wird das Glauben unerschöpflich finden, wenn sein Glaube in den mannigfaltigen casibus des Lebens dekliniert werden soll. Ein Spaß ist die Sache auch nicht; denn Existenz ist das Schwierigste für einen Denker, wenn er in ihr bleiben soll, da der

Augenblick kommensurabel für die höchsten Entscheidungen und doch wieder eine kleine verschwindende Minute in den möglichen 70 Jahren ist. [...]

Will man nicht glauben, daß es seine Schwierigkeiten habe, sich selbst in Existenz denkend zu verstehen, so will ich mehr als gern den Versuch wagen: möge einer unserer Systematiker es unternehmen, mir bloß eins der einfachsten Existenzprobleme zu erklären. Ich bin sehr gern bereit zuzugestehen, daß ich unwürdig und in der systematischen Buchhalterei nur für nichts zu rechnen bin, wenn ich mit solchen Männern verglichen werden soll; ich bin bereit zuzugeben, daß die Aufgaben des systematischen Denkens weit größer sind und daß solche Denker weit höher stehen als ein subjektiver Denker; ist das aber in Wahrheit der Fall, dann müssen sie ja wohl auch mit Leichtigkeit das Einfachere erklären können.

Während das abstrakte Denken die Aufgabe hat, das Konkrete abstrakt zu verstehen, hat der subjektive Denker umgekehrt die Aufgabe, das Abstrakte konkret zu verstehen. Das abstrakte Denken sieht weg von den konkreten Menschen hin auf den reinen Menschen; der subjektive Denker versteht das Abstrakte: Menschsein in das Konkrete, nämlich dieser einzelne existierende Mensch zu sein, hinein. [...] (UN II 54–57).

Man muß annehmen, daß jeder Mensch wesentlich im Besitz dessen ist, was wesentlich dazu gehört, Mensch zu sein. Die Aufgabe des subjektiven Denkers ist, sich selbst in ein Instrument zu verwandeln, das deutlich und bestimmt das Menschliche in Existenz ausdrückt. Sich in dieser Hinsicht der Differenz zu getrösten, ist ein Mißverständnis; denn ein etwas klügerer Kopf und anderes Derartiges zu sein, ist nur eine Belanglosigkeit. Daß unsere Zeit ihre Zuflucht zur Generation genommen und die Individuen aufgegeben hat, hat ganz richtig seinen Grund in einer ästhetischen Verzweiflung, die das Ethische nicht erreicht hat. Man hat eingesehen, daß es nichts verschlägt, ein noch so ausgezeichneter einzelner Mensch zu sein, weil keine Differenz etwas verschlägt. Also hat man eine neue Differenz gewählt: im neunzehnten Jahrhundert geboren zu sein. Jeder macht nun so schnell wie möglich einen Versuch, sein bißchen Existenz im Verhältnis zur Generation zu bestimmen, und tröstet sich. Aber es nützt nichts und ist nur ein höherer und glänzenderer Betrug. Und ebenso wie es wohl im Altertum und sonst in jeder Generation Narren gegeben hat, die in eitler Einbildung sich selbst mit diesem oder jenem großen und ausgezeichneten Manne verwechselt haben, der und der haben sein wollen: so ist der eigentümliche Unterschied unserer Zeit, daß die Narren sich nicht einmal damit begnügen, sich mit einem großen Manne zu verwechseln, sondern daß sie sich mit der Zeit, dem Jahrhundert, der Generation, der Menschheit verwechseln. – Ein einzelner Mensch (was man unbestreitbar ist) mit Hilfe und in kraft seiner Differenz sein zu wollen, ist Weichlichkeit; aber ein einzelner Mensch (was man unbestreitbar ist) im selben Sinn sein zu wollen, wie jeder andere es sein kann: das ist der ethische Sieg über das Leben und über alles Blendwerk, der Sieg, der vielleicht der schwierigste von allen im theozentrischen neunzehnten Jahrhundert ist.

Die Form des subjektiven Denkers, die Form seiner Mitteilung, ist sein Stil. Seine Form muß ebenso mannigfaltig sein, wie die Gegensätze sind, die er zusammenhält. Das systematische eins, zwei, drei ist eine abstrakte Form, die deshalb auch jedesmal in Verlegenheit geraten muß, wenn sie auf das Konkrete angewandt werden soll. In demselben Grade wie der subjektive Denker konkret ist, in demselben Grade muß auch seine Form konkret dialektisch sein. Aber wie er selbst nicht Dichter, nicht Ethiker, nicht Dialektiker ist, so ist auch seine Form nicht unmittelbar eine von denen, die diese gebrauchen. Seine Form muß durchgehend vom Anfang bis zum Schluß sich zur Existenz verhalten, und auf diesem Gebiet muß er über das Dichterische, das Ethische, das Dialektische, das Religiöse Macht haben. Verglichen mit einem Dichter wird seine Form verkürzt sein; verglichen mit einem abstrakten Dialektiker wird seine Form breit sein. Konkretion im Existentiellen ist nämlich abstrakt gesehen Breite. Das Humoristische z.B. ist im Verhältnis zum abstrakten Denken Breite, aber im Verhältnis zur konkreten Existenzmitteilung keineswegs Breite, wenn es nicht an sich breit ist. Die Person eines abstrakten Denkers ist im Verhältnis zu dem Gedanken gleichgültig, aber in existentieller Weise muß ein Denkender wesentlich als Denkender dargestellt werden, aber so, daß er, indem er seine Gedanken vorträgt, zugleich sich selbst schildert.

Scherz ist im Verhältnis zum abstrakten Denken Breite, aber nicht im Verhältnis zur konkreten Existenzmitteilung, wenn der Scherz nicht selbst breit ist. Aber dichterische Ruhe, um im Medium der Phantasie zu schaffen und interesselos die ästhetische Ausführung vorzunehmen, hat der subjektive Denker nicht, weil er selbst wesentlich ein in der Existenz Existierender ist und nicht das Phantasiemedium für die Illusion des ästhetischen Werkes (zur Verfügung) hat. Die dichterische Ruhe ist Breite im Verhältnis zur Existenzmitteilung des subjektiven Denkers. Nebenpersonen, Szenerie usw., was mit zur Abrundung des ästhetischen Werkes in sich selbst gehört, ist Breite; denn der subjektive Denker hat nur e i n e Szene, die Existenz, und hat nichts mit Gegenden und anderem Derartigen zu tun. Die Szene liegt nicht im Zauberland der Phantasie, wo die Poesie liebend die Vollendung hervorlockt; die Szene liegt auch nicht in Engeland, und Sorgfalt ist auch nicht auf die historische Genauigkeit zu verwenden; die Szene ist die Innerlichkeit im Existieren als Mensch, die Konkretion ist das Verhältnis der Existenzkategorien zueinander. Historische Genauigkeit und historische Wirklichkeit ist Breite.

Aber Existenzwirklichkeit läßt sich nicht mitteilen; und der subjektive Denker hat in seiner eigenen ethischen Existenz seine eigene Wirklichkeit. Wenn Wirklichkeit von einem Dritten verstanden werden soll, muß sie als Möglichkeit verstanden werden, und ein Mitteilender, der sich dessen bewußt ist, wird darauf achten, daß seine Existenzmitteilung, gerade um in Richtung der Existenz zu liegen, in der Form der Möglichkeit sein muß. Eine Darstellung in der Form der Möglichkeit legt es dem Empfänger so nahe, wie es zwischen Mensch und Mensch möglich ist, darin zu existieren. (UN II 60–62)

3 Werden und Sein

[...] Daß der existierende subjektive Denker beständig strebt, bedeutet jedoch nicht, daß er im endlichen Sinne ein Ziel habe, wonach er strebe und wo er fertig sei, wenn er dorthin gekommen sei. Nein, er strebt unendlich, ist beständig im Werden, was dadurch gesichert ist, daß er beständig ebenso negativ wie positiv ist und ebensoviel wesentliche Komik wie wesentliches Pathos hat; was darin seinen Grund hat, daß er ja existiert und dies denkend wiedergibt. Das Werden ist d i e Existenz des Denkers, wovon man freilich gedankenlos abstrahieren und objektiv werden kann. Wie weit er gekommen ist, eine lange, oder kurze Strecke, tut wesentlich nichts zur Sache (dies ist ja auch nur ein endlich-relativer Vergleich), solange er existiert, ist er im Werden. [...] (UN I 84)

§ 1.

Werden

Wie verändert sich das, was da wird; oder welches ist die Veränderung (Bewegung, κίνησις) des Werdens? Alle andere Veränderung (Verwandlung, ἀλλοίωσις) setzt voraus, daß das, mit dem die Veränderung vorgeht, da ist, selbst dann wenn die Veränderung die ist, aufzuhören da zu sein. Nicht so mit dem Werden; denn wofern das Werdende nicht an sich unverändert bleibt in der Veränderung des Werdens, so ist das Werdende nicht dies Werdende, sondern ein andres, und die Frage verschuldet einen Übergang in eine andre Bestimmung (μετάβασις εις ἄλλο γένος), indem der Fragende im gegebenen Fall entweder in die Veränderung des Werdens eine andre hineinschaut, die ihm die Frage verwirrt, oder aber in dem Werdenden sich irrt und deshalb nicht in den Stand kommt zu fragen. Wenn ein Entwurf, indem er wird, an sich selbst eine Veränderung erfährt, so ist es nicht dieser Entwurf der da wird; wird er hingegen ohne daß er eine Veränderung erfährt, welches ist dann die Veränderung des Werdens? Diese Veränderung bezieht sich denn also nicht auf das Wesen sondern auf das Sein, und ist Übergang von nicht da sein zu da sein. Aber dieses Nicht-Sein, welches das Werdende verläßt, muß ja auch da sein; denn sonst „bliebe das Werdende nicht unverändert im Werden" außer insofern es gar nicht gewesen wäre, womit denn die Veränderung des Werdens wiederum aus einem andern Grunde schlechthin verschieden von jeder andern Veränderung würde, da es gar keine Veränderung wäre; denn jede Veränderung hat stets ein Etwas vorausgesetzt. Aber ein solches Sein, welches dennoch ein Nicht-Sein ist, das ist ja die Möglichkeit; und ein Sein, welches Sein ist, das ist ja das wirkliche Sein, oder die Wirklichkeit; und die Veränderung des Werdens ist der Übergang von Möglichkeit zu Wirklichkeit.

Kann das Notwendige werden? Werden ist eine Veränderung, aber das Notwendige kann überhaupt nicht verändert werden, da es ständig sich zu sich selbst verhält, und sich auf eine und die selbe Art zu sich selbst verhält. Alles Werden ist ein L e i d e n, und das Notwendige kann nicht leiden, nicht das Leiden der Wirklichkeit leiden, welches darin besteht, daß das Mögliche (nicht bloß das Mögliche, welches ausgeschlossen wird, sondern sogar das Mögliche, welches aufgenommen wird) sich als ein Nichts erweist in dem Augenblick da es wirklich wird; denn durch die Wirklichkeit ist die Möglichkeit v e r n i c h t e t. Alles, was da wird, zeigt eben durchs Werden, daß es nicht notwendig ist; denn das einzige das nicht werden kann, ist das Notwendige, denn das Notwendige i s t.

Ist denn Notwendigkeit nicht Einheit von Möglichkeit und Wirklichkeit? – Was sollte das wohl heißen? Möglichkeit und Wirklichkeit sind nicht im Wesen verschieden sondern im Sein; wie sollte wohl aus dieser Verschiedenheit eine Einheit gebildet werden, welche Notwendigkeit wäre, was nicht Seinsbestimmung, sondern Wesensbestimmung ist, da es des Notwendigen Wesen ist zu sein. Solchenfalls würden ja Möglichkeit und Wirklichkeit, dadurch daß sie zu Notwendigkeit werden, zu einem schlechthin andern Wesen werden, was keine Veränderung ist, und würden dadurch daß sie zu Notwendigkeit oder das Notwendige werden, das einzige werden, welches das Werden ausschließt, was ebenso unmöglich wie sich selbst widersprechend ist. [...]

Die Notwendigkeit steht ganz für sich; schlechterdings nichts wird mit Notwendigkeit, ebensowenig wie die Notwendigkeit wird, oder etwas damit, daß es wird, das Notwendige wird. Schlechterdings nichts ist da weil es notwendig ist, aber das Notwendige ist da weil es notwendig ist, oder weil das Notwendige ist. Das Wirkliche hat nicht mehr Notwendigkeit als das Mögliche, denn das Notwendige ist schlechthin verschieden von beiden (die Lehre des Aristoteles von den zwei Arten des Möglichen in Beziehung auf das Notwendige. Der Fehler liegt darin daß er mit dem Satz beginnt: daß alles Notwendige möglich ist. Um nun der Folge zu entgehen daß er Widersprechendes, ja Selbstwidersprechendes über das Notwendige aussagen muß, hilft er sich damit, zwei Arten des Möglichen zu bilden, anstatt sich klar zu machen daß sein erster Satz unrichtig ist, da man dem Notwendigen nicht Möglichkeit beilegen kann.)

Die Veränderung des Werdens ist die Wirklichkeit, der Übergang geschieht durch die Freiheit. Kein Werden ist notwendig; weder ehe es wurde, denn alsdann kann es nicht werden; noch nachdem es geworden ist, denn alsdann ist es nicht geworden.

Alles Werden geschieht durch Freiheit, nicht aus Notwendigkeit; nichts Werdendes wird aus einem Grunde; alles aber aus einer Ursache. Jegliche Ursache entspringt letztlich in einer freiwirkenden Ursache. Das Täuschende der Zwischenursachen ist daß das Werden notwendig scheint; ihre Wahrheit ist, daß sie als selber geworden, letztgiltig zurückweisen auf eine freiwirkende Ursache. Selbst eine naturgesetzliche Folge erklärt nie die Notwendigkeit eines Werdens, sobald letztgiltig auf Werden reflektiert wird. Mit den Äußerungen der Freiheit ist es ebenso, sobald man sich von ihren Äußerungen nicht beirren läßt, sondern auf ihr Werden reflektiert.

§ 2.

Das Geschichtliche

Alles was geworden ist, ist eben damit geschichtlich; denn selbst wenn sich über es geschichtlich nichts weiter aussagen läßt, das entscheidende Prädikat des Geschichtlichen läßt sich doch aussagen: daß es geworden ist. Dasjenige, dessen Werden das simultane Werden ist (das Nebeneinander, der Raum), hat keine andre Geschichte als diese; aber selbst auf diese Art betrachtet (en masse), abgesehen von dem was eine geistreichere Betrachtung im besonderen Sinne Naturgeschichte nennt, hat die Natur Geschichte.

Aber das Geschichtliche ist das Vergangene (denn das Gegenwärtige in seiner Grenzberührung mit dem Zukünftigen ist noch nicht geschichtlich geworden); wie kann man also sagen, daß die Natur, obzwar unmittelbar gegenwärtig, geschichtlich ist, es sei denn man denke an jene geistreichere Betrachtung? Die Schwierigkeit entspringt daraus, daß die Natur zu abstrakt ist um in strengerem Sinne dialektisch zu sein in Richtung auf die Zeit. Es ist dies die Unvollkommenheit der Natur, daß sie in einem andern Sinne nicht Geschichte hat, und ihre Vollkommenheit, daß sie dennoch eine Andeutung davon hat (die nämlich, daß sie geworden ist, und das ist das Vergangene; daß sie da ist, das Gegenwärtige), indessen es des Ewigen Vollkommenheit ist, keine Geschichte zu haben, als das Einzige, das da ist, und dennoch schlechthin keine Geschichte hat.

Jedoch das Werden kann eine Verdoppelung in sich enthalten, d. h.: eine Möglichkeit des Werdens innerhalb seines eignen Werdens. Hier liegt das Geschichtliche in strengerem Sinn, welches dialektisch ist in Richtung auf die Zeit. Das Werden, das hier das Gemeinsame mit dem Werden der Natur ist, ist eine Möglichkeit, eine Möglichkeit, die für die Natur ihre ganze Wirklichkeit ist. Aber dies eigentliche geschichtliche Werden liegt doch innerhalb eines Werdens, das muß beständig festgehalten werden. Das besondere geschichtliche Werden wird durch eine bedingt freiwirkende Ursache, welche wiederum letztgiltig hinweist auf eine schlechthin freiwirkende Ursache.

§ 3.

Das Vergangene

Was immer geschehen ist, ist geschehen, kann nicht wieder zurückgerufen werden; somit auch nicht umgeändert werden [...]. Ist diese Unveränderlichkeit die der Notwendigkeit? Die Unveränderlichkeit des Vergangenen ist zuwegegebracht worden durch eine Veränderung, durch die Veränderung des Werdens, aber solch eine Unveränderlichkeit schließt ja nicht alle Veränderungen aus, da sie sie nicht ausgeschlossen hat; denn alle Veränderung ist ja (dialektisch in Richtung auf Zeit) allein dadurch ausgeschlossen, daß sie jeden Augenblick ausgeschlossen ist. Will man das Vergangene als notwendig betrachten, so geschieht das indem man vergißt, daß es geworden ist; sollte aber solch eine Vergeßlichkeit etwa vielleicht gleichfalls notwendig sein?

Was da geschehen ist, ist solchermaßen geschehen, wie es geschehen ist, ist somit unveränderlich; aber ist diese Unveränderlichkeit die der Notwendigkeit? Die Unveränderlichkeit des Vergangenen ist, daß sein wirkliches So-sein nicht anders werden kann; folgt aber daraus, daß sein mögliches Wie-sein nicht anders hätte werden können. Dahingegen ist es die Unveränderlichkeit des Notwendigen, daß es ständig sich zu sich selbst verhält, und sich auf eine und die selbe Art zu sich selbst verhält, jegliche Veränderung ausschließt, sich nicht mit der Unveränderlichkeit des Vergangenen begnügt, welche, wie gezeigt, nicht bloß in Richtung auf eine frühere Veränderung, aus der sie hervorgeht, dialektisch ist, sondern sogar dialektisch sein muß in Richtung auf eine höhere Veränderung, die sie aufhebt (z. B. die der Reue, die eine Wirklichkeit aufheben will).

Das Zukünftige ist noch nicht geschehen; deshalb aber ist es nicht weniger notwendig als das Vergangene, da das Vergangene durch sein Geschehensein nicht notwendig wurde, sondern im Gegenteil durch sein Geschehensein zeigte, daß es nicht notwendig sei. Wäre das Vergangene notwendig geworden, so könnte man daraus keinen Schluß in entgegengesetzter Richtung ziehen hinsichtlich des Zukünftigen, es würde vielmehr daraus folgen, daß das Zukünftige gleichfalls notwendig sei. Wofern die Notwendigkeit auf einem einzigen Punkte eintreten könnte, so würde nicht mehr die Rede sein vom Vergangenen und vom Zukünftigen. Das Zukünftige voraussagen wollen (prophezeien) und die Notwendigkeit des Vergangenen verstehen wollen, ist ganz und gar das Gleiche, und nur die Mode macht, daß einem Geschlecht das eine beifallswürdiger scheint als das andre. Das Vergangene ist ja ein Gewordenes; das Werden ist die Veränderung der Wirklichkeit durch die Freiheit. Wofern nun das Vergangene notwendig geworden wäre, würde es nicht mehr der Freiheit zugehören, d. h.: nicht mehr dem zugehören, dadurch es geworden ist. Um die Freiheit wäre es dann übel bestellt, es stünde mit ihr zugleich zum Lachen und zum Weinen, da sie die Schuld an etwas trüge, das ihr nicht zugehörte, zur Welt brächte was die Notwendigkeit verschlänge, und die Freiheit selber würde eine Einbildung, und nicht minder auch das Werden; die Freiheit würde Hexerei, das Werden blinder Lärm. [...]

§ 4.

Die Auffassung des Vergangenen

Die Natur, als die Bestimmung des Raums, ist nur unmittelbar da. Alles was dialektisch ist in Richtung auf die Zeit hat eine Doppeltheit in sich, daß es, nachdem es gegenwärtig gewesen, als ein Vergangenes bestehen kann. Das eigentliche Geschichtliche ist stets das Vergangene (es ist vorüber; ob es Jahre her ist oder Tage, macht keinen Unterschied), und hat als vergangen Wirklichkeit; denn es ist gewiß und verläßlich, daß es geschehen ist; aber daß es geschehen ist, ist wiederum eben seine Ungewißheit, welche die Auffassung fort und fort verhindern soll das Vergangene hinzunehmen, als wäre es von Ewigkeit her so gewesen. Allein in diesem Widereinander von Gewißheit und Ungewißheit, welches das kritische Zeichen des Gewordenen ist und somit auch das des Vergangenen, ist das Vergangene verstanden; bei andersartigem Verständnis hat die Auffassung sowohl sich selber mißverstanden (daß sie Auffassung ist) wie auch ihren Gegenstand (daß etwas dergleichen ein Gegenstand für Auffassung werden konnte). Jede Auffassung des Vergangenen, die es zweckdienlich verstanden haben will indem sie es konstruiert, hat lediglich zweckdienlich mißverstanden. (Eine Theorie der Manifestation, die an die Stelle der Konstruktion tritt, täuscht beim ersten Augenschein, aber im nächsten Augenblick hat man wieder die nachträgliche Konstruktion und die notwendige Manifestation.) Das Vergangene ist nicht notwendig, da es ward; wurde nicht notwendig dadurch daß es ward (ein Widerspruch) und wird noch weit weniger notwendig mittels irgend einer Auffassung. (Der Abstand in der Zeit gibt Anlaß, daß des Geistes Sinn getäuscht wird, ebenso wie der Abstand im Raume Anlaß gibt zur Sinnestäuschung. Der Gleichzeitige sieht nicht die Notwendigkeit des Werdenden, aber wenn da Jahrhunderte zwischen dem Werden liegen und dem Betrachter – so sieht der die Notwendigkeit, dem gleich, welcher in der Entfernung das Viereckige rund sieht.) Würde das Vergangene mittels der Auffassung notwendig werden, so gewönne das Vergangene was die Auffassung verlöre, da sie etwas andres auffaßte, und das ist eine kümmerliche Auffassung. Wofern das was aufgefaßt wird in der Auffassung sich verwandelt, so verwandelt sich die

Auffassung in Mißverständnis. Ein Wissen vom Gegenwärtigen verleiht diesem keine Notwendigkeit, ein Vorauswissen des Zukünftigen verleiht diesem keine Notwendigkeit (Boethius), ein Wissen von dem Vergangenen verleiht diesem keine Notwendigkeit; denn alles Auffassen so wie alles Wissen hat nichts herzugeben.

Wer das Vergangene auffaßt, Historico-philosophus, ist daher ein rückwärts gewandter Prophet (Daub)[xiv]. Daß er Prophet ist bedeutet gerade, daß der Gewißheit vom Vergangenen die Ungewißheit zugrunde liegt, welche für dieses durchaus im gleichen Sinne wie für das Zukünftige besteht, die Möglichkeit (Leibniz – die möglichen Welten[xv]), und aus dieser kann es unmöglich mit Notwendigkeit h e r v o r g e h e n, „denn es ist notwendig, daß das Notwendige sich selber voraussetze“ (nam necessarium se ipso prius sit, necesse est). Der Historiker steht also vor dem Vergangenen wiederum, indem er von jener Leidenschaft bewegt wird, die der leidenschaftliche Sinn für Werden ist, d. h.: von der Bewunderung. Bewundert der Philosoph schlechterdings nichts (und wie sollte man auch außer vermöge einer neuen Art von Widerspruch darauf verfallen eine notwendige Konstruktion zu bewundern), so hat er eben deshalb nichts mit dem Geschichtlichen zu schaffen; denn überall wo das Werden mit im Spiele ist (und das ist es ja in dem Vergangenen), da kann die Ungewißheit die das gewisseste Gewordene hat (das ist die Ungewißheit des Werdens) sich allein ausdrücken in dieser des Philosophen würdigen, für ihn notwendigen Leidenschaft (Plato – Aristoteles). Mag auch das Gewordene das Allergewisseste sein, mag auch die Bewunderung im voraus ihr Einverständnis geben, indem sie sagt: „wäre dies nicht geschehen, so müßte man es dichten“ (Baader), auch alsdann ist die Leidenschaft der Bewunderung mit sich selbst in Widerspruch, falls sie dem Gewordenen Notwendigkeit anlügen und sich selbst zum Narren halten will. – Schon das Wort sowie auch der Begriff: Methode, zeigt hinreichend, daß das Voranschreiten, von dem hier die Rede sein kann, teleologisch ist; aber in jedem solchen gibt es jeden Augenblick eine Pause (hier steht die Bewunderung in pausa und harrt des Werdens), die Pause des Werdens und der Möglichkeit, eben weil das Ziel außerhalb liegt. Ist nur e i n Weg möglich, so ist das Ziel nicht außerhalb, sondern im Fortschreiten selbst, ja in seinem Rücken, so wie beim immanenten Fortschreiten.

Soviel über die Auffassung des Vergangenen. Dabei ist jedoch vorausgesetzt, daß die Kenntnis vom Vergangenen gegeben ist; auf welche Weise wird sie erworben? Unmittelbar kann das Historische nicht wahrgenommen werden, weil es die Trughaftigkeit des Werdens an sich hat. Der unmittelbare Eindruck einer Naturerscheinung oder eines Ereignisses ist nicht der Eindruck des Historischen; denn unmittelbar kann das Werden nicht wahrgenommen werden, sondern lediglich das Gegenwärtigsein; aber das Gegenwärtigsein des Historischen hat das Werden an sich, sonst ist es nicht das Gegenwärtigsein des Historischen.

Die unmittelbare Sinneswahrnehmung und das unmittelbare Erkennen kann nicht trügen. Schon damit zeigt es sich, daß das Historische nicht ihr Gegenstand sein kann, weil das Historische jene Trughaftigkeit an sich hat, die dem Werden eigen ist. Im Verhältnis zum Unmittelbaren ist nämlich Werden ein Trugwerk, dadurch das, was am festesten steht, zweifelhaft gemacht wird. So zum Beispiel wenn der Wahrnehmende einen Stern erblickt, wird der Stern ihm in dem Augenblick zweifelhaft, da er sich bewußt werden wird, daß der Stern geworden ist. Es ist gleich als wenn die Reflexion den Stern den Sinnen entzöge. Soviel ist denn klar, daß das Organ für das Historische in Gemäßheit zu diesem gebildet sein muß, jene Angemessenheit an sich haben muß, kraft deren es fort und fort aus seiner eigenen Gewißheit die Ungewißheit aufhebt, die der Ungewißheit des Werdens gemäß ist, welche eine zwiefache ist: die Nichtigkeit des Nicht-Seienden, und die zunichtegemachte Möglichkeit, die zugleich das Zunichtemachen jeder andern Möglichkeit ist. Von solcher Beschaffenheit ist nun eben der Glaube; denn in der Gewißheit des Glaubens ist als das Aufgehobene fort und fort gegenwärtig die Ungewißheit, welche auf jegliche Weise der des Werdens entspricht. Solchermaßen glaubt der Glaube was er nicht sieht: er glaubt nicht, daß der Stern da ist, denn das sieht man, sondern er glaubt, daß der Stern geworden ist. In Beziehung auf ein Ereignis gilt das Gleiche. Das Geschehene läßt sich unmittelbar erkennen, aber daß es geschehen ist, keinerwege, auch nicht daß es geschieht, und geschehe es gleich wie man sagt gerade vor der Nase.

Die Trughaftigkeit des Geschehenen ist daß es geschehen ist, worin der Übergang liegt aus Nichts, aus Nicht-Sein und aus dem mannigfaltigen möglichen Wie. Der unmittelbare Sinn, die unmittelbare Erkenntnis ahnt nichts von der Unsicherheit, mit welcher der Glaube seinem Gegenstande sich naht, aber auch nichts von der Gewißheit, die aus der Ungewißheit sich entwickelt.

Die unmittelbare Wahrnehmung und Erkenntnis kann nicht trügen. Dies zu verstehen ist von Wichtigkeit, um den Zweifel zu verstehen, und um mittels seiner wieder dem Glauben die rechte Stelle zu geben. Jener Gedanke liegt nun der griechischen Skepsis zugrunde, wie wunderlich das auch scheinen möge. [...] Die griechische Skepsis war sich zurückziehend („Urteilsenthaltung", *ἐποχή*); sie zweifelten nicht vermöge der Erkenntnis, sondern vermöge des Willens (sich nicht hinnehmen lassen – *μετριοπαθεῖν*). Hieraus folgt nun, daß der Zweifel allein durch die Freiheit zu beheben ist, durch einen Willensakt, etwas das jeder griechische Skeptiker verstehen würde, dieweil er sich selbst verstanden hat; jedoch er wollte seine Skepsis nicht beheben, eben weil er zweifeln w o l l t e. Dabei muß man ihn nun lassen, nicht aber ihm die Albernheit nachsagen, er meine, daß man mit Notwendigkeit zweifle, und überdies, was noch alberner ist, daß bei dieser Annahme der Zweifel behoben werden könne. Der griechische Skeptiker verneint nicht die Richtigkeit des Sinns oder der unmittelbaren Erkenntnis, aber, sagt er, der Irrtum hat einen ganz andern Grund, er entspringt aus dem Schluß, den ich ziehe. Vermag ich es bloß mich des Schließens zu enthalten, so werde ich niemals getäuscht. So z.B. wo der Sinn mir in der Entfernung einen Gegenstand rund zeigt, welcher in der Nähe viereckig aussieht, oder wo er mir einen Stab im Wasser gebrochen zeigt, wiewohl er gerade ist wenn man ihn heraushebt, so hat der Sinn mich schlechterdings nicht getäuscht, sondern ich bin erst dann getäuscht, wenn ich einen Schluß ziehe auf den Stab oder jenen Gegenstand. Daher hält der Skeptiker sich dauernd in der Schwebe, und dieser Zustand war das was er w o l l t e. [...]

Im Gegensatz hierzu zeigt es sich nun leicht, daß der Glaube keine Erkenntnis ist, sondern ein Freiheitsakt, eine Willensäußerung. Er glaubt das Werden, und hat denn also in sich die Ungewißheit aufgehoben, welche der Nichtigkeit des Nicht-Seienden entspricht; er glaubt an das So-sein des Gewordenen, und hat denn also in sich das mögliche Wie-sein des Gewordenen aufgehoben, und ohne daß er die Möglichkeit eines andern So-seins leugnete, ist dem Glauben dennoch das So-sein des Gewordenen das Gewisseste.

Sofern nun das, was durch den Glauben das Geschichtliche wird und als das Geschichtliche Gegenstand des Glaubens wird (das eine entspricht dem andern), unmittelbar da ist und unmittelbar aufgefaßt wird, täuscht es nicht. Der Gleichzeitige möge denn freilich seine Augen usw. brauchen, indes recht auf den Schluß achtgeben. Unmittelbar kann er nicht erkennen, daß es geworden ist) aber auch mit Notwendigkeit kann er nicht erkennen, daß es geworden ist; denn der erste Ausdruck des Werdens ist gerade das Abbrechen des Zusammenhangs. In dem Augenblick da der Glaube glaubt, daß es geworden ist, geschehen ist, macht er das Geschehene und Gewordene zweifelhaft im Werden, und sein So-sein zweifelhaft im möglichen Wie-sein des Werdens. Des Glaubens Schluß ist nicht Schluß sondern Entschluß, und daher ist der Zweifel ausgeschlossen. Wenn der Glaube schließt: dies ist da, mithin ist es geworden, so könnte dies erscheinen als ein Schluß aus dem Bewirkten auf die Ursache. Indes verhält es sich nicht ganz auf die Art, und selbst wenn dem so wäre, muß man sich erinnern, daß der Erkenntnisschluß von der Ursache auf das Bewirkte geht, oder richtiger vom Grund zur Folge (Jacobi[xvi]). Es verhält sich nicht ganz auf die Art, denn unmittelbar kann ich nicht wahrnehmen oder erkennen, daß das, was ich unmittelbar wahrnehme und erkenne, ein Bewirktes ist, denn unmittelbar ist es nur. Daß es ein Bewirktes ist, glaube ich; denn um von ihm auszusagen, daß es ein Bewirktes sei, muß ich es bereits zweifelhaft gemacht haben in der Ungewißheit des Werdens. Jedoch entschließt der Glaube sich hierzu, so ist der Zweifel behoben; im gleichen Augenblick ist das Gleichgewicht und die Gleichgiltigkeit des Zweifels behoben nicht vermöge Erkenntnis, sondern vermöge Willens. Dergestalt ist der Glaube annähernd das am meisten Bestreitbare (denn im Glauben ist die Ungewißheit des Zweifels, die stark und unüberwindlich im Z w e i - deuten, Zwei-meinen (disputare) ist, untergegangen, und das am wenigsten Bestreitbare in kraft seiner neuen Qualität. Der Glaube ist das Gegenteil des

Zweifels. Glaube und Zweifel sind nicht zwei Arten der Erkenntnis, die sich in Zusammenhang miteinander bestimmen lassen, denn sie sind beide keine Erkenntnisakte, sie sind einander entgegengesetzte Leidenschaften. Glaube ist Sinn für Werden, und Zweifel ist Einspruch wider jeden Schluß, der über die unmittelbare Wahrnehmung und die unmittelbare Erkenntnis hinausgehen will. Der Zweifler leugnet z. B. nicht das eigne Dasein, sondern er zieht keinen Schluß; denn er will sich nicht täuschen. Insofern er die Dialektik gebraucht um fort und fort das einander Entgegengesetzte als gleich wahrscheinlich hinzustellen, ist es doch nicht vermöge ihrer, daß er seine Skepsis aufrecht erhält, es sind bloß Außenwerke, menschliche Anbequemungen; er hat daher kein Ergebnis, nicht einmal ein verneinendes (denn das heißt die Erkenntnis anerkennen), sondern kraft des Willens entschließt er sich einzuhalten und sich zurückzuhalten (sich des Urteils enthaltende Philosophie, *φιλοσοφία ἐφεκτική*) von jedem Schluß.

Wer mit dem Geschichtlichen nicht gleichzeitig ist, hat anstelle der Unmittelbarkeit des Sinns und der Erkenntnis (welche indes das Geschichtliche nicht aufzufassen vermögen) den Bericht der Gleichzeitigen, zu dem er sich auf gleiche Art verhält, wie die Gleichzeitigen zur Unmittelbarkeit; denn mag das Erzählte auch im Bericht eine Veränderung erfahren haben, er kann ihn nicht in der Art hinnehmen, daß er eine eigne Zustimmung zu ihm nicht gibt und ihn für historisch erklärt, ohne daß er ihn in das für sich Unhistorische verwandelt. Die Unmittelbarkeit des Berichts, d. h.: dies, daß der Bericht da ist, ist das unmittelbar Gegenwärtige, aber das Geschichtliche an diesem Gegenwärtigen ist, daß es geworden ist, und an dem Vergangenen, daß es ein Gegenwärtiges dadurch gewesen ist, daß es ward. Sobald der Spätere nun das Vergangene glaubt (nicht dessen Wahrheit; denn das ist Sache der Erkenntnis, die sich auf das Wesen bezieht, nicht auf Sein; sondern glaubt, daß es ein Gegenwärtiges dadurch gewesen daß es ward), ist die Unsicherheit des Werdens darin; und diese Unsicherheit des Werdens (die Nichtigkeit des Nicht-Seienden – das mögliche Wie-sein des wirklichen So-seins) muß für ihn ebenso sein wie für den Gleichzeitigen, sein Gemüt muß in der Schwebe sein ebenso wie das des Gleichzeitigen. Er hat also keine Unmittelbarkeit mehr für sich, aber auch keine Notwendigkeit des Werdens, sondern allein das So-sein des Werdens. Der Spätere glaubt denn zwar kraft der Aussage des Gleichzeitigen, jedoch allein in dem gleichen Sinne wie der Gleichzeitige kraft der unmittelbaren Wahrnehmung und Erkenntnis, aber zu glauben vermag der Gleichzeitige kraft dieser nicht, und somit denn auch der Spätere nicht kraft des Berichts.

***

Das Vergangene wird solchermaßen keinen Augenblick notwendig, sowenig wie es notwendig gewesen ist, als es ward, oder sich als notwendig erzeigt hat für den Gleichzeitigen der es glaubte, d.h.: glaubte, daß es geworden war; denn Glaube und Werden entsprechen einander, und betreffen die aufgehobenen Bestimmungen des Seins: das Vergangene und das Zukünftige; und das Gegenwärtige nur insofern es unter der aufgehobenen Bestimmung des Seins gesehen wird als dasjenige, das geworden ist; indessen Notwendigkeit das Wesen betrifft, und dies so daß die Bestimmung des Wesens gerade ist: Werden ausschließen. Die Möglichkeit, aus der das Mögliche, welches das Wirkliche ward, hervorgegangen ist, begleitet fort und fort das Gewordene, und bleibt bei dem Vergangenen und lägen selbst Jahrtausende dazwischen; sobald der Spätere wiederholt, daß es geworden sei (und das tut er indem er es glaubt), wiederholt er dessen Möglichkeit, gleichgiftig ob hier nun die Rede sein kann von genaueren Vorstellungen über diese Möglichkeit oder nicht. (Br 69–82)

4 Der Sprung und die Subjektivität der Wahrheit

[...] Lessing hat gesagt (S.W., 5. Bd., S. 80[xvii]), daß zufällige geschichtliche Wahrheiten nie Beweis für ewige Vernunftwahrheiten werden können; sowie (S. 83), daß der Übergang, wodurch man auf eine geschichtliche Nachricht eine ewige Wahrheit gründen will, ein Sprung sei. [...] Die Stelle findet sich in einem kleinen Aufsatz: Über den Beweis des Geistes und der Kraft; an den Herrn Director Schumann. L. opponiert hier gegen etwas, was ich nennen würde: Das Sich-in-eine-qualitative-Entscheidung-Hineinquantitieren; er bekämpft den direkten Übergang von historischer Zuverlässigkeit zur Entscheidung einer ewigen Seligkeit. Er leugnet nicht (denn er weiß sogleich Konzessionen zu machen, damit die Kategorien deutlich werden können), daß das, was in der Schrift von Wundern und Weissagungen erzählt wird, ebenso zuverlässig ist wie andere historische Nachrichten, ja so zuverlässig, wie überhaupt historische Nachrichten sein können: „Aber nun, wenn sie n u r eben so zuverlässig sind, warum macht man sie bei dem Gebrauche auf einmal unendlich zuverlässiger?" (S. 79), weil man nämlich auf sie die Annahme einer Lehre gründen will, die eine ewige Seligkeit bedingt, also auf sie eine ewige Seligkeit gründen will. L. ist willig, ebenso wie alle anderen, zu glauben, daß ein Alexander gelebt hat, der ganz Asien unterworfen habe, „aber wer wollte auf diesen Glauben hin irgend etwas von großem und dauerhaftem Belange, dessen Verlust nicht zu ersetzen wäre, wagen?" (Br 81).

Es ist immer der Übergang, der direkte Übergang vom historisch Zuverlässigen zu der ewigen Entscheidung, den Lessing bekämpft. Deshalb nimmt er den Standpunkt ein, daß er einen Unterschied macht zwischen Nachrichten von Wundern und Weissagungen – und der Gleichzeitgkeit mit diesen. [...] Aus den Nachrichten, d. h. aus ihrer eingeräumten Zuverlässigkeit, folgt nichts, sagt Lessing, aber, fügt er hinzu, wäre er mit den Wundern und Weissagungen gleichzeitig gewesen, so würde ihm das geholfen haben [...]. Gut unterrichtet wie immer, protestiert Lessing daher gegen ein halbbetrügerisches Origineszitat, das man angeführt hat, um jenem Beweise für die Wahrheit des Christentums Relief zu geben. Er protestiert, indem er die Schlußworte des Origines hinzufügt, aus denen man sieht, daß Origines annimmt, daß noch zu seiner Zeit Wunder geschähen, und daß er diesen Wundern, mit denen er also gleichzeitig ist, ebenso Beweiskraft beilegt, wie denen, von welchen er liest.

Da Lessing so direkt gegenüber einer gegebenen Darstellung Stellung genommen hat, bekommt er keine Gelegenheit, das dialektische Problem aufzuzeigen, ob die Gleichzeitigkeit etwas helfen würde, ob sie mehr sein könnte als eine V e r a n l a s s u n g , was die historische Nachricht auch sein kann. Lessing scheint das Gegenteil anzunehmen; vielleicht ist jedoch dieser Schein nur zuwege gebracht, um seinem Fechten e concessis gegen einen bestimmten einzelnen Mann größere dialektische Deutlichkeit zu geben [...], zu zeigen, daß die Gleichzeitigkeit gar nichts hilft, da es in alle Ewigkeit keinen direkten Übergang gibt, was ja auch eine grenzenlose Ungerechtigkeit gegen alle Späteren gewesen wäre, eine Ungerechtigkeit und Unterschiedsbehandlung, die viel schlimmer wäre als die zwischen Juden und Griechen, Beschnittenen und Unbeschnittenen, die das Christentum aufgehoben hat.

Lessing hat selbst sein Problem in folgenden Worten, die er gesperrt hat drucken lassen, zusammengefaßt: Zufällige Geschichtswahrheiten können der Beweis von notwendigen Vernunftwahrheiten nie werden [...]. Woran man hier Anstoß nimmt, ist die nähere Bestimmung: zufällige. Sie ist irreführend und könnte zu der absoluten Unterscheidung von wesentlichen und unwesentlichen historischen Wahrheiten zu führen scheinen, einer Unterscheidung, die doch nur eine Untereinteilung ist. Macht man nämlich trotz der Identität des Oberbegriffs („historische") einen absoluten Unterschied, so könnte daraus zu folgen scheinen, daß bei wesentlichen historischen Wahrheiten der direkte Übergang möglich wäre. Ich könnte nun in Hitze geraten und sagen: Lessing kann unmöglich so inkonsequent sein, ergo – und meine Hitzigkeit würde sicher viele überzeugen. Indessen beschränke ich mich auf ein höfliches Vielleicht, das annimmt, das Lessing in der Beifügung „zufällige" alles verdeckt und nur etwas gesagt hat, so daß „zufällige" nicht eine relativ-unterscheidende Beifügung oder einteilend ist, sondern ein Genus-Prädikat: historische Wahrheiten, die als solche zufällig sind. Wenn das nicht der Fall ist, so liegt hier das ganze Mißverständnis, das immer wieder in der neuesten Philosophie umgeht: das Ewige ohne weiteres historisch werden zu lassen und die Notwendigkeit [...] des Historischen begreifen zu können. Alles aber, was historisch wird, ist zufällig; denn gerade dadurch, daß es entsteht oder historisch wird, hat es sein Moment von Zufälligkeit, Zufälligkeit ist nämlich gerade der eine Faktor bei allem Entstehen. – Darin wurzelt wieder die Inkommensurabilität zwischen einer historischen Wahrheit und einer ewigen Entscheidung.

So verstanden ist der Übergang, durch den ein Historisches und das Verhältnis dazu entscheidend für eine ewige Seligkeit wird, ein Übergehen in eine andere Begriffssphäre (μετάβασις εἰς ἄλλο γένος) (Lessing sagt sogar: wenn dies nicht eine ist, so weiß ich nicht, was Aristoteles sonst darunter verstanden hat, S. 82), ein Sprung sowohl für den Zeitgenossen als auch für den Später-lebenden. Der Übergang ist ein Sprung, und es ist dies Wort, das Lessing innerhalb der zufälligen Einschränkung gebraucht, die durch die illusorische Unterscheidung zwischen Gleichzeitigkeit und Nicht-Gleichzeitigkeit bezeichnet wird. Die Worte lauten folgendermaßen: „Das, das ist der garstige breite Graben, über den ich nicht kommen kann, so oft und ernstlich ich auch den Sprung versucht habe" (S. 83). Vielleicht ist das Wort: Sprung nur eine stilistische Wendung vielleicht wird daher die Metapher für die Phantasie noch durch die Hinzufügung der näheren Bestimmung: breit ausgeführt, als hätte nicht auch der kleinste Sprung die Eigenschaft, den Graben unendlich breit zu machen, als wäre es für einen, der gar nicht springen kann, nicht gleich schwer, der Graben sei nun breit oder schmal, als wäre es nicht der dialektisch leidenschaftliche Abscheu vor einem Sprung, der den Graben so unendlich breit macht, ebenso wie Lady Macbeths Leidenschaft den Blutfleck so ungeheuer groß macht, daß ihn der Ozean nicht abwaschen kann. Vielleicht ist es auch eine List von Lessing, das Wort „ernstlich" anzubringen, denn beim Springen, besonders wenn die Metapher für die Phantasie ausgeführt wird, ist der Ernst recht possierlich, weil er in keinem oder in einem komischen Verhältnis zum Sprung steht, da es ja nicht, äußerlich verstanden, die Breite des Grabens ist, die ihn verhindert, sondern innerlich die dialektische Leidenschaft, die den Graben unendlich breit macht. Ganz nahe an etwas gewesen zu sein hat schon seine komische Seite, aber ganz nahe daran gewesen zu sein, den Sprung zu machen, ist überhaupt nichts, gerade weil der Sprung die Kategorie der Entscheidung ist. [...] (UN I 88–91)

DIE SUBJEKTIVE WAHRHEIT, DIE INNERLICHKEIT; DIE WAHRHEIT IST DIE SUBJEKTIVITÄT

Sei es, daß man die Wahrheit mehr empirisch als die Übereinstimmung des Denkens mit dem Sein, oder daß man sie mehr idealistisch als die Übereinstimmung des Seins mit dem Denken bestimmt, so ist es in jedem Falle erforderlich, daß man genau darauf achtet, was unter dem Sein verstanden wird, und zugleich darauf, ob nicht etwa der wissende menschliche Geist in das Unbestimmte hinausgenarrt und phantastisch ein solches Etwas wird, was kein *existierender* Mensch jemals gewesen ist oder jemals sein kann, ein Phantom, mit dem sich der einzelne nach Gefallen beschäftigt, ohne sich doch jemals durch dialektische Zwischenbestimmungen deutlich zu machen, wie er in dieses Phantastische hinauskommt, welche Bedeutung es für ihn hat, dort zu sein, und ob sich nicht das ganze Streben da draußen in eine Tautologie innerhalb eines phantastischen, dummdreisten Wagestückes auflöse.

Wenn unter dem Sein in den zwei angegebenen Bestimmungen das empirische Sein verstanden wird, so ist die Wahrheit selbst in ein desideratur verwandelt und alles in das Werden gesetzt, weil der empirische Gegenstand nicht fertig ist und der existierende erkennende Geist ja selbst im Werden ist, und solchermaßen die Wahrheit ein Approximieren, dessen Anfang nicht absolut gesetzt werden kann, eben weil kein Abschluß da ist, was rückwirkende Kraft hat. Hingegen geschieht jeder Anfang (wenn er nicht, weil er sich dessen nicht bewußt ist, Willkür ist), wenn er *gemacht wird*, nicht kraft des immanenten Denkens, sondern er *wird gemacht* kraft eines Entschlusses,, wesentlich kraft des Glaubens. Daß der erkennende Geist ein existierender und daß jeder Mensch solch ein für sich Existierender ist, kann ich nicht oft genug wiederholen; denn daß man dies phantastisch übersehen hat, ist Schuld an sehr viel Verwirrung. Möge mich niemand mißverstehen! Ich bin nun einmal so ein armer existierender Geist wie alle anderen Menschen; aber wenn man mir auf erlaubte und redliche Weise dazu verhelfen könnte, etwas Außerordentliches zu werden – das reine Ich-Ich –, so bin ich immer bereit, für das Geschenk und die Wohltat zu danken. Kann es dagegen nur auf die erwähnte Weise geschehen, nämlich dadurch, daß man eins, zwei, drei kokolorum sagt, oder dadurch, daß man ein Band um den kleinen Finger bindet und, wenn es Vollmond ist, es an einen abgelegenen Ort hinwirft: dann bleibe ich lieber, was ich bin, ein armer existierender einzelner Mensch.

Das Sein muß also in jenen Definitionen viel abstrakter gefaßt werden, nämlich als die abstrakte Wiedergabe oder das abstrakte Vorbild dessen, was das Sein in concreto als empirisches Sein ist. So verstanden steht dem nichts im Wege, daß die Wahrheit abstrakt als etwas Fertiges abstrakt bestimmt wird; denn die Übereinstimmung zwischen Denken und Sein ist abstrakt gesehen immer fertig, da der Anfang des Werdens gerade in der Konkretion liegt, von der die Abstraktion abstrakt absieht.

Versteht man aber das Sein in der Weise, so ist die Formel eine Tautologie, d. h. Denken und Sein bedeuten ein und dasselbe, und die Übereinstimmung, von der gesprochen wird, ist nur die abstrakte Identität mit sich selbst. Keine der Formeln sagt daher mehr als daß die Wahrheit ist, wenn das so verstanden wird, daß die Kopula akzentuiert wird, nämlich die Wahrheit *ist*; oder: die Wahrheit ist eine Verdoppelung, die Wahrheit ist das erste, aber das zweite der Wahrheit, daß sie *ist*, ist dasselbe wie das erste, dieses ihr Sein ist die abstrakte Form der Wahrheit. Auf diese Weise ist zum Ausdruck gebracht, daß die Wahrheit nicht etwas Einfaches ist, sondern ganz abstrakt eine Verdoppelung, die jedoch in demselben Augenblick aufgehoben ist.

Die Abstraktion kann nun dabeibleiben, dies immerfort zu umschreiben, soviel sie will, sie kommt niemals weiter. Sobald das Sein der Wahrheit empirisch konkret wird, ist die Wahrheit selbst im Werden; ist wohl wieder, geahnt, die Übereinstimmung zwischen Denken und Sein, und ist es wohl auch wirklich so für Gott, aber ist es nicht so für einen existierenden Geist, da dieser selbst existierend im Werden ist.

Für den existierenden Geist als (qua) existierenden Geist bleibt die Frage nach der Wahrheit noch weiterhin bestehen; denn die abstrakte Beantwortung ist nur für das Abstraktum, welches ein existierender Geist dadurch wird, daß er von sich selbst als (qua) existierendem abstrahiert, was er nur momentweise tun kann, während er doch selbst in solchen Augenblicken dem Dasein seine

Schuld bezahlt, indem er gleichwohl existiert. Also, es ist ein existierender Geist, der nach der Wahrheit fragt, und das wohl, weil er darin existieren will; jedenfalls aber ist der Frager sich bewußt, ein existierender einzelner Mensch zu sein. [...]

Da für den existierenden Geist als (qua) existierenden die Frage nach der Wahrheit bestehen bleibt, kehrt nun jene abstrakte Reduplikation der Wahrheit wieder; aber die Existenz selbst, die Existenz selbst im Frager, der ja existiert, hält die zwei Momente auseinander, und die Reflexion zeigt zwei Verhältnisse. Für die objektive Reflexion wird die Wahrheit ein Objektives, ein Gegenstand, und es geht darum, vom Subjekt abzusehen; für die subjektive Reflexion wird die Wahrheit die Aneignung, die Innerlichkeit, die Subjektivität, und hier geht es darum, sich gerade existierend in die Subjektivität zu vertiefen.

Aber was dann? Sollen wir dann bei dieser Disjunktion verharren? Oder bietet hier nicht die Mediation ihren gütigen Beistand an, so daß die Wahrheit das Subjekt-Objekt wird? Warum nicht? Aber kann denn die Mediation auch dem Existierenden, solange er existiert, dazu verhelfen, selbst die Mediation zu werden, die ja sub specie aeterni ist, während der arme Existierende existierend ist? Es kann doch nichts nützen, einen Menschen zum Narren zu halten, ihn mit dem Subjekt-Objekt zu locken, wenn er selbst verhindert ist, in den Zustand zu kommen, wo er dazu in ein Verhältnis kommen kann, und zwar dadurch verhindert, daß er selbst durch sein Existieren im Werden ist. Was kann es nützen, zu erklären, wie die ewige Wahrheit ewig zu verstehen ist, wenn der, der die Erklärung gebrauchen soll, verhindert ist, sie in der Weise zu verstehen, nämlich dadurch, daß er existierend ist, und der nur ein Phantast ist, wenn er sich einbildet, sub specie aeterni zu sein, wenn dieser also gerade die Erklärung haben muß: Wie die ewige Wahrheit innerhalb der Bestimmung der Zeit zu verstehen ist von dem, der, weil er existiert, selbst in der Zeit ist [...]. Durch das Subjekt-Objekt der Mediation sind wir bloß zur Abstraktion zurück gekommen; denn die Bestimmung der Wahrheit als Subjekt-Objekt ist ganz dasselbe wie: die Wahrheit *ist*, oder: die Wahrheit ist eine Verdoppelung. Die hohe Weisheit ist also bloß wieder so zerstreut gewesen, daß sie vergessen hat, daß ein existierender Geist nach der Wahrheit fragte. Oder ist vielleicht der existierende Geist selbst das Subjekt-Objekt? In dem Falle: dürfte ich da fragen, wo ein solcher existierender Mensch ist, der zugleich das Subjekt-Objekt ist? Oder sollen wir vielleicht hier wieder erst den existierenden Geist in ein Etwas überhaupt verwandeln, und sodann alles erklären, ausgenommen das, wonach gefragt wurde, nämlich wie ein existierendes Subjekt in concreto sich zur Wahrheit verhält, oder das, wonach dann gefragt werden müßte, nämlich wie denn das einzelne existierende Subjekt sich zu diesem Etwas verhält, das nicht wenig mit einem Papierdrachen gemein zu haben scheint, oder mit dem Stück Zucker, das die Holländer an der Decke aufhängten und an dem alle leckten.

Also kehren wir wieder zu den zwei Wegen der Reflexion zurück, und laß uns nicht vergessen haben, daß es ein existierender Geist ist, der fragt, ein ganz einzelner Mensch; und laß uns nun auch nicht vergessen können, daß sein Existieren ihn gerade daran hindern wird, beide Wege auf einmal zu gehen, und seine besorgten Fragen ihn daran hindern werden, leichtsinnig-phantastisch Subjekt-Objekt zu werden! Welcher von den Wegen ist nun der Weg der Wahrheit für den existierenden Geist? Denn nur das phantastische Ich-Ich ist mit beiden Wegen auf einmal fertig, oder geht methodice auf beiden Wegen auf einmal vorwärts, welche Art zu gehen für einen existierenden Menschen so unmenschlich ist, daß ich nicht wage, sie zu empfehlen.

Da der Fragende nun gerade das hervorhebt, daß er ein Existierender ist, so wird der Weg natürlich besonders anzupreisen sein, der besonders das Existieren akzentuiert.

Der Weg der objektiven Reflexion macht das Subjekt zu dem Zufälligen und damit die Existenz zu etwas Gleichgültigem, Verschwindendem. Fort vom Subjekt geht der Weg zur objektiven Wahrheit, und während das Subjekt und die Subjektivität gleichgültig werden, wird die Wahrheit es auch, und gerade dies ist ihre objektive Gültigkeit; denn das Interesse ist, ebenso wie die Entscheidung, die Subjektivität. Der Weg der objektiven Reflexion führt nun zu abstraktem Denken, zu Mathematik, zu historischem Wissen verschiedener Art; er führt beständig fort vom Subjekt, dessen Dasein oder Nicht-Dasein, objektiv ganz richtig, unendlich gleichgültig wird; ganz richtig, denn Dasein oder Nicht-Dasein hat, wie Hamlet sagt, nur subjektive Bedeutung. Auf seinem Höhepunkt wird dieser Weg zu einem Widerspruch führen, und insofern das Subjekt sich selbst nicht ganz gleichgültig wird, ist dies ja nur ein Zeichen davon, daß sein objektives Streben nicht objektiv genug ist; auf seinem Höhepunkt wird er zu dem Widerspruch führen, daß nur die Objektivität entstanden, die Subjektivität dagegen geschwunden ist, d. h. die existierende Subjektivität, die einen Versuch gemacht hat, zu werden, was man im abstrakten Sinn die Subjektivität nennt, nämlich die abstrakte Form der abstrakten Objektivität. Und doch ist die Objektivität, die da entstanden ist, subjektiv gesehen, auf ihrem Höhepunkt entweder eine Hypothese oder eine Approximation, weil alle ewige Entscheidung gerade in der Subjektivität liegt. [. . .] (UN I, 179 – 184)

Die subjektive Reflexion wendet sich nach innen auf die Subjektivität zu und will in dieser Verinnerlichung die der Wahrheit sein, und zwar in der Weise, daß, wie in dem Vorhergehenden, wenn die Objektivität zustande gebracht war, die Subjektivität verschwunden war, hier eben die Subjektivität das Letzte und das Objektive das Verschwindende wird. Hier wird nun keinen Augenblick vergessen, daß das Subjekt existierend ist, und daß das Existieren ein Werden ist, und daß daher jene Wahrheit von der Identität von Denken und Sein eine Schimäre der Abstraktion ist und in Wahrheit nur ein sehnsüchtiges Verlangen der Kreatur, nicht weil die Wahrheit dies nicht etwa wäre, sondern weil der Erkennende ein Existierender ist, und somit die Wahrheit nicht dies für ihn sein kann, solange er existiert. Wird das nicht festgehalten, so gehen wir sofort mit Hilfe der Spekulation in das phantastische Ich-Ich hinein, das die neuere Spekulation zwar gebraucht hat, aber wovon sie nicht erklärt hat, wie das einzelne Individuum dazu in Beziehung stehe, und Herrgott, mehr als ein einzelnes Individuum ist doch nun einmal kein Mensch.

Wenn der Existierende wirklich außerhalb seiner selbst sein könnte, würde die Wahrheit etwas Abgeschlossenes für ihn sein; aber wo gibt es diesen Punkt? Das Ich-Ich ist ein mathematischer Punkt, der überhaupt nicht Dasein hat; insofern kann jeder gern diesen Standpunkt einnehmen; der eine steht dem anderen nicht im Wege. Nur momentweise kann das einzelne Individuum existierend in einer Einheit von Unendlichkeit und Endlichkeit sein, die über dem Existieren hinausliegt. Dieser Moment ist der Augenblick der Leidenschaft. Die moderne Spekulation hat alles aufgeboten, damit das Individuum objektiv über sich selbst hinauskomme; aber das läßt sich überhaupt nicht machen; die Existenz hält dagegen, und wenn die Philosophen heutzutage nicht Schreiberknechte im Dienste der Vielgeschäftigkeit phantastischen Denkens geworden wären, so hätte die Spekulation schon eingesehen, daß Selbstmord die einzige praktische, einigermaßen leidliche Auslegung ihrer Versuche ist. Aber die schreibende moderne Spekulation denkt gering von der Leidenschaft; und doch ist Leidenschaft für den Existierenden gerade das Höchste der Existenz – und Existierende sind wir nun einmal. In der Leidenschaft ist das existierende Subjekt in der Ewigkeit der Phantasie unendlich gemacht, und doch zugleich am allerbestimmtesten es selbst. Das phantastische Ich-Ich ist nicht Unendlichkeit und Endlichkeit in Identität – denn weder das eine noch das andere ist wirklich –, sondern es ist eine phantastische Vereinigung oben in den Wolken, eine unfruchtbare Umarmung, und des einzelnen Ichs Verhältnis zu dieser Lufterscheinung ist niemals angegeben.

Alles wesentliche Erkennen betrifft die Existenz, oder: nur das, Erkennen, dessen Beziehung zur Existenz wesentlich ist, ist wesentliches Erkennen. Das Erkennen, das nicht nach innen gewandt in der Reflexion der Innerlichkeit die Existenz betrifft, ist wesentlich betrachtet zufälliges Erkennen, sein Grad und Umfang ist wesentlich betrachtet gleichgültig. Daß das wesentliche Erkennen sich wesentlich zur Existenz verhält bedeutet jedoch nicht jene oben angeführte Abstraktionsidentität zwischen Denken und Sein, (bedeutet) auch nicht objektiv, daß die Erkenntnis sich zu etwas im Dasein Befindlichen als seinem Gegenstand verhält, sondern besagt vielmehr, daß die Erkenntnis sich zu dem Erkennenden verhält, der wesentlich ein Existierender ist, und daß daher alles wesentliche Erkennen sich wesentlich zur Existenz und zum Existieren verhält. Nur das ethische und das ethisch-religiöse Erkennen ist daher wesentliches

Erkennen. Und alles ethische und ethisch-religiöse Erkennen ist wesentlich ein Sich-Verhalten dazu, daß der Erkennende existiert.

Die Mediation ist eine Lufterscheinung wie das Ich-Ich. Abstrakt angesehen i s t alles, und es wird nichts. Also kann in der Abstraktion die Mediation unmöglich ihren Platz finden, da sie B e w e g u n g als ihre Voraussetzung hat. Das objektive Wissen kann wohl das Daseiende zum Gegenstand haben, aber da das wissende Subjekt existierend ist und dadurch, daß es existiert, selbst im Werden ist, so muß die Spekulation erst erklären, wie ein einzelnes existierendes Subjekt sich zu der Erkenntnis der Mediation verhält, was es in dem Augenblick ist, ob es z. B. in dem Augenblick nicht beinahe so etwas wie distrait ist; wo es ist, ob es nicht etwa im Mond ist? Man spricht beständig von der Mediation und der Mediation. Ist denn die Mediation ein Mensch [...]? Wie fängt es ein Mensch an, so etwas zu werden; studiert man sich diese Würde an, dieses große Philosophikum; oder vergibt der Magistrat sie wie Küster- und Totengräberstellungen? Man versuche bloß einmal, sich auf diese und andere derartige anständig-schlichte Fragen eines anständig-schlichten Menschen einzulassen, der ja auch gern die Mediation werden möchte, wenn er es auf eine rechtmäßige und ehrliche Weise werden könnte und nicht entweder dadurch, daß er eins, zwei, drei kokolorum sagt, oder dadurch, daß er vergißt, daß er selbst ein existierender Mensch ist, für den also das Existieren etwas Wesentliches ist und das ethisch-religiöse Existieren ein passendes ausreichendes Maß (quantum satis). Einem Spekulanten wird es vielleicht abgeschmackt vorkommen, so zu fragen; aber es kommt vor allem darauf an, daß man nicht an der unrechten Stelle polemisiert und also nicht selbst phantastisch-objektiv ein pro und contra beginnt, ob es etwa eine Mediation gebe oder nicht, sondern daß man daran festhält, was es bedeutet, Mensch zu sein.

Ich werde nun, um die Verschiedenheit des Weges zwischen der objektiven und der subjektiven Reflexion klarzumachen, das Suchen der subjektiven Reflexion zurück (und) nach innen in die Innerlichkeit hinein zeigen. Das Höchste der Innerlichkeit eines existierenden Subjekts ist Leidenschaft; der Leidenschaft entspricht die Wahrheit als ein Paradox, und daß die Wahrheit das Paradox wird, ist gerade in ihrem Verhältnis zu einem existierenden Subjekt begründet. So entspricht eins dem andern. Wenn man vergißt, daß man ein existierendes Subjekt ist, tritt die Leidenschaft ab und dafür wird die Wahrheit kein Paradox, das erkennende Subjekt aber wird aus einem Menschen zu einem phantastischen Etwas und die Wahrheit zu einem phantastischen Gegenstand für dessen Erkennen.

Wenn objektiv nach der Wahrheit gefragt wird, so wird objektiv auf die Wahrheit als einen Gegenstand reflektiert, zu dem der Erkennende sich verhält. Es wird nicht auf das Verhältnis reflektiert, sondern darauf, daß es die Wahrheit, das Wahre ist, wozu er sich verhält. Wenn das, wozu er sich verhält, bloß die Wahrheit, das Wahre ist, so ist das Subjekt in der Wahrheit. Wenn subjektiv nach der Wahrheit gefragt wird, so wird subjektiv auf das Verhältnis des Individuums reflektiert; wenn nur das Wie dieses Verhältnisses in Wahrheit ist, so ist das Individuum in Wahrheit, selbst wenn es sich so zur Unwahrheit verhielte. [...] (UN I, 187–194)

5 System und Existenz

System und Abgeschlossenheit sind [...] so ungefähr ein und dasselbe, so daß, wenn das System nicht fertig ist, es auch kein System ist. Ich habe schon an einer anderen Stelle daran erinnert, daß ein System, das nicht ganz fertig ist, eine Hypothese ist; wogegen ein halbfertiges System ein Nonsens ist. Wollte nun einer sagen, daß das nur ein Streit um Worte sei und daß die Systematiker ja demgegenüber gerade selbst sagten, daß das System nicht fertig sei, so würde ich bloß fragen: Warum nennen sie es denn ein System? Weshalb sind sie überhaupt doppelzüngig? Indem sie ihr gesammeltes Ganzes vortragen, sagen sie nichts davon, daß da etwas fehlt. Sie veranlassen denn also die weniger Kundigen, anzunehmen, daß alles fertig ist, es sei denn daß sie für Leser schreiben, die kundiger sind als sie selbst, was aber den Systematikern vermutlich undenkbar erscheinen würde. Wird dagegen an das Gebäude gerührt, so tritt der Bauherr vor. Es ist ein äußerst angenehmer Mann, höflich und freundlich gegen den Besucher; er sagt: Ja. wir sind freilich noch am Bauen, das System ist noch nicht ganz fertig. Wußte er das denn aber nicht vorher? Wußte er es nicht damals, als er seine glückselig machende Einladung an alle Menschen ausgehen ließ? Wenn er es aber wußte, warum sagte er es nicht selbst, d. h. warum unterließ er es nicht, das zustande gebrachte Fragment ein System zu nennen? Denn hier haben wir es wieder: das Fragment eines Systems ist Nonsens. Dagegen ist ein fortgesetztes Streben nach einem System doch ein Streben; und ein Streben, ja ein fortgesetztes Streben ist es ja, wovon Lessing redet. Und doch wohl nicht ein Streben nach nichts! Im Gegenteil, Lessing redet ja von einem Streben nach Wahrheit; und er gebraucht ein merkwürdiges Wort von diesem Trieb nach Wahrheit: den einzigen immer regen Trieb. Dieses Wort „einzig“ kann nicht gut anders verstanden werden als „der unendliche“ (Trieb), in demselben Sinne wie (in der Verbindung): es ist höher, e i n e n Gedanken, einen einzigen, zu haben als viele Gedanken. Somit reden sie ja beide, Lessing und der Systematiker, von einem fortgesetzten Streben; der Unterschied ist nur der, daß Lessing dumm oder wahrhaftig genug ist, es ein fortgesetztes Streben zu nennen, der Systematiker aber klug und unwahrhaftig genug, es das System zu nennen. Wie würde man in anderen Dingen über diesen Unterschied urteilen? Als der Agent Behrend einen seidenen Regenschirm verloren hatte, zeigte er öffentlich den Verlust eines aus Nankingstoff gefertigten an; er dachte nämlich etwa so: Sage ich, es ist ein seidener Regenschirm, so wird der Finder leichter in Versuchung gebracht, ihn zu behalten. Und der Systematiker denkt vielleicht so: Nenne ich das von mir Zuwegegebrachte auf dem Titelblatt und in der Zeitung ein fortgesetztes Streben, ach, wer wird es dann kaufen oder mich bewundern; aber nenne ich es das System, das absolute System, dann wird jeder das System kaufen – ja, wenn nicht die Schwierigkeit bliebe, daß was der Systematiker verkauft nicht das System ist.

[…]

Also: a) ein logisches System kann es geben;
b) aber ein System des Daseins kann es nicht geben.

a)

α) Soll indessen ein logisches System konstruiert werden, so muß hauptsächlich darauf geachtet werden, daß nichts aufgenommen wird, das der Dialektik des Daseins unterworfen ist, das also nur dadurch ist, daß es da ist, oder dagewesen ist, nicht dadurch, daß es ist. Hieraus folgt ganz einfach, daß jene unvergleichliche und so unvergleichlich bewunderte Erfindung Hegels, Bewegung in die Logik zu bringen (auch abgesehen davon, daß man auf jeder zweiten Seite sogar seinen eigenen Versuch vermißt, einem einzubilden, daß sie da sei), gerade die Verwirrung der Logik bedeutet[7]. Es ist ja auch sonderbar, die Bewegung in einer Sphäre zugrunde zu legen, wo Bewegung undenkbar ist; oder die Bewegung die Logik erklären zu lassen, während die Logik die Bewegung nicht erklären kann. [...]

Das logische System darf keine Mystifikation, keine Bauchrednerei sein, worin der Inhalt des Daseins hinterlistigerweise und durch eine Erschleichung (subrept) hervorkommt und wo der logische Gedanke stutzt und merkt, was der Herr Professor oder Lizentiat im Schilde geführt hat. Strikter sich hierzwischen urteilen, wenn man die Frage beantwortete, in welchem Sinne die Kategorie eine Abbreviatur des Daseins ist und ob das logische Denken

7 Der Leichtsinn, mit dem Systematiker einräumen, daß es Hegel wohl nicht überall gelungen sei, Bewegung in die Logik zu bringen, ungefähr so, wie wenn ein Kolonialwarenhändler meint, es komme auf ein paar Rosinen nicht an, wenn man nur sonst viel kaufe, diese possenhafte Gefügigkeit ist natürlich eine Verachtung Hegels, wie sie sich nicht einmal sein heftigster Widersacher erlaubt hat. [...] eine Methode hat die merkwürdige Eigenschaft, daß sie abstrakt gesehen gar nichts ist, sie ist gerade in der Ausgestaltung da; darin, daß sie durchgeführt wird, ist sie eine Methode, und wo sie nicht durchgeführt wird, ist sie nicht die Methode; und wenn keine andere Methode da ist, dann gibt es überhaupt keine Methode. Mag es Hegels Bewunderern vorbehalten bleiben, ihn zu einem Faselhans zu machen; ein Gegner wird ihn immer in Ehren zu halten wissen, weil er etwas Großes gewollt hat, wenn er es auch nicht erreicht hat.

abstrakt ist im Verhältnis zum Dasein oder abstrakt ohne jedes Verhältnis zum Dasein. Dies ist eine Frage, die ich gern an einer anderen Stelle etwas ausführlicher behandeln möchte; und selbst wenn sie nicht vollgültig beantwortet würde, wäre es doch immerhin schon etwas, daß überhaupt so gefragt wird.

ß) Die Dialektik des Anfangs muß klargelegt werden. Das fast Belustigende an ihr ist, daß der Anfang ist und wiederum auch nicht ist, weil er der Anfang ist; diese wahre dialektische Bemerkung hat nun lange genug als eine Art Spiel gedient, das in hegelianischer Gesellschaft gespielt wurde. [...]

Das System beginnt mit dem Unmittelbaren und daher voraussetzungslos und daher absolut, d.h. der Anfang des Systems ist der absolute Anfang. Das ist ganz richtig und ist ja auch hinreichend bewundert worden. Aber weshalb hat man dann nicht, bevor man anfing mit dem System, die andere ebenso wichtige, gerade ebenso wichtige Frage aufgeworfen, und es sich deutlich gemacht und respektiert, was darin liegt: Wie denn beginnt das System mit dem Unmittelbaren, d.h. beginnt es unmittelbar damit? Hierauf muß man wohl unbedingt mit einem Nein antworten. Nimmt man an, das System sei nach dem Dasein (wodurch der Anlaß zu einer Verwechslung mit einem System des Daseins gegeben wird), so kommt ja das System hintennach und beginnt also nicht unmittelbar mit dem Unmittelbaren, womit das Dasein begann, wenn es auch in einem anderen Sinne nicht damit begann, weil das Unmittelbare niemals ist, sondern aufgehoben ist, wenn es ist. Der Anfang des Systems, das mit dem Unmittelbaren beginnt, ist also selbst durch eine Reflexion erreicht.

Hier liegt die Schwierigkeit; denn wenn man nicht betrügerisch oder gedankenlos oder in kurzatmiger Geschäftigkeit, um das System fertig zu bekommen, diesen einen Gedanken fahren läßt, so ist er in all seiner Einfalt imstande zu entscheiden, daß es kein System des Daseins geben kann, und daß das logische System sich nicht eines absoluten Anfangs rühmen darf, weil ein solcher – gleichwie das reine Sein – eine reine Schimäre ist.

Wenn nämlich nicht unmittelbar mit dem Unmittelbaren begonnen werden kann (welches wie ein unvermutetes Ereignis oder wie ein Wunder zu denken sein würde, d. h. welches nicht zu denken ist), sondern dieser Anfang durch eine Reflexion erreicht werden muß, so wird hiermit ganz einfältig die Frage gestellt (ach, wenn ich nur nicht für meine Einfalt in die Ecke gestellt werde, weil ja jeder meine Frage verstehen kann – und sich deshalb also wegen des Popularwissens des Fragestellers schämen muß): Wie bringe ich die Reflexion zum Stehen, die in Bewegung kam, um jenen Anfang zu erreichen? Die Reflexion hat nämlich die merkwürdige Eigenschaft, daß sie unendlich ist. Aber dies, daß sie unendlich ist, heißt auf alle Fälle, daß sie nicht durch sich selbst anzuhalten ist, weil sie ja, wenn sie sich selbst zum Stehen bringen sollte, sich selbst gebraucht, und also nur auf dieselbe Weise zum Stehen gebracht würde, wie eine Krankheit geheilt würde, wenn diese selbst das Heilmittel bestimmen dürfte, d. h. daß die Krankheit genährt werden würde. Aber vielleicht ist diese Unendlichkeit der Reflexion die schlechte Unendlichkeit – dann sind wir ja bald fertig; denn die schlechte Unendlichkeit soll ein verächtliches Etwas sein, daß man je eher je lieber aufgeben muß. Dürfte ich aber nicht bei dieser Gelegenheit eine Frage aufwerfen? Woher kommt es wohl, daß Hegel und alle Hegelianer, die ja sonst Dialektiker sein sollen, in diesem Punkte böse, ja bitterböse werden? Oder ist das eine dialektische Bestimmung: die schlechte? Von woher kommt eine solche nähere Bestimmung in die Logik hinein? Wie erhalten Hohn und Verachtung und Schreckmittel in der Logik eine Stelle als erlaubte Mittel der Bewegung, so daß der absolute Anfang vom Einzelnen angenommen wird, weil er Angst hat davor, was Nachbar und Gegenüber von ihm denken werden, wenn er es nicht tut? Ist „schlecht“ nicht eine ethische Kategorie? [...] Was sage ich damit, wenn ich von der schlechten Unendlichkeit spreche? Ich bezichtige das betreffende Individuum, daß es die Unendlichkeit der Reflexion nicht zum Stehen bringen will. Ich fordere also etwas von ihm? Aber echt spekulativ nehme ich andrerseits an, daß die Reflexion sich selber zum Stehen bringt. Weshalb fordere ich dann etwas von ihm? Und was fordere ich von ihm? Ich fordere einen Entschluß. Und daran tue ich recht, denn nur so kann die Reflexion zum Stillstand gebracht werden; dagegen aber handelt ein Philosoph niemals recht, wenn er die Leute zum Narren hält und in dem einen Augenblick im absoluten Anfang die Reflexion sich selber zum Stehen bringen läßt und im nächsten Augenblick den Menschen verhöhnt, der nur den einen Fehler hat, so dumm zu sein, daß er ersteres glaubt; wenn er ihn verhöhnt, um ihm auf diese Weise zum absoluten Anfang zu verhelfen, der also auf zwei Weisen vollzogen wird. Wird aber ein Entschluß gefordert, so ist die Voraussetzungslosigkeit aufgegeben. Nur wenn die Reflexion zum Stehen gebracht wird, kann der Anfang vollzogen werden, und die Reflexion kann nur angehalten werden durch etwas anderes, und dieses andere ist etwas ganz anderes als das Logische, da es ein Entschluß ist. Nur wenn der Anfang, an welchem die Reflexion haltmacht, ein Durchbruch ist, so daß der absolute Anfang – durch die unendlich fortgesetzte Reflexion hindurch – selbst hervorbricht, nur dann ist der Anfang voraussetzungslos. Ist es da gegen ein Bruch, wodurch die Reflexion abgebrochen wird, damit der Anfang auftreten kann, so ist dieser Anfang nicht absolut, da er durch eine μετάβασις εἰς ἄλλο γένος vollzogen ist.

Wenn der Anfang mit dem Unmittelbaren durch eine Reflexion erreicht wird, so muß hier das Unmittelbare etwas anderes als sonst bedeuten. Das haben hegelsche Logiker richtig eingesehen, und sie definieren daher das Unmittelbare, mit dem die Logik beginnt, so: das bei einer erschöpfenden Abstraktion übriggebliebene Abstrakteste. Gegen diese Definition ist nichts einzuwenden, wohl aber dagegen, daß man nicht respektiert, was man selbst sagt; denn diese Definition sagt nämlich indirekt, daß es keinen absoluten Anfang gibt. Wie? höre ich jemand sagen, wenn von allem abstrahiert ist, ist das dann nicht usw. – ja – w e n n von allem abstrahiert ist. Laßt uns doch Menschen sein! Dieser Akt der Abstraktion ist ebenso wie jener Akt der Reflexion unendlich, also: wie bringe ich ihn zum Stehen? – und es ist ja doch erst wenn ... daß... Laß uns auch noch ein Gedankenexperiment wagen! Laß jenen unendlichen Akt der Abstraktion verwirklicht (in actu) sein, der Anfang ist ja nicht der Akt der Abstraktion, sondern er kommt danach. Aber womit beginne ich dann, da ja von allem abstrahiert ist? Ach, hier würde mir ein Hegelianer vielleicht gerührt an die Brust sinken und selig stammeln: mit (dem) Nichts. Und das ist ja das, was das System sagt: es beginnt mit Nichts. Aber nun müßte ich meine zweite Frage stellen:

Wie beginne ich mit diesem Nichts? Wenn nämlich der unendliche Akt der Abstraktion nicht eine von jener Art von Narreteien ist, von denen man gut zwei auf einmal machen kann, wenn er ganz im Gegenteil die anstrengendste Arbeit ist, die sich ausführen läßt, was dann? Dann brauche ich ja alle meine Kraft, um ihn festzuhalten. Verzichte ich auf einen Teil meiner Kraft, so abstrahiere ich ja nicht von allem. Wenn ich dann unter dieser Voraussetzung beginne, beginne ich nicht mit Nichts, eben weil ich im Augenblick des Beginnens nicht von allem abstrahierte. Das heißt, wenn es einem Menschen möglich ist, denkend von allem zu abstrahieren, so ist es ihm unmöglich, mehr zu tun, da das, wenn es nicht überhaupt menschliche Kraft übersteigt, diese jedenfalls absolut erschöpft. Daß man des Aktes der Abstraktion müde werde und auf diese Weise in die Lage komme, beginnen zu können, sind nur Erklärungen, wie Kolonialwarenhändler sie gebrauchen, die es mit einem kleinen Mißstand nicht so genau nehmen. Die Aussage selbst, „mit Nichts anfangen", ist, auch abgesehen von ihrem Verhältnis zum unendlichen Akt der Abstraktion, betrügerisch. Das „mit Nichts anfangen" ist nämlich weder mehr noch weniger als eine neue Umschreibung gerade der Dialektik des Anfangs. Der Anfang ist, und wiederum ist er auch nicht, gerade weil er der Anfang ist; das kann auch so ausgedrückt werden: Der Anfang beginnt mit nichts. Das ist nur ein neuer Ausdruck, nicht ein einziger Schritt, der weiter führt. In dem einen Fall denke ich den Anfang nur in abstracto, im anderen Fall denke ich das Verhältnis des ebenso abstrakten Anfangs zu einem Etwas, womit begonnen wird; und es zeigt sich ganz richtig, daß dieses Etwas, ja das einzige Etwas, das einem solchen Anfang entspricht, das Nichts ist. Aber dies ist nur eine tautologische Umschreibung des anderen Satzes: Der Anfang ist nicht. Der Anfang ist nicht und der Anfang fängt mit nichts an sind ganz und gar identische Sätze, und ich komme nicht von der Stelle.

Wie wäre es, wenn wir also, statt von einem absoluten Anfang zu reden oder zu träumen, von einem Sprunge redeten? [...] Lessing freilich war kein spekulativer Philosoph; er nahm deshalb ja auch das Gegenteil an, daß nämlich ein unendlich kleiner Abstand den Graben unendlich breit macht, weil der Sprung selbst den Graben so breit macht.

Es ist wirklich sonderbar: Die Hegelianer, die in der Logik wissen, daß die Reflexion durch sich selbst zum Stehen kommt, daß ein Zweifeln an allem durch sich selbst in seinen Gegensatz umschlägt (ein wahres Seemannsgarn, d.h. wahrlich ein Seemannsgarn), sie wissen andrerseits für den täglichen Gebrauch – wenn sie wohlgefällige Menschen sind, wenn sie ebenso sind wie wir andere, nur, was ich immer willig einräumen werde, gelehrter, talentvoller usw. – sie wissen, daß die Reflexion sich nur durch einen Sprung zum Stehen bringen läßt. Laß uns hier einen Augenblick verweilen! Wenn das Individuum die Reflexion nicht anhält, wird es in Reflexion unendlich gemacht, d.h. so tritt keine Entscheidung ein [...]. Indem das Individuum so in der Reflexion in die Irre läuft, wird es eigentlich objektiv, es verliert mehr und mehr das Sichentscheiden und das In-sich-selbst-Zurückkehren der Subjektivität. Und doch will man annehmen, daß die Reflexion objektiv sich selbst anhalten kann, während es sich umgekehrt verhält; objektiv ist sie nicht anzuhalten, und wenn sie subjektiv anhält, hält sie sich nicht selbst an, sondern das Subjekt ist es, das sie anhält.

[...]

γ) Es wäre wünschenswert, wenn man, um Licht in die Logik zu bringen, sich psychologisch darüber orientierte, wie dessen Seelenzustand ist, der das Logische denkt, welche Art von Abgestorbensein von sich selbst dazu erforderlich ist, inwieweit die Phantasie dabei eine Rolle spielt. Dies ist wiederum eine armselige und höchst einfältige Bemerkung, aber deshalb kann sie doch ganz wahr und keineswegs überflüssig sein: denn ein Philosoph ist allmählich ein so märchenhaftes Wesen geworden, daß kaum die ausschweifendste Phantasie etwas so Fabelhaftes erfunden hat. Wie verhält sich überhaupt das empirische Ich zu dem reinen Ich-Ich? Wer ein Philosoph zu sein wünscht, möchte doch gern darüber etwas Bescheid wissen, und er wünscht vor allem nicht, ein lächerliches Wesen zu werden, indem er eins, zwei, drei Kokolorum in die Spekulation verwandelt wird. Wenn derjenige, der sich mit logischem Denken beschäftigt, zugleich so menschlich ist, daß er nicht vergißt, daß er, selbst wenn er mit dem System fertig würde, ein existierendes Individuum ist, dann wird die Phantasterei und die Scharlatanerie allmählich verschwinden. [...]

b)

Ein System des Daseins kann nicht gegeben werden. Also gibt es ein solches nicht? Keineswegs. Das liegt auch nicht in dem Gesagten. Das Dasein selbst ist ein System – für Gott; aber es kann es nicht sein für irgendeinen existierenden Geist. System und Abgeschlossenheit entsprechen einander; Dasein aber ist gerade das Entgegengesetzte. Abstrakt gesehen lassen sich System und Dasein nicht zusammendenken, weil der systematische Gedanke, um das Dasein zu denken, es als aufgehoben, also nicht als daseiend denken muß. Dasein ist das Spatiierende, das auseinanderhält; das Systematische ist die Abgeschlossenheit, die zusammenschließt.

In Wirklichkeit aber tritt nun eine Täuschung, eine Sinnestäuschung ein, [...] worauf ich verweisen muß, namentlich hinsichtlich der Frage, ob das Vergangene notwendiger sei als das Zukünftige. Wenn nämlich ein Dasein durchlaufen ist, ist es ja fertig, ist es ja abgeschlossen, und insoweit ist es damit ja der systematischen Erfassung anheimgefallen. Ganz recht – aber für wen? Derjenige, der selbst existierend ist, kann ja nicht jene Abgeschlossenheit außerhalb des Daseins gewinnen, die der Ewigkeit entspricht, in die das Vergangene eingegangen ist. Wenn ein Denker gütigst so distrait sein will, daß er vergißt, daß er selbst existierend ist, so ist doch Spekulation und Distraktion nicht ganz dasselbe. Im Gegenteil, daß er selbst existierend ist deutet an, daß die Existenz die Forderung an ihn hat, daß sein Dasein, ja wenn er groß ist, daß sein Dasein in der Mitwelt wiederum, wenn es Vergangenheit geworden ist, die Geltung von etwas Abgeschlossenem für den systematischen Denker haben kann. Aber wer ist denn dieser systematische Denker? Ja, das ist der, der selbst außerhalb des Daseins und doch im Dasein ist, der in seiner Ewigkeit auf immer und ewig abgeschlossen ist und doch das Dasein in sich schließt – es ist Gott. Wozu der Betrug? Weil die Welt nun 6000 Jahre lang bestanden hat, hat darum das Dasein nicht ganz die gleiche Forderung an den Existierenden, die es immer gehabt hat, welche nicht die ist, daß er in der Einbildung ein kontemplierender Geist sein soll, sondern in der Wirklichkeit ein existierender Geist. Alles Verstehen kommt hinterher. Während der jetzt Existierende unbestreitbar in Bezug auf die 6000 Jahre, die vorausgingen, hinterherkommt. so würde, wenn wir annähmen, daß er diese systematisch verstehen könnte, das sonderbare ironische Faktum sich ergeben, daß er sich selbst existierend nicht verstehen könnte, weil er selbst keine Existenz bekommen hätte, weil er selbst nichts hätte, das hintennach zu verstehen wäre. Hieraus würde folgen, daß ein solcher Denker der Herrgott sein müßte oder ein phantastisches Allerlei (Quodlibet). Ein jeder sieht sicher das Unsittliche ein, das hierin liegt, und dann sieht auch zugleich sicher jeder ein, daß es ganz in Ordnung ist, was ein anderer Schriftsteller über das Hegelsche System bemerkt hat: daß man durch ihn ein System bekommen habe, das fertige absolute System – ohne eine Ethik zu haben. Wir können gut lächeln über die ethisch-religiösen Phantastereien des Mittelalters. mit seiner Askese und anderem dergleichen, aber vergessen wir vor allem nicht, daß die spekulative, possenhaft-alberne Überspanntheit, das Ich-Ich zu werden, und dann doch als (qua) Mensch oftmals ein solcher Philister zu sein, daß kein Begeisterter ein solches Leben geführt haben möchte – ebenso lächerlich ist.

Laß uns also, was die Unmöglichkeit eines Systems des Daseins anbetrifft, ganz einfältig fragen, so wie ein griechischer Jüngling seinen Lehrmeister fragen würde (und kann die hochvermögende Weisheit zwar sonst alles erklären, aber nicht auf eine einfältige Frage antworten, dann sieht man ja, daß die Welt aus den Fugen geraten ist): Wer soll ein solches System schreiben oder fertigmachen? Doch wohl ein Mensch, es sei denn, daß wir wieder mit der sonderbaren Rede begännen, daß der Mensch die Spekulation, das Subjekt-Objekt wird. Also ein Mensch – und zwar doch wohl ein lebender, d. h. ein existierender Mensch. Oder ist die Spekulation, die das System zustande bringt, ist sie das gemeinsame Streben der verschiedenen Denker: in welch letzten Schluß schließt sich dann diese Gemeinschaft zusammen, wie tritt sie zu. tage? Doch wohl durch einen Menschen? Wie verhalten sich dann wieder die einzelnen Denker zu diesem Streben, welches sind hier die Zwischenbestimmungen zwischen dem Individuellen und dem Welthistorischen, und was ist dann wieder das für einer, der sie alle auf den systematischen Faden zieht? Ist er ein Mensch, oder ist er die Spekulation? Ist er aber ein Mensch, so ist er ja existierend. Für den Existierenden aber gibt es nun überhaupt zwei Wege: er kann entweder alles tun, um zu vergessen, daß er existierend ist, wodurch man erreicht, daß man komisch wird (der komische Widerspruch, das sein zu wollen, was man nicht ist, so wenn z. B. ein Mensch ein Vogel sein will, ist nicht komischer als der, nicht das sein zu wollen, was man ist, wie in casu existierend; wie man es ja auch im üblichen Sprachgebrauch komisch findet, daß einer vergißt, wie er heißt, was nicht so sehr bedeutet seinen Namen vergessen, als die Eigenart seines Wesens vergessen), weil Existenz die merkwürdige Eigenschaft hat, daß der Existierende existiert, ob er will oder nicht; oder er kann alle seine Aufmerksamkeit auf das Faktum richten, daß er existierend ist. Von *dieser* Seite aus muß vor allem anderen der Einwand gegen die moderne Spekulation erhoben werden, daß sie nicht eine irrige, sondern vielmehr eine komische Voraussetzung hat, die dadurch veranlaßt ist, daß sie in einer Art welthistorischer Distraktion vergessen hat, was es heißt, Mensch zu sein, und zwar nicht, was es heißt, Mensch überhaupt zu sein – auf etwas Derartiges einzugehen, dazu würde man wohl sogar die Spekulation bekommen –, sondern was es heißt, daß du und ich und er, daß wir jeder für sich Menschen sind.

Dem Existierenden, der alle seine Aufmerksamkeit darauf richtet, daß *er* existierend ist, wird auch jenes Lessingwort von dem fortgesetzten Streben wie ein wunderbarer Ausspruch zulächeln, wodurch sein Urheber sich zwar nicht unsterbliche Berühmtheit erwarb, weil er so höchst einfach ist, dessen Wahrheit aber jeder Aufmerksame bezeugen muß. Der Existierende, der vergißt, daß er existierend ist, wird immer mehr distrait werden, und wie Leute bisweilen die Frucht ihres Otiums in Schriften nieder legen, so werden wir als die Frucht seiner Distraktion das erwartete System des Daseins erwarten dürfen – allerdings wohl nicht wir alle, sondern nur die, die beinahe ebenso distrait sind wie er. Während also denn das Hegelsche System in Distraktion ein System des Daseins wird, ja was noch mehr ist, fertig wird – ohne eine Ethik zu besitzen (wo doch das Dasein gerade sein Zuhause hat), wird jene einfältigere Philosophie, die von einem Existierenden für Existierende vorgetragen wird, besonders das Ethische hervorholen und heranziehen.

[...]

Das fortgesetzte Streben ist der Ausdruck für die ethische Lebensanschauung des existierenden Subjekts. Das fortgesetzte Streben darf daher nicht metaphysisch verstanden werden; aber es gibt ja auch kein Individuum, das metaphysisch. existiert. So könnte man denn zum Mißverstehen einen Gegensatz zwischen der systematischen Abgeschlossenheit und dem fortgesetzten Streben nach Wahrheit aufstellen. Man könnte da, und hat es vielleicht sogar versucht, an das Griechische: beständig ein lernender sein zu wollen erinnern. Das ist indes nur ein Mißverständnis in dieser Sphäre. Ethisch verstanden ist vielmehr das fortgesetzte Streben das Bewußtsein des Existierend-Seins und das fortgesetzte Lernen der Ausdruck für die unaufhörliche Verwirklichung, die in keinem Augenblick fertig ist, solange das Subjekt in der Existenz ist, wessen sich dieses gerade bewußt ist und deshalb nicht davon betrogen wird. Die griechische Philosophie aber hatte eine ständige Beziehung zur Ethik. Man meinte daher auch nicht, daß das, beständig ein lernender sein zu wollen, eine große Entdeckung oder das begeisterte Unternehmen eines einzelnen hervorragenden Menschen war, da das weder mehr noch weniger war als das Verständnis dessen, daß man ein Existierender ist. Dessen sich bewußt zu werden ist nicht verdienstlich, während es gedankenlos ist, es zu vergessen.

Man hat oft an sogenannte pantheistische Systeme[xviii] erinnert und sie angegriffen, indem man sagte, daß sie den Unterschied zwischen Gut und Böse und die Freiheit aufhöben; vielleicht drückt man sich ebenso bestimmt aus, wenn man sagt, daß jedes solche System den Begriff der Existenz verflüchtigt. Aber man hat nicht recht daran getan, dies bloß von den pantheistischen Systemen zu sagen; man hätte besser daran getan zu zeigen, daß jedes System pantheistisch sein muß gerade auf Grund seiner Abgeschlossenheit. Das Dasein muß im Ewigen aufgehoben sein, bevor das System sich abschließen kann; irgendein existierender Rest darf nicht übrig sein, nicht einmal soviel wie das winzigkleine Dingeldangel von einem Professor, der das System schreibt. Aber so stellt man die Sache nicht dar. Nein, man bekämpft die pantheistischen Systeme teils in tumultuarischen

Aphorismen, die immer wieder ein neues System versprechen, und teils schreibt man etwas zusammen, was ein System sein soll, und hat dann einen eigenen Paragraphen darin, in dem gelehrt wird, daß man den Begriff der Existenz und der Wirklichkeit nachdrücklich betone. Daß ein solcher Paragraph das ganze System zum Gegenstand des Spottes macht, daß er, anstatt ein Paragraph im System zu sein, ein absoluter Protest gegen das System ist, tut für übergeschäftige Systematiker nichts zur Sache. Soll der Begriff der Existenz wirklich betont werden, so kann das nicht direkt in dem Paragraphen eines Systems gesagt werden, und alle direkten Schwüre und „Hol mich der Teufel" machen die dozierende Unvernunft nur noch lächerlicher. Daß die Existenz wirklich betont wird, muß in einer wesentlichen Form ausgedrückt werden, und diese ist im Hinblick auf das trugvolle Wesen der Existenz die indirekte Form, nämlich daß es kein System gibt. Doch darf auch dies wiederum nicht ein bloß versicherndes Formular werden, denn der indirekte Ausdruck verlangt beständige Erneuerung und Verjüngung in der Form. In Komiteegutachten mag es ja gut angehen, daß ein dissentierendes Votum beigefügt ist, aber ein System, das das dissentierende Votum als einen Paragraphen des Systems enthält, ist ein schnurriges Ungetüm. Was Wunder dann, daß das System sich hält. Stolz übersieht es Einwände, und stößt es auf einen einzelnen Einwand, der ein wenig Aufmerksamkeit auf sich zu lenken scheint, so lassen die systematischen Entrepreneure einen Kopisten den Einwand abschreiben, der sodann in das System einregistriert wird; und mit dem Einband ist dann das System fertig.

Die systematische Idee ist das Subjekt-Objekt, die Einheit von Denken und Sein; Existenz dagegen ist gerade die Trennung. Dar aus folgt keineswegs etwa, daß die Existenz gedankenlos ist, aber sie hat gesetzt und setzt die Trennung (hat spatiiert und spatiiert) zwischen das Subjekt und Objekt, den Gedanken und das Sein. Im objektiven Sinne ist Denken das reine Denken, das ebenso abstrakt-objektiv seinem Gegenstand entspricht, der daher wieder dieses Denken selbst ist und wo die Wahrheit in der Übereinstimmung des Denkens mit sich selbst besteht. Dieses objektive Denken hat kein Verhältnis zu der existierenden Subjektivität, und während immer die schwierige Frage übrigbleibt, wie das existierende Subjekt in diese

Objektivität hineinkommt, wo die Subjektivität die reine abstrakte Subjektivität ist (was wiederum eine objektive Bestimmung ist und keinen existierenden Menschen bezeichnet), ist es sicher, daß die Subjektivität immer mehr verdunstet; und schließlich, wenn es einem Menschen möglich ist, so etwas zu werden, und das Ganze nicht bloß etwas ist, wovon er höchstens durch die Phantasie Wissen erlangen kann, wird sie das rein abstrakte Mitwissen in diesem reinen Verhältnis und Wissen um dieses reine Verhältnis zwischen Denken und Sein, diese reine Identität, ja diese Tautologie, weil mit dem Sein nicht gesagt wird, daß der Denkende ist, sondern eigentlich nur, daß er ein Denkender ist.

Das existierende Subjekt dagegen ist existierend, und das ist ja jeder Mensch. Laß uns daher nicht unrecht handeln, indem wir jene objektive Richtung eine gottlose, pantheistische Selbstvergötterung nennen, sondern sie lieber als Studie im Komischen ansehen; denn daß von jetzt an bis ans Ende der Welt nichts sollte gesagt werden dürfen außer etwas, was eine weitere Verbesserung des fast fertigen Systems vorschlüge, ist nur eine systematische Konsequenz für Systematiker.

Wenn man sofort anfängt, ethische Kategorien gegen jene objektive Richtung zu gebrauchen, handelt man unrecht und trifft sie auch nicht, weil man mit den Angegriffenen nichts gemein hat. Wenn man aber in der metaphysischen Sphäre bleibt, kann man das Komische anwenden, das auch im metaphysischen Bereich liegt, um einen solchen überirdisch verwandelten (transfigurierten) Professor einzuholen. Wenn ein Tänzer sehr hoch springen könnte, würden wir ihn bewundern; wenn er sich aber, sei es auch, er könnte so hoch springen wie nie ein Tänzer vor ihm, den Anschein geben wollte, daß er fliegen könnte: dann laß ihn nur das Gelächter einholen. Das Springen bedeutet, daß man wesentlich der Erde angehört und die Gesetze der Schwere respektiert, so daß der Sprung nur das Momentane ist; aber das Fliegen bedeutet, daß man von den Erdgegebenheiten befreit ist, was nur den mit Flügeln ausgestatteten Geschöpfen vorbehalten ist, vielleicht auch den Bewohnern des Mondes, vielleicht – vielleicht findet das System auch dort erst seine wahren Leser. Man hat das Menschsein abgeschafft, und jeder Spekulant verwechselt sich mit der Menschheit, wodurch er etwas unendlich Großes wird und zugleich gar nichts; er verwechselt sich selbst aus Distraktion mit der Menschheit, ebenso wie die Oppositionspresse „wir“ sagt und die Schiffer: Hol mich der Teufel! Wenn man aber lange genug geflucht hat, dann kehrt man schließlich zu der direkten Aussage zurück, weil alles Schwören sich selbst aufhebt; und wenn man gelernt hat, daß jeder kleine Schuljunge „wir“ sagen kann, dann lernt man, daß es doch etwas mehr bedeutet, e i n e r zu sein; und wenn man sieht, daß jeder Kellerwirt das Spiel spielen kann, die Menschheit zu sein, dann sieht man zuletzt ein, daß das, schlecht und recht ein einfacher Mensch zu sein, mehr ist als auf die Weise ein Gesellschaftsspiel zu spielen. Und noch eins: Wenn ein Kellerwirt das tut, so meint jeder, das sei lächerlich; und doch ist es ebenso lächerlich, wenn der größte Mensch es tut; und man kann in dem Sinne gern über ihn lachen und deshalb doch die gebührende Hochachtung vor seinen Gaben, Kenntnissen usw. haben. (UN I, 108–117)

[...] Was heißt das: Sein ist höher als Denken? Ist diese Aussage etwas, das gedacht werden soll, dann ist ja eo ipso Denken wieder höher als Sein. Läßt es sich denken, so ist das Denken höher; läßt es sich nicht denken, so ist kein System des Daseins möglich. [...] (UN II, 36–37)

[...] Der Übergang von der Möglichkeit zur Wirklichkeit ist, wie Aristoteles richtig lehrt, κίνησις, eine Bewegung. Dies läßt sich in der Sprache der Abstraktion überhaupt nicht sagen oder in ihr verstehen, da diese eben der Bewegung weder Zeit noch Raum geben kann, welche die Bewegung voraussetzen oder welche die Bewegung voraussetzt. Da gibt es ein Anhalten, einen Sprung. Will jemand sagen, das komme daher, weil ich an etwas Bestimmtes denke und nicht abstrahiere, denn sonst würde ich einsehen, daß es da keinen Bruch gibt: so ist meine nochmals wiederholte Antwort die: ganz richtig, abstrakt gedacht ist da kein Bruch, aber auch kein Übergang; denn abstrakt gesehen i s t alles. Wenn die Existenz dagegen der Bewegung Zeit gibt und ich dies nachbilde, dann zeigt sich der Sprung, wie eben ein Sprung sich zeigen kann: daß er kommen muß, oder daß er erfolgt ist. Laß uns ein Beispiel aus dem Ethischen nehmen. Es ist oft genug gesagt worden, daß das Gute seinen Lohn in sich habe, und daß es insofern nicht nur das richtigste, sondern auch das klügste sei, das Gute zu wollen. Ein kluger Eudämonist kann dies sehr gut einsehen, er kann denkend in der Form der Möglichkeit dem Guten so nahe, wie es nur immer möglich ist, kommen, weil der Übergang in der Möglichkeit wie in der Abstraktion nur ein Schein ist. Wenn aber der Übergang wirklich werden soll, dann gibt alle Klugheit in der Anfechtung den Geist auf. Die wirkliche Zeit scheidet für ihn das Gute und den Lohn so weit voneinander, so ewig weit, daß die Klugheit es nicht wieder zusammenbringen kann, und der Eudämonist bedankt sich. Ganz gewiß ist es das Klügste, das Gute zu wollen, aber nicht im Sinne der Klugheit, sondern im Sinne des Guten. Der Übergang ist recht deutlich da als ein Bruch, ja als ein Leiden. – Im Predigtvortrag kommt oft die Sinnestäuschung vor, die eudämonistisch den Übergang zum Christwerden in einen Schein verwandelt, wodurch der Zuhörer betrogen und der Übergang verhindert wird.

***

Die Subjektivität ist die Wahrheit; die Subjektivität ist die Wirklichkeit. (UN II, 46–47)

II. Die sinnlich verankerte Lebensform

Einleitung

Kierkegaard hat dichterisch-schriftstellerisch eine Reihe von Figuren vorgestellt, die dem Glück als dem Sinn des Lebens mit ästhetischen Mitteln nachjagen – und es trotz immer raffinierterer Strategien zur Selbstoptimierungverfehlen. Es sind nicht nur die geistig Bornierten, die Spießer und Massenmenschen, die auf der Strecke bleiben, sondern gerade auch die Intellektuellen, deren hochgezüchtete lukullische und erotische Phantasien zu verfeinerten Genüssen beitragen und einen differenzierten Geschmackssinn ausbilden.

Der Ästhetiker (von griech. aisthesis = sinnliche Wahrnehmung), kurz A genannt, ein schwermütiger Dichter, findet im Genuss zwar ekstatische Höhepunkte, aber kein dauerhaftes Glück. Mit einer fast schon autistisch anmutenden Geste zieht er sich zurück in die Einsamkeit, um die erlebten Glücksmomente in der Erinnerung abzurufen und noch einmal voll auszukosten. Trotzdem gelingt es ihm nicht, einen ihn befriedigenden Sinn in sein Leben zu bringen. „Wie ist das Leben so bedeutungslos und leer. [...] Zur Erkenntnis der Wahrheit bin ich vielleicht gelangt, doch wahrlich nicht zur Seligkeit. [...] Mein Leben ist völlig sinnlos." (E/O I, 31, 38) Trotzdem kann er sich keinen anderen Sinn seines Lebens vorstellen als die Befriedigung des sinnlichen Begehrens. Die Erfüllung des Lustverlangens beschert ihm ein – wenn auch nur kurzes und rasch vorübergehendes – Glück, neben dem alle übrigen Glücksgüter verblassen.

Johannes, der Verfasser des berühmten Tagebuchs des Verführers, auch er ist auf Genuss aus, vor allem im Bereich des Erotischen. Als ein moderner Don Juan, legt er es darauf an, ein junges Mädchen so zu manipulieren, dass es sich selbst nicht als Verführte, sondern als Verführerin begreift, die den Fortgang der Beziehung und ihr Ende bestimmt. Auch Johannes wird letztlich nicht glücklich. Zwar genießt er seine Verführungskunst, die ausgeklügelten Strategien, mit denen er das Mädchen über den wahren Sachverhalt hinweg täuscht, nämlich dass er sie nicht wirklich liebt, sondern nur sich selbst bewundert im Gelingen seiner Täuschungsmanöver, doch es bleibt ein schaler Nachgeschmack, vor allem, als er erkennen muss, dass ihn die Geliebte im Nachhinein doch durchschaut hat und anstatt zu triumphieren zutiefst verletzt ist. Der sinnliche Genuss, der auch die Freude an der eigenen Exzellenz mit einschließt, ist ein Quell des Glücks. Aber ein Quell, der zwischenzeitlich immer wieder versiegt und mit ziemlichem Aufwand erneut zum Sprudeln gebracht werden muss. Das Glück, welches der Ästhetiker ersehnt, jedoch nicht erlangt, ist von einer anderen Qualität. Es müsste unabhängig von der Zeit sein, ein übergeschichtliches, dauerhaftes, ewiges Glück. Ein Glück, das nicht durch Instrumentalisierung anderer Menschen gewonnen ist, sondern sich belastbaren zwischenmenschlichen Beziehungen verdankt.

Aber auch solche Beziehungen machen nicht wirklich glücklich, wenn sie sich bloß auf geteilten Genuss gründen. In den *Stadien auf des Lebens Weg* lässt Kierkegaard Personen auftreten, die sich für das Glück einer ästhetischen Lebensweise entschieden haben. Gleich zu Beginn wird die kunstvolle Inszenierung von Genuss im Rahmen eines Symposiums geschildert. Die Atmosphäre muss stimmen, die Gäste müssen sich als Genießer auf gleicher Augenhöhe begegnen können, und dazu tragen kulinarische Speisen und qualitativ hochrangige Gespräche wesentlich bei. Mit Genuss ist nicht etwas Spontanes gemeint, sondern eine mittels der Stimulierung von Sinnesreizen und Gaumenkitzeln erzeugte Lust. Man mache „seine Seele flott für die Lust" heißt es. In diesem Zusammenhang kann man zwischen einer Vor-Lust, die sich in der Phantasie einstellt, der wirklich genossenen Lust während des Symposiums und einer Nach-Lust in der Erinnerung unterscheiden, was einen dreifachen Genuss bedeutet. Es geht bei diesen inszenierten Veranstaltungen also keineswegs um eine maßlose Völlerei, wie sie zum Beispiel im Film *Das große Fressen* vorgeführt wird. Vielmehr soll der Körper der Symposium-Teilnehmer optimal gestimmt werden für geistvolle Gespräche, die bei Tisch geführt werden und einer verfeinerten Redekultur dienen.

Doch obwohl alle Sinne und die geistigen Bedürfnisse auf erlesenste Weise befriedigt sind, genießt letztlich doch jeder einsam für sich allein. Der Kreis der Mitgenießer ist nur Staffage, die den Selbstgenuss fördert. Die sinnliche Lust isoliert, und am Ende stürzt jeder für sich allein ab in die Langeweile, die das Glück zunichte macht.

Allerdings kann man pragmatische Vorkehrungen treffen, um das Steuer des Genusses fest in der eigenen Hand zu halten und damit längerfristig ästhetisch zu leben. Wie der kluge Landwirt auf seinem Acker nicht immer die selbe Art von Getreide oder Früchten anbaut, sondern die Sorten regelmäßig wechselt, um die Erträge zu steigern, so müsse auch der Ästhetiker darum bemüht sein, seine Sinne nicht immer den gleichen Eindrücken auszusetzen, sondern für größtmögliche Abwechslung zu sorgen, um dem Genuss kontinuierlich neue Nahrung zu geben. Und wie der Landwirt hin und wieder eine Brache einlegt, um dem Boden Gelegenheit zu geben, sich zu regenerieren, so brauche auch der menschliche Organismus Pausen, in denen eine Abstinenz vom Luststreben dazu beitrage, dass der Körper wieder genussfähig wird. Nur wer es versteht, sich ständig auszuwechseln, genieße ein dauerhaftes Glück.

1 Der Dichter

Was ist ein Dichter? Ein unglücklicher Mensch, der tiefe Qualen birgt in seinem Herzen, aber seine Lippen sind so gebildet, daß, derweile Seufzen und Schreien über sie hinströmt, es tönt gleich einer schönen Musik. Es geht ihm gleich den Unglücklichen, die man im Ochsen des Phalaris[xix] langsam peinigte mit sanftem Feuer, ihr Schrei konnte nicht hindringen zum Ohre des Tyrannen, ihn zu erschrecken, für ihn tönte es gleich einer süßen Musik. Und die Menschen scharen sich um den Dichter und sprechen zu ihm: Singe bald wieder, das will heißen: möchten doch neue Leiden deine Seele martern, und möchten deine Lippen beständig gebildet sein wie bisher; denn das Schreien würde uns bloß ängsten, aber die Musik, die ist lieblich. Und die Rezensenten treten herzu, sie sprechen: es ist richtig so; so soll es sein gemäß den Regeln der Aesthetik. Nun, versteht sich, ein Rezensent gleicht einem Dichter ja aufs Haar, nur hat er die Qualen nicht im Herzen, die Musik nicht auf den Lippen. Siehe, darum möcht ich lieber Schweinehirt sein auf Amagerbro und verstanden sein von den Schweinen denn Dichter sein und mißverstanden sein von den Menschen.

[...]

Am liebsten rede ich mit Kindern; denn von ihnen darf man doch hoffen, daß sie Vernunftwesen werden können; aber die, welche es geworden sind – Herrjemineh!

Die Menschen sind doch recht ungereimt. Von den Freiheiten, welche sie haben, machen sie keinerlei Gebrauch, sondern fordern diejenigen, welche sie nicht haben; sie haben Denkfreiheit, sie fordern Rede- und Schreibfreiheit.

Ich mag schlechterdings nichts. Ich mag nicht reiten, das ist eine zu starke Bewegung; ich mag nicht gehen, das ist zu anstrengend; ich mag mich nicht hinlegen, denn entweder müßte ich liegenbleiben, und das mag ich nicht, oder ich müßte wieder aufstehn, und das mag ich auch nicht. Summa summarum: ich mag schlechterdings nichts.

Es gibt bekanntlich Insekten, die im Augenblick der Befruchtung sterben, ebenso ist es mit aller Freude, der Moment des höchsten und überschwenglichsten Genusses im Leben ist geleitet vom Tode

Probater Rat für Schriftsteller

Man schreibe seine eignen Betrachtungen ohne Sorgfalt nieder, man lasse sie drucken, bei den verschiedenen Korrekturen wird man dann nach und nach eine Menge guter Einfälle bekommen. Fasset darum Mut, Ihr, die Ihr Euch noch nicht erkühnt habt, etwas drucken zu lassen, auch Druckfehler sind nicht zu verachten, und witzig werden mit Hilfe von Druckfehlern ist anzusehen als eine rechtmäßige Weise es zu werden.

An allem Menschlichen ist überhaupt dies das Unvollkommene, daß man das Begehrte erst durch den Gegensatz hindurch erlangt. Ich will nicht reden von der Vielfalt der Gestaltungen, die dem Psychologen genug zu schaffen geben mag (der Melancholische hat den meisten komischen Sinn, der Üppigste oft den meisten idyllischen; der Ausschweifende oft den meisten moralischen, der Zweifelnde oft den meisten religiösen), sondern lediglich daran erinnern, daß allein durch die Sünde hindurch die Seligkeit erblickt wird.

Außer meinem übrigen zahlreichen Umgangskreise habe ich noch einen intimen Vertrauten – meinen Trübsinn; mitten in meiner

Freude, mitten in meiner Arbeit winkt er mir, ruft mich zur Seite, obwohl ich leiblich an Ort und Stelle bleibe. Ja, meine Schwermut ist die treueste Liebhaberin, die ich kennen gelernt, was Wunders da, daß ich wiederliebe.

Es gibt ein Geschwätz vernünftiger Überlegung, welches mit seiner Unendlichkeit zum Ergebnis in dem gleichen Mißverhältnis steht wie die unübersehbaren ägyptischen Dynastien zur geschichtlichen Ausbeute.

Das Alter läßt die Träume der Jugend Wirklichkeit werden: das sieht man an Swift, in seiner Jugend baute er ein Irrenhaus, im Alter ging er selbst in es hinein.

Wenn man sieht, mit welch einem hypochondrischen Tiefsinn die älteren Engländer das Zweideutige, das dem Lachen zugrunde liegt, aufgedeckt haben, so muß man Angst bekommen. [...] Wie, wenn alles in der Welt ein Mißverständnis wäre, wie, wenn Lachen eigentlich ein Weinen wäre!

Es gibt einzelne Gelegenheiten, bei denen es einen so unendlich schmerzlich berühren kann, einen Menschen ganz einsam stehen zu sehen in der Welt. So hab ich neulich ein armes Mädchen gesehen, welches ganz alleine zur Kirche ging, um konfirmiert zu werden.

Cornelius Nepos[xx] erzählt von einem Feldherrn, welcher mit einer bedeutenden Reiterei in einer Festung fest eingeschlossen worden war: er habe die Pferde Tag für Tag auspeitschen lassen, damit sie unter dem vielen Stillestehen nicht Schaden litten – ebenso lebe ich in dieser Zeit, gleich einem Belagerten; um jedoch nicht Schaden zu leiden von dem vielen Stillesitzen, weine ich mich müde.

Ich sage von meinem Kummer, was der Engländer von seinem Hause sagt: mein Kummer ist meine Burg (is my castle). Viele Menschen sehen es für eine der Schicklichkeiten des Lebens an, Kummer zu haben.

Mir ist zumute wie es einer Figur im Schachspiel sein muß, wenn der Gegenspieler von ihr sagt: diese Figur darf nicht bewegt werden.

[...] Wie viele sind da wohl in unsrer Zeit, die in Wahrheit sich getrauen zu wünschen, sich getrauen zu begehren, sich getrauen, die Natur anzusprechen, sei es mit einem artigen kindlichen bitte bitte, sei es mit der Raserei eines verlorenen Individuums? [...]

Verkümmert bin ich [...] in einer Stimmung wie ein Buchstabe, der auf dem Kopf steht, und gleichwohl ungezogen wie ein Pascha von drei Roßschweifen, eifersüchtig auf mich selbst und meine Gedanken wie die Bank auf ihre Noten, überhaupt so reflektiert in mir selber wie nur je ein Pronomen reflexivum. Ja, gälte von den Nöten und Sorgen, was von den bewußten Taten gilt, daß die, welche sie tun, ihren Lohn darin haben, gälte dies von Sorgen, so wäre ich der glücklichste Mensch: denn ich nehme alle Kümmernisse vorweg, und dennoch bleiben sie alle nach.

Darin äußert sich unter anderm die ungeheure poetische Kraft aller Volksdichtung, daß sie stark genug ist um zu begehren. In Vergleich damit ist das Begehren unsrer Zeit zugleich sündig und langweilig, denn sie begehrt, was des Nächsten ist. Die Volksdichtung ist sich sehr wohl bewußt, daß der Nächste ebenso wenig besitzt was sie sucht, als sie selbst es tut. Und wo sie sündig begehren soll, so ist sie so himmelschreiend, daß sie den Menschen erschüttern muß. Sie läßt sich nichts abdingen von des nüchternen Verstandes kalten Berechnungen der Wahrscheinlichkeit. Noch immer schreitet Don Juan über die Szene mit seinen tausendunddrei Geliebten. Niemand wagt es zu lächeln aus Ehrfurcht vor der Ehrwürdigkeit der Überlieferung. Hätte zu unsrer Zeit dies ein Dichter gewagt, so wäre er ausgelacht worden.

Wie sonderbar wehmütig ward ich nicht gestimmt beim Anblick eines armseligen Menschen, der sich durch die Straßen schlich in einem ziemlich verschlissenen lichtgrünen, nach gelb hinüberspielenden Rocke. Es tat mir um ihn weh; indes was mich am meisten bewegte, war doch, daß selbigen Rockes Farbe mich so lebhaft erinnerte an meiner Kindheit erste Erzeugnisse in der edlen Malkunst. Diese Farbe war gerade eine meiner Leibcouleuren. Ist es nicht traurig: diese Farbmischungen, an die ich noch immer mit so viel Freude denke, findet man nirgends im Leben; alle Welt findet sie grell, abstechend, allein zu brauchen für Nürnberger Bilderbogen. Stößt man vereinzelt auf sie, so wird die Begegnung stets so unglücklich sein wie jetzt diese. Es wird stets ein Schwachsinnger oder ein Gescheiterter sein, kurz stets jemand, der sich fremd fühlt im Leben, und mit dem die Welt nichts zu tun haben will. Und ich, der ich meine Helden stets mit diesem ewig-unvergeßlichen gelbgrünen Anstrich auf dem Rock malte! Geht es einem nicht ebenso mit sämtlichen Farbmischungen der Kindheit? Der Glanz, den das Leben dazumal gehabt, wird allgemach unserm matten Auge zu stark, zu grell!

Ach, die Tür zum Glück geht nicht nach innen auf, so daß man, indem man auf sie zustürmt, sie aufdrücken kann; sondern sie geht nach außen auf, und man vermag daher nichts zu tun.

Mut hab ich zu zweifeln, ich glaube an allem; ich habe Mut zu kämpfen, ich glaube wider alles; jedoch ich habe nicht Mut etwas zu erkennen; nicht Mut etwas zu besitzen, zu eigen zu haben. Die meisten beklagen sich, die Welt sei so prosaisch, es gehe im Leben nicht so zu wie im Roman, wo die Gelegenheit allezeit so günstig ist; ich beklage mich, es sei im Leben nicht wie im Roman, allwo man hartherzige Väter, und Kobolde und Trolle zu bekämpfen hat, verzauberte Prinzessinnen zu befreien. Was sind alle solchen Feinde miteinander gegen die bleichen, blutlosen, zählebigen, nächtlichen Gestalten, wider die ich kämpfe, und denen ich selber Leben gebe und Dasein.

Wie ist doch meine Seele und mein Gedanke so unfruchtbar, und gleichwohl fort und fort gemartert von inhaltlosen, wollüstigen und peinvollen Wehen! Soll denn des Geistes Zungenband bei mir nie gelöst werden, soll ich für immer lallen? Was ich nötig habe, ist eine Stimme, durchdringend wie der Blick eines Lynkeus[xxi], Entsetzen erregend wie das Stöhnen der Giganten, anhaltend wie ein Naturlaut, spöttisch wie ein alles bereifender Windstoß, boshaft wie des Echos herzloses Höhnen, von einem Umfang, der von dem tiefsten Baß zu den schmelzendsten Brusttönen reicht, moduliert von dem heiligsanftesten Raunen bis zu des Rasens Energie. Das ist es, was ich nötig habe, um Luft zu bekommen, um sagen zu können, wie mir um den Sinn ist, um die Eingeweide sowohl des Zorns wie der Sympathie sich schütteln zu lassen. – Jedoch meine Stimme ist bloß heiser wie ein Möwenschrei, oder hinsterbend gleich dem Segen auf des Stummen Lippen.

Was wird geschehen? Was wird die Zukunft bringen? Ich weiß es nicht, ich ahne nichts. Wenn eine Spinne von einem festen Punkt sich herniederstürzt in ihre notwendigen Folgen, so sieht sie fort und fort vor sich einen leeren Raum, in dem es ihr unmöglich ist, festen Fuß zu fassen, und wenn sie sich noch so sehr spreizte. Ebenso ergeht es mir; nach vorne fort und fort ein leerer Raum, und was mich vorwärts treibt, ist eine Folgerichtigkeit, die hinter mir liegt. Dies Leben ist nach rückwärts gekehrt und grauenhaft, nicht auszuhalten.

Es ist doch die schönste Zeit, der Verliebtheit erste Periode, wenn man bei jeder Zusammenkunft, jedem Blick des Auges etwas Neues heimbringt, um daran sich zu freuen.

Meine Betrachtung des Lebens ist ganz und gar ohne Sinn. Ich nehme an, ein böser Geist hat ein Paar Brillen auf meine Nase gesetzt, dessen eines Glas in ungeheuerlichem Maßstabe vergrößert, dessen andres Glas im gleichen Maßstabe verkleinert.

Der Zweifler ist stets ein Gegeißelter (μεμαστιγωμένος); er hält sich einem Kreisel gleich für kürzere oder längere Zeit auf der Spitze entsprechend den Peitschenschlägen; zu stehen vermag er nicht, ebensowenig wie der Kreisel.

Von allen lächerlichen Dingen erscheint mir als das Allerlächerlichste, eifrig zu tun zu haben in der Welt, ein Mann zu sein, welcher der erste beim Essen ist und der erste bei seiner Arbeit. Sehe ich daher eine Fliege sich im entscheidenden Augenblick auf die Nase solch eines Geschäftsmannes setzen, oder ihn bespritzt werden von einem Wagen, der in noch größerer Eile an ihm vorüberfährt, oder die Zugbrücke vor ihm hochgehn oder einen Stein vom Dache fallen und ihn erschlagen, so lache ich von Herzens Grund. Und wer könnte sich wohl des Lachens enthalten? Was mögen diese emsigen Geschwindarbeiter denn wohl ausrichten? Geht es ihnen nicht wie jenem Weibe, welches in der Betäubung darüber, daß Feuer im Hause war, die Feuerzange rettete? Was mehr retten denn sie heraus aus des Lebens großer Feuersbrunst?

Mir fehlt es überhaupt an Geduld zum Leben. Ich kann das Gras nicht wachsen sehn, wenn ich es aber nicht kann, so mag ich es garnicht sehn. Meine Anschauungen sind flüchtige Betrachtungen eines „fahrenden Schülers“, welcher mit größter Eile durchs Leben stürzt. Man sagt, der Herrgott mache eher den Magen satt denn die Augen; davon kann ich nichts merken; meine Augen sind satt und alles überdrüssig, und doch hungert mich.

Man frage mich, was man will, nur frage man mich nicht nach Gründen. Man verzeiht es einem jungen Mädchen, wenn sie keine Gründe anzugeben weiß, sie lebt im Gefühl, heißt es. Anders mit mir. Im Allgemeinen habe ich so viele und einander meist innerlich widersprechende Gründe, daß es mir aus diesem Grunde unmöglich ist, Gründe anzugeben. Auch mit Ursache und Wirkung, bedünkt es mich, hängt es nicht richtig zusammen. Bald geht aus ungeheuren und gewaltigen Ursachen eine recht kleine und unansehnliche Wirkung hervor, mitunter auch garkeine; bald entbindet eine winzig kleine Ursache eine Riesenwirkung.

Und nun des Lebens unschuldige Freuden. Man muß es ihnen lassen, sie haben nur einen Fehler, daß sie gar so unschuldig sind. Zudem müssen sie mit Maßen genossen werden. Wenn mein Arzt mir Diät vorschreibt, so läßt sich das hören; ich enthalte mich für eine gewisse bestimmte Zeit gewisser bestimmter Speisen; jedoch diätetisch sein im Halten von Diät – das ist wirklich zuviel verlangt.

Das Leben ist mir ein bittrer Trank geworden, dennoch soll es wie Tropfen eingenommen werden, langsam, mit Zählen.

Niemand kehrt von den Toten zurück, niemand ist in die Welt eingegangen außer mit Weinen, niemand fragt einen, ob man hinein will, niemand, ob man hinaus will.

Die Zeit vergeht, das Leben ist ein Strom, sprechen die Menschen usw. Ich kann davon nichts merken, die Zeit steht still, ich mit. Alle Pläne, die ich entwerfe, fliegen geradenwegs zu mir zurück, wenn ich speien will, spei ich mir selbst ins Angesicht.

Wenn ich morgens aufstehe, gehe ich gleich wieder ins Bett. Am wohlsten befinde ich mich des Abends, in dem Augenblick, da ich das Licht lösche, die Decke über den Kopf ziehe. Noch einmal richte ich mich auf, sehe mich mit unbeschreiblicher Zufriedenheit um in der Kammer, und alsdann gutenacht, hinunter unter die Decke.

Wozu ich tauge? Zu garnichts oder zu allem und jedem. Das ist eine seltene Tüchtigkeit: ob sie im Leben wohl geschätzt werden wird? Gott weiß, ob die Mädchen eine Stelle finden, welche einen Dienst als Alleinmädchen suchen, oder in Ermangelung dessen als „was beliebt".

Rätselhaft soll man nicht bloß für andre sein, sondern auch für sich selbst. Ich studiere mich selbst; bin ich es müde, so rauch ich zum Zeitvertreib eine Zigarre und denke: Weiß Gott, was der Herrgott sich eigentlich bei mir gedacht hat, oder was er aus mir noch machen will.

Keine Wöchnerin kann absonderlichere und ungeduldigere Wünsche haben als ich. Diese Wünsche betreffen bald die unbedeutendsten Dinge, bald die erhabensten, aber alle haben sie in gleich hohem Maße die Augenblicksleidenschaft der Seele. Ich wünsche mir in diesem Augenblick einen Teller Buchweizengrütze. Ich erinnere mich von meiner Schulzeit her, wir bekamen immer am Mittwoch Buchweizengrütze. Ich erinnere mich, wie glatt und weiß die Grütze angerichtet war, wie mir die Butter entgegenlachte, wie warm die Grütze anzusehen war, wie hungrig ich war, wie ungeduldig, die Erlaubnis zum Anfangen zu erhalten. Ja, solch ein Teller Buchweizengrütze – ich gäbe mehr als mein Erstgeburtsrecht dafür.

Der Zauberer Virgilius[xxii] ließ sich in Stücke hauen und in einen Standkessel werfen, um acht Tage lang gekocht und durch diesen Prozeß verjüngt zu werden. Er veranlaßte einen andern, achtzugeben, daß kein Unbefugter in den Kessel gucke. Der Aufpasser konnte mittlerweile der Versuchung nicht widerstehen; es war zu früh, Virgilius verschwand als ein kleines Kind mit einem Schrei. Ich habe wohl auch zu früh in den Kessel geguckt, in den Kessel des Lebens und der geschichtlichen Entwicklung und bringe es wohl nie zu mehr als dazu ein Kind zu werden.

„Nie darf man den Mut verlieren; wenn Unglück über Unglück sich auf das Fürchterlichste um einen herumtürmt, so erblickt man in den Wolken eine hilfsbereite Hand", also sprach Seine Wohlehrwürden Jesper Morten in der letzten Abendpredigt. Ich bin nun gewohnt viel unter freiem Himmel mich zu ergehen, habe jedoch etwas Derartiges nie bemerkt. Vor einigen Tagen nun werde ich auf einer Fußwanderung eines solchen Phänomens gewahr. Es war freilich nicht eigentlich eine Hand, sondern gleichsam ein Arm, der sich aus der Wolke herausstreckte. Ich versank in Betrachtung: es kam mir bei, ach wäre Jesper Morten doch nur zur Stelle, um entscheiden zu können, ob es das Phänomen sei, auf das er gezielt habe. Wie ich so mitten in diesen Gedanken da stehe, werde ich von einem Wanderer angesprochen, der zu den Wolken hinaufdeutend, zu mir sagt: „sehen Sie die Wasserhose, man sieht sie in diesen Gegenden ziemlich selten; sie reißt unterweilen ganze Häuser mit sich fort." I Gott bewahre, dachte ich, ist das eine Wasserhose und gab Fersengeld so sehr ich konnte. Was wohl der Wohlehrwürdige Herr Pastor Jesper Morten getan hätte an meiner Statt?

Laß andre darüber klagen, daß die Zeit böse sei; ich klage darüber, daß sie jämmerlich ist; denn sie ist ohne Leidenschaft. Die Gedanken der Menschen sind dünn und zerbrechlich wie Klöppelspitzenwerk, sie selber bejammernswert wie Spitzenklöpplerinnen. Die Gedanken ihres Herzens sind zu jämmerlich, um sündig zu sein. Bei einem Wurm könnte man es vielleicht für Sünde ansehn, solche Gedanken zu hegen, nicht bei einem Menschen, der zu Gottes Ebenbild erschaffen ist. Ihre Gelüste sind geruhsam und dösig, ihre Leidenschaften schläfrig, sie tun ihre Pflicht, diese Krämerseelen; erlauben sich aber wie die Juden die Münze doch ein ganz klein wenig zu beschneiden; sie meinen, möge der Herrgott auch noch so ordentlich Buch führen, so schlüpfe man doch schon leidlich durch, wenn man ihn ein bißchen beschwindle. Pfui über sie! Darum kehrt meine Seele stets zurück zum Alten Testament und zu Shakespeare. Da fühlt man doch, daß es Menschen sind, die da sprechen; da haßt man, da liebt man, mordet seinen Feind, verflucht seine Nachkommenschaft durch alle Geschlechter, da sündigt man.

Meine Zeit teile ich folgendermaßen ein: die halbe Zeit schlaf ich, die andre halbe träum ich. Wenn ich schlafe, träume ich nie; es wäre Sünde, denn schlafen ist die höchste Genialität.

Ein ganzer Mensch zu sein ist doch das Höchste. Jetzt habe ich Hühneraugen bekommen, das ist doch immer eine kleine Hilfe.

Das Ergebnis meines Lebens kann nur rein nichts sein, eine Stimmung, eine einzelne Farbe. Mein Ergebnis wird große Ähnlichkeit haben mit dem Gemälde jenes Künstlers, welcher den Übergang der Juden über das Rote Meer malen sollte und zu diesem Behuf die ganze Fläche rot anstrich, indem er erklärte, die Juden seien schon hinübergekommen und die Ägypter ertrunken.

Die menschliche Würde findet in der Natur doch noch immer ihre Anerkennung; denn wenn man die Vögel von den Bäumen fernhalten will, so setzt man ein Ding hin, welches einem Menschen gleichen soll, und sogar die entfernte Ähnlichkeit mit einem Menschen, die eine Vogelscheuche hat, reicht hin, um Respekt einzuflößen.

Wenn Liebe etwas zu bedeuten haben soll, so muß sie in ihrer Geburtsstunde vom Monde beschienen sein, ebenso wie der Apisstier, um der wahre Apis zu sein, mondbeschienen sein mußte. Die Kuh, die den Apis[xxiii] zur Welt brachte, sollte im Augenblick des Empfangens vom Mond beschienen sein.

Der beste Beweis für des Daseins Jämmerlichkeit ist der, welcher aus der Betrachtung von dessen Herrlichkeit hergeholt wird.

Die meisten Menschen eilen dem Genusse so eifrig nach, daß sie an ihm vorübereilen. Es geht ihnen, wie es jenem Zwerge ergangen ist, welcher eine entführte Prinzessin in seinem Schlosse hütete. Eines Tages gönnte er sich einen Mittagsschlaf. Als er eine Stunde später erwachte, war sie fort. Geschwind legte er seine Siebenmeilenstiefel an; mit einem einzigen Schritt ist er weit an ihr vorüber.

Meine Seele ist so schwer, daß kein Gedanke mehr sie zu tragen vermag, kein Flügelschlag mehr sie aufheben kann in den Äther. Bewegt sie sich, so streicht sie lediglich dicht über den Boden hin, gleich dem tiefen Flug der Vögel, wenn ein Gewitter in der Luft ist.

Über meinem inneren Wesen brütet eine Beklommenheit, eine Angst, welche ein Erdbeben ahnt.

Wie ist das Leben so bedeutungslos und leer. – Man begräbt einen Menschen; man gibt ihm das Grabgeleite; man wirft drei Spaten Erde auf ihn; man fährt hinaus im Wagen, man fährt heim im Wagen; man tröstet sich damit, daß ein langes Leben vor einem liege. Wie lange währen wohl sieben mal zehn Jahre? Warum macht man es nicht auf einmal ab, warum bleibt man nicht gleich draußen und steigt mit hinab ins Grab und zieht das Los, wen das Unglück treffen solle, der letzte Lebende zu sein, welcher die letzten drei Spaten Erde auf den letzten Toten wirft?

Die Mädchen behagen mir nicht. Ihre Schönheit vergeht wie ein Traum und wie der Tag gestern, wenn er vorüber ist. Ihre Treue – ja, ihre Treue! Entweder sie sind treulos, das beschäftigt mich nicht mehr, oder sie sind treu. Fände ich so eine, so würde sie mir behagen in Anbetracht dessen, daß sie eine Seltenheit wäre, in Anbetracht der Länge der Zeit würde sie mir nicht behagen; denn entweder bliebe sie immerfort treu, und so würde ich ja ein Opfer meines experimentierenden Eifers, sintemal ich aushalten müßte mit ihr, oder es käme ein Augenblick, da sie aufhörte, und dann hätte ich ja die alte Geschichte.

Elendes Geschick! vergeblich schminkst du einer alten Metze gleich dein zerfurchtes Antlitz, vergeblich lärmest du mit Narrenschellen; du langweilst mich; es ist doch immerzu das Gleiche, ein ewig Einerlei (idem per idem). Keine Abwechslung, nichts als aufgewärmter Kohl. Komm, Todesschlaf, du versprichst nichts, du hältst alles.

Diese beiden bekannten Geigenstriche! Diese beiden bekannten Geigenstriche hier in diesem Augenblick, mitten auf der Straße. Hab ich den Verstand verloren, hat mein Ohr aus Liebe zu Mozarts Musik aufgehört zu hören, ist es von den Göttern ein Lohn, mir Unglücklichem, der einem Bettler gleich an des Tempels Türe sitzt, ein Ohr zu schenken, welches selber vorspielt, was es hört? Nichts als diese beiden Geigenstriche; denn jetzt höre ich nichts mehr. Gleich wie sie in der unsterblichen Ouvertüre hervorbrechen aus den tiefen Choraltönen, ebenso steigen sie hier aus dem Geschrei und Gelärm der Straße hoch, mit dem völlig Überraschenden der Offenbarung. – Es muß doch hier ganz in der Nähe sein; denn jetzt höre ich den leichten Tanz erklingen. – Ihr seid es also, ihr zwei unglückseligen Künstler, euch verdank ich diese Freude. – Der eine von ihnen war etwa siebzehn Jahre alt, trug einen grünen Flauschrock mit großen beinernen Knöpfen. Der Rock war viel zu groß für ihn. Er hielt die Geige dicht unterm Kinn; die Mütze war tief in die Augen gedrückt; seine Hand steckte in einem fingerlosen Handschuh, die Finger waren rot und blau vor Kälte. Der andre war älter, hatte einen Mantelkragen um. Sie waren beide blind. Ein kleines Mädchen, vermutlich ihre Führerin, stand vor ihnen, steckte seine Hände unter das Halstuch. Wir sammelten uns allmählich, wir paar Bewunderer dieser Töne, ein Briefträger mit seiner Posttasche, ein kleiner Junge, ein Dienstmädchen, einige Eckensteher. Die herrschaftlichen Wagen rollten lärmend vorüber, die Geschäftsfuhrwerke übertäubten diese Töne, welche für Augenblicke wieder emportauchten. Ihr zwei unglücklichen Künstler, wißt ihr, daß diese Klänge alle Herrlichkeiten der Welt in sich bergen. – Ist es nicht gleich einem Stelldichein gewesen. –

Es geschah in einem Theater, daß in den Kulissen Feuer auskam. Der Spaßmacher trat vor, um das Publikum zu unterrichten. Man hielt es für einen Scherz und applaudierte; er wiederholte es; man jubelte noch lauter. Ebenso denk ich, wird die Welt zu Grunde gehn unter allgemeinem Jubel von witzigen Köpfen, die glauben, es sei ein „Witz".

Was ist denn überhaupt die Bedeutung dieses Lebens? Teilt man die Menschen in zwei große Klassen, so kann man sagen, die eine arbeite um zu leben, die andre habe das nicht nötig. Indes arbeiten um zu leben, das kann ja nicht des Lebens Bedeutung sein, sintemal es ein Widerspruch ist, daß das ständige Beschaffen der Bedingungen die Antwort auf die Frage nach der Bedeutung dessen sein soll, das durch dies Beschaffen notwendig bedingt ist. Das Leben der Übrigen hat im Allgemeinen auch keine Bedeutung außer der, die Lebensbedingungen aufzuzehren. Will man sagen, des Lebens Bedeutung sei zu sterben, so scheint dies abermals ein Widerspruch.

Der eigentliche Genuß liegt nicht in dem, was man genießt, sondern in der Vorstellung. Hätte ich einen untertänigen Geist in meinen Diensten, welcher mir, wenn ich ein Glas Wasser verlangte, die köstlichsten Weine der ganzen Welt brächte, in einem Pokale lieblich gemischt, so würde ich ihm den Abschied geben, bis daß er es gelernt hätte, der Genuß liege nicht in dem, was ich genieße, sondern darin, meinen Willen zu bekommen.

Ich bin es somit nicht, der da Herr meines Lebens ist, ich bin nur ein Faden mehr, der in des Lebens Kattun hineingesponnen werden soll! Nun wohl, vermag ich gleich nicht zu spinnen, so vermag ich doch den Faden abzuschneiden.

Alles will in der Stille erworben und in Schweigen vergöttlicht werden. Nicht allein vom künftigen Kinde der Psyche gilt es, daß seine Zukunft abhängt von ihrem Schweigen.

[...]

Ich scheine dazu bestimmt, alle möglichen Stimmungen durchleiden, Erfahrung in allen Richtungen sammeln zu müssen. Jeden Augenblick liege ich gleich einem Kinde, das schwimmen lernen soll, mitten im Meere draußen. Ich schreie (das hab ich von den Griechen gelernt, von denen man das rein Menschliche lernen kann); denn freilich hab ich einen Strick um den Leib, aber die Stange, die mich oben halten soll, seh ich nicht. Das ist eine grauenhafte Weise, Erfahrungen zu machen.

Es ist recht merkwürdig, durch die beiden grauenhaftesten Gegensätze empfängt man eine Vorstellung von der Ewigkeit. Stelle ich mir jenen unglücklichen Buchhalter vor, welcher den Verstand verloren hat aus Verzweiflung darüber, daß er ein Handelshaus ruiniert hatte, indem er in einer Rechnung gesagt: sieben und sechs sind vierzehn; stelle ich ihn mir vor, wie er tagaus, tagein, von allem andern unberührt, vor sich hin wiederholt: sieben und sechs sind vierzehn, so hab ich ein Abbild der Ewigkeit. – Stelle ich mir eine üppige weibliche Schönheit in einem Harem vor, wie sie in aller ihrer Anmut auf einem Diwan ruht, ohne sich um irgend etwas in der Welt zu bekümmern, so hab ich abermals ein Sinnbild der Ewigkeit.

Was die Philosophen über die Wirklichkeit sagen, ist oft ebenso irreführend, wie wenn man bei einem Trödler auf einem Schilde liest: Hier wird gerollt. Würde man mit seinem Zeug kommen, um es rollen zu lassen, so wäre man genasführt; denn das Schild steht bloß zum Verkaufe aus.

Für mich ist nichts gefährlicher denn die Erinnerung. Hab ich mich eines Lebensverhältnisses erst einmal erinnert, so hat das Verhältnis selber aufgehört. Man behauptet, Trennung sei gut zur Auffrischung der Liebe. Dies ist durchaus wahr, aber sie frischt die Liebe in rein poetischer Weise auf. In der Erinnerung leben ist das vollkommenste Leben, das sich denken läßt, die Erinnerung sättigt reichlicher als alle Wirklichkeit, und sie hat eine Verläßlichkeit wie sie keiner Wirklichkeit eigen ist. Ein erinnertes Lebensverhältnis ist allbereits in die Ewigkeit eingegangen und bietet kein zeitliches Interesse mehr.

Falls überhaupt ein Mensch ein Tagebuch führen sollte, müßte ich es sein, und zwar, um meinem Gedächtnis ein wenig zu Hilfe zu kommen. Wenn einige Zeit verstrichen ist, widerfährt es mir des öfteren, daß ich ganz und gar vergessen habe, welche Gründe mich zu dem oder jenem bewogen, und dies nicht nur bei Kleinkram, sondern bei den allerentscheidendsten Schritten. Fällt mir der Grund dann wieder ein, so kann er bisweilen so sonderbar sein, daß ich es selber nicht glauben will, dies sei der Grund gewesen. Dieser Zweifel ließe sich also beseitigen, falls ich etwas Geschriebenes hätte, mich daran zu halten. Ein Grund ist überhaupt ein sonderbares Wesen; blicke ich auf ihn mit meiner ganzen Leidenschaft, so wächst er zu einer ungeheuren Notwendigkeit hoch, die Himmel und Erde in Bewegung zu setzen vermag; blicke ich ohne Leidenschaft auf ihn, so sehe ich höhnisch auf ihn herab. – Ich habe jetzt längere Zeit darüber nachgesonnen, welcher Grund mich eigentlich bewogen hat, meine Hilfslehrerstelle aufzugeben. Denke ich jetzt darüber nach, so kommt es mir vor, als ob eine derartige Verwendung für mich eben das Richtige wäre. Heute ist mir ein Licht aufgegangen, der Grund ist eben der gewesen, daß ich mich als ganz und gar geeignet für diese Stellung ansehen mußte. Wäre ich also in meinem Amte verblieben, so hätte ich alles zu verlieren gehabt, nichts zu gewinnen. Um deswillen hielt ich es für richtig, meine Stellung aufzugeben und bei einer umherreisenden Theatergesellschaft aus dem Grunde eine Anstellung zu suchen, daß ich kein Talent und somit alles zu gewinnen hatte.

Es gehört doch eine große Naivität dazu, um zu glauben, es hülfe etwas, daß man in die Welt ruft und schreit, so als ob dadurch das Schicksal, das man hat, sich änderte. Man nehme es, wie es geboten wird, und enthalte sich aller Weitläuftigkeiten. Wenn ich in jungen Jahren in eine Restauration kam, sagte auch ich zum Aufwärter: ein gutes Stück, ein sehr gutes Stück, aus dem Rücken, nicht zu fett. Der Aufwärter hörte vielleicht kaum meinen Zuruf, geschweige denn, daß er darauf geachtet hätte, geschweige denn, daß meine Stimme hätte hinausdringen können in die Küche, und den Vorschneider bewegen, und selbst, wenn all dies geschehen wäre, so war vielleicht kein einziges gutes Stück an dem ganzen Braten. Jetzt rufe ich niemals mehr.

Die sozialen Bestrebungen und die diese leitende schöne Sympathie verbreiten sich immer mehr. In Leipzig hat sich ein Komitee gebildet, welches aus Sympathie mit dem traurigen Ende alter Pferde beschlossen hat, diese zu fressen.

Ich habe nur einen Freund, es ist Echo.[xxiv] Und warum ist es mein, mein Freund? weil ich meine Traurigkeit liebe, und die nimmt es mir nicht. Ich habe nur eine Vertraute, es ist die nächtliche Stille, und warum ist sie meine Vertraute? weil sie stumm ist.

Wie es nach der Sage dem Parmeniskus erging, welcher in der trophonischen Höhle die Fähigkeit zu lachen verlor, sie aber auf Delos zurückerhielt beim Anblick eines unförmigen Klotzes, der als Bild der Göttin Leto hingestellt wurde, so ist es mir ergangen. Als ich sehr jung war, verlernte ich in der trophonischen Höhle das Lachen; als ich älter ward, als ich das Auge auftat und die Wirklichkeit betrachtete, kam ich ins Lachen, und habe seit der Zeit nicht aufgehört mit Lachen. Ich sah, es sei des Lebens Sinn, ein Auskommen zu finden, des Lebens Ziel, Justizrat zu werden, es sei der Liebe reiche Lust, ein wohlhabendes Mädchen zu kriegen; es sei der Freundschaft Seligkeit, einander in Geldverlegenheiten auszuhelfen; die Weisheit sei das, was die meisten als solche hinnehmen; es sei Begeisterung, eine Rede zu halten; es sei Mut, eine Geldstrafe von zehn Thalern zu riskieren; es sei Herzlichkeit, nach dem Mittagessen „wohl bekomm's" zu sprechen; es sei Gottesfurcht, jährlich einmal zum Abendmahl zu gehn. Das sah ich, und ich lachte.

[...]

Sonderbar genug: es ist immer das Gleiche, was einen durch alle Lebensalter hindurch beschäftigt, und man kommt immer gleich weit, oder vielmehr, man kommt zurück. Als ich fünfzehn Jahre alt war, schrieb ich in der Gelehrtenschule mit viel Salbung über die Beweise für Gottes Dasein und für die Unsterblichkeit der Seele, über den Begriff des Glaubens, über die Bedeutung des Wunders. Zur Zulassungsprüfung (examen artium) schrieb ich eine Abhandlung über die Unsterblichkeit der Seele, für die mir ein Ausgezeichnet (prae ceteris) zuerkannt ward; später gewann ich mit einer Abhandlung über diese Materie den großen Preis. Wer möchte glauben, daß ich nach einem so soliden und vielversprechenden Anfang in meinem 25. Jahr dahin gelangt sein würde, nicht einen einzigen Beweis für die Unsterblichkeit der Seele führen zu können. Insbesondere erinnere ich mich aus meiner Schulzeit, daß ein Aufsatz von mir über die Unsterblichkeit der Seele außerordentlich gerühmt und vom Lehrer vorgelesen wurde, sowohl des Inhalts wie der Vortrefflichkeit der Sprache wegen. Ach, ach, ach! diesen Aufsatz hab ich lange schon fortgeworfen. Welch ein Unglück! Vielleicht würde meine zweifelnde Seele von ihm gefesselt worden sein, sowohl vermöge der Sprache wie vermöge des Inhalts. So ist es denn mein Rat an Eltern, Vorgesetzte und Lehrer, den ihnen anvertrauten Kindern vorzustellen, daß sie sich die im fünfzehnten Lebensjahr geschriebenen dänischen Aufsätze aufheben sollten. Diesen Rat zu erteilen ist das Einzige, was ich zu tun vermag zum Besten des Menschengeschlechts.

Zur Erkenntnis der Wahrheit bin ich vielleicht gelangt; doch wahrlich nicht zur Seligkeit. Was soll ich tun? In der Welt wirken, erwidern mir die Menschen. Sollte ich denn etwa der Welt meinen

Kummer mitteilen, einen Beitrag mehr zu dem Nachweis liefern, wie traurig und jämmerlich alles ist; vielleicht einen neuen Flecken am Menschenleben entdecken, der bisher unbemerkt geblieben ist? Ich könnte dann den seltenen Lohn ernten, daß ich berühmt würde, gleich dem Manne, welcher die Flecken im Jupiter entdeckte. Ich ziehe es dennoch vor zu schweigen.

Wie ist doch die Menschennatur sich selber gleich! Mit welcher angeborenen Genialität kann nicht oft ein kleines Kind uns ein lebendiges Bild der größeren Verhältnisse zeigen. Ich belustigte mich heute recht über Klein Ludwig. Er saß in seinem Kinderstühlchen; mit sichtlichem Wohlbehagen blickte er um sich. Da ging das Kindermädchen Maren durch die Stube. Maren! rief er; ja, Klein Ludwig, erwiderte sie mit gewohnter Freundlichkeit und kam zu ihm heran. Er legte den großen Kopf ein wenig auf die Seite, ließ seine übergroßen Augen mit leichter Schelmerei an ihr haften, und sagte dann ganz phlegmatisch: Das ist doch nicht die Maren, das ist eine ganz andre Maren. Was tun wir Älteren? Wir rufen nach der ganzen Welt, und wenn sie uns dann freundlich entgegenkommt, so sprechen wir: Das ist nicht die Maren.

Mein Leben ist gleich einer ew'gen Nacht; und sterbe ich dereinst, so kann ich mit Achilles sprechen:

> Du bist vollbracht, Nachtwache meines Daseins.

Mein Leben ist völlig sinnlos. Wenn ich seine verschiedenen Epochen betrachte, so geht es mit meinem Leben wie mit dem deutschen Worte „Schnur“ im Lexikon, welches einmal eine Kordel und sodann eine Schwiegertochter bedeutet. Es fehlte bloß, daß das Wort Schnur drittens ein Kamel bedeutete und viertens einen Staubbesen.

Ich bin genau so wie das Lüneburger Schwein. Mein Denken ist eine Leidenschaft. Ich kann vortrefflich für andre Trüffeln aufwühlen, selbst hab ich an ihnen keine Freude. Ich nehme die Probleme auf meine Nase; aber ich vermag mit ihnen nicht mehr zu tun als sie nach rückwärts über meinen Kopf zu werfen.

Vergeblich kämpfe ich dagegen an. Mein Fuß gleitet. Mein Leben wird dennoch eine Dichterexistenz. Kann man sich etwas Unglücklicheres denken? Ich bin erkoren; das Schicksal lacht über mich, wenn es mir plötzlich zeigt, wie alles, was ich dagegen tue, Moment in solch einem Dasein wird. Ich weiß die Hoffnung so lebendig zu schildern, daß eine jede Individualität, die da hofft, sich in meiner Schilderung wiedererkennen wird; und dennoch ist es eine Fälschung, denn indem ich die Hoffnung schildere, denke ich an die Erinnerung.

[...]

Wie grauenhaft ist doch Langeweile – grauenhaft langweilig; ich kenne keinen stärkeren Ausdruck, keinen wahreren, denn allein das Gleiche wird erkannt vom Gleichen. O daß es doch noch einen höhern Ausdruck gäbe, einen stärkeren, so gäbe es doch noch e i n e Bewegung. Ich liege hingegossen, untätig; das Einzige, das ich sehe, ist Leere, das Einzige, davon ich lebe, ist Leere, das Einzige, darin ich mich bewege, ist Leere. Nicht einmal Schmerzen leide ich. Der Geier fraß doch fort und fort an des Prometheus Leber; auf Loki träufte fort und fort doch Gift hernieder; es war doch eine Unterbrechung, wenn auch einförmig. Der Schmerz sogar hat seine Erquickung für mich verloren. Ob man mir gleich alle Herrlichkeiten der Welt böte oder alle Pein der Welt, es rührt mich gleich sehr, ich würde mich nicht auf die andre Seite kehren, weder um sie zu empfangen noch um sie zu fliehen. Ich sterbe den Tod. Und was denn könnte mich zerstreuen? Ja, falls ich eine Treue zu sehen bekäme, die jede Prüfung bestünde, eine Begeisterung, die alles trüge, einen Glauben, der Berge versetzte; falls ich eines Gedankens inne würde, welcher das Endliche und das Unendliche verbände. Jedoch der giftige Zweifel meiner Seele verzehret alles. Meine Seele gleicht dem Toten Meere, über das kein Vogel fliegen kann; hat er den halben Weg zurückgelegt, so stürzt er matt hernieder in Tod und Untergang.

Wunderlich! mit welch einer zweideutigen Angst vor dem Verlieren und Behalten hängt und haftet doch der Mensch an diesem Leben. Unterweilen habe ich daran gedacht, einen entscheidenden Schritt zu tun, gegen den alle meine früheren nur Kinderstreiche wären – die große Entdeckungsfahrt anzutreten. Gleich wie ein Schiff, das vom Stapel läuft, mit einem Kanonenschusse gegrüßt wird, so wollte ich mich selber grüßen. Dennoch. Fehlt es mir an Mut? Falls ein Stein herabkäme und mich zu Tode schlüge, das wäre doch ein Ausweg.

Die Tautologie ist und bleibt doch das höchste Prinzip, der höchste Grundsatz des Denkens. Was Wunders da, daß die meisten Menschen sie in Gebrauch haben. Sie ist auch garnicht so ärmlich und vermag gut und gern das ganze Leben auszufüllen. Es gibt eine scherzende, witzige, unterhaltsame Form, das sind die unendlichen Urteile. Diese Art der Tautologie ist die paradoxe und transzendente. Es gibt auch die ernsthafte, wissenschaftliche und erbauliche Form. Die Formel hierfür ist folgende: wenn zwei Größen einer und der gleichen dritten an Größe gleich sind, so sind sie einander an Größe gleich. Dies ist ein quantitativer Schluß. Diese Art von Tautologie ist besonders brauchbar auf Kathedern und Kanzeln, wo man viel sagen soll.

Das Unproportionierte in meinem Bau ist, daß meine Vorderbeine zu kurz sind. Wie der Hase von Neu-Holland hab ich ganz kurze Vorderbeine, aber unendlich lange Hinterbeine. Im Allgemeinen sitz ich ganz stille; mach ich eine Bewegung, so ist es ein ungeheuerlicher Sprung zum Entsetzen aller derer, an die ich durch die zarten Bande der Familie und der Freundschaft geknüpft bin.

Entweder-Oder

Ein ekstatischer Vortrag

Heirate, du wirst es bereuen; heirate nicht, du wirst es gleichfalls bereuen; heirate oder heirate nicht, du wirst beides bereuen; entweder du heiratest oder du heiratest nicht, du bereust beides. Lach über die Narrheit der Welt, du wirst es bereuen; wein' über sie, du wirst es gleichfalls bereuen; lach über die Narrheit der Welt oder wein' über sie, du wirst beides bereuen; entweder du lachst über die Narrheit der Welt oder du weinst über sie, du bereust beides. Trau einem Mädchen, du wirst es bereuen; trau ihr nicht, du wirst es gleichfalls bereuen; trau einem Mädchen oder trau ihr nicht, du wirst beides bereuen; entweder du traust einem Mädchen oder du traust ihr nicht, du wirst beides bereuen. Hänge dich auf, du wirst es bereuen, hänge dich nicht auf, du wirst es gleichfalls bereuen; hänge dich auf oder hänge dich nicht auf, du wirst beides bereuen; entweder du hängst dich auf oder du hängst dich nicht auf, du wirst beides bereuen. Dies, meine Herren, ist aller Lebensweisheit Inbegriff. Es ist nicht allein in einzelnen Augenblicken, daß ich, wie Spinoza sagt, alles aeterno modo (nach Art der Ewigkeit) betrachte, sondern ich bin immerfort aeternomodo. Viele glauben, daß sie dies gleichfalls seien, wenn sie, nachdem sie das eine getan haben oder das andre, diese Gegensätze vereinigen oder vermitteln. Jedoch dies ist ein Mißverständnis; denn die wahre Ewigkeit liegt nicht hinter dem Entweder-Oder, sondern vor ihm. Die Ewigkeit dieser Leute wird daher auch ein schmerzlicher Ablauf in der Zeit sein, sofern sie die zwiefache Reue haben werden, um daran zu zehren. Meine Weisheit ist also leicht zu begreifen; denn ich habe bloß einen einzigen Grundsatz, von dem ich noch nicht einmal ausgehe. Man muß unterscheiden zwischen der hinterher kommenden Dialektik in dem Entweder-Oder und der hier angedeuteten ewigen. Wenn ich so z. B. hier sage, daß ich nicht ausgehe von meinem Grundsatz, so hat dies seinen Gegensatz nicht an einem von ihm Ausgehen, sondern ist lediglich der negative Ausdruck für meinen Grundsatz, ist lediglich das, darin er sich selbst begreift im Gegensatz zu einem entweder von ihm Ausgehen oder nicht von ihm Ausgehen. Ich gehe von meinem Grundsatz nicht aus; denn ginge ich von ihm aus, so würde ich es bereuen, und ginge ich nicht von ihm aus, so würde ich es gleichfalls bereuen. Sollte es daher dem einen oder andern unter meinen hochverehrten Zuhörern so vorkommen, als ob an dem, was ich sagte, doch etwas dran wäre, so beweist er damit lediglich, daß sein Kopf für Philosophie nicht geeignet ist; und sollte es ihn bedünken, in dem Gesagten wäre eine Bewegung vollzogen, so beweist dies das Gleiche. Für diejenigen Zuhörer hingegen, welche imstande sind, mir zu folgen, obwohl ich keine Bewegung vollziehe, will ich nunmehr die ewige Wahrheit entwickeln, dadurch diese Philosophie in sich selber bleibt, und eine höhere nicht zugesteht. Wofern ich nämlich von meinem Grundsatz ausginge, würde ich nicht wieder anhalten können; denn hielte ich nicht an, so würde ich es bereuen, und hielte ich an, so würde ich es gleichfalls bereuen u. s. f. Jetzt hingegen, wo ich nie ausgehe, kann ich auch nie aufhören; denn mein ewiger Ausgang ist mein ewiges Aufhören. Die Erfahrung hat gezeigt, daß es für die Philosophie keineswegs besonders schwierig ist, anzufangen. Weit davon; sie fängt ja mit Nichts an und kann mithin jederzeit anfangen. Was hingegen der Philosophie und den Philosophen schwer fällt, ist das Aufhören. Auch diese Schwierigkeit hab ich vermieden; denn wofern jemand meinen sollte, daß ich, indem ich jetzt aufhöre, wirklich aufhöre, beweist er, daß es ihm an spekulativem Begriff mangelt. Ich halte nämlich nicht jetzt an; sondern ich habe damals angehalten, da ich anfing. Meine Philosophie hat daher die ausgezeichnete Eigenschaft, daß sie kurz ist, und daß sie unwidersprechlich ist; denn wofern es sich jemand getraute, mir zu widersprechen, so dürfte ich wohl recht damit haben, ihn für verrückt zu erklären. Der Philosoph ist also immerfort aeterno modo und hat nicht bloß [...] ein paar „Stunden", die „gelebt" sind „für die Ewigkeit".

Warum bin ich nicht [...] als kleines Kind gestorben? So hätte mein Vater mich in einen kleinen Sarg gelegt, mich selbst unter den Arm genommen, mich eines Sonntags vormittags zum Grabe hinausgetragen, selber die Erde darauf geworfen, halb laut ein paar nur ihm selbst verständliche Worte gemurmelt. Dem glücklichen Altertum allein konnte es beikommen, die kleinen Kinder im Elysium weinen zu lassen, weil sie so früh gestorben seien.

Niemals bin ich froh gewesen; gleichwohl hat es stets so ausgesehen, als wäre die Freude in meinem Gefolge, als tanzten um mich der Freude leichte Genien, unsichtbar für andre, nicht aber für mich, dessen Auge da von Wonne strahlte. Wenn ich also an den Menschen vorübergehe, glücklich und froh wie ein Gott, und sie mir mein Glück mißgönnen, dann lach ich; denn ich verachte die Menschen, und ich nehme Rache. Niemals hab ich gewünscht, einem Menschen Unrecht zu tun, jederzeit aber hat es so ausgesehen, als ob ein jeder Mensch, der in meine Nähe käme, Kränkung und Unrecht erlitte. Wenn ich also andre wegen ihrer Treue und Rechtschaffenheit rühmen höre, dann lach ich; denn ich verachte die Menschen, und ich nehme Rache. Niemals ist mein Herz gegen irgend einen

Menschen verhärtet gewesen, jederzeit aber, und gerade dann, wenn ich am meisten bewegt war, hat es so ausgesehen, als ob mein Herz jedem Gefühl verschlossen und fremd wäre. Wenn ich also andre wegen ihres guten Herzens rühmen höre, sie geliebt sehe um ihres tiefen reichen Fühlens willen, dann lach ich; denn ich verachte die Menschen, und nehme Rache. Wenn ich mich selbst verflucht, verabscheut sehe, gehaßt wegen meiner Kälte und Herzlosigkeit: dann lach ich, dann sättigt sich mein Grimm. Wofern die guten Menschen mich nämlich dahin bringen könnten, wirklich Unrecht zu haben, wirklich Unrecht zu tun – ja, dann hätte ich verloren.

Es ist mein Unglück; an meiner Seite geht allezeit ein Mordengel, und ich bestreiche nicht der Auserwählten Tür mit Blut zum Zeichen, daß er an ihr vorübergehen möge, nein, in deren Tür tritt er gerade ein – denn erst die Liebe der Erinnerung ist glücklich.

Der Wein erquickt mein Herz nicht mehr; ein wenig davon macht mich wehmütig; viel – schwermütig. Meine Seele ist matt und ohne Kraft, vergeblich drücke ich ihr die Sporen der Lust in die Seite, sie kann nicht mehr, sie richtet sich nicht mehr hoch in königlichem Sprung. Ich habe alle meine Illusion verloren. Vergeblich suche ich mich der Unendlichkeit der Freude hinzugeben, sie kann mich nicht erheben, oder richtiger ich kann mich selber nicht erheben. Ehedem, da brauchte sie nur zu winken, und ich stieg leicht und frisch und frei. Und ritt ich langsam durch den Wald, so war's als ob ich flöge; jetzt, wenn das Pferd dem Sturze nahe schäumt, so scheint es mir, ich käme nicht vom Fleck. Einsam bin ich, bin es allezeit gewesen; verlassen, nicht von Menschen, dieses würde mich nicht schmerzen, sondern von der Freude heitern Genien, die mich in großer Schar umringten, überall Bekannte trafen, überall Gelegenheit mir wiesen. Gleich wie ein berauschter Mann der Jugend keck Gewimmel um sich sammelt, so scharten sie sich um mich her, der Freude Elfen, und mein Lächeln, es galt ihnen. Meine Seele hat die Möglichkeit verloren. Sollt' ich mir etwas wünschen, ich würde mir nicht Reichtum wünschen oder Macht, sondern die Leidenschaft der Möglichkeit, das Auge, welches ewig jung und ewig glühend überall die Möglichkeit erblickt. Der Genuß täuscht, die Möglichkeit nicht.

Und welcher Wein ist wohl so schäumend, welcher wohl so duftend, welcher so berauschend!

Wo der Sonne Strahlen nicht hindringen, da dringen doch die Töne hin. Mein Gemach ist dämmericht und düster, eine hohe Mauer hält des Tages Licht beinahe fern. Es muß im Nachbarhofe sein, vermutlich ein herumziehender Musikant. Was ist es für ein Instrument? Eine Rohrflöte? ... was höre ich – das Menuett aus Don Juan. So traget mich denn wieder fort, ihr reichen und starken Töne, zum Kreis der Mädchen, zu des Tanzes Lust. – Der Apotheker stößt seinen Mörser, das Mädchen scheuert seinen Kessel, der Stallknecht striegelt sein Pferd und klopft den Striegel auf dem Pflaster aus; allein mir gelten diese Töne, allein mich grüßen sie. O, habe Dank, wer du auch seist, hab Dank! So reich ist meine Seele, so gesund, so freudetrunken.

Lachs ist an und für sich eine sehr delikate Speise; bekommt man aber zuviel davon, so schadet es der Gesundheit, da er schwer verdaulich ist. Als daher einmal in Hamburg eine große Menge Lachs gefangen worden war, ordnete die Polizei an, kein Hausvater dürfe seinem Gesinde mehr als einmal in der Woche Lachs vorsetzen. Es wäre wünschenswert, daß ein gleiches Polizeimandat angeschlagen würde, betreffs der Sentimentalität.

Mein Leid ist meine Ritterburg, die einem Adlerhorste gleich hoch auf des Berges Spitze zwischen Wolken liegt; niemand kann sie erstürmen. Von ihr stoße ich hernieder in die Wirklichkeit und packe meine Beute; jedoch ich bleibe nicht da unten, ich bringe meine Beute heim, und diese Beute ist ein Bild, das ich hineinwebe in die Tapeten meines Schlosses. Allda leb ich einem Toten gleich. Alles, was erlebt ist, tauche ich unter in die Taufe des Vergessens zum ewigen Leben der Erinnerung. Alles Endliche und Zufällige ist vergessen und getilgt. Da sitze ich als ein alter grauhaariger Mann in Gedanken und erkläre die Bilder mit leiser Stimme, beinahe flüsternd, und mir zur Seite sitzt ein Kind und hört mir zu, wiewohl es sich an alles erinnert, ehe denn ich es erzähle.

Die Sonne scheint so schön und lieblich in mein Zimmer, im nächsten Zimmer steht das Fenster offen; auf der Straße ist alles stille, es ist Sonntag nachmittag; ich höre deutlich eine Lerche, die außen vor einem Fenster in einem der Nachbarhöfe trillert, außen vor jenem Fenster, wo das schöne Mädchen wohnt; weit fort aus einer fernen Straße höre ich einen Mann Krabben ausrufen; die Luft ist so lau; gleichwohl ist die ganze Stadt wie ausgestorben. – Da denke ich an meine Jugend und an meine erste Liebe – als ich noch Sehnsucht hatte, jetzt sehne ich mich nur nach meiner ersten Sehnsucht. Was ist Jugend? Ein Traum. Was ist die Liebe? Der Inhalt des Traums.

Etwas Wunderbares ist mir widerfahren. Ich ward entzückt in den siebenten Himmel. Allda saßen alle Götter in Versammlung. Aus sonderlicher Gnade ward mir die Gunst gewährt einen Wunsch zu tun. „Möchtest du", sprach Merkur, „möchtest du Jugend haben, oder Schönheit, oder Macht, oder langes Leben, oder das schönste Mädchen, oder eine andre Herrlichkeit von den vielen, die wir in der Kramkiste haben, so wähle, jedoch nur e i n Ding". Ich war einen Augenblick lang verlegen, alsdann wandte ich mich an die Götter mit folgenden Worten: Hochverehrte Zeitgenossen, ich wähle ein Ding, daß ich alle Zeit das Lachen auf meiner Seite haben möge. Da war auch nicht ein Gott, der ein Wort erwiderte, hingegen gaben sie sich alle dem Lachen hin. Daraus schloß ich, daß meine Bitte erfüllt sei, und fand, die Götter verstünden es, sich mit Geschmack auszudrücken; denn es wäre doch wohl unangemessen gewesen, ernsthaft zu erwidern: es sei dir gewährt. (E/O I, 19–46)

2 Der Verführer

[…] man fischt stets am besten in bewegten Gewässern; wenn ein junges Mädchen in Gemütsbewegung ist, kann man mit Glück viel wagen, das sonst mißlingen würde. Ich habe mich vor ihr so höflich und fremd wie nur möglich verbeugt, ich sitze wieder auf meinem Stuhl, blicke auf mein Landschaftsbild und behalte sie im Auge. Ihr sogleich nachgehn, das wäre zuviel gewagt, es könnte so aussehen, als ob ich zudringlich wäre, und dann ist sie sofort auf Posten. […] (E/O I, 346)

[...] Sie begleitete eine ältliche Dame, die wie ihre Mutter aussah. Diese kann ich beschreiben vom Scheitel bis zum Schuh, und dies, wiewohl ich eigentlich gar nicht zu ihr hingesehen, sondern höchstens sie beiläufig mitgenommen habe. Derart geht es zu. Das Mädchen machte Eindruck auf mich, sie hab ich vergessen, die andre hat keinen Eindruck auf mich gemacht, an sie kann ich mich erinnern.

[...] Mit einer Unruhe, einer Heftigkeit, als stünde mein Wohlgedeihen auf dem Spiel, verlangt es meine Seele nach diesem Bilde, jedoch es zeigt sich nicht, ich könnte mir das Auge ausreißen, um es für seine Vergeßlichkeit zu strafen.

[...] Auch noch eine andre Betrachtung kann mich dies lehren: daß ich nämlich meine Beute immerfort unter den jungen Mädchen suche und nicht unter den jungen Frauen. Eine verheiratete Frau hat weniger Natürlichkeit, mehr Koketterie, das Verhältnis zu ihr ist nicht schön, nicht interessant, es ist pikant, und das Pikante kommt stets als Letztes.

Man muß sich begrenzen, dies ist eine Hauptbedingung alles Genusses. [...] (E/O I, 348 f.)

[...] Sehnen und Erwarten werden stiller und stiller, seliger und seliger: sie hätscheln mich wie ein Kind, über mir wölbt sich der Hoffnung Himmel, des Mädchens Bild schwebt an mir vorüber dem des Mondes gleich, unbestimmt, bald bin von seinem Licht ich blind und bald von seinem Schatten. Welch ein Genuß, so hinzuschaukeln auf bewegtem Wasser – welch ein Genuß, bewegt zu sein ganz in sich selbst. (E/O I, 350)

[...] Sie ging allein, offenbar nicht mit sich selbst beschäftigt, sondern mit ihren Gedanken. Sie dachte nicht nach, sondern in der Gedanken stiller Arbeit webte sich vor ihre Seele ein Sehnsuchtsbild, das ihrem Ahnen eigen war, unerklärlich wie die vielen Seufzer eines jungen Mädchens. Sie war in ihrer schönsten Zeit. Ein junges Mädchen entwickelt sich nicht in dem gleichen Sinne wie ein Knabe, sie wächst nicht, sie wird geboren. Ein Knabe fängt sofort an, sich zu entwickeln und braucht lange Zeit dazu, ein junges Mädchen hat eine lange Geburt und wird erwachsen geboren. Darin liegt ihr unendlicher Reichtum; in dem Augenblick, da sie geboren ist, ist sie erwachsen, jedoch dieser Augenblick der Geburt kommt spät. Daher wird sie zweimal geboren, zum zweitenmal, wenn sie sich verheiratet, oder richtiger, in diesem Augenblick hört sie auf, geboren zu werden, erst in diesem Augenblick ist sie geboren. Nicht allein Athene springt fertig geboren aus dem Haupte des Zeus, nicht allein Aphrodite taucht aus dem Meere in ihrer vollen Lieblichkeit empor, ganz ebenso steht es mit einem jeden jungen Mädchen, dessen Weiblichkeit nicht verdorben ist durch das, was man eine Entwicklung nennt. Sie erwacht nicht in Stufen, sondern mit einem Male, dahingegen träumt sie umso länger, wenn die Leute nicht so unvernünftig sind, sie zu früh anzurufen. Dies Träumen aber ist unendlicher Reichtum. – Sie war nicht mit sich selbst beschäftigt, sondern in sich selbst, und diese Beschäftigung war unendlicher Friede, unendliche Ruhe in sich selbst. Auf diese Art ist ein junges Mädchen reich; diesen Reichtum umfassen macht einen selber reich, Sie ist reich, obwohl sie nicht weiß, daß sie etwas besitzt; sie ist reich, sie ist ein Schatz. [...] (E/O I, 357)

Wie schön ist es, verliebt zu sein, wie interessant ist es zu wissen, daß man es ist. Seht, das ist der Unterschied. Ich kann mich darüber erbittern, daß sie mir zum zweiten Male entschwunden ist, dennoch freut es mich gewissermaßen. Das Bild, das ich von ihr besitze, schwebt unbestimmt in der Mitte zwischen ihrer wirklichen und ihrer idealen Gestalt. Dies Bild lasse ich nun vor mir erscheinen; eben deshalb aber, weil es entweder Wirklichkeit ist oder die Wirklichkeit doch zu ihm den Anlaß gegeben hat, besitzt es einen Zauber eigner Art. Ich spüre keine Ungeduld, denn sie muß doch hier in der Stadt zu Hause sein, und das ist mir im Augenblick genug. Diese Möglichkeit ist die Bedingung dafür, daß ihr Bild mir so recht erscheinen kann – alles will in langsamen Zügen genossen sein. Und sollte ich nicht ganz ruhig sein, ich, der ich mich für der Götter Liebling halten darf, dem das seltene Glück zuteil ward, abermals verliebt zu sein. Das ist doch etwas, was keine Kunst, kein Studium hervorzulocken vermag, es ist eine Gabe. Ist es mir aber gelungen, abermals eine Liebe zu erwecken, so will ich doch sehen, wie lange diese Liebe sich aufrecht erhalten läßt. Ich hätschele diese Liebe, so wie ich es mit meiner ersten nicht getan. Gelegenheit wird einem dürftig genug zuteil, zeigt sie sich, so gilt es in Wahrheit, sie zu nützen; denn es ist eine verzweifelte Sache: ein Mädchen verführen ist keine Kunst, aber eine finden, die es wert ist, verführt zu werden, das ist Glück. – [...] (E/O I, 359 f.)

Je mehr ich auf sie achte, umso mehr überzeuge ich mich, daß sie eine ganz für sich alleinstehende Gestalt ist. Ein Mann darf dies nicht sein, nicht einmal ein Jüngling darf es; denn da seine Entwicklung wesentlich auf Reflexion beruht, muß er in Beziehung zu andern getreten sein. Ein junges Mädchen darf darum nicht interessant sein, denn das Interessante enthält stets eine Reflexion auf sich selbst, wie denn z. B. in der Kunst das Interessante stets auch den Künstler wiedergibt. Ein junges Mädchen, welches damit gefallen will, daß sie interessant ist, will zu allernächst sich selbst gefallen. Dies ist von der Seite der Aesthetik her einzuwenden gegen die Allerwelts-koketterie. Ein ander Ding ist es mit aller jener uneigentlichen Koketterie, welche die eigene Bewegung der Natur ist, z. B. mit der weiblichen Schamhaftigkeit, die stets die schönste Koketterie ist. Es mag solch einem interessanten Mädchen freilich damit gelingen, daß sie gefällt; jedoch so wie sie selbst ihre Weiblichkeit aufgegeben hat, ebenso sind im Allgemeinen die Männer, denen sie gefällt, gleichermaßen unmännlich. Interessant wird ein solches junges Mädchen eigentlich erst durch das Verhältnis zu Männern. Das Weib ist das schwächere Geschlecht, gleichwohl ist es dem Weibe weit wesentlicher eigen, in der Jugend allein zu stehen als dem Manne, sie muß sich selbst genug sein, aber das, dadurch und darin sie sich selbst genug ist, ist eine Illusion; dies ist die Mitgift, mit der die Natur sie ausgestattet hat als eine Königstochter. Jedoch dies Verweilen in Illusion isoliert sie gerade. Ich habe oft darüber gesonnen, woher es wohl kommen möge, daß es nichts Verderblicheres für ein junges Mädchen gibt als viel Umgang mit andern jungen Mädchen. Offenbar liegt es daran, daß dieser Umgang weder Fleisch noch Fisch ist; er verstört die Illusion, aber er verklärt sie nicht. Es ist des Weibes tiefste Bestimmung, Gesellschaft für den Mann zu sein; aber durch den Umgang mit ihrem eignen Geschlecht lenkt sich leicht eine Reflexion darauf, welche sie aus einer Gesellschaft zu einer Gesellschaftsdame werden läßt. Die Sprache selber ist in dieser Hinsicht recht bezeichnend; der Mann heißt Herr, die Frau aber heißt nicht Dienerin oder desgleichen, nein, es wird eine Bestimmung der Wesenheit gebraucht: sie ist Gesellschaft, nicht Gesellschafterin. Wenn ich mir das Ideal eines Mädchens denken soll, müßte sie stets allein in der Welt stehen und dadurch auf sich selbst angewiesen sein, vor allem aber keine Freundinnen haben. [...] (E/O I, 365 f.)

[...] Ehe ich meinen Angriff beginne, muß ich sie und ihren ganzen geistigen Zustand kennen. Die meisten genießen ein junges Mädchen wie sie ein Glas Champagner genießen, in einem schäumenden Augenblick, nun ja, das ist ganz schön, und bei manchem jungen Mädchen ist es wohl auch das Höchste dazu man es bringen kann; hier aber ist mehr. Ist das Individuum zu bresthaft, um Klarheit und Durchsichtigkeit zu vertragen, nun wohl, so genießt man das Unklare, sie indes kann es offenbar vertragen. Je mehr Hingebung man in der Liebe aufwecken kann, umso interessanter wird es. Dieser Augenblicksgenuß ist zwar nicht in äußerlichem wohl aber in geistigem Sinne Notzucht, und in einer Vergewaltigung liegt lediglich ein eingebildeter Genuß, sie ist, ebenso wie ein gestohlener Kuß, etwas, das keine Art hat. Nein, wenn man es dahin bringen kann, daß ein Mädchen für seine Freiheit nur eine einzige Aufgabe sieht, nämlich die, sich hinzugeben, daß sie ihre ganze Seligkeit darin findet und empfindet, daß sie sich diese Hingabe nahezu erbettelt und dennoch frei ist, dann erst ist da Genuß, dazu aber gehört stets geistiger Einfluß. [...] (E/O I, 368)

[...] Geduld – was vorher Ungestüm gewesen, ist nun Verstand (quod antea fuit impetus, nunc ratio est) – sie muß noch ganz anders in mein Netz eingesponnen werden, und dann plötzlich lasse ich der Liebe ganze Gewalt anstürmen. Wir haben uns diesen Augenblick nicht verdorben durch Schleckerwerk, durch unzeitige Vorwegnahmen, dafür darfst du mir dankbar sein, meine Cordelia. Ich arbeite an der Entwicklung des Gegensatzes, ich spanne den Bogen der Liebe, um desto tiefer zu versehren. Gleich einem Bogenschützen lasse ich die Sehne los, spanne sie wieder, höre ihren Sang, es ist meine

Kampfmusik, aber ich ziele noch nicht, lege noch nicht den Pfeil auf die Sehne. [...] (E/O I, 376)

[...] Man sollte es nicht für möglich halten, die Geschichte einer seelischen Entwicklung im Ganzen so genau berechnen zu können. Es zeigt, wie gesund Cordelia ist. [...]

Allmählich beginne ich, ihr mit meinem Angriff näher zu rücken, zu mehr direkten Angriffen überzugehn. Soll ich diese Veränderung auf meiner militärischen Landkarte von der Familie einzeichnen, so möchte ich sagen: ich habe meinen Stuhl so gedreht, daß ich ihr jetzt die Seite zukehre. Ich lasse mich mehr mit ihr ein, rede sie an, entlocke ihr Antworten. Ihre Seele besitzt Leidenschaft, Ungestüm und hat, ohne durch närrische und eitle Reflexionen ins Aparte überspitzt zu sein, einen Trieb zum Ungewöhnlichen. Meine Ironie über die Torheit der Menschen, mein Spott über ihre Feigheit, über ihre verschlafene Mattigkeit fesselt sie. Sie hält schon etwas davon, den Sonnenwagen über den Himmelsbogen zu lenken, der Erde zu nahe zu kommen und die Menschen ein bißchen zu sengen. Mir trauen, das tut sie indes nicht; bisher hab ich jede Annäherung auch in geistiger Hinsicht verhindert. Sie muß in sich selbst stark gemacht werden, bevor ich sie bei mir sich ausruhen lasse. Für Augenblicke mag es wohl so aussehn, als ob ich sie zu meiner Vertrauten in meiner Freimaurerei machen wollte; aber es ist auch nur für Augenblicke so. Sie muß sich selber in sich selbst entwickeln; sie muß die Spannkraft ihrer Seele empfinden, sie muß die Welt packen und hochzuheben suchen. Welche Fortschritte sie macht, zeigt mir leicht die Art ihrer Erwiderungen und ihr Blick; ein ganz vereinzeltes Mal hab ich darin einen vernichtenden Zorn gesehn. Mir darf sie nichts zu danken haben; denn frei muß sie sein, allein in Freiheit ist Liebe, allein in Freiheit ist Zeitvertreib und ewige Unterhaltung. Obgleich ich es nämlich darauf anlege, daß sie mir gleichsam mit Naturnotwendigkeit in die Arme sinkt, danach strebe, daß sie von mir angezogen wird, kommt es mir zugleich doch darauf an, daß sie nicht wie ein schwerer Körper fällt, sondern auf die Art, wie Geist dem Zug des Geistes folgt. Obgleich sie mir gehören soll, darf dies doch nicht dasselbe sein wie das Unschöne, daß sie auf mir ruht gleich einer Last. Sie darf mir weder in physischer Hinsicht ein

Anhängsel werden, noch in moralischer Hinsicht eine Verpflichtung. Zwischen uns beiden soll nichts herrschen als der Freiheit eignes Spiel. Sie soll so leicht für mich sein, daß ich sie auf den Arm nehmen kann. [...] (E/O I, 388 f.)

[...] Das Verwünschte bei einer Verlobung bleibt stets das Ethische, das ihr anhaftet. Das Ethische ist gleich langweilig in der Wissenschaft wie im Leben. Welch ein Unterschied: unter dem Himmel der Aesthetik ist alles leicht, schön, flüchtig; wenn die Ethik dreinkommt, wird alles hart, eckig, unendlich langweilig. Indes hat eine Verlobung im strengeren Sinne keine ethische Realität, wie etwa eine Ehe sie hat; sie hat lediglich Giltigkeit ex consensu gentium (auf grund allgemeiner Konvention). Diese Zweideutigkeit kann mir sehr zustatten kommen. Das Ethische daran ist gerade genug, um Cordelia zu gegebener Zeit den Eindruck zu vermitteln, daß sie über die Grenze des Allgemeinen hinausgeht; zugleich ist das Ethische daran nicht so ernsthaft, daß ich eine bedenklichere Erschütterung befürchten müßte. Einen gewissen Respekt vor dem Ethischen hab ich immer besessen. Nie hab ich einem Mädchen ein Eheversprechen gegeben, nicht einmal ein formloses, sofern es aussieht, als ob ich hier eines machte, ist es lediglich eine fingierte Bewegung. Ich werde es schon so einrichten, daß sie selbst es ist, welche die Verpflichtung löst. Versprechungen machen, das verachtet mein ritterlicher Stolz. Ich verachte es, wenn ein Richter durch das Versprechen der Freiheit einem Sünder ein Geständnis entlockt. Ein solcher Richter verzichtet auf seine Kraft und sein Talent. In meiner Praxis kommt hier noch der Umstand hinzu, daß ich nichts begehre, das nicht im strengsten Sinn Gabe der Freiheit ist. Mögen schlechte Verführer solche Mittel brauchen. Was erreichen sie denn auch? Wer es nicht versteht, ein Mädchen dermaßen einzuspinnen, daß ihr alles, wovon man nicht will, daß sie es sehe, aus dem Gesicht kommt, wer es nicht versteht, sich dermaßen in ein Mädchen hinein zu dichten, daß alles, was er will, von ihr selber ausgeht, der ist und bleibt ein Stümper; ich werde ihm seinen Genuß nicht mißgönnen. Stümper ist und bleibt ein solcher Mensch, Verführer – mich könnte man keinesfalls so nennen. Ich bin ein Aesthetiker, ein Erotiker, welcher das Wesen der Liebe, die Pointe daran begriffen hat, welcher an die Liebe glaubt und sie von Grund auf kennt, und behalte mir lediglich die private Meinung vor, daß jede Liebesgeschichte höchstens ein halbes Jahr währt, und daß jedes Verhältnis beendet ist, sobald man das Letzte genossen hat. Dies alles weiß ich, zugleich weiß ich, daß es der höchste überhaupt denkbare Genuß ist, geliebt zu werden, höher denn alles in der Welt geliebt zu werden. Sich in ein Mädchen hineindichten ist eine Kunst, sich aus ihr herausdichten ist ein Meisterstück. Doch ist Letzteres wesentlich vom Ersteren abhängig. (E/O I, 396 f.)

[...] Meinerseits steht nun einer Verlobung nichts mehr im Wege. Ich gehe also auf Freiersfüßen, wer würde mir das ansehn? Bald wird meine geringe Person von höherem Standpunkt aus betrachtet werden. Ich höre auf, Person zu sein und werde – Partie; [...]

Es ist mir durchaus nicht darum zu tun, das Mädchen in äußerlichem Sinne zu besitzen, sondern sie künstlerisch zu genießen. Deshalb muß der Anfang so künstlerisch wie möglich sein. Der Anfang muß so schwebend wie möglich sein, er muß eine Allmöglichkeit sein. Sieht sie sogleich einen Betrüger in mir, so mißversteht sie mich; denn in gewöhnlichem Sinne bin ich kein Betrüger; sieht sie in mir einen treuen Liebhaber, so mißversteht sie mich ebenfalls. Es kommt darauf an, daß ihre Seele durch diesen Auftritt so wenig wie möglich determiniert werde. In einem solchen Augenblick ist die Seele eines Mädchens prophetisch gleich der eines Sterbenden. Dies muß verhindert werden. Meine liebenswürdige Cordelia! ich betrüge dich um etwas Schönes, aber das kann anders nicht sein, und ich werde dir alle Erstattung leisten, die ich vermag. Der ganze Auftritt muß so unbedeutend wie möglich gehalten werden, so daß sie, wenn sie ihr Ja gegeben, nicht zu der kleinsten Aufklärung darüber imstande ist, was in diesem Verhältnis sich verbergen mag. Diese unendliche Möglichkeit ist eben das Interessante. [...] (E/O I, 400 f.)

[...] Solange ich bei ihr bin, findet sie einen Genuß darin, mir zuzuhören; wenn ich gegangen bin, spürt sie sehr wohl, daß sie getäuscht ist, daß ich verändert bin. Auf die Art zieht man seine Aktien aus dem Geschäft. Diese Art und Weise ist arglistig, jedoch überaus zweckmäßig wie alle indirekten Methoden. Sie kann sich gut klar machen, daß eine Sache wie die, von der ich spreche, mich beschäftigt, ja, die Sache interessiert sie im Augenblick selbst, gleichwohl betrüge ich sie um das eigentliche Erotische. [...]

Sie ist mein. Dies vertrau ich nicht den Sternen an, wie es Sitte ist und Brauch, ich sehe eigentlich nicht, wieso diese Nachricht jene fernen Himmelskörper beschäftigen könnte. Ebenso wenig vertraue ich es einem Menschen an, nicht einmal Cordelia. Ich behalte dies Geheimnis für mich allein, flüstere es gleichsam in mich selbst hinein in den allergeheimsten Selbstgesprächen. Der zu erwartende Widerstand ihrerseits war nicht sonderlich groß, dahingegen ist die erotische Gewalt, die sie entfaltet, bewunderungswürdig. Wie interessant ist sie in dieser tiefen Leidenschaftlichkeit, wie groß, nahezu übernatürlich ist sie! Wie biegsam ist sie im Entweichen, wie geschmeidig im Einschmiegen überall, wo sie einen unbefestigten Punkt entdeckt! Alles ist in Bewegung geraten; indes in diesem Erbrausen der Elementarkräfte befinde ich mich gerade in meinem Element. Dennoch ist sie sogar in dieser Bewegtheit ganz und gar nicht unschön, nicht in Stimmungen zerrissen, nicht zersplittert in Augenblicke. Sie ist immerfort eine aus der Tiefe Emportauchende, eine Anadyomene, nur daß sie nicht aufsteigt in naiver Anmut oder unbefangener Ruhe, sondern bewegt von der Liebe starkem Pulsschlag, wobei sie doch Einheit und Gleichgewicht bleibt. Sie ist erotisch voll ausgerüstet zum Streit, sie kämpft mit des Auges Pfeil, mit der Braue Befehl, mit der Stirn tiefem Geheimnis, mit des Busens Wohlredenheit, mit der Umarmung gefährlichen Lockungen, mit der Lippe Bitten, mit der Wange Lächeln, mit des ganzen Leibes süßem Sehnen. Eine Kraft ist in ihr, eine Energie, als wäre sie eine Walküre, doch diese erotische Kraftfülle ist wiederum gemäßigt durch eine gewisse schmachtende Mattigkeit, die über sie hingehaucht ist. – Allzu lange darf sie auf diesem Gipfel nicht gehalten werden, auf dem allein Angst und Unruhe sie aufrecht erhalten, sie hindern können zu stürzen. Sie wird rasch empfinden, daß für solche Regungen eine Verlobung zu enge, zu genierend ist. Sie wird selber die Verführerin, die mich verführt, über die Grenze des Allgemeinen hinauszugehn, so steht es für ihr Bewußtsein, und das ist mir die Hauptsache.

Es fallen ihrerseits jetzt nicht wenige Bemerkungen, die darauf deuten, daß sie des Verlobtseins müde ist. Sie rauschen nicht unbeachtet an meinem Ohr vorüber, sie sind meine Späher und Meldegänger in Cordelias Seele, die mir aufklärende Winke geben, d.h. die Enden des Fadens, mit denen ich sie in meinen Plan einspinne. [...] (E/O I, 460 ff.)

[...] Ich will versuchen, das Weib kategorial zu denken. Unter welcher Kategorie muß sie begriffen werden? unter der des S e i n s f ü r a n d e r e s. Dies darf indessen nicht in dem schlechten Sinne verstanden werden, so als ob die, welche für mich wäre, zugleich für einen andern wäre. Man muß sich hier wie allenthalben im abstrakten Denken jeder Rücksicht auf die Erfahrung enthalten; denn ansonst würde ich im gegenwärtigen Falle die Erfahrung auf sonderbare Weise zugleich für mich und gegen mich haben. Die Erfahrung ist hier wie allenthalben eine sonderbare Person; denn ihr Wesen ist, daß sie immer sowohl für als gegen ist. Mithin: das Weib ist Sein für anderes. Man soll hier sich wiederum nicht von einer andern Seite her durch die Erfahrung stören lassen, welche lehrt, nur sehr selten treffe man ein Weib an, welches in Wahrheit Sein für anderes sei, sintemal sehr viele Weiber im Allgemeinen schlechthin Nichts sind, weder für sich noch für andre. Diese Bestimmung des Seins für anderes hat sie nun gemein mit der gesamten Natur, mit allem, was überhaupt weiblichen Geschlechts ist. Die ganze Natur ist ebenso bloß für anderes, nicht im Sinne der Teleologie, derart daß das einzelne Glied der Natur für ein anderes einzelnes Glied ist, sondern die ganze Natur ist für anderes – ist für den Geist. Ebenso ist es dann wieder mit dem Einzelnen. Das Pflanzenleben z. B. entfaltet in aller Naivität seine versteckten Lieblichkeiten und ist bloß für anderes. Gleichermaßen ist ein Rätsel, eine Charade, ein Geheimnis, ein Vokal u. s. f. bloß Sein für anderes. Von daher läßt es sich auch erklären, weshalb Gott, als er E v a schuf, einen tiefen Schlaf auf Adam hat fallen lassen; denn das Weib ist des Mannes Traum. Auch noch auf andre Weise lernt man aus jener Erzählung, daß das Weib Sein für anderes ist. Es heißt dort nämlich, daß Jehova eine der Rippen des Mannes genommen habe. Hätte er z.B. etwas vom Gehirn des Mannes genommen, so hätte das Weib wohl fortgefahren, Sein für anderes zu sein, aber ihre Bestimmung wäre nicht, ein Hirngespinst zu sein, sondern etwas ganz anderes. Sie ward Fleisch und Blut, fällt aber eben damit unter die Bestimmung der Natur, die wesentlich Sein für anderes ist. Erst wenn die Liebe sie berührt, erwacht sie, vor dieser Zeit ist sie Traum. Man kann jedoch an diesem Traumdasein zwei Stadien unterscheiden; das erste ist dasjenige, in welchem die Liebe von ihr träumt, das zweite ist dasjenige, in dem sie von der Liebe träumt.

Als Sein für anderes ist das Weib bezeichnet durch die reine Jungfräulichkeit. Jungfräulichkeit ist nämlich ein Sein, welches, soweit es Sein für sich ist, eigentlich eine Abstraktion ist und nur für anderes sich kundtut. [...] (E/O I, 466 f.)

[...] nunmehr ist es vorüber, und ich wünsche sie niemals mehr zu sehen. Wenn ein Mädchen alles hingegeben hat, so ist sie schwach, so hat sie alles verloren, denn Unschuld ist beim Manne ein negatives Moment, beim Weibe ist es ihres Wesens Gehalt. Nunmehr ist alles Widerstehen unmöglich, und nur, solange es vorhanden ist, ist es schön zu lieben, hat es aufgehört, so ist Liebe Schwäche und Gewohnheit. Ich wünsche nicht an mein Verhältnis zu ihr erinnert zu werden; sie hat den Duft verloren und die Zeiten sind vorüber, da ein Mädchen vom Schmerz über ihren treulosen Liebhaber verwandelt wird in ein Heliotrop. Abschied will ich von ihr nicht nehmen; nichts ist mir so widerwärtig wie Weibertränen und Weiberbitten, die alles verändern und eigentlich doch nichts zu bedeuten haben. Ich habe sie geliebt, von jetzt ab aber vermag sie meine Seele nicht mehr zu beschäftigen. Wäre ich ein Gott, so täte ich für sie, was Poseidon für eine Nymphe getan: ich verwandelte sie in einen Mann.

Es wäre doch wirklich des Wissens wert, ob man nicht imstande wäre sich dermaßen aus einem Mädchen herauszudichten, daß man sie so stolz machte, daß sie sich einbildete, sie sei es, die des Verhältnisses leid sei. Das könnte ein recht interessantes Nachspiel geben, welches an und für sich psychologisches Interesse bieten und einen nebenher bereichern dürfte mit so mancher erotischen Beobachtung. (E/O I, 483 f.)

3 Der Feinschmecker

[...] Sich erinnern ist nimmermehr das Gleiche wie im Gedächtnis haben. Man kann z.B. eine Begebenheit gut und gern bis in die kleinste Einzelheit hinein im Gedächtnis haben, ohne sich deshalb ihrer zu erinnern. Das Gedächtnis ist lediglich eine dahinschwindende Bedingung. Mittels des Gedächtnisses stellt sich das Erlebte vor, um die Weihe der Erinnerung zu empfangen. Der Unterschied läßt sich erkennen schon in der Verschiedenheit der Lebensalter. Der Greis verliert das Gedächtnis, welches überhaupt diejenige Fähigkeit ist, die man zuerst verliert. Jedoch hat der Greis etwas Dichterisches an sich, er ist nach der Volksmeinung prophetisch, gottbegeistert. Aber die Erinnerung ist ja auch seine beste Kraft, sein Trost, der ihn tröstet mit dem poetischen Fernblick. Die Kindheit umgekehrt besitzt in hohem Maße Gedächtnis und Auffassungsgabe, aber überhaupt keine Erinnerung. Statt zu sagen: ‚Alter vergißt nicht, was Jugend lernt', könnte man vielleicht sagen: ‚was das Kind im Gedächtnis behält, des erinnert sich der Greis.' Die Brillengläser des Alten sind geschliffen zum Nahesehn. Wenn die Jugend Brillen braucht, so dienen die Gläser zum in die Ferne Sehen, denn es fehlt ihr an der Kraft der Erinnerung, die darin besteht, ins Ferne zu rücken, auf Abstand zu bringen. Mittlerweile ist des Alters glückliche Erinnerung ebenso wie des Kindes glückliche Auffassungsgabe eine Gnadengabe der Natur, welche mit Vorliebe die beiden hilflosesten und doch in gewissem Sinne glücklichsten Lebensabschnitte umhegt. Daher ist aber auch die Erinnerung ebenso wie das Gedächtnis unterweilen lediglich Inhaber von Zufälligkeiten.

Obwohl der Unterschied zwischen Gedächtnis und Erinnerung groß ist, werden sie oft verwechselt. Im Menschenleben gibt diese Verwechslung Gelegenheit, die Tiefe des Individuums zu studieren. Die Erinnerung ist nämlich die Idealität, als solche aber ganz anders anstrengend und verantwortlich als das gleichgiltige Gedächtnis. Die Erinnerung wird einem Menschen den ewigen Zusammenhang im Leben bewahren und ihm sicherstellen, daß sein irdisches Dasein uno tenore wird, ein einziger Atemzug, und aussagbar in einem einzigen Atemzug. Deshalb verbittet sie es sich, daß die Zunge genötigt werde, wieder und immer wieder zu plappern, um das

Geplapper des Lebensinhalts nachzubilden. Daß das Leben uno tenore sei, ist die Bedingung für die menschliche Unsterblichkeit. Sonderbar genug: soviel ich sehe, ist Jakobi der Einzige, bei dem man Äußerungen findet über das Furchtbare darin, sich selbst unsterblich zu denken. Zuweilen war es ihm, als müsse ihm der Gedanke der Unsterblichkeit, falls er ihn im einzelnen Augenblick etwas länger festhalte, den Verstand verwirren. Liegt das daran, daß Jakobi[xxv] nervenschwach gewesen ist? Ein starker Mann, der an der Hand eine Hornhaut bekommen hat allein dadurch, daß er jedesmal, wenn er die Unsterblichkeit bewies, einen Hieb auf Katheder oder Kanzel tat, spürt von solch einem Schrecken nichts, gleichwohl versteht er sich ja auf die Unsterblichkeit, denn eine Hornhaut haben bedeutet ja auf Lateinisch sich auf etwas sachdienlich verstehen. Sobald man indes Gedächtnis und Erinnerung verwechselt, wird der Gedanke so furchtbar nicht sein. Zum ersten weil man mutig, mannhaft und robust ist, und zum andern weil man den Gedanken gar nicht denkt. Es gibt gewiß gar manchen, welcher Erinnerungen aus seinem Leben geschrieben hat, in denen keine Spur von Erinnerung war, und doch sind ja die Erinnerungen seine Ausbeute für die Ewigkeit gewesen. In der Erinnerung zieht der Mensch einen Wechsel auf das Ewige. Das Ewige ist so human, jeden Wechsel zu honorieren und jedermann für zahlungsfähig anzusehn. Aber das Ewige kann nichts dafür, daß ein Mensch sich selbst zum Narren hält – und also im Gedächtnis hat statt sich zu erinnern und infolgedessen vergißt, statt sich zu erinnern, denn was man im Gedächtnis hat, das wird auch vergessen. Das Gedächtnis wiederum macht das Leben ungeniert. Ungeniert durchläuft man die lächerlichsten Verwandlungen; sogar in vorgerückten Jahren spielt man noch immer Blindekuh, spielt noch immer in der Lebenslotterie und kann noch immer alles Beliebige werden; obwohl man schon unglaublich vielerlei gewesen ist. Darauf stirbt man – und dann wird man unsterblich. Und sollte man denn etwa gerade mit einem Leben dieser Art sich nicht auch mehr als genug gesichert haben, um sich eine ganze Ewigkeit lang daran zu erinnern? Ja, wenn das Hauptbuch der Erinnerung nichts andres wäre als eine Kladde, in die man das Erste, Beste hineinschmiert! Jedoch die Buchhalterei der Erinnerung ist absonderlich. Man könnte einige Aufgaben nach

Art der folgenden stellen –, aber nicht in der Gesellschaftsrechnung. Jemand spricht Tag auf Tag in in öffentlichen Versammlungen und zwar stets über die Forderungen der Zeit, jedoch nicht mit catonischer Langerweile sich wiederholend, sondern interessant und pikant stets mit dem Augenblick mitgehend und niemals das Gleiche sagend; item in Gesellschaft meldet er sich und mißt den Vorrat seiner Beredsamkeit bald mit gestrichenem, bald mit gehäuftem Scheffel aus, jedesmal mit Händeklatschen begrüßt; mindestens einmal wöchentlich ist etwas über ihn in der Zeitung zu lesen, sogar nachts ist er nützlich, seinem Weibe nämlich, da er selbst im Schlaf von der Forderung der Zeit spricht, als wäre er in öffentlicher Versammlung; – ein andrer schweigt, bevor er redet, und bringt es so weit, daß er überhaupt nicht zum Reden kommt: beide leben sie gleich lange, es ist gefragt nach dem Fazit: wer von beiden hat am meisten, sich daran zu erinnern? Jemand geht einem Gedanken nach, einem einzigen, mit ihm allein beschäftigt; ein andrer verfaßt Bücher in sieben Wissenschaften, und wird (es ist ein Journalist, der das Wort nimmt) „seiner bedeutenden Tätigkeit in eben dem Augenblick entrissen, da er die Veterinärwissenschaft umgestalten will“: beide leben sie gleich lange, es ist gefragt nach dem Fazit: wer von beiden hat am meisten, sich daran zu erinnern?

Eigentlich kann man sich allein des Wesentlichen erinnern; denn die Erinnerung des Greises ist, wie gesagt, dem Zufall unterworfen; von den Entsprechungen zu seiner Erinnerung gilt das Gleiche. Das Wesentliche ist nicht allein bedingt durch sich selbst, sondern auch durch sein Verhältnis zu dem Betreffenden. Wer mit der Idee gebrochen hat, vermag es nicht, wesentlich zu handeln, vermag es nicht, sich etwas Wesentliches vorzunehmen; es wäre denn dies, daß er bereute, welches die einzige neue Idealität wäre. Alles, was er sonst tut, ist unwesentlich, den äußeren Merkmalen zum Trotz. Sich ein Weib nehmen ist freilich etwas Wesentliches; jedoch, wer einmal in der Liebe gepfuscht hat, kann sich gerne gegen die Stirn schlagen und auf das Herz und auf den H . . . vor lauter Ernst und Feierlichkeit; es bleibt gleichwohl dummes Zeug! Und ginge seine Ehe ein ganzes Volk an, und läutete man mit den Glocken, und nähme der Papst die Trauung vor, für ihn selber ist es gleichwohl nichts Wesentliches, sondern wesentlich dummes Zeug. Das äußere Gelärme tut nichts zu, nichts ab, so wenig wie die Fanfare und daß mit dem Gewehr präsentiert wird die Zahlenlotterie zu einer wesentlichen Handlung macht für den Waisenknaben, welcher die Losnummern zieht. Daß wesentlich gehandelt werde, das hängt wesentlich nicht davon ab, ob die Trommel geschlagen wird. – Das aber, dessen man sich erinnert, kann man auch nicht vergessen. Das, dessen man sich erinnert, ist nicht so gleichgiltig gegen die Erinnerung wie das im Gedächtnis Gehabte gleichgiltig ist gegen das Gedächtnis. Man mag das, dessen man sich erinnert, fortwerfen, es kehrt zurück wie Thors Hammer, und nicht allein dies, sondern es hat eine Sehnsucht nach der Erinnerung gleich einer Taube, ja gleich jener Taube, welche, so oft man sie auch verkauft, doch nie eines andern Eigentum werden kann, weil sie allemal heimfliegt. Aber die Erinnerung hat denn auch selbst das, dessen man sich erinnert, ausgebrütet, und dies Brüten ist heimlich und verborgen, einsam und darum von keinem profanen Wissen gekränkt: ebenso wird der Vogel sein Ei nicht bebrüten, wenn ein Fremder es angerührt hat.

Das Gedächtnis ist unmittelbar, und man kommt ihm unmittelbar zu Hilfe, die Erinnerung ist nur reflektiert. Deshalb ist es eine Kunst, sich zu erinnern. Unter Entgegensetzung wider das im Gedächtnis Behalten begehre ich mit Themistokles, vergessen zu können; sich erinnern aber und vergessen sind keine Gegensätze. Die Kunst der Erinnerung ist nicht leicht, weil die Erinnerung im Augenblick der Zubereitung von verschiedener Art sein kann, wohingegen das Gedächtnis allein den Wechsel zwischen richtigem und falschem Gedächtnis kennt. Was ist z. B. Heimweh? Es ist etwas im Gedächtnis Vorhandenes, dessen man sich erinnert. Auf einfache Weise wird Heimweh dadurch erzeugt, daß man fort ist. Die Kunst wäre die, obwohl man daheim ist, Heimweh fühlen zu können. Dazu gehört eine geübte Einbildungskraft. In einer Illusion dahinzuleben, in der es immerfort dunkelt, niemals hell wird, aus aller Illusion sich hinaus zu reflektieren, ist nicht so schwer, als zu einer Illusion sich hin zu reflektieren, sowie sie auf sich wirken lassen zu können mit aller Macht der Illusion, obwohl man wissend ist. Das Vergangene an sich heran zu zaubern ist nicht so schwer, als das Allernächste von sich fort zu zaubern für die Erinnerung. Das ist recht eigentlich der Erinnerung Kunst und die Reflexion in zweiter Potenz.

Um sich eine Erinnerung zu verschaffen, dazu gehört Kenntnis von den Gegensätzen der Stimmungen, Situationen, Umgebungen. Eine erotische Situation, in welcher des Landlebens trauliche Abgeschiedenheit die Pointe gewesen, läßt sich mitunter am besten erinnern und wahrhaft erinnern in einem Theater, in dem die Umgebung und der Lärm den Gegensatz hervorzwingt. Nicht immer jedoch ist der gerade Gegensatz der glückliche. Wäre es nicht unschön, einen Menschen als Mittel zu brauchen, so wäre es, um sich eines erotischen Verhältnisses zu erinnern, mitunter vielleicht der glückliche Gegensatz, sich eine neue Liebesgeschichte zuzulegen, bloß um sich zu erinnern. – Der Gegensatz kann äußerst reflektiert sein. Der Gipfel des Reflexionsverhältnisses zwischen Gedächtnis und Erinnerung ist es, das Gedächtnis wider die Erinnerung zu brauchen. Zwei Menschen können aus dem gerade entgegengesetzten Grunde einen Ort nicht wiedersehen wollen, der an ein Begebnis erinnert. Der eine ahnt überhaupt nicht, daß es etwas gibt, das da Erinnerung heißt, sondern fürchtet allein das Gedächtnis. ‚Aus den Augen, aus dem Sinn' denkt er; wenn er nur nichts sieht, so hat er vergessen. Der andre möchte sich gerade erinnern, darum will er nicht sehen. Wider die unangenehmen Erinnerungen allein braucht er das Gedächtnis. Wer sich auf die Erinnerung versteht, dies hier aber nicht versteht, besitzt zwar die Idealität, ermangelt aber der Geschicklichkeit, evangelische Ratschläge gegen Gewissensfälle (consilia evangelica adversus casus conscientiae) zu brauchen. Er wird vielleicht sogar den Rat für ein Paradoxon halten, und sich scheuen, den ersten Schmerz auszuhalten, welcher doch allezeit vorzuziehen ist gleich wie der erste Verlust. Wenn das Gedächtnis immer wieder aufgefrischt wird, so bereichert es die Seele mit einer Fülle von Einzelheiten, welche die Erinnerung zerstreuen. So ist z.B. die Reue ein sich der Schuld Erinnern. Die Sache rein psychologisch gesehen, glaube ich wirklich, daß die Polizei dem Verbrecher behilflich ist, nicht zur Reue zu kommen. Durch das fortwährende Aufzeichnen und Wiederholen seines Lebenslaufes gewinnt der Verbrecher eine derartige Gedächtnisfertigkeit im Herleiern seines Lebens, daß die Idealität der Erinnerung ausgetrieben wird. Es gehört große Idealität dazu, wirklich zu bereuen, und insbesondere dazu, sofort zu bereuen;

denn die Natur kann einem Menschen auch helfen, und die späte Reue, welche das Gedächtnis betreffend unbedeutend ist, ist oft die tiefste und schwerste. – Voraussetzung aller Schaffenskraft ist, daß man sich erinnern kann. Will man nicht mehr schriftstellerisch fruchtbar sein, so hat man lediglich nötig, eben das was man aus dem sich Erinnern heraus darstellen wollte, dem Gedächtnis einzuprägen, und das Schaffen ist einem unmöglich gemacht, oder man wird seiner so überdrüssig werden, daß man je eher desto lieber damit aufhört.

Eine Genossenschaft der Erinnerung gibt es eigentlich nicht. Eine Art Quasi-Genossenschaft ist eine Gegensatzform, welche der sich Erinnernde um seiner selbst willen braucht. Zuweilen lockt es die Erinnerung am besten ans Licht, wenn man so tut, als vertraute man sich einem andern an, bloß um hinter dieser Vertraulichkeit eine neue Reflexion zu verbergen, in welcher die Erinnerung für einen selbst ersteht. Was das Gedächtnis anlangt, kann man sich gut und gern zusammentun zu gegenseitigem Beistand. In dieser Hinsicht sind Festmahlzeiten und Geburtstagsfeiern, Liebespfänder und teure Andenken zweckmäßig, ebenso wie daß man in ein Buch Streifen einlegt, um im Gedächtnis zu behalten, wo man aufhörte, und mittels der Streifen sicher zu sein, daß man das ganze Buch durchgelesen hat. Die Kelter der Erinnerung hingegen muß jeder für sich allein treten. An und für sich liegt darin keinerwege ein Fluch. Sofern man mit einer Erinnerung jederzeit allein ist, ist jede Erinnerung eine Heimlichkeit. Sogar wenn mehrere an dem interessiert sind, was dem sich Erinnernden der Erinnerung Gegenstand ist, er ist mit seiner Erinnerung dennoch allein, die scheinbare Öffentlichkeit ist nur illusorisch.

Das hier Dargelegte dient mir selbst zur Erinnerung an Gedanken und Gedankenmühen, welche vielmals und auf vielerlei Weise meine Seele beschäftigt haben. Anlaß zur Niederschrift ist, daß ich mich jetzt dazu aufgelegt fühle, ein Begebnis, das ich erlebt habe, für die Erinnerung einzulösen, d.h. aufzuzeichnen, was bereits längere Zeit dagelegen hat als vollständig dem Gedächtnis und teilweise auch der Erinnerung gegenwärtig. Was das Gedächtnis dabei zu tun hat, ist dem Umfang nach wenig, die Arbeit des Gedächtnisses also insofern leicht; dahingegen hat es mir Schwierigkeiten gemacht, jenes Begebnis für die Erinnerung frei zu bekommen, eben weil es für mich etwas ganz anderes geworden ist als für die Herren Teilnehmer, die vermutlich lächeln würden, wenn sie solch einer Geringfügigkeit irgend einen Wert beigelegt sähen, – einem ausgelassenen Einfall, einer verzweifelten Idee, wie sie selbst es wohl nennen würden. Ja, wie wenig das Gedächtnis hier für mich zu bedeuten hat, ersehe ich daraus, daß es mir unterweilen so ist, als hätte ich es gar nicht erlebt, sondern es selber erdichtet.

Ich weiß freilich, so leicht werde ich jenes Gastmahl nicht vergessen, an dem ich teilgenommen, ohne Teilnehmer zu sein; gleichwohl aber kann ich mich nicht entschließen, es fahren zu lassen, ohne ein sorgfältiges „Apomnemoneuma“[xxvi] niederzuschreiben, von dem, was für mich wirklich ein „memorabile“, eine Denkwürdigkeit gewesen ist. – Ich habe mich bemüht, das erotische Verstehen der Erinnerung zu begünstigen, dahingegen hab ich für das Gedächtnis nichts getan. Die Situation der Erinnerung ist gebildet durch den Gegensatz, und schon seit einiger Zeit habe ich mich bemüht, mir das, dessen ich mich erinnere, in den Gegensatz der Umgebung hineinzuflechten. Der prächtig erleuchtete Speisesaal, in dem das Gastmahl gehalten ward, das berauschende Strahlenmeer der Lichtspiegelung erzeugte eine phantastische Wirkung. Insofern verlangt die Erinnerung nach einem Gegensatz, der nicht phantastisch ist. Das Exaltierte in der Stimmung der Teilnehmer, das Getöse der Festlichkeit, des Champagners schäumende Lust, sie werden für die Erinnerung am besten erweckt in einem stillen entlegenen vergessenen Winkel. Des Geistes schwellende Lust, wie sie in der Stimmung der Redenden wogte, wird für die Erinnerung am besten erweckt in friedsamer Geborgenheit. Jedweder Versuch, der Erinnerung unmittelbar zu Hilfe zu kommen, wäre rein verfehlt und würde mich strafen mit der Abgeschmacktheit der Nachahmung. – So hab ich denn die Umgebung auf den Gegensatz berechnet ausgewählt. Ich habe des Waldes Einsamkeit aufgesucht, jedoch nicht zu einer Zeit, da sie ihrerseits phantastisch ist. Die Stille der Nacht wäre z. B. nicht günstig gewesen, weil sie ebenfalls in des Phantastischen Gewalt ist. Ich habe den Frieden der Natur aufgesucht, eben zu einer Zeit, da sie selbst am wenigsten bewegt ist. Daher hab ich die Beleuchtung des

Nachmittags gewählt. Soweit das Phantastische hier zur Stelle ist, wird es in der Seele nur ganz von ferne geahnt; dahingegen gibt es nichts Sanfteres und Friedlicheres und mehr Beruhigendes als des Nachmittags matten Schimmer. Und gleich wie ein Kranker, welcher dem Leben zurückgewonnen wird, am liebsten diese erquickende Lindigkeit aufsucht, gleich wie ein geistig Angestrengter, der viel gelitten, am liebsten diese Erholung aufsucht, ebenso hab ich sie aus entgegengesetztem Grunde aufgesucht, eben um das Entgegengesetzte zu erlangen.

Im Gribs-Skov[xxvii] gibt es eine Stelle, welche der Achtwegewinkel heißt; nur der findet sie, der würdiglich sucht, denn keine Karte verzeichnet sie. Der Name selber scheint denn auch einen Widerspruch zu enthalten, denn wie könnte das Aufeinandertreffen von acht Wegen einen Winkel geben, wie könnte das Allbefahrene und. Allbegangene sich vertragen mit dem Entlegenen und Versteckten? Und was der Einsame flieht, hat den Namen ja von einem Zusammentreffen von bloß drei Wegen: die Trivialität, wie trivial muß es dann nicht erst sein, wenn acht Wege einander treffen? Dennoch, es ist so: es sind allda wirklich acht Wege, und doch ist's gar einsam; entrückt, abgeschieden, verborgen ist man allda ganz nahe einer Hecke, welche die Unheilshecke heißt. Der Widerspruch im Namen macht also die Stelle nur noch einsamer, wie denn der Widerspruch allezeit einsam macht. Die acht Wege, der viele Verkehr, sie sind bloß eine Möglichkeit, eine Möglichkeit für den Gedanken, denn niemand zieht dieses Weges außer einem kleinen Käfer, der quer darüber hinhastet, eilend mit Weile; niemand zieht ihn außer jenem unsteten Wanderer, welcher immerzu sich umsieht, nicht nach jemand, sondern um allen zu entweichen, jenem Flüchtling, der sogar in seinem Versteck nichts spürt von des Fahrtenden Verlangen nach Botschaft von irgendwem, jenem Flüchtling, den nichts einholt als die todbringende Kugel, welche wohl erklärt, warum der Hirsch jetzt stumm geworden, jedoch nicht, warum er so unruhig gewesen; niemand fährt dieses Weges, es sei denn der Wind, von dem man nicht weiß, von wannen er kommt und wohin er fähret. Sogar, wer sich täuschen ließe von jenem verführerischen Winken, mit welchem die Entrücktheit da drinnen nach dem Wandrer hascht, sogar, wer dem schmalen Fußsteig folgte, der hineinlockt tief in des Waldes

Gehege: sogar er ist dorten nicht so einsam, wie man es ist auf den acht Wegen, die niemand zieht. Acht Wege und kein Wanderer! Es ist ja, als wäre die Welt ausgestorben und der Überlebende in die Verlegenheit gestürzt, daß es niemand gibt, ihn zu begraben; oder als wäre der ganze Volksschlag fortgewandert die acht Wege hin und hätte den Einen vergessen! – Ist es wahr, was der Dichter singt: bene vixit qui bene latuit (wohl hat gelebt, wer wohl verborgen war), so hab ich wohl gelebt, denn mein Winkel war trefflich gewählt. Auch ist es gewiß, daß die Welt samt allem was in ihr kreucht und fleucht sich niemalen besser ausnimmt, als wenn man sie von einem Winkel her sieht, und man sich anschleichen muß, um zu sehen; und es ist gewiß, daß alles, was in der Welt zu hören ist und zu hören sein wird, am lieblichsten und entzückendsten klingt, wenn man es von einem Winkel her hört und sich anschleichen muß, um zu lauschen. So bin ich denn des öfteren hinausgezogen zu meinem Waldwinkel. Ich hab ihn zuvor gekannt, lange zuvor, jetzt hab ich gelernt, daß ich der Nacht nicht bedarf, um Stille zu finden, denn hier ist es immer still, immer schön; am schönsten aber dünkt es mich jetzt, wenn die Augustsonne halb gegen Abend steht und der Himmel schmachtend verblaut; wenn die Schöpfung aufatmet nach des Tages Hitze, wenn der kühlende Hauch zu wehen beginnt und die Wiesenbreite wollüstig zittert unter dem Fächeln des Waldes; wenn die Sonne auf den Abend sinnt, um im Meer sich zu kühlen, wenn die Erde sich zur Ruhe schickt und auf die Danksagung sinnt, wenn sie vor dem Scheiden sich verstehen in dem zarten Verschwimmen, welches den Wald dunkeln läßt und die Wiese noch grüner macht.

O du freundlicher Geist, der du wohnest an diesen Stätten, hab Dank, daß du allezeit meine Stille umschirmt, hab Dank für jene Stunden, die ich mit dem Geschäft der Erinnerung verbracht, hab Dank für deinen Schlupfwinkel, den ich mein nenne! Dort wächst die Stille so wie der Schatten, wie das Schweigen wächst: eine beschwörende Zauberformel! Was ist wohl so berauschend wie Stille! Denn wie geschwinde der Trinker auch den Becher zur Lippe hebe, sein Rausch wächst nicht so geschwind wie der der Stille, welcher mit jeder Sekunde wächst! Und wie ist doch des berauschenden Bechers Inhalt bloß ein Tropfen in Vergleich mit des Schweigens unendlichem Meer, aus dem ich trinke! Und wie ist doch alles Schäumen des Weins bloß ein armseliger Trug gegen des Schweigens inneres Kochen, das stärker und immer stärker schäumt! Was aber ist auch so geschwinde verronnen wie dieser Schwelgetrunk – bloß daß man spricht! Und was ist so widerlich wie der Zustand, wenn man plötzlich herausgerissen wird (schlimmer als des Trinkers Erwachen), wenn man in der Zeit des Schweigens die Sprache vergessen hat, scheu vor dem Klange des Worts, stammelnd gleich dem, dessen Zungenband nicht gelöst worden, schwach gleich einem überrumpelten Weibe, zu ohnmächtig im Augenblick, um mit der Sprache betrügen zu können. Dank denn, du freundlicher Geist, daß du Überrumpelung und Unterbrechung ferngehalten; denn die Entschuldigung dessen, der stört, nützt nur wenig. – Wie oft hab ich nicht dies bedacht! Im Menschengewimmel wird man nicht schuldig, wenn man unschuldig ist; doch die einsame Stille ist heilig, darum wird alles schuldig, was immer sie stört; und wenn des Schweigens keuscher Umgang gekränkt wird, so erträgt er keine Entschuldigung, es ist ihm so wenig damit gedient wie der Schamhaftigkeit mit Erklärungen. Wie hat es geschmerzt, wenn es mir selber widerfahren, und man da steht mit einem nagenden Schmerz in der Seele, beschämt wegen seines Vergehens: daß man den Einsamen gestört! Vergeblich will die Reue ergründen, was es ist: diese Schuld ist unaussprechlich, ebenso wie das Schweigen. Allein ihm, der unwürdig die Einsamkeit gesucht, allein ihm mag das Überraschtwerden frommen, so wenn ein liebendes Paar noch nicht einmal dort die Kraft hat, eine Situation zu gestalten. Steht es so, dann kann man dem Eros und den Liebenden einen Dienst tun, indem man sich zeigt, mag auch das Verdienst, das man hat, den Liebenden dunkel bleiben, so wie die Schuld es bleibt: daß sie nämlich die Köpfe dichter zusammenstecken aus Zorn über den Störenfried, dem sie es doch danken, daß sie es tun. Sind es aber zwei Liebende, welche würdiglich die Einsamkeit suchen, wie hart ist es dann, sie zu überraschen, wie könnte man nicht sich selber fluchen, gleich wie jedes Tier verflucht das dem Sinai nahe kam. Wer empfände dies nicht, wer hätte nicht da, wo er steht, wiewohl selber noch ungesehen, wer hätte nicht da den Wunsch, gleich einem Vogel zu sein, der sich wollüstig über den Köpfen der Liebenden wiegt, gleich einem Vogel zu sein, dessen Ruf für Liebe eine Warnung ist, gleich einem Vogel zu sein, der durch das Gebüsch hinhuscht, verführerisch anzusehn, gleich der Natureinsamkeit zu sein, welche den Eros lockt, gleich einem Widerhall, der es bestätigt, daß man abseits ist, gleich dem fernen Geräusch, welches verbürgt, daß die Übrigen im Abzuge sind und die Liebenden zurücklassen! Und dieser letzte Wunsch ist wohl der beste, denn einsam wird man dann, wenn man hört, wie die andern weggehen. Die einsamste Situation in Mozarts Don Juan ist die Zerlinens; sie ist nicht allein, nein, sie wird es; man hört, wie der Chor weggeht, und aus dem fernen Hinsterben dieses Geräusches heraus wird die Einsamkeit hörbar und wird die Einsamkeit wirklich: ihr acht Wege, ihr habt bloß die Menschen alle von mir fortgeführt, und habt bloß meine eignen Gedanken mir wiedergebracht.

So sei denn gegrüßt beim Scheiden, du wunderschöner Wald; sei gegrüßt, du oft verkannte Nachmittagsstunde, die du dir nichts anlügst, nicht etwas bedeuten willst wie die Morgenstunde oder der Abend oder die Nacht, sondern es anspruchslos demütig, zufrieden bist, du selbst zu sein, zufrieden bist mit deinem ländlichen Lächeln! Wie der Erinnerung Mühe jederzeit gesegnet ist, so hat sie auch den Segen, daß sie zu neuer Erinnerung wird, die abermals bestrickt; denn wer auch nur ein Mal verstanden was Erinnerung ist, er ist eingefangen für alle Ewigkeiten und liegt gefangen in ihr; und wer eine einzige Erinnerung besitzt, ist reicher als wenn die ganze Welt ihm gehörte; und nicht allein wer schwanger ist, sondern vor allem wer sich erinnert, ist in gesegneten Umständen.

Es ist an einem der letzten Tage im Juli gewesen gegen Abend so etwa um zehn Uhr, daß die Teilnehmer zu jenem Gastmahl sich versammelten. Den genauen Tag und das Jahr hab ich vergessen; dergleichen ist ja auch allein für das Gedächtnis von Interesse, nicht für die Erinnerung. Einzig Stimmung und was in die Rubrik Stimmung gehört, ist Gegenstand der Erinnerung; und gleich wie der edle Wein gewinnt, wenn er die „Linie" passiert, weil die Wasserteilchen verdunsten, ebenso gewinnt auch die Erinnerung, wenn sie die Wasserteilchen des Gedächtnisses verliert: eine Einbildung jedoch wird die Erinnerung damit ebenso wenig wie der edle Wein es wird. – Es waren fünf Teilnehmer: Johannes mit dem

Beinamen der Verführer, Victor Eremita, Constantin Constantius[xxviii] und noch zwei andere, deren Namen ich nicht eben vergessen habe, was ziemlich gleichgiltig wäre, sondern deren Namen ich nicht zu wissen bekam. Es war, als hätten die zwei keinen Eigennamen; denn man nannte sie ständig allein mit einem Beiwort. Der Eine ward der junge Mensch genannt. Er war wohl auch nicht mehr als einige zwanzig Jahre alt, schlank und zierlich gebaut, recht dunkel. Sein Gesichtsausdruck war nachdenklich, mehr als dieser aber gefiel sein Mienenspiel, welches liebenswert und einnehmend eine Reinheit der Seele zu erkennen gab, die völlig in Übereinstimmung war mit der nahezu weiblichen vegetativen Zartheit und Durchsichtigkeit seiner ganzen Gestalt. Diese äußere Schönheit jedoch vergaß man gleich wieder über dem nächsten Eindruck, oder man behielt es nur im Sinn, während man einen Jüngling schaute, welcher, allein durch den Gedanken gebildet oder (um einen noch zarteren Ausdruck zu gebrauchen) gehütet, mit dem eignen Inhalt seiner Seele genährt, nichts mit der Welt zu schaffen gehabt hatte, weder geweckt und entflammt noch beunruhigt und gestört worden war. Einem Schlafwandelnden gleich hatte er das Gesetz seines Auftretens rein in sich selbst, und sein liebenswürdiges wohlwollendes Mienenspiel betraf niemand, sondern spiegelte lediglich die Grundstimmung der Seele wider. Den andern nannten sie den Modehändler: dies war seine bürgerliche Lebensstellung. Von ihm einen runden Eindruck zu empfangen war eine Unmöglichkeit. Er war nach der allerneuesten Mode gekleidet, gekräuselt und parfümiert, nach Kölnischem Wasser duftend. Sein Auftreten war in dem einen Augenblick nicht ohne Aplomb, im nächsten Augenblick aber nahm sein Gang eine gewisse tänzelnde Feierlichkeit an, ein gewisses Schweben, dem indes seine Körperfülle bis auf weiteres eine Grenze setzte. Selbst wenn er in seiner Rede besonders boshaft war, hatte seine Stimme stets etwas von der Verkäufergefälligkeit, der galanten Süßlichkeit, die ihm selbst sicherlich äußerst zuwider war und allein seinen Trotz befriedigte. Wenn ich jetzt an ihn denke, verstehe ich ihn freilich besser denn damals, als ich ihn aus dem Wagen steigen sah und unwillkürlich ins Lachen geriet. Mittlerweile bleibt da doch ein Widerspruch im Rest. Er hat sich selbst verbildet oder verhext, mit seines Willens Zaubermacht sich hineingezaubert in eine nahezu läppische Gestalt, ist aber darin mit sich selber nicht ganz zufrieden, und deshalb guckt ab und an die Reflexion heraus.

Wenn ich jetzt zurückdenke, bedünkt es mich beinahe widersinnig, daß fünf Menschen dieser Art ein Gastmahl zuwege bringen. Vermutlich wäre auch nie etwas daraus geworden, wenn nicht Constantin Constantius mit dabei gewesen wäre. Bei einem Konditor, bei dem sie sich ab und an in einem Sonderzimmer trafen, war die Sache einmal unter ihnen in Anregung gekommen, war jedoch gründlich durchgefallen, als die Frage entstand, wer die Leitung übernehmen solle. Der junge Mensch wurde für ungeeignet erklärt, der Modehändler hatte keine Zeit. Viktor Eremita entschuldigte sich freilich nicht damit, daß er ein Weib genommen oder ein Joch Ochsen gekauft habe, das er besichtigen müsse; jedoch obwohl er hier eine Ausnahme machen und kommen wolle, verbitte er sich doch die Ehre, die Leitung zu haben, und „spreche hiermit beizeiten." Dies, fand Johannes, sei ein gutes Wort zur rechten Zeit, denn nach seinen Begriffen gebe es nur einen, der ein Gastmahl ausrichten könne, dies sei das Tüchlein, welches sich decke und alle Schüsseln hinsetze, sobald man nur sage: deck dich. Ein junges Mädchen in Eile zu genießen sei nicht immer richtig; jedoch auf ein Gastmahl warten, das könne er nicht, und sei im Allgemeinen es schon lange im voraus leid. Solle indes Ernst daraus werden, so stelle er eine Bedingung, daß es eingerichtet werde zum „auf einmal einnehmen." Darin waren alle einig. Das ganze Drum-Herum müsse von Grund auf neu hergerichtet und alles wieder vernichtet werden, ja bevor man von Tische aufstehe, dürfe man gut und gern der Vorbereitungen zu dem Vernichtungswerk gewahr werden. Nichts dürfe übrig bleiben, ‚noch nicht einmal so viel', sagte der Modehändler, ‚als von einem Kleide übrig bleibt, wenn man es umnäht zu einem Hut'; ‚nichts', sagte Johannes, ‚denn nichts ist unangenehmer als ein teures Andenken, und nichts ist widerlicher als zu wissen, daß da oder dort eine Umwelt ist, welche auf unmittelbare und naseweise Art eine Wirklichkeit sein will.' Als nun so die Unterhaltung lebhaft geworden war, erhob Victor Eremita sich plötzlich: er stellt sich frei hin, winkt gleich einem Befehlenden mit der Hand, hält den Arm ausgestreckt gleich einem, der einen Pokal hebt und spricht wie einer, der einen Becher schwingt: ‚Mit diesem Becher, dessen Duft meine Sinne allbereits betört, dessen kühlende Hitze mein Blut allbereits entflammt, grüße ich euch, teure Zechgenossen, und heiße euch willkommen; mit dem gleichen Becher biete ich euch den Abschiedsgruß, dessen gewiß, daß jedermann schon zur Genüge satt geworden ist durch das Reden vom Gastmahl, denn der Herrgott macht den Magen eher satt denn das Auge, die Phantasie macht es umgekehrt.‘ Darauf steckte er die Hand in die Tasche, holte ein Zigarrenetui hervor, nahm eine Zigarre heraus und begann zu rauchen. Als Const. Constantius Einspruch erhob wider seine Eigenmächtigkeit, das geplante Gastmahl derart in ein eingebildetes Lebensfragment zu verwandeln, erklärte Victor, er habe ganz und gar nicht den Glauben, daß es sich verwirklichen lasse, und auf jeden Fall sei damit, daß man es im voraus zum Gegenstand einer Besprechung gemacht habe, ein Fehler begangen. ‚Was gut sein soll, muß sogleich sein; denn „sogleich“ ist von allen Kategorien die göttlichste und verdient die gleiche Ehre wie ex templo in der Sprache der Römer, weil es des Göttlichen Ausgangspunkt im Leben ist, so daß, was nicht sogleich geschieht, vom Übel ist.‘ Er habe jedoch keine Lust, darüber zu disputieren; wollten die andern anders reden und handeln, so werde er nicht ein Wort sprechen; wollten sie etwa, daß er sich weitläufiger erkläre, so müsse es ihm erlaubt sein, eine Rede zu halten; denn eine Diskussion zu veranlassen, halte er nicht für holdselig.

So geschah es denn auch, und da die andern ihn aufforderten, es sogleich zu tun, sprach er folgendermaßen. ‚Ein Gastmahl ist an und für sich selbst ein schwierig Ding; denn mag es auch mit allem möglichen Geschmack und mit Talent ausgerichtet sein, es gehört doch noch etwas anderes dazu – Glück nämlich. Ich meine hiermit nicht das, daran eine sorgenvolle Hausmutter wohl zunächst denken möchte, sondern etwas andres, welches niemand unbedingt sich sichern kann, ein glückliches Zusammenspielen der Stimmung mit den Nebenumständen des Gastmahls, jenes zarte ätherische Saitenspiel, jene innerliche Musik, die man nicht im voraus bei einem Stadtmusikus bestellen kann. Seht, darum ist es gewagt, überhaupt anzufangen, denn schlägt dies fehl, am Ende gar sogleich von Anfang an, so kann man bei einem einzigen Gastmahl, was Stimmung anlangt, derart mager werden, daß man es für lange

Zeit nicht aufholt. Nichts als Gewohnheit und Gedankenlosigkeit sind bei den meisten Gastmählern Vater und Gevatter, und Kritiklosigkeit ist schuld daran, daß man die Ideenlosigkeit nicht entdeckt. Fürs Erste sollten bei einem Gastmahl niemals Weiber zugegen sein. Beiläufig gesagt, ich brauche das Wort ‚Weib', weil ich das Wort ‚Dame' nie habe leiden können [...]. Weiber sind allein im griechischen Stil zu brauchen, als Chor von Tänzerinnen. Da es bei einem Gastmahl wesentlich darauf ankommt, daß gegessen und getrunken wird, darf das Weib nicht mit dabei sein; denn sie kann nicht das Nötige leisten, und kann sie es, so ist es recht unschön. Sobald ein Weib zugegen ist, muß das Essen und Trinken zu einer Nebensache herabgedrückt werden. Das Essen und Trinken darf zuhöchst so etwas wie eine kleine weibliche Beschäftigung sein, damit man etwas zu tun habe für die Hände. Zumal auf dem Lande kann solch eine kleine Mahlzeit, die indes am besten auf andre als die gewöhnlichen Essensstunden gelegt werden muß, äußerst ansprechend sein, und wenn sie es ist, dankt man es stets dem andern Geschlecht. Nach englischer Art das andre Geschlecht abtreten lassen, wenn das eigentliche Trinken anhebt, ist überhaupt nichts Rechtes, denn jeder Plan muß einheitlich sein und schon die Art, wie ich mich zu Tische setze und zu Messer und Gabel greife, steht in einem Verhältnis zum Ganzen. Ebenso ist auch ein politisches Gastmahl eine unschöne Zweideutigkeit. Die Grundelemente des Gastmahls will man zu einer Nebensache herabdrücken und die Reden, will man weiter, dürfen ihre Bedeutung nicht von daher empfangen, daß sie zum Wein (inter pocula) gehalten sind. Soweit sind wir denn wohl einig, und unsre Zahl ist, falls aus unserm Gastmahl etwas werden sollte, auch richtig gewählt gemäß jener schönen Regel: nicht über der Musen, nicht unter der Grazien Zahl. Ich verlange nunmehr den reichsten Überfluß an allem nur Erdenklichen. Mag auch nicht alles zur Stelle sein, die Möglichkeit dazu muß sofort bei der Hand sein, ja lockend über der Tafel schweben, verführerischer noch als der Anblick. ‚Auf Lichte' zum Gastmahl einladen oder, wie es der Holländer macht, auf ein Stückchen Zucker, an dem alle lecken, verbittet man sich. Meine Forderung dagegen ist schwer zu befriedigen, denn die Mahlzeit selber muß darauf berechnet sein, jene namenlose Begier zu wecken und zu erregen, welche jeder würdige Teilnehmer mitbringt. Ich verlange, daß der Erde Fruchtbarkeit uns zu Diensten stehe, als sprieße alles in dem gleichen Augenblick, da die Lust es begehrt. Ich verlange einen üppigeren Überfluß von Wein als wenn Mephistopheles in Auerbachs Keller nur nötig hat, in den Tisch zu bohren. Ich verlange eine Beleuchtung, wollüstiger als die der Trolle, wenn sie den Berg auf Säulen heben und in einem Flammenmeer tanzen. Ich verlange, was da die Sinne am stärksten erhitzt, ich verlange jene liebliche Erquickung des Wohlgeruchs, herrlicher als Tausendundeinenacht sie bietet. Ich verlange eine Kühle, welche die Begierde wollüstig entflammt, und der befriedigten Begierde zufächelt. Ich verlange unablässige Erheiterung durch einen Springbrunnen. Konnte Mäcen nicht schlafen ohne das Geplätscher eines Springbrunnens zu vernehmen, so vermag ich ohne das nicht zu speisen. Versteht mich nicht falsch, ich kann ohne das Dörrfisch essen, aber ich kann ohne das nicht speisen auf einem Gastmahl; ich kann ohne das Wasser trinken, aber Wein auf einem Gastmahl trinken kann ich ohne das nicht. Ich verlange eine Dienerschaft, erlesen und schön, gleich als säße ich an der Götter Tisch, ich verlange Tafelmusik, kraftvoll und gedämpft, und ich verlange, daß sie mir jeglichen Augenblick recht begleite; und was euch anlangt, liebe Freunde, da erhebe ich unglaubliche Forderungen. Seht! auf Grund aller dieser Forderungen, die ebensoviele Gegengründe sind, meine ich, daß ein Gastmahl ein frommer Wunsch (pium desiderium) ist, und ich bin in dieser Hinsicht so weit davon, von einer Wiederholung zu sprechen, daß ich annehme, es läßt sich auch das erste Mal nicht machen.

Der Einzige, der eigentlich nicht teilgenommen hatte an dieser Unterhaltung, auch nicht an der Ablehnung des Gastmahls, war Constantin Constantius. Ohne ihn wäre es beim bloßen Reden geblieben. Er war zu einem andern Ergebnis gekommen und meinte, wenn man die andern mit einem Trumpf nehme, so lasse die Idee sich schon ausführen. Es ging also einige Zeit hin, und sowohl das Gastmahl wie das Gespräch darüber waren vergessen, als eines Tages plötzlich die Teilnehmer von Constantin eine Einladungskarte empfingen zu einem Gastmahl am gleichen Abend. Als Sinnspruch der Geselligkeit war von Constantin angegeben: in vino veritas, denn freilich müsse man allda reden, nicht bloß sich unterhalten, man dürfe jedoch nicht reden, außer in vino, und keine Wahrheit dürfe da sich vernehmen lassen außer so wie sie in vino ist, wenn der Wein ein Anwalt der Wahrheit ist und die Wahrheit ein Anwalt des Weins. – Als Ort war eine Waldgegend, einige Meilen von Kopenhagen gewählt. Der Saal, in dem gespeist werden sollte, war neu dekoriert und auf jegliche Weise unkenntlich gemacht; ein kleineres Gemach, das durch einen Flur vom Saal getrennt war, war für ein Orchester eingerichtet worden. Querriegel und Vorhänge waren vor allen Fenstern angebracht worden, und hinter ihnen standen die Fenster offen. Der Auftakt, wollte Constantin, sollte darin liegen, daß sie in der Abendstunde angefahren kamen. Auch wenn man weiß, daß man zu einem Gastmahl fährt, und die Phantasie sich darum einen Augenblick im Schwelgerischen versucht, ist der Eindruck der umgebenden Natur doch zu machtvoll, als daß er nicht siegen müßte. Daß es dahin nicht käme, war das Einzige, das Constantin fürchtete, denn gleich wie es keine Macht gibt, die so wie die Phantasie alles zu verschönen weiß, ebenso gibt es keine Macht, die dermaßen alles stören kann, wofern es einem fehlschlägt, wenn sie die Wirklichkeit berühren soll. Jedoch an einem Sommerabend eine Fahrt machen, gibt der Phantasie nicht die Richtung auf das Üppige hin, sondern eine gerade entgegengesetzte. Auch wenn man davon nichts sieht oder hört, die Phantasie bildet sich gleichwohl unwillkürlich ein Bild von des Abends heimlicher Sehnsucht, so daß man Mägde und Knechte von der Feldarbeit heimwärts ziehen sieht, des Erntewagens eiliges Geratter vernimmt, sogar das ferne Brüllen von einer Wiese her zu einer Sehnsucht verklärt. Dergestalt lockt der Sommerabend das Idyllische hervor, erquickt sogar einen begehrlichen Sinn mit seiner Beruhigung, bringt selbst die flatternde Phantasie dahin, mit dem Heimweh eines Erdensohnes bei der Scholle zu verweilen als der Stätte, von der man hergekommen, lehrt den unersättlichen Sinn, am Wenigen Genüge zu finden, wiegt einen in Zufriedenheit, denn in der Abendstunde steht die Zeit stille und die Ewigkeit weilt über allem. – So kamen sie denn an in der Abendstunde: die Eingeladenen nämlich; denn Constantin war etwas früher hinausgefahren. Victor Eremita, der in der Nähe auf dem Lande eingemietet war, kam geritten, die andern kamen gefahren, und eben, als ihre Wagen seitab fuhren, bog ein holsteinischer Korbwagen ins Tor hinein, eine lustige Gesellschaft von vier Handwerksburschen, welche bewirtet wurden, um späterhin in dem entscheidenden Augenblick bereit zu stehen als Einreißkommando: so sind auch im Theater die Feuerwehrleute aus entgegengesetztem Grunde zur Stelle, um unverzüglich zu löschen.

Solange man Kind ist, hat man hinreichend Einbildungskraft, um sogar eine ganze Stunde in einem dunklen Zimmer seine Seele auf dem Gipfel zu halten, auf dem Gipfel der Erwartung; ist man älter, so bewirkt die Einbildungskraft es leicht, daß man des Weihnachtsbaums schon überdrüssig wird, ehe daß man ihn zu sehen bekommt.

Die Flügeltüren taten sich auf; der Eindruck der strahlenden Beleuchtung, die Kühle, die ihnen entgegenwehte, des Wohlgeruchs würzige Betörung, das Geschmackvolle der Herrichtung überwältigte für einen Augenblick die Eintretenden, und als im gleichen Nu vom Orchester Töne aus dem Ballet in Don Juan aufklangen, verklärten sich die Gestalten der Eintretenden und wie aus Ehrfurcht vor einem unsichtbaren Geist, der sie umgab, blieben sie einen Augenblick stehen gleich dem, welchen die Bewunderung geweckt und der aufgestanden ist, um zu bewundern.

Wer kennt das Wesen des glücklichen Augenblicks, hat dessen Wollust begriffen und hätte nicht verspürt jene Angst, daß plötzlich etwas geschehen könne, das Allergeringfügigste, das doch Macht hat, alles zu verstören? Wer hat die Wunderlampe in der Hand gehalten und danach nichts empfunden von dem Schwindelnden der Wollust, daß man nichts nötig hat als zu wünschen? Wer hat, was da reizt, in der Hand gehalten und hätte es nicht gelernt, das Handgelenk zu schmeidigen, zum raschen Loslassen? – Solchermaßen standen sie beieinander. Nur Victor stand etwas abseits, in sich selbst versunken; ein Schaudern ging ihm durch die Seele, er zitterte fast; da sammelte er seine Seele, grüßte das Wahrzeichen mit diesen Worten: ‚Ihr versteckten, feierlichen, verführerischen Klänge, die ihr mich herausgerissen aus einer stillen Jugend klösterlicher Einsamkeit, und mich getrogen mit einem Vermissen, als wäre es eine Erinnerung, schrecklich, wie wenn Elvira noch nicht einmal verführt worden wäre, sondern bloß es begehrt hätte! Unsterblicher Mozart, der, dem alles ich schulde; doch nein, noch schulde ich nicht alles dir.

Doch wenn ich ein Greis geworden, falls je ich es werde, oder wenn ich zehn Jahre älter geworden, falls je ich es werde, oder wenn ich alt geworden, falls je ich es werde, oder wenn ich sterben muß, denn so viel weiß ich doch, das muß ich, dann will ich sprechen: unsterblicher Mozart, du, dem alles ich schulde, dann will ich die Bewunderung, welche die erste meiner Seele ist und ihre einzige zugleich, mit aller ihrer Macht hervorbrechen lassen, daß sie mich töte, was ja so oft sie gewollt. Dann habe ich mein Haus bestellt, dann habe meine Geliebte ich bedacht, dann habe meine Liebe ich gestanden, dann hab ich ganz empfunden, daß alles dir ich danke, dann gehöre ich nicht mehr dir, nicht mehr der Welt, sondern einzig dem ernsten Gedanken des Todes'. – Jetzt erklang vom Orchester her jene Einladung, in welcher die Lust am höchsten jauchzt, himmelstürmend empor sich schwingt über Elvirens schmerzlichen Dank, und wie mit leichter Beschwörung wiederholte es Johannes: ‚viva la liberta'; – ‚et veritas', sprach der junge Mensch, ‚vor allem aber in vino' unterbrach sie Constantin, indem er selber am Tische Platz nahm und die andern aufforderte, ein Gleiches zu tun.

Wie leicht ist es nicht, ein Gastmahl zu geben, gleichwohl hat Constantin versichert, nie wieder werde er es wagen! Wie leicht ist es nicht zu bewundern, gleichwohl hat Victor versichert, nie wieder werde er seiner Bewunderung Ausdruck geben, denn schrecklicher sei eine Niederlage, als im Kriege Invalid zu werden. Wie leicht ist es nicht zu begehren, wenn man eine Wünschelrute hat, gleichwohl ist es unterweilen schrecklicher, denn umkommen aus Mangel!

Sie nahmen an der Tafel Platz. Gleichen Augenblicks war die kleine Gesellschaft weit draußen mitten auf des Genusses unendlichem Meer, gleichsam mit einem einzigen Satz. Jeder hatte alle seine Gedanken, all sein Verlangen beim Gastmahl, hatte seine Seele flott gemacht für den Genuß, der da geboten ward bis zum Überfluß, und in dem die Seele überfloß. Den geübten Kutscher kennt man daran, daß er es versteht, das schnaubende Gespann mit einem einzigen Satz anfangen zu lassen, und es gleichmäßig beieinander zu halten; das wohlzugerittene Pferd kennt man daran, daß es schlechthin entscheidend ansetzt mit einem einzigen Sprung: war der eine oder andere von den Gästen etwa nicht von der Art, so war Constantin ein trefflicher Gastgeber.

So speisten sie denn. Rasch hatte die Unterhaltung um die Gäste ihren schönen Kranz geschlungen, so daß sie bekränzt dasaßen; bald war die Unterhaltung verliebt in die Speisen, bald in den Wein, bald in sich selber, bald war es, als bedeute sie etwas, bald wiederum bedeutete sie schlechterdings nichts. Bald entfaltete sich der Einfall, er, jener prächtige, der nur das eine Mal blüht, er, jener zarte, der sich sogleich wieder schließt; dann entfuhr dem Speisenden ein Wort des Entzückens: ‚diese Trüffeln sind süperbe', jetzt kam ein Zuruf des Gastgebers: ‚hier, den Chateau Margaux!' Jetzt war die Tafelmusik untergegangen im Lärm, jetzt erklang sie wieder. Bald stand die Dienerschaft stille, gleichsam in pausa verharrend in jenem entscheidenden Augenblick, wenn ein neues Gericht aufgetragen oder ein neuer Wein angeboten und mit Namen genannt ward, bald gab es wieder Getriebe. Jetzt trat für eine Sekunde Schweigen ein, dann ging wieder der belebende Hauch der Musik hin über die Gäste. Jetzt warf sich ein Einzelner mit einem kühnen Gedanken an die Spitze der sich Unterhaltenden und sie folgten ihm, fast des Mahles vergessend, und die Musik klang hinterher, so wie sie hinter dem Jauchzen der Stürmenden herklingt, bald hörte man nichts als Gläserklirren und Tellergeklapper und das Werk des Essens ging stumm vor sich, bloß unterstützt von der Musik, die festlich den Vortritt nahm und die Unterhaltung wieder ins Leben rief. – So also speisten sie.

Wie arm ist die Sprache doch in Vergleich mit jenem wohl nichtssagenden, aber doch so bedeutungsvollen Ineinanderklingen von Lauten, in einer Schlacht wie bei einem Gastmahl: sogar die Darstellung auf der Bühne vermag es nicht wiederzugeben, und die Sprache hat dafür nur wenige Worte. Wie reich ist die Sprache doch, wo sie dem Wunsche dient, in Vergleich mit ihrem Versagen da, wo sie die Wirklichkeit beschreibt. [...] (Sta 9–30)

4 Der Kultivierte

Von einem Grundsatz ausgehen, das ist, wie erfahrene Leute zu verstehen geben, sehr verständig; ich schließe mich ihnen an und gehe von dem Grundsatz aus: alle Menschen sind langweilig. Oder sollte da etwa jemand sein, der langweilig genug wäre, mir darin zu widersprechen? Dieser Grundsatz hat nun in allerhöchstem Maße die zurückstoßende Kraft, die man jederzeit vom Negativen verlangt, welches recht eigentlich das Prinzip der Bewegung ist; er ist nicht nur zurückstoßend, sondern unendlich abschreckend, und wer von diesem Grundsatz hinter sich in Fahrt gesetzt wird, muß notwendig eine unendliche Geschwindigkeit erhalten im Machen von Entdeckungen. Ist nämlich mein Satz wahr, so braucht man bloß in eben dem Maße, in dem man seine Fahrt (impetus) hemmen oder beschleunigen will, mit größerer oder geringerer Mäßigung bei sich selbst zu überlegen, wie verderblich Langeweile für den Menschen ist, und will man beinahe unter Gefährdung der Lokomotive die Schnelligkeit der Bewegung bis zum Äußersten steigern, so braucht man zu sich selber bloß zu sagen: Langeweile ist eine Wurzel alles Übels. Es ist recht sonderbar, daß Langeweile, die ihrerseits ein so ruhiges und stetiges Wesen ist, eine solche Kraft hat, einen in Bewegung zu bringen. Die Langeweile übt eine geradezu magische Wirkung aus, nur daß diese Wirkung nicht anziehend sondern zurückstoßend ist.

Wie verderblich Langeweile ist, wird in Beziehung auf Kinder nun auch von allen Menschen anerkannt. Solange Kinder sich unterhalten, solange sind sie stets artig, dies kann man im allerstrengsten Sinne sagen, denn werden sie mitunter sogar beim Spielen unlenksam, so geschieht es eigentlich, weil sie anfangen sich zu langweilen; die Langeweile ist allbereits im Anmarsch, nur auf andre Weise. Sucht man daher ein Kindermädchen, so achtet man stets wesentlich nicht bloß darauf, daß sie verständig, verläßlich und ehrbar ist, sondern man nimmt stets auch eine aesthetische Rücksicht darauf, ob sie Kinder zu unterhalten versteht, und man würde sich nicht bedenken, einem Kindermädchen zu kündigen, wenn sie diese Eigenschaft nicht hat, und hätte sie sonst gleich die allervortrefflichsten Tugenden. Hier wird mein Grundsatz ja deutlich genug anerkannt; so sonderbar aber geht es in der Welt zu, in solchem Maße haben Gewohnheit und Langeweile überhand genommen, daß das Kindermädchen die einzige Beziehung ist, in welcher dem Aesthetischen sein Recht widerfährt. Würde jemand Scheidung begehren, weil sein Weib langweilig sei, oder wollte man einen König absetzen, weil er langweilig anzusehen sei, oder einen Prediger des Landes verweisen, weil es langweilig sei, ihn zu hören, oder einen Minister verabschieden, einen Journalisten zum Tode verurteilen, weil sie rasend langweilig seien, so wäre man nicht imstande, damit durchzudringen. Was Wunders denn, daß es mit der Welt rückwärts geht, daß alles Üble mehr und mehr um sich greift, sintemal die Langeweile zunimmt und Langeweile eine Wurzel ist alles Übels. Dies kann man wahrnehmen gleich vom Anfang der Welt an. Die Götter langweilten sich, darum schufen sie die Menschen. Adam langweilte sich, weil er allein war, darum ward Eva erschaffen. Von diesem Augenblick an kam die Langeweile in die Welt, wuchs an Größe in genauer Entsprechung zum Wachstum der Menge des Volks. Adam langweilte sich allein, alsdann langweilten Adam und Eva sich im Verein, alsdann langweilten Adam und Eva und Kain und Abel sich im Familienkreis (en famille), alsdann nahm die Menge des Volks in der Welt zu und langweilte sich en masse. Um sich zu zerstreuen kamen sie auf den Gedanken, einen Turm zu bauen, der so hoch sei, daß er emporragte in den Himmel. Dieser Gedanke ist ebenso langweilig wie der Turm hoch war, und ein erschrecklicher Beweis dafür, wie sehr die Langeweile überhand genommen hatte. Alsdann wurden sie über die Welt zerstreut, ebenso wie wenn man jetzt ins Ausland reist, jedoch sie fuhren fort sich zu langweilen. Und welche Folgen hatte nicht diese Langeweile. Der Mensch stand hoch und fiel tief, erst mittels Eva, dann vom babylonischen Turm. Anderseits, was hat Roms Untergang aufgehalten? Panis et circenses (Brot und Circusspiele). Was tut man in unsrer Zeit? Ist man auf irgend ein Mittel der Zerstreuung bedacht? Ganz im Gegenteil, man beschleunigt den Untergang. Man denkt daran, eine Ständeversammlung zu berufen. Kann man sich etwas Langweiligeres denken, sowohl für die Herren Teilnehmer als für denjenigen, der über sie lesen und hören muß? Man will die Staatsfinanzen durch Einsparungen verbessern. Kann man sich etwas Langweiligeres denken? Statt die Schulden zu vermehren, will man sie abzahlen. Soweit ich mit den politischen Verhältnissen bekannt bin, wird es Dänemark ein Leichtes sein, eine Anleihe von 15 Millionen aufzunehmen. Warum denkt niemand daran? Daß ein Mensch ein Genie ist und seine Schulden nicht bezahlt, davon hört man doch ab und an, warum sollte ein Staat nicht das Gleiche tun können, wofern nur Einigkeit besteht? Man nehme also eine Anleihe von fünfzehn Millionen auf, man verbrauche sie nicht zum Schuldenzahlen, sondern für öffentliche Belustigungen. Laßt uns das tausendjährige Reich feiern mit Kurzweil und Lustbarkeit. Wie jetzt überall Büchsen aufgestellt sind, in die man Geld einlegen kann, ebenso sollten also überall Schalen stehen, in denen Geld liegt. Alles würde gratis sein, man ginge gratis ins Theater, gratis zu den öffentlichen Frauenzimmern, man führe gratis in den Wildpark, man würde gratis begraben, und die Rede dabei wäre gratis; ich sage gratis; denn wenn man jederzeit Geld zur Hand hat, so ist alles gewissermaßen gratis. Niemand dürfte festes Eigentum besitzen. Allein mit mir müßte eine Ausnahme gemacht werden. Ich behalte mir 100 Reichsbankthaler täglich vor, zahlbar auf der Bank von London, teils weil ich mit weniger nicht auskomme, teils, weil ich die Idee zu dem Ganzen gehabt habe, endlich, weil man nicht wissen kann, ob mir nicht eine neue Idee einfallen könnte, wenn die fünfzehn Millionen verbraucht sind. Was wäre die Folge dieses Wohlstands? alles, was groß ist, würde nach Kopenhagen strömen, die größten Künstler, Schauspieler und Tänzerinnen. Kopenhagen würde ein zweites Athen werden. Was wäre die Folge? Alle reichen Leute würden sich in dieser Stadt niederlassen. Unter andern würden auch der Schah von Persien und der König von England hierherkommen. Sieh, hier ist meine zweite Idee. Man bemächtigt sich der Person des Schah. Vielleicht möchte einer einwenden: es gibt in Persien Aufruhr, man setzt einen neuen Schah auf den Thron, das ist schon bisher so oft geschehen, und der alte Schah fällt im Preise. In diesem Fall ist es meine Idee, diesen an den Türken zu verkaufen, der wird es schon verstehen, ihn in Geld umzusetzen. Hinzu kommt noch ein Umstand, den unsre Politiker gänzlich zu übersehen scheinen. Dänemark ist in Europa das Gleichgewicht. Man kann sich ein glücklicheres Dasein nicht denken. Ich weiß es aus eigener

Erfahrung. Ich bin einmal in einer Familie das Gleichgewicht gewesen, ich konnte tun, was ich gerade wollte, es kam niemals über mich, sondern stets über die andern. O, daß meine Rede doch zu euern Ohren dringen möge, ihr, die ihr an die höchsten Stellen gesetzt seid, um immerfort Ratschläge zu geben, ihr Männer des Königs und des Volkes, ihr weisen und verständigen Staatsbürger aller Stände! Seht euch doch vor! Das gute alte Dänemark geht unter, das ist fatal, es geht unter aus Langerweile, das ist das Allerfatalste. In alten Zeiten ward König, wer den verstorbenen König am schönsten besang; in unsern Zeiten sollte der König werden, welcher den besten Witz gemacht hat, und Kronprinz der, welcher Anlaß gegeben hat, daß der beste Witz gemacht wurde.

Indes, wo reißest du mich hin, schöne empfindsame Schwärmerei! Sollte ich derart meinen Mund entriegeln, um mein Zeitalter anzureden, um es in meine Weisheit einzuweihn? Nimmermehr; denn meine Weisheit ist eigentlich nicht bestimmt „zum Gebrauch für Jedermann“, und bei Klugheitsregeln ist es allezeit das Klügste, mit ihnen hinter dem Berge zu halten. Jünger begehre ich daher nicht; stünde aber einer an meinem Sterbelager, so würde ich ihm vielleicht, wenn ich sicher wäre, daß es mit mir aus sei, in einem Anfall von philanthropischem, Wahnsinn, meine Lehre ins Ohr raunen, dessen nicht sicher, ob ich ihm damit einen Dienst getan hätte oder nicht. Man spricht so viel davon, daß der Mensch ein geselliges Tier ist, im Grunde ist er ein Raubtier, etwas, dessen man sich nicht allein durch die Betrachtung seiner Zähne vergewissert. Das ganze Gerede von Geselligkeit und Gemeinschaft ist daher teils eine ererbte Heuchelei, teils eine fein ersonnene List.

Alle Menschen also sind langweilig. Das Wort selber weist die Möglichkeit zu einer Einteilung auf. Das Wort langweilig (kjedsommelig) kann ebenso gut einen bezeichnen, der andere langweilt wie einen, der sich selbst langweilt. Die, welche andre langweilen, sind Plebs, der Haufe, der unendliche Menschenschwarm im Allgemeinen; die, welche sich selbst langweilen, sind die Auserlesenen, der Adel; und es ist recht sonderbar: die, welche sich selbst nicht langweilen, langweilen gewöhnlich andre, die hingegen, welche sich selbst langweilen, unterhalten andre. Die, welche sich nicht langweilen, sind im Allgemeinen die, welche in dem einen oder andern Sinne viel zu tun haben in der Welt, eben deshalb sind diese aber die Allerlangweiligsten, die Unerträglichsten. Diese Tierart ist sicherlich nicht die Frucht von des Mannes Begehren und des Weibes Lust. Sie zeichnet sich wie alle niederen Tierarten durch ein hohes Maß von Fruchtbarkeit aus, und vermehrt sich auf das Unglaublichste. Es wäre auch unbegreiflich, wenn die Natur neun Monate für die Hervorbringung solcher Geschöpfe brauchte, die sich weit eher dutzendweis hervorbringen lassen. Die andre Art von Menschen, die vornehmen Menschen, sind die, welche sich selbst langweilen. Wie oben bemerkt, unterhalten sie gewöhnlich andre: auf eine gewisse äußerliche Weise zuweilen den Pöbel, in tieferem Sinne die Miteingeweihten. Je gründlicher sie sich selbst langweilen, ein umso kräftigeres Zerstreuungsmittel bieten sie letzteren dar, auch wenn die Langeweile ihren Gipfel erreicht, indem sie entweder (die passive Bestimmung) vor Langerweile sterben, oder (die aktive Bestimmung) sich aus Neugierde erschießen.

Müßiggang, pflegt man zu sagen, ist aller Laster Anfang. Um das Laster nicht aufkommen zu lassen, empfiehlt man die Arbeit. Indes, sowohl aus dem gefürchteten Anlaß wie aus dem empfohlenen Mittel ersieht man leicht, daß die ganze Betrachtung recht plebejischer Herkunft ist. Müßiggang als solcher ist keinerwege aller Laster Anfang, er ist vielmehr ein wahrhaft göttliches Leben, wofern man sich nicht langweilt. Allerdings, Müßiggang kann der Anlaß werden, daß man sein Vermögen verliert usw.; eine adelige Natur fürchtet aber dergleichen nicht, wohl aber fürchtet sie die Langeweile. Die olympischen Götter langweilten sich nicht, sie lebten glücklich in glücklichem Müßiggang. Eine weibliche Schönheit, die weder näht noch spinnt, noch bügelt, noch liest, noch musiziert ist glücklich in Müßiggang; denn sie langweilt sich nicht. Müßiggang ist also so weit davon, aller Laster Anfang zu sein, daß er vielmehr gerade das wahre Gute ist. Aller Laster Anfang ist die Langeweile als die Wurzel alles Übels, sie ist es, die man sich vom Leibe halten muß. Müßiggang ist nichts Übles, ja man muß sagen: ein Mensch, der für diesen keinen Sinn hat, zeigt damit, daß er sich nicht zur Humanität erhoben hat. Es gibt eine unermüdliche Tätigkeit, die einen Menschen aus der Welt des Geistes ausschließt und ihn in eine Klasse mit den Tieren setzt, welche instinktmäßig jederzeit in

Bewegung sein müssen. Es gibt Menschen, die eine außerordentliche Gabe besitzen, alles in geschäftliche Tätigkeit zu verwandeln, deren ganzes Lehen geschäftliche Tätigkeit ist, die sich verlieben, sich verheiraten, einen Witz anhören, einen Kunstgegenstand bewundern mit dem gleichen geschäftlichen Eifer, mit dem sie ihre Arbeit im Kontor verrichten. Das lateinische Sprichwort otium est pulvinar diaboli (Muße ist des Teufels Kopfkissen) hat durchaus seine Richtigkeit; aber der Teufel findet nicht Zeit, sein Haupt auf dies Kissen zu legen, wenn man sich nicht langweilt. Sintemal die Leute jedoch glauben, es sei des Menschen Bestimmung zu arbeiten, so ist die Entgegensetzung von Müßiggang und Arbeit richtig. Ich, ich nehme an: es ist des Menschen Bestimmung sich zu unterhalten; daher ist meine Entgegensetzung nicht minder richtig.

Langeweile ist der dämonische Pantheismus. Bleibt man bei ihr als solcher stehn, so wird sie das Böse; sobald sie dagegen aufgehoben wird, ist sie wahr; sie wird aber allein, dadurch aufgehoben, daß man sich unterhält – mithin, man muß sich unterhalten. Es verrät Unklarheit, wenn man sagt, sie werde aufgehoben durch Arbeiten; denn freilich kann Müßiggang durch Arbeit aufgehoben werden, da dies ihr Gegensatz ist, Langeweile aber kann es nicht, wie man ja auch daraus ersieht, daß die alleremsigsten Arbeiter, die in ihrem emsigen Summen am meisten umherschwirrenden Insekten, die allerlangweiligsten sind; und wenn sie sich nicht langweilen, so kommt das daher, daß sie keine Vorstellung von dem haben, was Langeweile ist; so aber ist die Langeweile nicht aufgehoben.

Langeweile ist teils eine unmittelbare Genialität, teils eine erworbene Unmittelbarkeit. Die englische Nation ist im Ganzen diejenige Nation, die das Paradigma gibt. Die wahre geniale Indolenz trifft man ziemlich selten, in der Natur findet sie sich nicht, sie gehört der Welt des Geistes zu. Man stößt zuweilen auf einen reisenden Engländer, der gleichsam eine Inkarnation dieser Genialität ist, ein schwerfälliges unbewegliches Murmeltier, dessen gesamter Sprachreichtum sich erschöpft in einem einzigen einbuchstabigen Wort, einer Interjektion, mit der er seine höchste Bewunderung und seine tiefste Gleichgiltigkeit ausdrückt, weil Bewunderung und Gleichgiltigkeit gegeneinander indifferent geworden sind in der Einheit der Langenweile. Keine andre Nation außer der englischen bringt solche Naturmerkwürdigkeiten hervor; jeder Mensch, der einer andern Nation angehört, wird immer ein bißchen lebhafter sein, nicht so schlechthin totgeboren. Die einzige Entsprechung, die ich kenne, sind die Apostel der hohlen Begeisterung, die gleichermaßen durchs Leben reisen mit einer einzigen Interjektion, jene Menschen, die überall aus dem Begeistertsein eine Profession machen, überall zur Stelle sind, und ganz gleich, ob etwas Bedeutendes oder etwas Unbedeutendes sich begibt, „Ei" oder „Ach" rufen, weil der Unterschied des Bedeutenden und des Unbedeutenden für sie indifferent geworden ist in der Hohlheit blind lärmender Begeisterung. Die spätere Langeweile ist vielfach Frucht einer mißverstandenen Zerstreuung. Daß dergestalt dasjenige, was das Mittel gegen Langeweile ist, sie hervorzurufen vermag, kann bedenklich scheinen; aber es vermag sie auch nur insoweit hervorzurufen, als es unrichtig angewendet wird. Eine verkehrte, im Allgemeinen exzentrische Zerstreuung hat ebenfalls die Langeweile in sich, und auf diese Art ist es, daß sie sich ans Licht arbeitet, und als das Unmittelbare sich erweist. Wie man bei Pferden den Schlafkoller und den rasenden Koller unterscheidet, beide Krankheiten aber Koller nennt, ebenso kann man auch unterscheiden zwischen zwei Arten von Langerweile, die doch alle beide in der Bestimmung der Langenweile eins werden.

Im Pantheismus liegt im Allgemeinen die Bestimmung der Fülle, mit der Langenweile ist es umgekehrt, sie ist auf Leere gebaut, ist aber eben deshalb eine pantheistische Bestimmung. Langeweile ruht auf dem Nichts, welches sich durch das Dasein schlingt, ihr Schwindel ist unendlich, gleich jenem Schwindel, der sich erzeugt, wenn man in einen unendlichen Abgrund niederblickt. Daß jene exzentrische Zerstreuung auf Langeweile gebaut ist, kann man deshalb auch daraus ersehen, daß die Zerstreuung keinen ausschwingenden Widerhall hat, eben weil im Nichts noch nicht einmal so viel ist, daß ein Widerhall möglich würde.

Wenn nun, wie oben dargelegt, Langeweile eine Wurzel alles Übels ist, was ist dann natürlicher, als daß man sie zu überwinden sucht. Es kommt indes hier wie allenthalben vornehmlich auf ruhige Überlegung an, auf daß man nicht, von der Langenweile dämonisch besessen, sich mit dem Versuch, ihr zu entfliehen gerade hineinarbeite in sie. Nach Veränderung schreien alle, die sich langweilen. Hierin bin ich mit ihnen ganz einig, nur gilt es nach Grundsatz zu verfahren.

Meine Abweichung von der gewöhnlichen Anschauung ist zureichend ausgedrückt mit dem Wort: Wechselwirtschaft. Es könnte scheinen, als ob in diesem Wort eine Zweideutigkeit liege, und wenn ich in diesem Worte Raum finden wollte auch für eine Kennzeichnung des gewöhnlichen Verfahrens, so müßte ich sagen, die Wechselwirtschaft bestehe im stetigen Wechseln des Erdbodens. So gebraucht der Landmann indes diesen Ausdruck nicht. Gleichwohl möchte ich ihn einen Augenblick lang in diesem Sinne verwenden, um zu sprechen von jener Wechselwirtschaft, die auf der grenzenlosen Unendlichkeit der Veränderung beruht, auf ihrer extensiven Dimension.

Diese Wechselwirtschaft ist die vulgäre, die unkünstlerische, und liegt in einer Illusion. Man ist es leid, auf dem Lande zu leben, man fährt in die Hauptstadt; man ist seines Geburtslandes leid, man reist ins Ausland; man ist „europamüde“ man reist nach Amerika usf., man gibt sich hin einer schwärmerischen Hoffnung auf eine unendliche Reise von Stern zu Stern. Oder die Bewegung ist eine andre und gleichwohl extensiv. Man ist es leid, von Porzellan zu essen, man ißt von Silber; man ist des Silbers leid, man ißt von Gold, man brennt das halbe Rom nieder um den Brand Trojas zu schauen. Dies Verfahren hebt sich selber auf und ist die schlechte Unendlichkeit. [...]

Das Verfahren, das ich vorschlage, liegt nicht darin, sondern wie bei der echten Wechselwirtschaft im Wechseln des Anbauverfahrens und der Samenarten. Hier ist alsogleich der Grundsatz der Begrenzung gegeben, der in der Welt das einzig Rettende ist. Je mehr man sich selbst begrenzt, umso erfinderischer wird man. Wer einsam auf Lebenszeit gefangen liegt, ist überaus erfinderisch, eine Spinne kann ihm zu großer Unterhaltung dienen. Man denke an seine Schulzeit, als man in das Alter getreten war, bei dem keinerlei aesthetische Rücksicht mehr betreffs derer genommen wird, die einen lehren sollen, weshalb diese denn oft recht langweilig sind: wie erfinderisch ist man da nicht gewesen. Wie kann es da einen doch unterhalten, eine Fliege gefangen zu haben, und sie unter einer

Nußschale eingesperrt zu halten, und zuzusehen, wie sie mit dieser herumzulaufen vermag; wie kann es einen freuen, ein Loch in die Tischplatte geschnitzelt zu haben, eine Fliege darin einzusperren und durch ein Stück Papier zu ihr hinunterzugucken. Wie unterhaltend kann es doch sein, auf die eintönige Dachtraufe zu lauschen? Was für ein gründlicher Beobachter wird man doch da; nicht das geringste Geräusch, nicht die geringste Bewegung entgeht einem. Hier ist die äußerste Zuspitzung jenes Prinzips, das nicht durch Extensität, sondern durch Intensität Befriedigung erstrebt.

Je erfinderischer ein Mensch im Wechseln des Bewirtschaftungsverfahrens zu sein vermag, umso besser; jede einzelne Veränderung aber liegt doch innerhalb der allgemeinen Regel für das Verhältnis von sich e r i n n e r n und v e r g e s s e n. In diesen beiden Strömungen bewegt sich das ganze Leben, und es gilt daher, sie recht in seiner Gewalt zu haben. Erst wenn man die Hoffnung über Bord geworfen hat, erst dann hebt man an, künstlerisch zu leben; so lange man hofft, vermag man nicht, sich zu begrenzen. Es ist recht schön, einen Menschen in See stechen zu sehen unter den Winden der Hoffnung, man kann die Gelegenheit nutzen, um sich im Schlepptau mitnehmen zu lassen, selber aber darf man die Hoffnung niemals an Bord seiner Schute haben, am allerwenigsten als Lotsen; denn sie ist ein ungetreuer Schiffsführer. Die Hoffnung ist daher auch eine der bedenklichen Gaben des Prometheus gewesen; anstelle des Vorauswissens der Unsterblichen gab er den Menschen die Hoffnung.

Vergessen – das möchten alle Menschen; und wenn ihnen etwas Unangenehmes widerfährt, so sagen sie stets, o, wer doch vergessen könnte! Aber vergessen ist eine Kunst, die im voraus eingeübt werden sollte. Vergessen können hängt immer davon ab, auf welche Weise man sich erinnert; wie man aber sich erinnert, hängt wiederum davon ab, wie man die Wirklichkeit erlebt. Wer mit der Hoffnung voller Fahrt auf Grund gerät, wird sich so erinnern, daß er nicht zu vergessen vermag. Nichts anstaunen (nil admirari) ist daher die eigentliche Lebensweisheit Kein einziges Lebensmoment darf für einen mehr Bedeutung haben, als daß man es jeden Augenblick, wo man will, vergessen kann; jedes einzelne Lebensmoment muß anderseits so viel Bedeutung für einen haben, daß man jeden Augenblick seiner sich erinnern kann. Das Lebensalter mit dem besten Gedächtnis ist zugleich das vergeßlichste: das Kindesalter. Je poetischer man sich erinnert, umso leichter vergißt man; denn poetisch sich erinnern ist eigentlich nur ein andrer Ausdruck für vergessen. Wenn ich poetisch mich erinnere, ist mit dem Erlebten allbereits eine Veränderung vor sich gegangen, dadurch es alles Peinhafte verloren hat. Um sich dergestalt erinnern zu können, muß man darauf achtgeben, wie man lebt, insbesondere wie man genießt. Genießt man frisch weg bis zur Neige, nimmt man immerfort das Höchste mit, welches der Genuß gewähren kann, so wird man weder imstande sein, sich zu erinnern, noch zu vergessen. Man hat dann nämlich nichts andres, daran man sich erinnern kann als eine Übersättigung, von der man nichts andres sich wünscht als sie zu vergessen, die aber nunmehr einen plagt mit einer unfreiwilligen Erinnerung. Spürt man daher, daß der Genuß oder sonst ein Lebensmoment einen zu stark hinreißt, so halte man einen Augenblick inne und erinnere sich. Es gibt kein Mittel, das es einem sicherer unschmackhaft macht, zu lange fortzufahren. Man hält von Anfang an das Steuer des Genusses fest in der Hand; setzt nicht bei jeglichem Entschlusse gleich alle Segel; man gibt sich hin mit einem gewissen Mißtrauen, erst dann ist man in der Lage, das Sprichwort Lügen zu strafen, daß man etwas nicht zugleich im Kasten und im Beutel haben könne. Freilich untersagt die Polizei, heimlich Waffen bei sich zu tragen, und doch ist keine Waffe so gefährlich wie die Kunst, sich erinnern zu können. Es ist ein eigenartiges Empfinden, wenn man mitten im Genuß auf ihn blickt, um sich zu erinnern.

Hat man dergestalt in der Kunst zu vergessen und in der Kunst, sich zu erinnern, sich vervollkommnet, so ist man imstande, Fangball zu spielen mit dem ganzen Dasein.

An der Kraft zu vergessen kann man recht eigentlich die Federkraft eines Menschen messen. Wer nicht vergessen kann, aus dem wird nicht viel. Ob da etwa irgendwo ein Lethequell sprudelt, weiß ich nicht; aber das weiß ich, daß man diese Kunst in sich entwickeln kann. Sie besteht jedoch keineswegs darin, daß der einzelne Eindruck etwa spurlos verschwände; denn Vergeßlichkeit ist nicht das Gleiche wie die Kunst vergessen zu können. Man sieht auch leicht, wie wenig die Leute sich im Allgemeinen auf diese Kunst verstehen; denn sie wollen gewöhnlich nur das Unangenehme vergessen, nicht das Angenehme. Dies verrät eine vollendete Einseitigkeit. Vergessen ist nämlich der rechte Ausdruck für die eigentliche Assimilation, welche das Erlebte zum Resonanzboden werden läßt. Die Natur ist deshalb so groß, weil sie vergessen hat, daß sie Chaos gewesen, aber der Gedanke daran kann ans Licht treten, wenn es sein soll. Da man gewöhnlich das Vergessen nur mit dem Unangenehmen in gedankliche Beziehung bringt, so stellt man es sich meist vor als eine wilde Gewalt, die betäubt. Aber das Vergessen ist im Gegenteil eine stille Beschäftigung, und diese muß ebenso wohl dem Angenehmen gegenüber geschehen wie dem Unangenehmen. Auch das Angenehme hat als vergangen, eben als vergangen, eine Unannehmlichkeit an sich, vermöge deren es das Vermissen erwecken kann; diese Unannehmlichkeit wird durch das Vergessen behoben. Das Unangenehme hat einen Stachel, das geben alle zu. Auch dieser Stachel wird entfernt durch das Vergessen. Benimmt man sich indes wie so viele, die in der Kunst des Vergessens stümpern, und schlägt das Unangenehme gänzlich aus dem Sinn, so wird man bald sehen, wozu das einem hilft. In einem unbewachten Augenblick überfällt es einen oft mit der ganzen Gewalt des Plötzlichen. Dies widerstreitet stets der wohlgeordneten Verfassung eines verständigen Kopfes. Kein Unglück, kein Widerwärtiges ist so harthörig, so taub, daß man ihm nicht ein bißchen schmeicheln könnte; sogar Cerberus nahm Honigkuchen an, und nicht allein kleine Mädchen kann man betören. Man beschwatzt das Unglück und nimmt ihm dadurch seine Schärfe und hat keineswegs den Wunsch, es zu vergessen, sondern vergißt es, um sich daran zu erinnern. Ja, sogar mit Erinnerung von der Art, daß man meinen sollte, wider sie gebe es nur das Mittel ewigen Vergessens, erlaubt man sich solche Hinterlist, und die Falschmünzerei glückt dem, der gewandt ist. Das Vergessen ist die Schere, mit der man fortschneidet, was man nicht brauchen kann, wohlgemerkt unter allerhöchster Aufsicht der Erinnerung. Vergessen und Erinnerung sind somit eines und dasselbe, und ihre künstlerisch zustande gebrachte Einheit ist der archimedische Punkt, mit dem man die Welt aus den Angeln hebt. Wenn man davon spricht, daß man etwas in das Buch der Vergessenheit schreibe, so deutet man ja zu gleicher Zeit an, daß es vergessen und daß es gleichwohl aufbewahrt wird.

Die Kunst, sich zu erinnern und zu vergessen wird auch dem vorbeugen, daß man sich in einem einzelnen bestimmten Lebensverhältnis festfährt, und wird einem das vollendete Schweben verbürgen.

Man hüte sich also vor Freundschaft. Wie ist ein Freund zu definieren? Ein Freund ist nicht das, was die Philosophie das notwendige Andere nennt, sondern das überflüssige Dritte. Welches sind die Ceremonien der Freundschaft? Man trinkt auf Du und Du, man öffnet eine Ader, man mischt sein Blut mit dem des Freundes. Wann dieser Augenblick kommt, ist schwer zu bestimmen; aber er kündigt sich selber an auf rätselhafte Weise, man fühlt es, man kann nicht weiter „Sie" zueinander sagen. Wenn dies Gefühl da gewesen ist, so kann es sich niemals zeigen, daß man sich geirrt hat wie Geert Westphaler, als er mit dem Scharfrichter auf Du und Du trank. – Welches ist das sichere Kennzeichen der Freundschaft? Das Altertum antwortet: Das Gleiche wollen, das Gleiche nicht wollen, das erst ist feste Freundschaft (idem velle, idem nolle, ea demum firma amicitia), und zugleich äußerst langweilig. Welches ist die Bedeutung der Freundschaft? Gegenseitiger Beistand mit Rat und Tat. Deshalb schließen zwei Freunde sich eng zusammen, um einander alles zu sein; und dies obwohl der eine Mensch dem andern Menschen garnichts andres sein kann als ihm im Wege. Ja, man kann einander mit Geld aushelfen, einander in den und aus dem Mantel helfen, einer immer des andern gehorsamer Diener sein, sich besuchen zu einer aufrichtigen Neujahrsgratulation, desgleichen zu Hochzeit, Kindstaufe und Begräbnis.

Indes, weil man sich der Freundschaft enthält, deshalb muß man noch nicht ohne Berührung mit Menschen leben. Im Gegenteil, auch diese Beziehungen können unterweilen eine tiefere Bedeutung empfangen, nur daß man allezeit, obwohl man ein Weilchen die Fahrt der Bewegung teilt, doch so viel größere Geschwindigkeit besitzt, um entwischen zu können. Man meint vielleicht, solch ein Verhalten hinterlasse unangenehme Erinnerungen, das Unangenehme liege darin, daß ein Verhältnis, nachdem es einem etwas gewesen ist, ins Nichts entschwindet. Dies ist jedoch ein Mißverständnis. Das Unangenehme ist nämlich eine pikante Würze in der Eigenwilligkeit des Lebens. Außerdem kann das gleiche Verhältnis in andrer Weise wiederum Bedeutung bekommen. Worauf man achten muß, ist, daß man sich niemals festfahre, und zu diesem Behuf allzeit das Vergessen hinterm Ohre habe. Der erfahrene Landmann legt hin und wieder eine Brache ein, die soziale Klugheitslehre empfiehlt das Gleiche. Es kehrt schon alles wieder, jedoch auf andre Weise; was einmal in den Kreisgang aufgenommen ist, bleibt darin, wird aber durch die Bewirtschaftungsart abgewandelt. Man hofft darum durchaus folgerichtig darauf, seine Freunde und Bekannten in einer bessern Welt wieder anzutreffen, aber man teilt nicht die Furcht der Menge davor, sie könnten sich so sehr verändert haben, daß man sie nicht wiederkenne; man fürchtet sich eher davor, sie könnten ganz und gar unverändert sein. Es ist unglaublich, wieviel selbst der unvernünftigste Mensch gewinnen kann durch solch eine vernünftige Bewirtschaftung.

Nie lasse man sich auf eine Ehe ein. Die Eheleute geloben einander „auf ewig“ Liebe. Dies ist nun recht bequem, hat aber auch nichts Großes zu bedeuten; denn wenn man mit der Zeit fertig wird, so wird man's mit der Ewigkeit schon werden. Wenn die Betreffenden daher, statt „auf ewig“ zu sagen, „bis Ostern“ sagten, oder „bis zum nächsten ersten Mai“, so wäre in ihrer Rede doch noch Sinn; denn mit beidem sagte man wirklich etwas und etwas, was man vielleicht halten könnte. Wie geht es denn auch in der Ehe zu? Nach Verlauf kurzer Frist merkt erst das eine Teil, daß es verkehrt geht; nun jammert das andre Teil und schreit laut gen Himmel: o die Treulosigkeit, die Treulosigkeit. Nach Verlauf einiger Zeit gelangt das andre Teil auf denselben Punkt, und es wird eine Neutralität zustandegebracht, in welcher die gegenseitige Untreue gegeneinander aufgerechnet wird zu beiderseitiger Zufriedenheit und Ergötzung. Mittlerweile ist es doch zu spät; denn eine Scheidung ist mit großen Schwierigkeiten verbunden.

Verhält es sich dergestalt mit der Ehe, so ist es nicht verwunderlich, daß man sie so vielfältig mit moralischen Stützen absteifen muß. Will sich einer von seinem Weibe scheiden lassen, so schreit man: er ist ein erbärmlicher Kerl, ein Schurke usw. Wie töricht, und welch ein mittelbarer Angriff auf die Ehe. Entweder die Ehe hat an sich selber Realität, dann ist er ja hinreichend damit gestraft, daß er ihrer verlustig geht; oder sie hat keine Realität, dann ist es ungereimt, ihn zu schelten, weil er weiser denn andre ist. Wenn einer seines Geldes leid würde und es zum Fenster hinauswürfe, so würde niemand sagen, daß er ein erbärmlicher Kerl sei; denn entweder Geld hat Realität, dann ist er ja hinreichend gestraft damit, daß er sich seiner entledigt, oder es hat keine Realität, dann ist er doch ein Weiser.

Man muß sich jederzeit hüten, ein Lebensverhältnis einzugehn, durch das man zu mehreren werden kann. Deshalb ist bereits die Freundschaft gefährlich, noch mehr die Ehe. Man sagt freilich, daß die Eheleute eins werden; dies ist jedoch eine überaus dunkle und mystische Rede. Wenn man mehrere ist, hat man seine Freiheit verloren und kann nicht die Reisestiefel nach Belieben bestellen, kann nicht unstet umherflattern. Hat man ein Weib, so ist es schwierig, hat man ein Weib und vielleicht Kinder, so ist es beschwerlich, hat man Weib und Kind, so ist es unmöglich. Man hat allerdings Beispiele gehabt, daß eine Zigeunerin ihren Mann auf dem Rücken durchs Leben getragen hat, teils aber ist das eine Seltenheit, teils auch auf die Dauer ermüdend – für den Mann. Durch die Ehe gerät man außerdem in eine höchst peinliche Berührung mit Sitte und Brauch, und Sitte und Brauch sind, ebenso wie Wind und Wetter, etwas ganz und gar Unbestimmbares. In Japan ist es, soviel ich weiß, Sitte und Brauch, daß auch die Männer sich ins Wochenbett legen. Wieso wäre es unmöglich, daß die Zeit käme, wo Europa fremder Länder Sitte und Brauch einführte.

Die Freundschaft ist bereits gefährlich, die Ehe ist es noch mehr; denn das Weib ist und bleibt des Manns Ruin, sobald man ein dauerndes Verhältnis zu ihr eingeht. Nimm einen jungen Menschen, feurig gleich einem arabischen Renner, laß ihn sich verheiraten, er ist verloren. Zuerst ist das Weib stolz, dann ist sie schwach, dann fällt sie in Ohnmacht, dann fällt er in Ohnmacht, dann fällt die ganze Familie in Ohnmacht. Eines Weibes Liebe ist nichts als Verstellung und Schwäche.

Weil jemand sich auf die Ehe nicht einläßt, deswegen braucht sein Leben nicht ohne Erotik zu sein. Auch das Erotische soll Unendlichkeit haben, jedoch poetische Unendlichkeit, die ebenso gut in der Grenze einer Stunde wie eines Monats Raum hat. Wenn zwei Menschen sich ineinander verlieben und ahnen, daß sie füreinander bestimmt sind, so gilt es den Mut zu haben, abzubrechen; denn damit, daß man fortfährt, ist lediglich alles zu verlieren und nichts zu gewinnen. Dies scheint ein Paradox und für das Gefühl ist es das auch, nicht aber für den Verstand. Auf diesem Gebiete kommt es ganz besonders darauf an, daß man Stimmungen zu gebrauchen wisse, vermag man es, so kann man ein unerschöpfliches Wechseln von Kombinationen zuwegebringen.

Man nehme sich niemals irgend ein Berufsgeschäft vor. Tut man dies, so wird man schlecht und recht ein Peter Jedermann, so ein winziges Zäpfchen mehr in der Maschine des Staatsorganismus; man hört auf, selber der Herr des Betriebs zu sein, und dann können Theorien nur wenig helfen. Man kriegt einen Titel und damit sind alle Folgen der Sünde und des Übels gegeben. Das Gesetz, unter dem man dabei front, ist gleich langweilig, ob nun die Beförderung rasch sei oder langsam. Einen Titel wird man niemals wieder los, es müßte denn sein, daß man ein Verbrechen beginge, das einem Verlust der bürgerlichen Ehrenrechte zuzöge, und selbst dann ist man nicht sicher, ob man nicht begnadigt wird durch eine königliche Entschließung, und seinen Titel zurückerhält.

Mag man sich nun auch der Berufsgeschäfte enthalten, darum darf man doch nicht untätig sein, sondern soll Nachdruck legen auf alle jene Beschäftigung, welche mit Müßiggang in eins zusammenfällt: man möge allerlei brotlose Künste treiben. Indes darf man in dieser Hinsicht sich nicht so sehr in die Breite (extensiv) als vielmehr in die Tiefe (intensiv) entfalten, und so, obwohl man an Jahren älter ist, die Richtigkeit des alten Worts dartun, daß Kinder sich vergnügen können mit Wenigem.

Ebenso wie man nun, gemäß der sozialen Klugheitslehre, in gewissem Maße den Erdboden auswechselt – denn wo man nur zu einem einzigen Menschen ein Lebensverhältnis haben wollte, müßte die Wechselwirtschaft schlechtweg fortfallen gleich wie wenn ein Landmann nur eine Tonne Landes hätte, wovon die Folge wäre, daß er nie eine Brache einlegen könnte, die doch von äußerster Wichtigkeit wäre – ebenso muß man auch immerfort sich selbst auswechseln, und dies eigentlich ist das Geheimnis. Zu diesem Behuf muß man notwendig die Stimmungen in seiner Gewalt haben. Sie in dem Sinne in der Gewalt haben, daß man sie nach Belieben erzeugen könnte, das ist eine Unmöglichkeit, aber die Klugheit lehrt es, den Augenblick zu nutzen. Gleich wie ein erfahrener Seemann stets spähend über das Wasser blickt und eine Bö lange voraussieht, ebenso muß man seine Stimmung stets ein wenig voraussehn. Man muß wissen, wie die Stimmung auf einen selber wirkt und wie wahrscheinlicherweise auf andre, bevor man sie sich anzieht. Man streiche zuerst an, um reine Töne hervorzurufen und sehe dabei zu, was in einem Menschen steckt, später folgen die Zwischentöne. Je mehr Praxis man hat, umso leichter wird man sich überzeugen, daß da oft viel in einem Menschen ist, woran man niemals gedacht. Wenn empfindsame Menschen, die als solche äußerst langweilig sind, ärgerlich werden, so sind sie oft unterhaltsam. Neckerei insbesondere ist ein vortreffliches Ausforschungsmittel.

In der Willkürlichkeit liegt das ganze Geheimnis. Man meint, es sei keine Kunst, willkürlich zu sein, es gehört jedoch ein tiefes Studium dazu, auf die Art willkürlich zu sein, daß man nicht selber dabei sich verläuft, daß man selbst daran Vergnügen hat. Man genießt nicht unmittelbar, sondern etwas ganz andres, das man selbst willkürlich in die Sache hineinlegt. Man sieht sich den mittleren Teil eines Theaterstücks an, liest den dritten Teil eines Buchs. Das gewährt einem einen ganz andern Genuß als den, welchen der Verfasser in seiner Güte einem zugedacht hat. Man genießt etwas ganz und gar Zufälliges, man betrachtet das ganze Dasein von diesem Standpunkt, läßt die Wirklichkeit des Daseins daran scheitern. Ich will ein Beispiel anführen. Es war da ein Mensch, dessen Geschwätz ich eines gegebenen Lebensverhältnisses wegen unvermeidlich anhören mußte. Er war bei jeglicher Gelegenheit bereit zu einem kleinen philosophischen Vortrag, der äußerst langweilig war. Der Verzweiflung nahe entdecke ich plötzlich, daß er beim Reden ungewöhnlich stark zu schwitzen pflegte. Dieser Schweiß zog nun meine Aufmerksamkeit an. Ich sah, wie die Schweißperlen sich auf seiner Stirn sammelten, sich darauf zu einem Bach vereinigten, an der Nase niederrannen und in einem tropfenförmigen Gebilde endeten, das an der äußersten Nasenspitze hängen blieb. Von diesem Augenblick an war alles anders geworden, ich konnte sogar eine Freude daran haben, ihn anzustacheln, daß er mit seiner philosophischen Belehrung beginne, – ganz allein, um den Schweiß auf seiner Stirn und seiner Nase zu beobachten. Baggesen sagt gelegentlich von einem Manne, er sei sicherlich ein recht anständiger Mensch, es sei jedoch gegen ihn einzuwenden, daß nichts sich reime auf seinen Namen. Es ist äußerst wohltuend, dergestalt die Wirklichkeiten des Lebens zu etwas Gleichgiltigem werden zu lassen solch einem willkürlichen Interesse gegenüber. Man macht etwas Zufälliges zum Absoluten und als solches zum Gegenstande schlechthinniger Bewunderung. Dies wirkt insbesondere ganz ausgezeichnet, wenn die Gemüter in Bewegung sind. Vielen Menschen gegenüber ist dies Verfahren ein vortreffliches Reizmittel. Man betrachtet alles im Leben als eine Wette usf. Je folgerichtiger man seine willkürliche Setzung festzuhalten weiß, umso unterhaltsamer werden die Kombinationen. Das Maß der Folgerichtigkeit zeigt stets, ob man Künstler ist oder Stümper; denn in einem gewissen Maße machen es alle Menschen so. Das Auge, mit dem man die Wirklichkeit erblickt, muß fort und fort verändert werden. Die Neuplatoniker haben angenommen, diejenigen Menschen, welche in der Welt minder vollkommen gewesen seien, würden nach ihrem Tode mehr oder minder vollkommene Tiere werden, je nach ihrem Verdienst; diejenigen z. B., welche die bürgerlichen Tugenden in minder vollkommenem Maße geübt hätten (die Kleinkrämer) würden zu gesellschaftlich lebenden Tieren, z. B. zu Bienen. Eine solche Lebensbetrachtung, welche hier in der Welt alle Menschen in Tiere oder Pflanzen verwandelt sieht (auch das ist Plotins[xxix] Meinung gewesen, daß einige in Pflanzen verwandelt würden), bietet eine reiche Mannigfaltigkeit von Abwechslung. Der Maler Tischbein[xxx] hat versucht, jeden Menschen zu einem Tier zu idealisieren. Sein Verfahren hat den Fehler, daß es zu ernsthaft ist und eine wirkliche Ähnlichkeit herauszufinden trachtet.

Mit der Willkürlichkeit in einem selbst steht die Zufälligkeit außerhalb von einem in Entsprechung. Man soll daher jederzeit ein offnes Auge für das Zufällige haben, jederzeit schnellbereit (expeditus) sein, falls etwas sich bieten sollte. Die sogenannten gesellschaftlichen Freuden, auf die man sich vorher acht oder vierzehn Tage lang vorbereitet, haben nicht viel zu bedeuten; selbst das unbedeutendste Ding dagegen kann dank einem Zufall reichen Stoff zu Unterhaltung bieten. Hier ins Einzelne zu gehen ist untunlich, so weit vermag keine Theorie zu reichen. Selbst die allerausführlichste Theorie ist doch bloß etwas Dürftiges gegen das, was das Genie in seiner Allgegenwart mit Leichtigkeit entdeckt. (E/O I, 304–321)

5 Kritik

[...] Du bist doch auf vielfältige Weise ein verderblicher Mensch, und je mehr man mit Dir sich einläßt, um so schlimmer wird es. Du bist z. B. kein Gegner der Ehe, aber Du mißbrauchst Deinen ironischen Blick und Deine sarkastische Spitzigkeit, um über sie zu spotten. Ich will in dieser Hinsicht Dir gern einräumen, daß Du keine Lufthiebe tust, daß Du sicher zu treffen weißt, und daß Du viel Beobachtungsgabe besitzt, aber zugleich will ich sagen, dies sei vielleicht Dein Fehler. Dein Leben wird aufgehen in lauter Anläufen zum Leben. Du wirst vermutlich erwidern, dies sei immerhin besser, als auf der Eisenbahn der Alltäglichkeit zu fahren und sich als ein Atom zu verlieren in dem Gewimmel des sozialen Lebens. Man kann wie gesagt nicht behaupten, Du haßtest die Ehe; denn Dein Denken ist gewiß noch niemals bis zu ihr gelangt, zum mindesten nicht, ohne daß Du Dich über sie laut entrüstet hättest, und also, verzeih mir, also nehme ich an, Du habest die Sache nicht durchdacht. Das, davon Du etwas hältst, ist das erste sich Verlieben. Du verstehst es, Dich in eine träumende liebestrunkene Hellsichtigkeit zu versenken und einzuhüllen. Du spinnst Dich gleichsam mit Haut und Haar in ein überaus feines Spinnweb ein, und nun liegst Du auf der Lauer. Aber Du bist kein Kind, kein erst erwachendes Bewußtsein, und Dein Blick hat daher etwas andres zu bedeuten; vielmehr Du bist damit zufrieden. Du liebst das Zufällige. Das Lächeln eines hübschen Mädchens in einer interessanten Situation, ein aufgefangener Blick: dem jagst Du nach, es ist ein Motiv für Deine müßige Phantasie. Du, der Du immer damit großtust, daß Du Beobachter bist, Du mußt Dich darein finden, daß Du zum Entgelt selber ein Gegenstand der Beobachtung wirst. Ich will Dich an einen Fall erinnern. Ein hübsches junges Mädchen; neben dem Du zufällig (denn es muß natürlich hervorgehoben werden, Du kanntest weder ihren Stand noch ihren Namen, ihr Alter usw.) zu Tische saßest, war zu spröde, um Dir auch nur einen Blick zu schenken. Einen Augenblick warest Du ratlos, ob es bloß Sprödigkeit sei, oder ob sich nicht damit eine leichte Verlegenheit mische, welche ins rechte Licht gestellt das Mädchen in einer interessanten Situation zu zeigen vermöge. Sie saß einem Spiegel gegenüber, in dem Du sie sehen konntest. Sie streifte ihn mit einem verschämten Blick, ohne zu ahnen, daß Dein Auge dort bereits Wohnung genommen hatte, sie errötete, als Dein Auge das ihre traf. Dergleichen hältst Du so genau fest, wie eine Photographie es tut, und ebenso geschwind wie diese, zu der man bekanntlich auch bei ungünstigstem Wetter nur eine halbe Minute braucht. Ach ja, Du bist ein sonderbares Geschöpf: bald Kind, bald Greis; bald denkst Du mit ungeheuerlichem Ernst an die höchsten wissenschaftlichen Probleme, wie Du Dein Leben für sie opfern werdest, bald bist Du ein verliebter Geck. Von der Ehe bist Du mittlerweile weit entfernt, und ich hoffe, Dein guter Genius wird Dich davon abhalten, auf verkehrte Wege zu kommen; denn zuweilen, dünkt mich, merke ich Dir eine Spur davon an, daß Du Lust hast, einem Mädchen gegenüber einen Zeus im Kleinen zu spielen. Du bist so vornehm mit Deiner Liebe, daß Du Dir gewiß einbildest, jedes Mädchen müsse sich glücklich preisen, wenn sie für acht Tage Deine Liebste ist. Deine verliebten Studien willst Du nun bis auf weiteres fortsetzen im Verein mit Deinen aesthetischen, ethischen, metaphysischen, kosmopolitischen und andern Studien. Böse kann man Dir eigentlich nicht werden; das Böse hat in Dir, ebenso wie es das in der Auffassung des Mittelalters davon hat, einen gewissen Beisatz von Gutmütigkeit und Kinderei. Hinsichtlich der Ehe hast Du Dich jederzeit lediglich beobachtend verhalten. Es liegt etwas Verräterisches darin, bloß Beobachter sein zu wollen. Wie oft hast Du nicht – ja, das will ich gerne gestehen – mich damit unterhalten, aber wie oft hast Du nicht auch mich geplagt mit Deinen Erzählungen, wie Du Dich bald in des einen, bald in des andern Ehemannes Vertrauen eingeschlichen habest, um zu sehn, wie tief er im Sumpf des ehelichen Lebens stecke. Dich bei den Leuten einzuschleichen, dazu hast Du wirklich großes Talent, ich will Dir das nicht abstreiten und ebenso wenig, daß es recht vergnüglich ist, Dich von den Ergebnissen erzählen zu hören und Zeuge Deiner ausgelassenen Freude zu sein, jedesmal, wenn Du in der Lage bist, eine ganz frische Beobachtung auf den Markt zu bringen. Doch aufrichtig gesprochen, Dein psychologisches Interesse ermangelt des Ernstes und ist eher eine griesgrämige Neugierde.

Indes zur Sache. Zwei Dinge sind es, die ich für meine Aufgabe halte: einmal die aesthetische Bedeutung der Ehe darzulegen, und dann darzulegen, wie das Aesthetische in der Ehe trotz den vielfältigen Hindernissen des Lebens sich bewahren läßt. Damit Du jedoch mit desto größerer Sicherheit Dich der Erbauung überlassen kannst, welche die Lektüre dieses kleinen Aufsatzes Dir verschaffen mag, will ich getreulich ein kleines polemisches Vorspiel vorausschicken, in dem gehörige Rücksicht auf Deine sarkastischen Beobachtungen genommen wird. Damit aber hoffe ich auch, den Räuberstaaten den gebührenden Tribut gezahlt zu haben, und kann dann also wohl ruhig meinem Beruf nachgehen; denn in meinem Beruf bin ich doch, der ich, selber ein Ehemann, für die Ehe streite – für Altar und Herd (pro aris et focis). Und ich versichere Dir, diese Sache liegt mir so sehr am Herzen, daß ich, der da ansonst sich nur wenig zum Bücherschreiben versucht fühlt, wirklich dazu versucht sein könnte, falls ich hoffen dürfte, auch nur eine einzige Ehe aus der Hölle zu befreien, in die sie sich vielleicht selber gestürzt hat, oder ein paar Menschen geeigneter zu machen, die schönste Aufgabe zu verwirklichen, die einem Menschen gesetzt ist.

Der Vorsicht halben werde ich mich gelegentlich auf meine Frau und auf mein Verhältnis zu ihr berufen, nicht, als ob ich mich erkühnte, unsre Ehe als Musterbeispiel hinzustellen, sondern teils weil diese aus der Luft gegriffenen poetischen Schilderungen im Allgemeinen keine sonderliche Überzeugungskraft besitzen, teils weil es mir von Wichtigkeit ist zu zeigen, daß es selbst unter alltäglichen Verhältnissen möglich ist, das Aesthetische zu bewahren. Du kennst mich seit vielen, Du kennst meine Frau seit fünf Jahren. Du findest sie recht hübsch, vor allem anmutig, das tue ich auch; gleichwohl weiß ich recht gut, daß sie des Morgens nicht so hübsch ist wie am Abend, daß ein gewisser wehmütiger, beinahe kränklicher Zug erst im Lauf des Tages hinschwindet, daß er vergessen ist, wenn sie am Abend in Wahrheit Anspruch darauf erheben kann zu gefallen. Ich weiß recht gut, daß ihre Nase nicht vollendet schön ist, daß sie zu klein ist, aber sie schaut doch keck in die Welt hinein, und ich weiß, diese kleine Nase hat zu so vielen kleinen Neckereien Anlaß gegeben, daß ich ihr, auch wenn es in meiner Macht stünde, nie eine schönere anwünschen möchte. Dies ist eine weit tiefere Bedeutung des Zufälligen im Leben als diejenige, für die Du so enthusiastisch bist. Für all dies Gute danke ich Gott und vergesse das Schwache. Doch das ist minder wichtig; eins aber gibt es, für das ich Gott von ganzer Seele danke, und das ist, daß meine Frau die Einzige ist, die ich geliebt, die erste; und eins gibt es, darum ich Gott von ganzem Herzen bitte, daß er mir Kraft geben möge, nie eine andre lieben zu wollen. Das ist eine Hausandacht, an der auch sie teilnimmt; denn für mich gewinnt jede Empfindung, jede Stimmung eine höhere Bedeutung dadurch, daß ich meine Frau daran teilnehmen lasse. Alle, sogar die höchsten religiösen Gefühle, können eine gewisse Gemächlichkeit bekommen, wenn man mit ihnen allein ist; in *ihrer* Gegenwart bin ich zugleich Prediger und Gemeinde. Und wäre ich etwa mitunter so lieblos, mich dieses Guten nicht zu erinnern, so unerkenntlich, nicht dafür zu danken, so wird sie mich daran erinnern. Siehst Du, mein junger Freund? Das sind keine Tändeleien in der Verliebtheit ersten Tagen, keine Versuche in der experimentierenden Erotik, so wie z. B. wohl nahezu jeder in den ersten Tagen der Verlobung sich und der Geliebten die Frage vorgelegt hat, ob sie nicht zuvor schon geliebt habe, oder ob nicht er selber vorher eine geliebt habe; sondern es ist des Lebens Ernst, und gleichwohl ist es nicht kalt, unschön, unerotisch, unpoetisch. Und wahrlich, es liegt mir gar sehr am Herzen, daß sie mich wirklich liebt, und daß ich sie wirklich liebe, nicht etwa, als ob unsre Ehe im Lauf der Jahre nicht ebenso viel Festigkeit gewonnen hätte wie die der meisten andern, sondern es freut mich noch immer von neuem, unsre erste Liebe wieder jung werden zu lassen, und dies wiederum dergestalt, daß es für mich ebenso sehr religiöse wie aesthetische Bedeutung hat; denn Gott ist mir nicht so überweltlich geworden, daß er um den Bund, den er selbst zwischen Mann und Weib gestiftet, sich nicht kümmerte, und ich bin nicht so geistig geworden, daß nicht auch die weltliche Seite des Lebens ihre Bedeutung hätte für mich. Und all das Schöne, das in der heidnischen Erotik gelegen, soweit es sich mit der Ehe verbinden läßt, hat im Christentum Giltigkeit. Dies Jungwerden unsrer ersten Liebe ist nicht bloß ein wehmütiges zurücke Schauen, oder eine poetische Erinnerung an das Erlebte, womit man zuletzt sich doch fesselt; alles dergleichen macht matt; – es ist eine Handlung. Überhaupt kann der Augenblick, in dem man sich an dem Erinnern genug sein lassen muß, früh genug kommen; man muß des Lebens frischen Quell so lange als möglich offen halten. Du hingegen, Du lebst wirklich von Raub. Du schleichst unbemerkt die Leute an, stiehlst ihnen ihren glücklichen Augenblick, ihren schönsten Augenblick, steckst dies Schattenbild in Deine Tasche, so wie der lange Mann in Chamisso's Peter Schlemihl es tut, und holst es hervor, wann Du magst. Du sagst freilich, die Betreffenden verlören damit nichts, sie wüßten oft wohl selber nicht, welches ihr schönster Augenblick sei; Du meinst, sie seien Dir im Gegenteil Dank schuldig, weil Du vermöge Deines Studiums der Beleuchtung, vermöge Deiner Zauberformeln sie in der Verklärung habest erscheinen lassen, welche die übernatürliche Größe eines überschwenglichen Augenblicks gibt. Sie verlieren vielleicht nichts dabei, doch wird immer die Frage sein, ob es nicht denkbar wäre, daß sie eine Erinnerung daran bewahrt haben, die ihnen jederzeit schmerzlich bleibt; Du indes verlierst, Du verlierst Deine Zeit – Deine Ruhe – Deine Geduld zu leben; denn Du weißt selber recht gut, wie ungeduldig Du bist: hast Du mir nicht einmal geschrieben, Geduld, des Lebens Lasten zu tragen, müsse doch eine außerordentliche Tugend sein, Du empfändest noch nicht einmal Geduld dazu, überhaupt leben zu mögen. Dein Leben löst sich in lauter solche interessanten Einzelheiten auf. Und wofern man hoffen dürfte, daß die Tatkraft, die Dich in solchen Augenblicken durchglüht, in Dir Gestalt gewinnen werde, sich über Dein Leben zusammenhängend ausbreiten werde, ja, so würde aus Dir gewiß etwas Großes werden; denn in solchen Augenblicken bist Du selber verklärt. Es ist eine Unruhe in Dir, über der jedoch hell und klar das Bewußtsein schwebt, Deine ganze Seele ist einzig auf diesen Punkt gesammelt, Dein Verstand entwirft hundert Pläne, Du rückst alles zurecht zum Angriff; der mißlingt in gewisser Richtung; gleichen Augenblicks ist Deine nahezu teuflische Dialektik imstande, das Vorhergehende so zu erklären, daß es dem neuen Operationsplan dient. Du schwebst fort und fort über Dir, und mag ein jeder Schritt auch noch so entscheidend sein, Du behältst gleichwohl in Dir eine

Auslegungsmöglichkeit, die alles mit einem Worte zu verändern vermag. Und nun dazu das ganze Inkarnat der Stimmung. Dein Auge funkelt, oder richtiger, es strahlt zu gleicher Zeit hundert spähende Augen aus, eine flüchtige Röte eilt hin über Dein Gesicht; Du verläßt Dich fest auf Deine Berechnungen, und dennoch wartest Du mit einer schrecklichen Ungeduld – ja, mein lieber Freund, zuguterletzt glaube ich eigentlich, daß Du Dich selber betrügst, daß alles, was Du da von dem Erhaschen eines Menschen in seinem glücklichen Augenblick redest, allein Deine eigene überschwengliche Stimmung ist, die Du greifst. Du bist so übersteigert, daß Du erschaffend bist. Aus diesem Grunde meinte ich, es sei für andere nicht gar so schädlich; für Dich ist es schlechthin schädlich. Und liegt nicht alledem eine ungeheure Treulosigkeit zugrunde? Du sagst freilich, die Menschen gingen Dich nichts an, sie müßten Dir vielmehr dafür dankbar sein, daß Du mit Deiner Berührung sie nicht wie Circe in Schweine verwandelst, sondern aus Schweinen in Halbgötter. Du sagst, es sei ein ganz ander Ding, falls da ein Mensch sich Dir recht eigentlich anvertraute; einen solchen Menschen jedoch habest Du bisher noch nie angetroffen. Dein Herz ist bewegt, Du zerschmilzt vor innerlicher Rührung im Gedanken daran, daß für ihn Du alles opfern würdest. Ich möchte Dir eine gewisse gutmütige Hilfsbereitschaft auch nicht aberkennen, daß z. B. die Art und Weise, in der Du Bedürftige unterstützt, wirklich schön ist, daß die Milde, welche Du zuweilen bekunden kannst, etwas Nobles an sich hat, gleichwohl glaube ich, daß auch hier wieder ein gewisses Vornehmtun sich versteckt. Ich will nicht an einzelne ekzentrische Bekundungen dessen erinnern, es wäre Unrecht, auf die Art das Gute ganz und gar zu verdunkeln, das in Dir sein kann; dahingegen möchte ich Dich an eine kleine Begebenheit Deines Lebens erinnern, bei der es Dir nichts schaden kann, wenn man sie Dir ins Gedächtnis ruft. Du hast mir einmal erzählt, daß Du auf einem Spaziergang hinter zwei alten Weibern her gegangen bist. Meine Schilderung der Situation hat freilich in diesem Augenblick nicht die Lebhaftigkeit, welche Deine hatte, als Du zu mir hereinstürztest, einzig mit diesem Gedanken beschäftigt. Es waren zwei Weiber aus dem Armenhaus. Sie hatten vielleicht beßre Tage gekannt; doch das war vergessen, und das Armenhaus ist nicht eben der Ort, an dem man eine Hoffnung hegt. Die eine nahm eine Prise und bot der andern an, dabei sagte sie: ach, wer doch fünf Taler hätte! Sie wurde von diesem vermessenen Wunsch vielleicht selber überrascht, welcher denn auch unerhört über die Anlagen des Walls hintönte. Du tratest heran, Du hattest Deine Brieftasche bereits genommen und eine Fünftalernote hervorgeholt, bevor Du den entscheidenden Schritt tatest, auf daß die Situation die nötige Schmiegsamkeit behalte, auf daß die Frau nicht zu früh etwas ahne. Du tratest heran mit einer fast unterwürfigen Höflichkeit, wie sie für einen dienenden Geist sich ziemt; Du gabest ihr die fünf Taler und warst verschwunden. Du ergötztest Dich an dem Gedanken, welchen Eindruck die Sache auf sie wohl machen werde, ob sie eine göttliche Fügung darin erblicken werde, oder ob ihr Gemüt, das unter vielen Leiden vielleicht schon einen gewissen Trotz entwickelt hatte, sich eher nahezu mit Verachtung wider die göttliche Vorsehung kehren werde, die hier so recht das Gepräge des Zufälligen angenommen hatte. Du erzähltest, die Sache habe Dir Anlaß gegeben zu überlegen, ob nicht eine derart rein zufällige Erfüllung eines zufällig geäußerten Wunsches einen Menschen gerade zur Verzweiflung treiben könne, weil ja dadurch die Wirklichkeit des Lebens verneint werde in ihrer tiefsten Wurzel. Eigentlich wolltest Du also Schicksal spielen, und Dein eigentliches Ergötzen war die Vielfältigkeit von Reflexionen, die von hier aus sich spinnen ließen. Ich will Dir nun gern zugeben, daß Du recht gut geeignet bist zum Schicksalspielen, sofern man mit dem Wort Schicksal die Vorstellung der allergrößten Unstete und Launenhaftigkeit verbindet; ich für mein Teil lasse mir gerne an einer minder vornehmen Lebensstellung genügen. Im Übrigen kannst Du an diesem Fall ein Beispiel finden, das Dich vielleicht darüber aufklären kann, wie weit Du mit Deinen Experimenten auf die Menschen etwa schädlich wirkst. Du scheinst den Vorteil auf Deiner Seite zu haben; Du hast einem armen Weibe fünf Taler gegeben, hast ihr ihren höchsten Wunsch erfüllt, dennoch gestehst Du selber, es könne ebenso gut derart auf sie wirken, daß sie, wie Hiobs Weib diesem zu tun geraten, Gott fluche. Du wirst wohl sagen, diese Folgen stünden nicht in Deiner Macht, und wenn man dergestalt die Folgen berechnen wolle, vermöge man nicht zu handeln; indes ich will antworten: o doch, sicherlich kann man handeln. Hätte ich fünf Taler gehabt, so hätte ich sie ihr vielleicht ebenfalls gegeben, aber ich wäre mir zugleich bewußt geworden, daß ich mich nicht experimentierend verhielte; ich hätte mich überzeugt gehalten, daß die göttliche Vorsehung, als deren geringes Werkzeug ich mich in diesem Augenblick gefühlt hätte, wohl alles zum Besten lenken werde, und daß ich mir selbst nichts vorzuwerfen hätte. Wie unsicher und schwebend Dein Leben ist, davon kannst Du Dich auch aus Folgendem überzeugen: Du bist schlechterdings nicht sicher, daß die Sache Dir nicht dermaleinst schwer aufs Herz fallen wird. Daß Deine scharfsinnige und spitzfindige Hypochondrie Dich nicht in einen Kreis von Folgen festzuhexen vermöchte, aus dem Du vergeblich Dich herauszuarbeiten suchen würdest, daß Du nicht Himmel und Erde in Bewegung setzen wirst, um jenes arme Weib wiederzufinden, um zu beobachten, welchen Eindruck es auf sie gemacht habe, „sowie auf welche Weise man am besten auf sie einwirken könne", denn Du bleibst allezeit der gleiche, wirst niemals klüger. Es wäre bei Deiner Leidenschaftlichkeit sehr wohl möglich, daß Du Dich entschlössest, Deine großen Pläne, Deine Studien zu vergessen, kurz daß alles Dir gleichgiltig würde dem Gedanken gegenüber, jenes arme Weib zu finden, das vielleicht schon lange tot und begraben war. Auf die Art suchst Du, was Du verkehrt gemacht hast, wieder gut zu machen, und so wird denn Deine Lebensaufgabe so widersprechend in sich, daß man sagen darf, Du wollest zu gleicher Zeit das Schicksal und der Herrgott sein, eine Aufgabe, welche der Herrgott selbst nicht verwirklichen kann, denn er ist nur das Eine. Der Eifer, den Du dabei an den Tag legst, mag freilich recht rühmlich sein: siehst Du denn aber nicht, wie es immer klarer sich zeigt, daß das, was Dir fehlt, ganz und gar fehlt, Glaube ist? Anstatt Deine Seele zu lösen, indem Du alles in Gottes Hand legst, anstatt diesen geraden Weg einzuschlagen, ziehst Du den nicht endenden Umweg vor, der Dich vielleicht nie zum Ziele führen wird. Nun wirst Du vermutlich sprechen: ja auf die Art braucht man dann überhaupt nicht zu handeln; ich möchte erwidern: o doch, wenn Du bei Dir selber weißt, daß Du einen Platz in der Welt hast, der Dein ist, auf den Du Deine ganze Tätigkeit sammeln sollst; jedoch so handeln wie Du tust, das grenzt ja an Wahnwitz. Du wirst sagen, wenn Du gleich die Hände in den Schoß legtest und Gott sorgen ließest, wäre dem Weibe damit doch wohl nicht geholfen; ich möchte erwidern: schon möglich, aber Dir wäre geholfen, und dem Weibe wäre es ebenfalls, wofern sie sich gleichermaßen Gott anvertraute. Und siehst Du denn nicht: wo Du nun wirklich die Reisestiefel anzögest, und in die Welt hinausgingest und Zeit und Kraft vergeudetest, so gingest Du jeder andern Tätigkeit verlustig, das würde späterhin vielleicht abermals Dich plagen. Doch wie gesagt, ist diese launenhafte Existenz nicht Mangel an Glaube und Mangel an Treue? Freilich scheint es im vorliegenden Fall (in casu), als ob Du, indem Du durch die weite Welt ziehst, um das arme Weib zu finden, ein außerordentliches, ein unerhörtes Maß von Treue bekundetest; denn es wäre ja in dem, was Dich bewegte, auch nicht eine Spur von Egoismus; es wäre ja nicht, wie wenn ein Liebhaber hinter der Geliebten herreist; nein, es wäre reines Mitgefühl. Ich möchte erwidern: Du solltest Dich wohl hüten, das Gefühl jenes Liebhabers Egoismus zu nennen; aber das ist Deine übliche aufrührerische Unverschämtheit. Alles, was durch göttliche und menschliche Gesetze aufgestellt ist, verachtest Du, und um davon frei zu werden, greifst Du nach dem Zufälligen, so hier nach einem armen Dir unbekannten Weibe. Und was Dein Mitgefühl anlangt, so dürfte es wohl sein ein reines Mitgefühl – mit Deinem Experiment. Allenthalben vergißt Du, daß Dein Dasein in der Welt doch unmöglich rein auf das Zufällige gestellt sein darf, und daß Du in dem Augenblick, da Du dies zur Hauptsache machst, gänzlich vergissest, was Du Deinem Nächsten schuldig bist. Ich weiß recht gut, es fehlt Dir nicht an sophistischem Scharfsinn zu Beschönigungen und an ironischer Geschmeidigkeit im Unterbieten, Du wirst darum wohl erwidern: ‚ich bin nicht so großspurig, daß ich mir einbildete der Mann zu sein, der für das Ganze zu wirken vermag, das überlasse ich den Ausgezeichneten; ich bin es zufrieden, wenn ich nur für etwas ganz Einzelnes wirken kann.‘ Indes, das ist im Grunde eine ungeheuerliche Lüge; denn Du willst gar nicht wirken, Du willst experimentieren, und von diesem Gesichtspunkt her betrachtest Du alles, oft mit viel Frechheit; und das Wirken ist jederzeit ein Gegenstand Deines Spotts [...] (E/O II, 7–15)

[...] Wäre das Genießen die Hauptsache im Leben, so würde ich mich Dir zu Füßen setzen, um zu lernen; denn darin bist Du Meister. Bald kannst Du Dich zu einem Greise machen, um durch den Trichter der Erinnerung in langsamen Zügen das Erlebte einzusaugen, bald bist Du in der ersten Jugend und glühst von Hoffnung, bald genießt Du männlich, bald weiblich, bald genießt Du unmittelbar und bald die Reflexion über den Genuß, bald die Reflexion über anderer Genuß, bald die Enthaltung vom Genuß; bald gibst Du Dich hin, Dein Herz ist offen, zugänglich gleich einer Stadt, die kapituliert hat, die Reflexion ist verstummt, und jeder Schritt der Fremden hallt wider in den leeren Straßen, gleichwohl bleibt stets ein beobachtender kleiner Vorposten zurück; bald verschließt Dein Herz sich, Du verschanzt Dich unzugänglich und steil. So verhält es sich, und zugleich wirst Du sehen, wie egoistisch Dein Genuß ist, und daß Du niemals Dich hingibst, niemals andre Dich genießen läßt. [...] (E/O II, 25 f.)

[...] Nun bist Du also in dem Zustande, in dem Du die reine Wollust der vollendeten Empfänglichkeit genießest. Die sanfteste Berührung reicht hin, um zitternd zu laufen durch diesen unsichtbaren, weit ausgedehnten geistigen Leib. Es gibt ein Tier, über das ich des öfteren in Gedanken versunken bin, ich meine die Qualle. Hast Du darauf geachtet, wie diese gallertähnliche Masse sich ausdehnen kann zu einer Fläche und nun langsam bald fällt und bald steigt, so still und ruhig, daß man meint, man könne darauf treten. Jetzt merkt sie, daß ihre Beute sich naht, da macht sie sich inwendig hohl, wird zu einem Sack und sinkt in geschwindester Fahrt tiefer und tiefer, und mit dieser Fahrt reißt sie ihre Beute hinein – nicht hinein in ihren Sack, denn sie hat keinen Sack; sondern hinein in sich selbst, denn sie ist selber nichts als Sack. Sie vermag sich nun dermaßen zusammenzuziehen, daß man nicht begreift, wie es ihr möglich gewesen, sich so zu dehnen. Ungefähr ebenso verhält es sich mit Dir, und Du mußt es mir nur verzeihen, daß ich kein schöneres Tier gehabt habe, Dich damit zu vergleichen, und ferner auch, daß Du Dich wohl nicht entbrechen kannst über Dich selber zu lächeln bei dem Gedanken, daß Du nichts bist als Sack. (E/O II, 40 f.)

Du schwebst beständig über Dir selbst; aber der höhere Äther, das feinere Sublimat, darein Du verflüchtigt bist, ist das Nichts der Verzweiflung, und unter Dir erblickst Du eine Vielfalt von Kenntnissen, Einsichten, Studien, Beobachtungen, welche für Dich doch keine Wirklichkeit haben, sondern von Dir ganz nach Laune benutzt und verknüpft werden, und damit schmückst Du so geschmackvoll als möglich den Palast für des Geistes Prunksucht aus, in dem Du Dich gelegentlich aufhältst. (E/O II, 211)

[…] Was von Deinen Studien gelten dürfte, das gilt von Deinen sämtlichen Handlungen, Du lebst im Augenblick, und im Augenblick bist Du von übernatürlicher Größe, Du versenkst Deine ganze Seele in ihn, sogar mit Tatkraft des Willens; denn für einen Augenblick hast Du Dein Wesen schlechthin in der Gewalt. Wer Dich allein in solch einem Augenblick sieht, wird überaus leicht getäuscht, dahingegen kann der, welcher bis zum nächsten Augenblick wartet, leicht dahin gelangen, über Dich zu triumphieren. […]

In theoretischer Hinsicht bist Du mit der Welt fertig, die Endlichkeit vermag vor Deinem Denken nicht zu bestehen, in praktischer Hinsicht bist Du in gewissem Maße ebenfalls fertig mit der Welt, will heißen in aesthetischem Sinne. Dessenungeachtet hast Du keine Anschauung vom Leben. Du hast etwas, das einer Anschauung ähnlich ist, und das gewährt Deinem Leben eine gewisse Ruhe, die doch nicht verwechselt werden darf mit einer verläßlichen und erquickenden Lebenszuversicht. […] (E/O II, 214 f.)

[…] Ich will hier nicht in den Klageschrei einstimmen, der oft über Dich zu vernehmen ist, daß Du unersättlich seiest; ich möchte lieber sagen: in gewissem Sinne hast Du recht; denn nichts Endliches, nicht die ganze Welt vermag die Seele eines Menschen zu stillen, die Verlangen nach dem Ewigen empfindet. Wollte man Dir Ehre und Ansehen bieten, die Bewunderung der Mitwelt – und an dieser Stelle bist Du doch am schwächsten –, so würdest Du erwidern: ‚ja, für eine kleine Weile wäre das schon gut.‘ Eigentliches Begehren danach hast Du nicht, und Du tätest deswegen nicht einen Schritt.

Du sähest ein: damit es Bedeutung hätte, müßtest Du wirklich so hervorragend begabt sein, daß Wahrheit darin wäre; sogar in diesem Falle aber sieht Dein Gedanke auch das höchste Maß geistiger

Begabung als etwas Vergängliches an. Deine Polemik gewährt Dir daher einen noch höheren Ausdruck, wenn Du in Deiner inwendigen Erbitterung über das ganze Leben etwa wünschest, daß Du von allen Menschen der törichtste wärest und gleichwohl von Deinem Zeitalter bewundert und angebetet würdest als der Weiseste von allen, denn das wäre doch ein Hohn auf das ganze Dasein, welcher weit tiefer wäre, als wenn der in Wirklichkeit Tüchtigste als solcher geehrt würde. Darum begehrst Du nichts, wünschst Du nichts; denn das Einzige, das Du Dir wünschen könntest, wäre eine Wünschelrute, die Dir alles gewähren könnte, und sie würdest Du dann benutzen, um damit Deine Pfeife auszukratzen. [...] Indes auf diesem Gipfel vermagst Du Dich nicht zu halten, denn Dein Gedanke hat Dir zwar alles genommen, aber nichts dafür gegeben. Im nächsten Augenblick fesselt Dich eine unbedeutende Kleinigkeit. Du betrachtest sie freilich mit aller jener stolzen Vornehmheit, die Dein übermütiges Denken Dir gibt, Du achtest sie gering als ein ärmliches Spielzeug, dessen Du beinahe schon leid bist, bevor Du es in die Hand nimmst; doch es beschäftigt Dich immerhin, und ob es gleich nicht das Ding selber ist, das Dich beschäftigt – dies ist nie der Fall –, so beschäftigt Dich doch, daß Du willens bist, Dich zu ihm herabzulassen. In dieser Hinsicht gewinnt Dein Wesen, sobald Du mit Menschen Dich einläßt, ein hohes Maß von Treulosigkeit, welches man Dir ethisch gleichwohl nicht zum Vorwurf machen kann; denn Du lebst jenseits ethischer Bestimmungen. Glücklicherweise bist Du andern gegenüber sehr wenig teilnahmsvoll, und man merkt es deshalb nicht. [...]

Indes, der Geist läßt sich nicht spotten, er rächt sich an Dir, er schlägt Dich in die Fesseln der Schwermut. Mein lieber junger Freund, hier tut sich der Weg auf, ein Nero zu werden, wo in Deiner Seele nicht ein ursprünglicher Ernst wäre, wo in Deinem Denken nicht angeborener Tiefgang wäre, wo in Deiner Seele nicht Hochherzigkeit wäre – und falls Du Kaiser in Rom geworden wärest. Doch Du gehst einen andern Weg. Jetzt zeigt sich vor Dir eine Lebensanschauung, wie es scheint, die einzige, die Dich zu befriedigen vermag, nämlich daß Du Deine Seele versenkest in Wehmut und Trauer. Indes, Dein Denken ist zu gesund, als daß diese Lebensanschauung ihre Probe bestehen könnte; denn für solch eine aesthetische Trauer ist das Dasein ebenso eitel und nichtig wie für jede andere aesthetische Anschauung; vermag ein Mensch nicht tiefer Trauer und Leid zu tragen, so hat es seine Wahrheit, wenn ich sage: das Leid vergeht ebensogut als die Freude, denn alles vergehet, das da bloß endlich ist. Und wenn etwa viele finden, es sei ein Trost, daß das Leid vergehe, so dünkt mich dieser Gedanke ebenso trostlos wie der, dass die Freude vergeht. [...] (E/O II, 216 ff.)

III. Die moralisch orientierte Lebensform

Einleitung

Wer ein Leben in sozialen Kategorien führt wie der Ethiker, ein Gerichtsrat, scheint der Vorstellung eines längerfristig glücklichen, erfüllten Lebens ein Stück näher gekommen zu sein als der Ästhetiker. Er nennt Ehe, Freundschaft und Beruf als seine Glücksspender. In Beziehungen, die auf Dauer angelegt sind, stellt sich eine andere Art Glück ein, das nicht so flüchtig und brüchig ist wie die durch Genuss erzielten Freuden. Man muss zwar auch die Beziehungen, aus denen sich das Glück speist, pflegen, um ihm Dauer zu verleihen, aber diese Investitionen in eine Beziehung beruhen auf einem ständigen Geben und Nehmen, während sie beim Ästhetiker einzig dem Nehmen dienen.

Wer sich für die ethische Existenz entschieden hat, bezieht in sein Selbstverhältnis die Ansprüche der Mitmenschen mit ein, die als gleichberechtigte und gleichwertige Personen um ihrer selbst willen respektiert werden. Die ethische Beziehung rückt andere Menschen mithin nicht mehr als bloße Genussobjekte in den Blick, sondern als freie Wesen, für deren Freiheit ich in dem Sinn verantwortlich bin, dass ich existentielle Bedingungen schaffen muss, unter denen die Freiheit der anderen ebenso gewährleistet ist wie die Freiheit, die ich für mich beanspruche.

Sobald der *ethische* Aspekt ins Spiel kommt, verändert sich somit die Einstellung zu den Mitmenschen, die nicht mehr bloß als Mitgenießer oder als Mittel für die eigene Bedürfnisbefriedigung betrachtet werden, sondern als ebenbürtige Personen, die zu instrumentalisieren sich verbietet. Die wechselseitige Anerkennung bringt Werte hervor, die über den Einzelnen hinaus allgemeine Verbindlichkeit haben und ein Netz zwischenmenschlicher Beziehungen schaffen, an welchem der Einzelne nach Kräften mitstrickt, in welchem er aber zugleich auch aufgehoben ist.

Allerdings ist auch der Ethiker vor Unglück nicht gefeit. Beziehungen setzen Anstrengungen auf beiden Seiten voraus. Die Verhältnisse und mit ihnen die Menschen können sich ändern, die Pflichterfüllung im Beruf kann zur Qual werden usf. Auch das Glück im zwischenmenschlichen Bereich ist, obwohl dauerhafter als das ästhetische, auf Genuss basierende Glück, gefährdet und hat daher nicht die Qualität des Ewigen. Der Gerichtsrat hat dies durchaus gesehen und darauf hingewiesen, dass eine auf Dauer verlässliche Beziehung nur in einem religiösen Verhältnis möglich ist, in der Beziehung zu einem Gott, der sich im Unterschied zu den Menschen und den Umständen nicht ändert, sondern unerschütterlich er selbst bleibt, so dass es allein am Individuum liegt, sein Glück im Religiösen auf sicherem Boden zu gründen.

Um das Ethische als das Leben stabilisierenden Glücksfaktor zu begreifen, muss man gemäß dem Ethiker in der Schrift *Entweder/Oder* eine Grundsatzentscheidung treffen, eine unbedingte Selbstwahl vollziehen. Diese Selbstwahl ist gleichsam der Ausweis dafür, dass jemand gemeinschaftstauglich ist, denn nur wer imstande ist, eine Selbstbindung einzugehen, hat auch die Fähigkeit, sich an andere zu binden und mit diesen gemeinsam allgemeine Regeln aufzustellen, damit Verbindlichkeiten einvernehmlich zu generieren, die das Ethos einer Handlungsgemeinschaft ausmachen und sich im Moralkodex sowie in demokratischen Rechtsnormen niederschlagen.

Die Selbstwahl, in welcher der Durchbruch zum Ethischen geschieht, ist ein Freiheitsakt. Wie bei jeder freien Entscheidung kann man zwischen einer Freiheit *von* und einer Freiheit *zu* unterscheiden. Da die Aufforderung, sich selbst zu wählen, an den Ästhetiker ergeht, beinhaltet die Freiheit *von* eine Befreiung, eine Loslösung vom Genussprinzip. Damit ist nicht ein Verzicht auf die Sinnlichkeit gemeint. Der Mensch ist ein Sinnen- und Bedürfniswesen, und es wäre töricht, dies zu leugnen. Befreiung vom Genussprinzip bedeutet daher, die Verabsolutierung dieses Prinzips aufzugeben und sich nicht mehr zum Sklaven seiner Bedürfnisse und Begierden zu machen. Die neu gewonnene Unabhängigkeit ermöglicht im Sinn der Freiheit *zu* eine autonome Selbstbestimmung. Das Individuum entscheidet sich für eine Freiheit, die im doppelten Sinn bindungswillig ist: Zum einen bindet sie sich an das alte Selbst, an das ästhetische Selbst, das sich fremd bestimmen ließ und damit nicht glücklich war. Zum anderen bindet sie sich an andere Individuen und bestätigt damit deren Selbstbestimmungsrecht.

Das Glück, das sich der ethischen Selbstwahl verdankt, hängt mit der neu gewonnenen Freiheit zusammen. Die ethische Person macht die Erfahrung, dass sie aus eigener Kraft etwas kann, das sie im Stadium ihrer Abhängigkeit vom Prinzip des Genusses nicht konnte: sich selbst bestimmen in dem, was sie will. Unabhängig zu sein und seine Ziele selbst setzen zu können, verschafft dem zuvor ästhetisch in seinen Leidenschaften Gefangenen ein

Gefühl der Macht, die Gewissheit, seiner selbst mächtig zu sein. Auch jetzt kann man sich noch für eine Lust, einen Genuss entscheiden, aber diesmal, weil man selbst es will und gegebenenfalls auch lassen kann. Allerdings besteht auch, da es sich ja um eine freie Wahl handelt, die Möglichkeit, das Genussprinzip ausdrücklich als willensbestimmendes Prinzip zu wählen. Die Folgen wären allerdings fatal: Man würde sich aus Freiheit für das Gegenteil von Freiheit entscheiden, für die gewollte Abhängigkeit vom Diktat der Bedürfnisse. Wer anti-ethisch wählt, kappt mit der Selbstbindung auch sämtliche zwischenmenschlichen Bindungen, insofern der andere Mensch stets nur als potentielles Genussobjekt in den Blick kommt. Sein Unglück, seine Verzweiflung sind vorprogrammiert.

Die ethische Selbstwahl ist ein Schritt in die Freiheit, mit welchem im konkreten Lebenskontext die ästhetische Selbstbezogenheit und Verschlossenheit aufgebrochen wird. Von nun an geht der Lebensentwurf ins Offene. Manches kann scheitern, an den Umständen, den eigenen Unzulänglichkeiten, unvorhergesehenen Ereignissen, schicksalhaften Verstrickungen. Aber die einmal erworbene Autonomie ist ein anhaltender Glücksspender, der dazu anhält, das Leben neu zu strukturieren.

Einen ethischen Sonderfall diskutiert die Abraham-Geschichte. Abraham lässt sich in seiner Entscheidung, seinen Sohn Isaak zu opfern, nicht durch das Tötungsverbot der allgemeinen Moral leiten, sondern gehorcht der göttlichen Anweisung, im Vertrauen darauf, dass Gott von ihm nichts Menschenunmögliches verlangt. Doch für die soziale Gemeinschaft erweist er sich damit als Mörder, als Kindesmörder gar. Zu rechtfertigen ist dies nur durch eine „teleologische Suspension des Ethischen“, die eine Ausnahme von den für alle gültigen moralischen Regeln erlaubt. Aber eine solche Ausnahme lässt der ethische Diskurs nicht zu. Deshalb ist Abrahams Absicht, seinen Sohn zu opfern, nur für Menschen nachvollziehbar, die ebenfalls dem christlichen Glauben anhängen. Doch vor einem weltlichen Gericht bleibt Abraham ein (potentieller) Mörder.

1 Das Ethische

Vom ethischen Standpunkt aus gesehen steht die Wirklichkeit höher als die Möglichkeit. Das Ethische will gerade die Interesselosigkeit der Möglichkeit dadurch zunichte machen, daß es das Existieren zum unendlichen Interesse macht. Das Ethische will daher jeden Konfusionsversuch, wie z. B. Welt und Menschen ethisch betrachten zu wollen, verhindern. Ethisch betrachten kann man nämlich nicht, denn es gibt nur eine ethische Betrachtung, das ist Selbstbetrachtung. Das Ethische umschließt augenblicklich den Einzelnen, mit der Forderung an ihn, er solle ethisch existieren; es schwadroniert nicht von Millionen und Generationen, es nimmt die Menschheit nicht in Bausch und Bogen, ebensowenig wie die Polizei etwa die reine Menschheit arretiert. Das Ethische hat mit den einzelnen Menschen zu tun, und wohlgemerkt mit jedem Einzelnen. Weiß Gott, wie viele Haare auf eines Menschen Haupt sind, so weiß das Ethische, wie viele Menschen da sind, und die ethische Volkszählung geschieht nicht im Interesse einer Totalsumme, sondern im Interesse jedes Einzelnen. Das Ethische fordert sich selbst von jedem Menschen, und wenn es richtet, so richtet es wiederum jeden Einzelnen, nur ein Tyrann oder ein ohnmächtiger Mensch begnügt sich damit, zu dezimieren. Das Ethische ergreift den Einzelnen und fordert von ihm, daß er sich alles Betrachtens enthalte, besonders der Welt und der Menschen; denn das Ethische als das Innere läßt sich überhaupt nicht von jemand, der draußen steht, betrachten, es läßt sich nur von dem einzelnen Subjekt realisieren, das damit wissen kann, was in ihm wohnt, die einzige Wirklichkeit, die nicht dadurch zu einer Möglichkeit wird, daß man von ihr weiß, und von der man nicht nur dadurch wissen kann, daß man sie denkt, da es seine eigene Wirklichkeit ist, welche er als gedachte Wirklichkeit d. h. als Möglichkeit wußte, bevor sie Wirklichkeit wurde, während er in bezug auf die Wirklichkeit eines anderen von dieser nichts wußte, bevor er dadurch, daß er sie zu wissen bekam, sie dachte, d. h. in Möglichkeit verwandelte.

***

In bezug auf jede Wirklichkeit außer mir gilt, daß ich sie nur denkend fassen kann. Sollte ich sie wirklich fassen, so müßte ich mich zu dem anderen, zu dem Handelnden, machen können, die mir fremde Wirklichkeit zu meiner eigenen Wirklichkeit machen können, was eine Unmöglichkeit ist. Mache ich nämlich die mir fremde Wirklichkeit zu meiner eigenen, so bedeutet das nicht, daß ich dadurch, daß ich darum weiß, der andere werde, sondern das bedeutet eine neue Wirklichkeit, die mir zugehört als von dem andern verschieden.

***

Wenn ich etwas denke, was ich tun will, es aber noch nicht getan habe, so ist dieses Gedachte, wie genau es auch sei, wenn man es auch noch so sehr eine gedachte Wirklichkeit nennen könnte, eine Möglichkeit. Hinwiederum, wenn ich etwas denke, was ein anderer getan hat, also eine Wirklichkeit denke, so nehme ich diese gegebene Wirklichkeit aus der Wirklichkeit heraus und setze sie hinüber in die Möglichkeit; denn eine gedachte Wirklichkeit ist eine Möglichkeit und in bezug auf das Denken höher als die Wirklichkeit, aber nicht in bezug auf die Wirklichkeit. – Dies bezeichnet zugleich, daß es ethisch kein unmittelbares Verhältnis zwischen Subjekt und Subjekt gibt. Wenn ich ein anderes Subjekt verstanden habe, ist dessen Wirklichkeit für mich eine Möglichkeit, und diese gedachte Wirklichkeit verhält sich als (qua) Möglichkeit dazu, ebenso wie mein eigenes Denken von etwas, das ich noch nicht getan habe, sich dazu verhält, es zu tun.

***

[...] Wer in bezug auf das Gleiche nicht ebensogut den Schluß von der Möglichkeit auf die Wirklichkeit (ab posse ad esse) wie den von der Wirklichkeit auf die Möglichkeit (ab esse ad posse) begreift, der begreift die Idealität nicht, d. h. er versteht es nicht, er denkt es nicht (es ist nämlich die Rede vom Verstehen einer fremden Wirklichkeit). Wenn der Denkende nämlich mit dem auflösenden Sein-können (posse) (eine gedachte Wirklichkeit ist eine Möglichkeit) auf ein Wirklichsein (esse) stößt, das er nicht auflösen kann, dann muß er sagen: Dies kann ich nicht denken. Er suspendier also das Denken; soll er oder richtiger will er sich desungeachtet zu dieser Wirklichkeit als Wirklichkeit verhalten, so verhält er sich nicht denkend zu ihr, sondern paradox. (Man beliebe, aus dem Vorhergehenden sich an die Definition des Glaubens [im sokratischen Sinne, im weiteren (sensu laxiori), nicht im strengsten Sinne (sensu strictissimo)] zu erinnern: die objektive Ungewißheit, weil nämlich das auflösende Seinkönnen [posse] auf ein verhärtetes Wirklichsein [esse] gestoßen ist, festgehalten in leidenschaftlicher Innerlichkeit).

***

In Beziehung auf das Ästhetische und Intellektuelle zu fragen: Ist das und das nun auch wirklich, ist es wirklich geschehen, ist Mißverstand, der die ästhetische und intellektuelle Idealität nicht als Möglichkeit begreift und vergißt, daß ästhetisch und intellektuell das Rangverhältnis in der Weise zu bestimmen dasselbe ist wie die sinnliche Wahrnehmung als höher denn das Denken anzunehmen. – Ethisch fragt man richtig, wenn man fragt: Ist es wirklich, doch wohlgemerkt so, daß das einzelne Subjekt ethisch sich selbst nach seiner eigenen Wirklichkeit fragt. Die ethische Wirklichkeit eines anderen Menschen ist für ihn nur wiederum dadurch zu erfassen, daß er sie denkt, d.h. als Möglichkeit. [...]

Das Wie der Wahrheit ist gerade die Wahrheit. Es ist darum Unwahrheit, eine Frage in einem Medium zu beantworten, wo die Frage nicht auftreten kann. So etwa, die Wirklichkeit innerhalb der Möglichkeit zu erklären, innerhalb der Möglichkeit zwischen Möglichkeit und Wirklichkeit zu unterscheiden. Dadurch also, daß man nicht ästhetisch und intellektuell, sondern nur ethisch, und ethisch wiederum in bezug auf seine eigene Wirklichkeit, nach der Wirklichkeit fragt, ist ethisch jedes Individuum für sich ausgesondert. Ironie und Heuchelei als Gegensätze, aber als solche, die beide den Widerspruch ausdrücken, daß das Äußere nicht das Innere ist (die Heuchelei dadurch, daß sie als gut erscheint, die Ironie dadurch, daß sie als schlecht erscheint), schärfen in betreff der betrachtenden Frage nach dem ethischen Inneren ein, daß Wirklichkeit und Betrug gleich möglich sind, daß der Betrug ebensoweit reichen kann wie die Wirklichkeit. Nur das Individuum selbst kann wissen, was das eine ist und was das andere. Nach diesem ethischen Inneren in einem anderen Individuum zu fragen, ist bereits unethisch, insofern es

Zerstreuung bedeutet. Wird aber gleichwohl danach gefragt, so liegt die Schwierigkeit da, daß ich die Wirklichkeit des anderen nur dadurch, daß ich sie denke, fassen kann, also dadurch, daß ich sie in die Möglichkeit übersetze, wo dann die Möglichkeit des Betruges ebensogut denkbar ist. – Dies ist ein nützliches Vorstudium zum ethischen Existieren: zu lernen, daß der einzelne Mensch allein steht.

***

Ästhetisch und intellektuell nach Wirklichkeit zu fragen, ist ein Mißverständnis; ethisch nach eines anderen Menschen Wirklichkeit zu fragen, ist ein Mißverständnis, da nur nach der eigenen gefragt werden soll. Hier zeigt sich die Verschiedenheit des Glaubens (im strengsten Sinne – sensu strictissimo –, der sich auf etwas Historisches bezieht) vom Ästhetischen, Intellektuellen, Ethischen. Unendlich interessiert nach einer Wirklichkeit fragen, die nicht die eigene ist, heißt glauben wollen und drückt das paradoxe Verhältnis zum Paradox aus. Ästhetisch läßt sich so nicht fragen, außer in Gedankenlosigkeit, da ästhetisch die Möglichkeit höher steht als die Wirklichkeit; auch nicht intellektuell, da intellektuell die Möglichkeit höher steht als die Wirklichkeit; und ethisch auch nicht, weil das Individuum ethisch einzig und allein an seiner eigenen Wirklichkeit unendlich interessiert ist. Die Analogie zwischen dem Glauben und dem Ethischen besteht in der unendlichen Interessiertheit, wodurch der Glaubende von einem Ästhetiker und einem Denker absolut verschieden ist, aber wiederum verschieden von einem Ethiker ist dadurch, daß er an der Wirklichkeit eines anderen (z. B. daß der Gott wirklich dagewesen ist) unendlich interessiert ist.

***

Ästhetisch und intellektuell gilt, daß nur dann eine Wirklichkeit verstanden und gedacht worden ist, wenn ihr Wirklichsein (esse) in ihr Seinkönnen (posse) aufgelöst ist. Ethisch gilt, daß nur dann die Möglichkeit verstanden worden ist, wenn jedes Sein-können (posse) wirklich ein Wirklichsein (esse) ist. Wenn das Ästhetische und das Intellektuelle prüfen, weisen sie jedes Wirklichsein (esse) ab, das nicht ein Seinkönnen (posse) ist; wenn das Ethische prüft, verurteilt es jedes Seinkönnen (posse), das nicht ein Wirklichsein (esse) ist, ein Seinkönnen (posse) nämlich im Individuum selbst, da es ethisch nicht mit anderen Individuen zu tun hat. – In unserer Zeit wird alles zusammengemengt, man beantwortet das Ästhetische ethisch, den Glauben intellektuell usw. Man ist mit allem fertig, und doch ist man weit davon entfernt, achtsam zu sein darauf, in welcher Sphäre jede Frage ihre Antwort findet. In der Welt des Geistes bringt dies eine noch größere Konfusion hervor, als wenn in der bürgerlichen Welt z. B. ein geistliches Anliegen von der Straßenpflasterungskommission beantwortet würde.

***

Ist denn die Wirklichkeit die äußere Welt? Keineswegs. Ästhetisch und intellektuell schärft man ganz richtig ein, daß das Äußere nur ein Betrug ist für den, der die Idealität nicht faßt. [...] Was ist denn die Wirklichkeit? Sie ist die Idealität. Aber ästhetisch und intellektuell ist die Idealität die Möglichkeit (die Zurückführung der Wirklichkeit auf die Möglichkeit – ab esse ad posse). Ethisch ist die Idealität die Wirklichkeit im Individuum selbst. Die Wirklichkeit ist die Innerlichkeit, unendlich interessiert am Existieren, welches das ethische Individuum für sich selbst ist. (UN II, 21–27)

2 Die Selbstwahl

[...] kannst Du Dir etwa Entsetzlicheres denken, als daß es damit endete, daß Dein Wesen sich in eine Vielfältigkeit auflöste, daß Du wirklich zu Mehreren würdest, gleich jenen unglücklichen Dämonischen eine Legion würdest[xxxi], und Du solchermaßen des Innersten, des Heiligsten in einem Menschen verlustig gegangen wärest, der bindenden Gewalt der Persönlichkeit? Du solltest wahrlich nicht Scherz treiben mit dem, was nicht bloß ernst ist, sondern grauenvoll. Es ist in einem jeden Menschen etwas, das ihn bis zu einem gewissen Maße daran hindert, sich selber völlig durchsichtig zu werden; und dies kann der Fall sein in so hohem Maße, er kann in Lebensverhältnisse, die jenseits seiner liegen, so unerklärlich verflochten sein, daß er es beinahe nicht vermag, sich zu offenbaren; wer sich aber nicht zu offenbaren vermag, der kann nicht lieben, und wer nicht lieben kann, er ist der Unglücklichste von allen. [...]

Dein ganzes Wesen widerspricht sich selbst. Aus diesem Widerspruch herauskommen aber kannst Du nur vermöge eines Entweder/Oder, und ich, [...] der ich in meinem Leben die Bedeutung der Wahl erfahren habe, ich wünsche Dir Glück dazu, daß Du noch immer jung genug bist, um – ob Dir gleich dabei stets etwas aus den Händen gleiten wird – gleichwohl, falls Du die Energie dazu hast oder richtiger haben willst, das gewinnen zu können, was da die Hauptsache im Leben ist, nämlich Dich selbst zu gewinnen, Dich selbst zu erwerben.

Wofern ein Mensch sich nun immerfort auf der Spitze des Augenblicks der Wahl halten könnte, wofern er aufhören könnte ein Mensch zu sein, wofern er in seinem innersten Wesen nur ein luftiger Gedanke wäre, wofern die Persönlichkeit nichts anderes zu bedeuten hätte als einen Kobold, der an den Bewegungen freilich teilnähme, jedoch unverändert bliebe, wofern dies alles so sich verhielte, wäre es ein törichter Gedanke, daß es für einen Menschen zu spät sein könne zu wählen, sintemal in tieferem Sinne von einer Wahl überhaupt keine Rede sein könnte. Die Wahl selber ist entscheidend für den Gehalt der Persönlichkeit; mit der Wahl sinkt sie nieder in das Erwählte, und wenn sie nicht wählt, so welkt sie hin in Auszehrung. Einen Augenblick lang ist es so, einen Augenblick lang scheint es vielleicht so, daß das, dazwischen gewählt werden soll, außerhalb des Wählenden liegt; er steht in keinem Verhältnis dazu, er kann sich dem gegenüber in Indifferenz halten. Dies ist der Augenblick der Überlegung, aber er ist ebenso wie der platonische Augenblick eigentlich gar nicht und hat am allerwenigsten Sein in dem abstrakten Sinne, in dem Du ihn festhalten willst; und je länger man auf ihn starrt, um so weniger hat er Sein. Was gewählt werden soll, steht im tiefsten Verhältnis zum Wählenden, und wenn die Rede ist von einer Wahl, die eine Lebensfrage betrifft, so soll der einzelne Mensch ja zu gleicher Zeit leben, und kommt dadurch, je länger er die Wahl hinausschiebt, leicht dahin, sie abzuändern, obwohl er fort und fort überlegt und überlegt und damit die Gegensätze der Wahl so recht auseinander zu halten meint. Wenn man des Lebens Entweder/Oder auf solche Art betrachtet, wird man nicht leicht versucht sein, damit Scherz zu treiben. Man sieht denn also, daß der innere Antrieb der Persönlichkeit zu Gedankenexperimenten nicht Zeit hat, daß er immerfort vorwärts eilt, und so oder so entweder das eine setzt oder das andre, womit denn die Wahl im nächsten Augenblick schwieriger wird; denn was gesetzt ist, muß zurückgenommen werden. Denk Dir einen Steuermann in seinem Schiffe in dem Augenblick, da das Steuer umgelegt werden muß: er wird vielleicht sich sagen, daß er entweder so es machen könne oder so; sollte er aber nicht etwa ein mäßiger Steuermann sein, so wird er sich zugleich dessen bewußt sein, daß das Schiff unterdessen mit seiner gewohnten Schnelle dahinfährt, und daß es somit nur einen kurzen Augenblick gleichgiltig ist, ob er so tut oder so. Ebenso bei einem Menschen: vergißt er, seine Bewegung in Rechnung zu stellen, so kommt zuletzt ein Augenblick, da von einem Entweder/Oder nicht mehr die Rede ist, nicht deshalb, weil er gewählt hätte, sondern weil er die Wahl unterlassen hat, und dies kann man auch so ausdrücken: weil andre für ihn gewählt haben, weil er sich selbst verloren hat.

Aus dem hier Dargelegten wirst Du auch ersehen, worin meine Betrachtung der Wahl sich von der Deinen wesentlich unterscheidet, wenn anders ich bei Dir von einer solchen reden kann; denn Deine Betrachtung unterscheidet sich eben dadurch, daß sie eine Wahl verhindert. Der Augenblick der Wahl ist für mich überaus ernst, nicht so sehr wegen des strengen Durchdenkens dessen, was sich in der Wahl als getrennt erweist, nicht wegen der Vielfältigkeit von Gedanken, die an das einzelne Glied sich knüpfen, als vielmehr, weil Gefahr im Verzuge ist, weil es im nächsten Augenblick nicht mehr ebenso in meiner Gewalt steht zu wählen, weil alsdann schon ein Stück gelebt ist, welches wieder umgelebt werden muß; denn wenn man glaubt, man könne seine Persönlichkeit auch nur einen Augenblick lang bloß und ledig halten, oder man könne in strengerem Sinne das persönliche Leben zum Halten bringen und unterbrechen, so ist man im Irrtum. Die Persönlichkeit ist schon, bevor man wählt, an der Wahl interessiert, und wenn man die Wahl aussetzt, so wählt die Persönlichkeit unbewußt, oder die dunklen Gewalten in ihr tun es. Wenn man dann endlich die Wahl fertig bekommt, falls man sich nicht etwa, wie vorhin bemerkt, ganz und gar verflüchtigt, so entdeckt man: es ist da etwas, das noch einmal und anders gemacht werden muß, das zurückgenommen werden muß, und dies ist oft gar so schwer. […]

Sieh, damit hast Du gewählt, freilich (wie Du wohl selber zugeben wirst) nicht eben das bessere Teil; eigentlich aber hast Du gar nicht gewählt, oder Du hast gewählt im uneigentlichen Sinne. Deine Wahl ist eine aesthetische Wahl, aber eine aesthetische Wahl ist keine Wahl. Überhaupt ist ‚wählen' ein eigentlicher und strenger Ausdruck für das Ethische. Überall, wo in strengerem Sinne von einem Entweder/Oder die Rede ist, darf man jederzeit sicher sein, daß das Ethische mit im Spiel ist. Das einzige unbedingte Entweder/Oder, das es gibt, ist die Wahl zwischen Gut und Böse, aber dies ist auch schlechthin ethisch. Die aesthetische Wahl ist entweder ganz und gar unmittelbar und insofern keine Wahl, oder sie verliert sich an das Mannigfaltige. Wenn z.B. ein junges Mädchen der Wahl ihres Herzens folgt, so ist diese Wahl, wie schön sie im Übrigen auch sei, in strengerem Sinne keine Wahl, da sie ganz und gar unmittelbar ist. Wenn ein Mensch aesthetisch eine Menge von Lebensaufgaben erwägt, so etwa wie Du im Vorhergehenden, so erhält er nicht leicht ein Entweder/Oder, sondern eine ganze Mannigfaltigkeit, weil das Moment der Selbstbestimmung in der Wahl hier nicht ethisch betont ist, und weil man, wenn man nicht unbedingt wählt, nur für den Augenblick wählt, und deshalb im nächsten Augenblick etwas andres wählen kann. Die ethische Wahl ist darum in gewissem Sinne weit leichter, weit einfacher; in anderm Sinne jedoch ist sie unendlich viel schwerer. Wer seine Lebensaufgabe sich ethisch bestimmen möchte, hat im Allgemeinen keine gar so große Auswahl; dahingegen hat die Handlung der Wahl für ihn weit mehr zu bedeuten. Wenn Du mich also richtig verstehen willst, so kann ich gerne sagen, es komme beim Wählen nicht so sehr darauf an, das Rechte zu wählen, als vielmehr auf die Energie, den Ernst, das Pathos, mit denen man wählt. Darin macht sich kund die Persönlichkeit in ihrer inneren Unendlichkeit, und damit wiederum wird die Persönlichkeit fest gegründet. Möge darum ein Mensch gleich das Unrechte wählen, er würde doch, eben um der Energie willen, mit der er gewählt, es entdecken, daß er das Unrechte gewählt. Indem die Wahl nämlich mit der ganzen Innerlichkeit der Persönlichkeit vorgenommen ist, ist sein Wesen geläutert worden, und er selber in ein unmittelbares Verhältnis gebracht zu der ewigen Macht, welche das gesamte Dasein allgegenwärtig durchdringt. Wer lediglich, aesthetisch wählt, erreicht niemals diese Verklärung, diese höhere Weihe. Der Rhythmus in seiner Seele ist aller ihrer Leidenschaft zum Trotz bloß ein schwacher Hauch (spiritus lenis).

[...]

Was ist es denn also, das ich in meinem Entweder/Oder sondere? Ist es Gut und Böse? Nein, ich will Dich lediglich an die Stelle bringen, an der diese Wahl für Dich in Wahrheit Bedeutung gewinnt. Hierum dreht sich alles. Vermag man einen Menschen nur erst derart auf die Wegscheide zu stellen, daß es für ihn keinen Ausweg gibt, außer mittels der Wahl, so wählt er das Rechte. Sollte es darum geschehen, daß Du vor der Beendigung der Lektüre dieser etwas ausführlicheren Untersuchung, die Dir wiederum in Gestalt eines Briefes zugesandt wird, empfändest, der Augenblick der Wahl sei da, so wirf den Rest nur fort, kümmere Dich nicht mehr darum, Du hast nichts damit verloren; aber wähle, und Du wirst sehen, welch eine Giltigkeit in der Wahl liegt, o ja, kein junges Mädchen kann so glücklich sein dank der Wahl ihres Herzens, als ein Mann es ist, der es verstanden hat zu wählen. Mithin: entweder man muß aesthetisch leben oder man muß ethisch leben. Hier ist, wie gesagt, in strengerem Sinne von einer Wahl noch nicht die Rede; denn wer da aesthetisch lebt, der wählt nicht, und wer da, nachdem das Ethische sich ihm gezeigt hat, das Aesthetische wählt, der lebt nicht aesthetisch, denn er sündigt, und ist ethischen Bestimmungen unterstellt, ob sein Leben auch als unethisch bezeichnet werden muß. Sieh, dies ist gleichsam das unaufhebbare Wesen (der character indelebilis) des Ethischen, daß es, obwohl es sich mit dem Aesthetischen bescheiden auf eine Stufe stellt, eigentlich doch erst das ist, was die Wahl zu einer Wahl macht. Und das ist bei der Betrachtung des Lebens der Menschen das Traurige, daß so viele ihr Leben hinleben in stiller Verlorenheit; sie leben sich selber aus, nicht in dem Sinne, daß des Lebens Inhalt sich fortschreitend entfaltet, und nun in seiner Entfaltung wahrhaft besessen wird, sondern sie leben sich gleichsam aus sich selbst hinaus, schwinden wie Schatten, deren unsterbliche Seele verweht wird, und sie ängstigen sich nicht wegen der Frage nach ihrer Unsterblichkeit; denn sie haben sich allbereits aufgelöst, ehe denn sie sterben. Sie leben nicht aesthetisch, aber auch das Ethische hat sich ihnen nicht gezeigt in seiner Ganzheit; sie haben es also auch nicht eigentlich verworfen, sie sündigen daher auch nicht, außer, wofern es Sünde ist, daß sie weder das eine sind noch das andre; sie zweifeln also auch nicht an ihrer Unsterblichkeit, denn wer da tief und innerlich im eignen Namen daran zweifelt, er findet schon noch das Rechte. ‚Im eignen Namen‘, sag ich, und es ist wohl hohe Zeit, vor der großherzigen, heldenmütigen Objektivität zu warnen, mit der viele Denker in aller Namen denken, nicht in ihrem eignen. Will man, was ich hier fordere, Selbstliebe nennen, so erwidere ich: so geht es eben, wenn man keine Vorstellung davon hat, was dies „Selbst“ ist, und daß es einem Menschen gar wenig hülfe, wenn er die ganze Welt gewönne und sich selbst verlöre, sowie, daß es notwendig ein schlechter Beweis sein muß, welcher nicht zuerst und vor allem den überzeugt, der ihn vorbringt.

Mein Entweder/Oder bezeichnet zuallernächst nicht die Wahl zwischen Gut und Böse, es bezeichnet jene Wahl, mit der man Gut und Böse wählt, oder Gut und Böse abtut. Die Frage geht hier darum, unter welchen Bestimmungen man das ganze Dasein betrachten und selber leben will. Daß man das Gute wählt, wenn man Gut und Böse wählt, ist freilich wahr, jedoch es zeigt sich erst hinterdrein; denn das Aesthetische ist nicht das Böse, sondern die Indifferenz, und deshalb habe ich ja gesagt, daß das Ethische die Wahl gründet. Es ist daher nicht so sehr die Rede davon, daß man zwischen dem Wollen des Guten und dem Wollen des Bösen wählt, als vielmehr davon, daß man das Wollen wählt, hiermit aber ist wiederum das Gute und das Böse gesetzt. Wer das Ethische wählt, wählt das Gute, aber das Gute ist hier ganz und gar abstrakt, sein Sein ist damit lediglich gesetzt, und daraus folgt keinerwege, daß der Wählende nicht wieder das Böse wählen könnte, obwohl er das Gute gewählt hat. Hier siehst Du abermals, wie wichtig es ist, daß da gewählt werde, und daß es nicht so sehr auf die Überlegung ankommt als vielmehr auf die Taufe des

Willens, welche diesen in das Ethische aufnimmt. Je mehr die Zeit hingeht, um so schwerer wird es zu wählen; denn die Seele ist fort und fort in einem der beiden Teile des Dilemmas, und es wird darum schwerer und schwerer, sich loszureißen. Dennoch ist dies notwendig, falls da gewählt werden soll, und mithin von äußerster Wichtigkeit, falls eine Wahl etwas zu bedeuten hat, und daß Letzteres der Fall ist, werde ich später zeigen. [...]

Sogar das geringste Individuum hat somit eine zwiefache Existenz. Ein jeder einzelne Mensch hat seine Geschichte, und diese ist nicht ein bloßes Erzeugnis seiner eignen freien Handlungen. Die inwendige Tat hingegen gehört ihm selbst, und wird ihm gehören in alle Ewigkeit; sie kann ihm von der Geschichte oder Weltgeschichte nicht abgenommen werden, sie folgt ihm nach entweder zur Freude oder zur Betrübnis. In dieser inneren Welt herrscht ein unbedingtes Entweder/Oder; mit ihr aber hat die Philosophie nichts zu schaffen. Stelle ich mir einen älteren Mann vor, der Rückschau hält über ein bewegtes Leben, so gewinnt er gedanklich auch eine Vermittlung dieses Lebens, denn seine Geschichte ist in die der Zeit eingeflochten gewesen; zu allerinnerst im Innern aber gewinnt er keine Vermittlung. Allda scheidet noch immerfort ein Entweder/Oder dasjenige, was geschieden gewesen ist, als er wählte. Sollte man hier von einer Vermittlung sprechen, so könnte man etwa sagen, es sei die Reue; indes die Reue ist keine Vermittlung, sie sieht nicht begehrend auf das, was vermittelt werden soll, ihr Grimm zehrt es auf; dies aber ist gleichsam Ausschließung, der Gegensatz zu Vermittlung. Hier zeigt es sich zugleich, daß ich kein radikales Böse annehme, sintemal ich die Wirklichkeit der Reue behaupte; Reue jedoch ist zwar ein Ausdruck für Versöhnung, zugleich aber ein schlechthin unversöhnlicher Ausdruck.

[...]

Deshalb streite ich für die Freiheit (teils in diesem Briefe hier, teils und vornehmlich in meinem Innern), für eine Zukunft, für das Entweder/Oder. Es ist der Schatz, welchen ich denen zu hinterlassen gedenke, die ich in der Welt liebe. Ja wäre mein kleiner Sohn in solchem Augenblick schon so alt, daß er mich recht verstehen könnte, und meine letzte Stunde wäre gekommen, so würde ich zu ihm sprechen: ‚ich hinterlasse dir nicht Vermögen, nicht Titel und

Rang; aber ich weiß, wo ein Schatz begraben liegt, der dich reicher machen kann als die ganze Welt, und dieser Schatz gehört dir, und du sollst mir für ihn nicht einmal danken, damit du nicht dadurch, daß du einem Menschen alles schuldest, Schaden nehmest an deiner Seele; dieser Schatz ist niedergelegt in deinem eignen Innern: es gibt ein Entweder/Oder, welches den Menschen größer macht denn die Engel.

[...]

Mithin: was durch mein Entweder/Oder in Erscheinung tritt, ist das Ethische. Es ist daher noch nicht die Rede davon, daß man Etwas wähle, noch nicht die Rede von der Realität dessen, das man wählt, sondern von der Realität, welche das Wählen als solches hat. Dies ist jedoch das Entscheidende, und dazu Dich zu erwecken ist mein Bemühen. Bis zu diesem Punkte vermag ein Mensch dem andern zu helfen; ist er bis zu ihm gelangt, so wird die Bedeutung, die ein Mensch für den andern haben kann, zu etwas mehr Untergeordnetem. In einem früheren Brief habe ich die Bemerkung getan, daß es dem Wesen eines Menschen eine Harmonie, die nie ganz sich verliert, gewährt, wenn er geliebt hat; jetzt möchte ich sagen, daß es dem Wesen eines Menschen eine Feierlichkeit, eine stille Würde, die nie ganz sich verlieren, gewährt, wenn er wählt. Es gibt so manche, welche einen außerordentlichen Wert darauf legen, das eine oder andere bemerkenswerte welthistorische Individuum von Angesicht zu Angesicht gesehen zu haben. Dieser Eindruck ist ihnen unvergeßlich, er hat ihrer Seele ein ideales Bild geschenkt, welches ihr Wesen adelt; dennoch ist sogar dieser Augenblick, so bedeutungsvoll er sein mag, ein Nichts gegen den Augenblick der Wahl. Wenn da um einen her alles still geworden, feierlich gleich einer sternklaren Nacht, wenn die Seele allein ist in der ganzen Welt, da zeigt sich vor ihr nicht ein hervorragender Mensch, sondern die ewige Macht selbst, da tut der Himmel sich gleichsam auf, und das Ich wählt sich selbst, oder richtiger, es empfängt sich selbst. Da hat die Seele das Höchste geschaut, das kein sterblich Auge zu schauen vermag, und das sie niemals vergessen kann, da empfängt die Persönlichkeit den Ritterschlag, der sie für eine Ewigkeit adelt. Der Mensch wird nicht ein andrer denn er zuvor gewesen, nein, er wird er selbst; das Bewußtsein schließt sich zum Ringe, und er ist er selbst. Gleich wie ein Erbe, und wäre er auch Erbe aller Schätze der Welt, diese gleichwohl nicht besitzt, ehe denn er mündig geworden, ebenso ist auch der Mensch mit der reichsten Persönlichkeit ein Nichts, ehe denn er sich selbst gewählt hat, und auf der andern Seite ist sogar ein Mensch, den man etwa die dürftigste Persönlichkeit nennen möchte, alles, wenn er sich selbst gewählt hat; denn das Große ist nicht, dies oder das zu sein, sondern man selbst zu sein; und das vermag ein jeder Mensch, so er will.

Daß von einer Wahl von Etwas gewissermaßen nicht die Rede ist, wirst Du daraus ersehen, daß das auf der andern Seite sich Zeigende das Aesthetische ist, welches die Indifferenz ist. Gleichwohl ist hier die Rede von einer Wahl, ja von einer absoluten Wahl; denn allein indem man unbedingt wählt, kann man das Ethische wählen. Durch die absolute Wahl ist somit das Ethische gesetzt; daraus folgt jedoch keineswegs, daß das Aesthetische ausgeschlossen ist. Im Ethischen hat die Persönlichkeit ihren Mittelpunkt in sich selbst erhalten, in absoluter Rücksicht ist also das Aesthetische ausgeschlossen oder es ist ausgeschlossen als das Absolute, in relativer Rücksicht jedoch bleibt es immerfort erhalten. Indem die Persönlichkeit sich selbst wählt, wählt sie sich selbst ethisch und schließt in absoluter Rücksicht das Aesthetische aus; da aber der Mensch sich selbst wählt, und durch die Wahl seiner selbst nicht etwa ein andres Wesen wird, sondern er selbst wird, so kehrt das gesamte Aesthetische wieder in seiner Relativität.

Das Entweder/Oder, das ich aufgestellt habe, ist mithin in gewissem Sinne absolut; denn es geht in ihm um Wählen oder Nicht-wählen. Da aber die Wahl eine absolute Wahl ist, ist das Entweder/Oder absolut; in einem andern Sinne jedoch tritt das Entweder/Oder erst durch die Wahl ein; denn jetzt zeigt sich die Wahl zwischen Gut und Böse. Diese in und mit der ersten Wahl gesetzte Wahl wird mich hier nicht beschäftigen, ich will Dich lediglich hinzwingen zu der Stelle, an welcher die Notwendigkeit der Wahl sich zeigt, und alsdann das Dasein unter ethischen Bestimmungen betrachten. Ich bin kein ethischer Rigorist, der für eine formale abstrakte Freiheit begeistert ist; wenn die Wahl nur erst gesetzt ist, kehrt alles Aesthetische wieder, und Du wirst sehen: hierdurch erst wird das Dasein schön, und erst auf diesem

Wege kann es einem Menschen gelingen, seine Seele zu erretten und die ganze Welt zu gewinnen, die Welt zu gebrauchen ohne sie zu mißbrauchen.

Was aber heißt es: aesthetisch leben, und was heißt es: ethisch leben? Was ist in einem Menschen das Aesthetische, und was ist das Ethische? Hierauf möchte ich antworten: Das Aesthetische in einem Menschen ist das, dadurch er unmittelbar das ist was er ist; das Ethische ist das, dadurch er das wird was er wird. Wer in und durch und von und für das Aesthetische in ihm lebt, er lebt aesthetisch.

Es ist nicht meine Absicht, mich hier näher einzulassen auf eine Betrachtung des Vielfältigen, das in der gegebnen Bestimmung des Aesthetischen liegt. Es scheint auch ein überflüssig Ding zu sein, Dich darüber, was aesthetisch leben heiße, belehren zu wollen, Dich, der Du darin mit so viel Könnerschaft Dich geübt hast, daß eher ich Deiner Hilfe bedürfen möchte. Mittlerweile möchte ich doch einige Stadien skizzieren, um uns hinzuarbeiten an die Stelle, da Dein Leben eigentlich zu Hause ist, und das ist mir von Wichtigkeit, auf daß Du mir nicht zu früh mit einem Deiner sehr geliebten Seitensprünge entwischest. Außerdem zweifle ich nicht daran, daß ich in vielen Dingen imstande bin, Dich über das, was aesthetisch leben heißt, aufzuklären. Während ich nämlich jedermann, der aesthetisch zu leben den Wunsch hätte, an Dich weisen würde als an den verläßlichsten Führer, würde ich ihn nicht an Dich weisen, falls er in höherem Sinne den Wunsch hätte einzusehn, was aesthetisch leben heißt; denn darüber vermöchtest Du ihn nicht aufzuklären, eben weil Du selbst ein Gebundener bist; nur der kann es ihm erklären, der selber auf höherer Stufe steht, d. h. der, welcher ethisch lebt. Vielleicht wärest Du einen Augenblick lang versucht, mir den schikanösen Einwand zu machen, daß ich alsdann meinerseits keine verläßliche Erklärung darüber, was ethisch leben heißt, zu geben vermöchte, weil ich selber im Ethischen gebunden bin. Dies würde mir jedoch lediglich Anlaß zu einer weiteren Aufklärung geben. Der Grund, weshalb der, welcher aesthetisch lebt, in höherem Sinne Aufklärung nicht zu geben vermag, ist der, daß er fort und fort nur im Augenblick lebt, fort und fort doch nur in einer gewissen Relativität, innerhalb gewisser Grenzen wissend ist. Es ist durchaus nicht meine Absicht zu leugnen, daß da, um aesthetisch zu leben, falls solch ein

Leben auf seinem Gipfel ist, eine Vielfalt von Geistesgaben erforderlich sein möge, ja daß diese sogar in ungewöhnlichem Maße intensiv entwickelt sein müssen; gleichwohl aber sind sie geknechtet, und es fehlt an der Durchsichtigkeit. Ebenso findet man oft auch Tierarten, welche weit schärfere, weit intensivere Sinne besitzen als der Mensch, diese aber sind durch den tierischen Instinkt gebunden. Ich will gerne Dich selbst als Beispiel nehmen. Ich habe Dir nie ausgezeichnete Geistesgaben abgestritten, wie Du auch daraus ersehen kannst, daß ich Dir oft genug vorgeworfen habe, Du mißbrauchtest sie. Du bist witzig, ironisch, ein Beobachter, ein Dialektiker, im Genuß erfahren, Du weißt den Augenblick zu berechnen, Du bist empfindsam, herzlos, je nach den Umständen; bei alledem aber lebst Du immerfort nur im Augenblick, und daher löst sich Dein Leben auf, und es ist Dir unmöglich, es zu erklären. Möchte nun einer die Kunst des Genießens lernen, so wendet er sich ganz mit Recht an Dich; hat er jedoch den Wunsch, Dein Leben zu verstehen, so kommt er an den Verkehrten. Bei mir fände er vielleicht eher, was er sucht, und dies, wiewohl ich durchaus nicht im Besitz Deiner Geistesgaben bin. Du bist gebunden und hast gleichsam nicht Zeit, Dich loszureißen, ich bin nicht gebunden, weder in meinem Urteil über das Aesthetische, noch auch in dem über das Ethische; denn im Ethischen bin ich über den Augenblick gerade erhaben, bin ich in der Freiheit; es ist aber ein Widerspruch, daß man gebunden werden könnte durch das Sein in der Freiheit.

Ein jeder Mensch, wie gering auch seine Begabung, wie untergeordnet auch seine Stellung im Leben sei, hat ein natürliches Bedürfnis, sich eine Lebensanschauung zu bilden, eine Vorstellung von des Lebens Bedeutung und Ziel. Wer aesthetisch lebt, tut das auch, und der gewöhnliche Ausdruck, den man zu allen Zeiten und seitens der verschiedenen Stadien vernommen hat, ist: man soll das Leben genießen. Es gibt natürlich recht viele Abwandlungen, je nach dem Unterschied der Vorstellung von Lebensgenuß; in dem Ausdruck aber, daß man das Leben genießen solle, sind sie alle einig. Wer aber sagt, er wolle das Leben genießen, der setzt stets eine Bedingung, welche entweder außerhalb des Individuums liegt oder auf eine Art im Individuum ist, daß sie nicht in dessen eigner Macht steht. Was diesen letzten Absatz angeht, so möchte ich Dich bitten, die gebrauchten Ausdrücke ein wenig im Gedächtnis zu behalten, da sie mit Bedacht gewählt sind. [...] (E/O II, 170–191)

[...]

So wähle denn die Verzweiflung, denn die Verzweiflung selber ist eine Wahl, zweifeln kann man nämlich ohne es zu wählen, verzweifeln aber kann man nicht ohne es zu wählen. Und indem man verzweifelt, wählt man abermals, und was wählt man da, man wählt sich selbst, nicht in seiner Unmittelbarkeit, nicht als dies zufällige Individuum, sondern man wählt sich selbst in seiner ewigen Giltigkeit.

[...] Zweifel ist des Gedankens Verzweiflung, Verzweiflung ist der Persönlichkeit Zweifel, das ist der Grund, weshalb ich so festhalte an der Bestimmung des Wählens, welche meine Losung ist, der Nerv meiner Lebensanschauung, und eine solche hab ich, wiewohl ich mir keineswegs anmaße, ein System zu haben. Zweifel ist die innere Bewegung des Gedankens selber, und in meinem Zweifel verhalte ich mich so unpersönlich als möglich. Ich will nun annehmen, daß der Gedanke, indem der Zweifel durchgeführt wird, das Absolute finde und darin ruhe; alsdann ruht er darin nicht einer Wahl zufolge, sondern der gleichen Notwendigkeit zufolge, gemäß deren er gezweifelt hat; denn der Zweifel selber ist eine Bestimmung von Notwendigkeit und das Ruhen desgleichen. Dies ist das Erhabene am Zweifel, um dessentwillen er von Leuten, die schwerlich verstanden, was sie sagten, so oft angepriesen und ausgeschrieen worden ist. Der Umstand aber, daß es eine Bestimmung der Notwendigkeit ist, beweist, daß die ganze Persönlichkeit nicht mit in Bewegung ist. Darum liegt etwas sehr Wahres darin, wenn ein Mensch sagt: ‚ich möchte gerne glauben, ich kann nicht, ich muß zweifeln.' Daher sieht man auch oft, daß ein Zweifler in sich selber gleichwohl einen positiven Gehalt zu eigen haben kann, welcher außerhalb jeden Austauschs mit dem Gedanken lebt, daß er ein höchst gewissenhafter Mensch sein kann, der an der Giltigkeit der Pflicht und an der Norm für sein Handeln ganz und gar nicht zweifelt, und ebenso ganz und gar nicht zweifelt an einer Fülle sympathetischer Gefühle und Stimmungen. Anderseits sieht man, vor, allem in unsrer Zeit, Menschen, welche die Verzweiflung im

Herzen tragen und gleichwohl den Zweifel überwunden haben. [...] Verzweiflung ist ein weit tieferer und vollständigerer Ausdruck, ihre Bewegung ist weit umfassender als die des Zweifels. Verzweiflung ist eben ein Ausdruck für die gesamte Persönlichkeit, Zweifel lediglich für den Gedanken. Die vermeintliche Objektivität, die der Zweifel hat, weswegen er so vornehm ist, ist gerade ein Ausdruck für seine Unvollkommenheit. Zweifel liegt daher im Bereich der Unterscheidungen (in der Differenz), Verzweiflung im Absoluten. Es ist Talent nötig zum Zweifeln, aber es ist schlechterdings kein Talent nötig zum Verzweifeln; Talent aber ist als solches eine Differenz, und was da, um sich geltend zu machen, eine Differenz voraussetzt, kann nie das Absolute sein; denn das Absolute kann für das Absolute lediglich als das Absolute sein. Der geringste, schwächst begabte Mensch kann verzweifeln, ein junges Mädchen, das alles andre als ein Denker ist, kann verzweifeln, wohingegen jeder leicht empfindet, wie töricht es wäre, von ihnen zu sagen, daß sie Zweifler seien. Der Grund dafür, daß der Zweifel eines Menschen beruhigt sein und er selbst dennoch verzweifelt sein kann, daß dies so hingehn kann, ist der, daß der Mensch in tieferem Sinne die Verzweiflung nicht will. Überhaupt kann man gar nicht verzweifeln, wenn man es nicht will, sondern um in Wahrheit zu verzweifeln, muß man es in Wahrheit wollen; will man es aber in Wahrheit, so ist man in Wahrheit über die Verzweiflung hinaus; hat man die Verzweiflung in Wahrheit gewählt, so hat man in Wahrheit das gewählt, was von der Verzweiflung gewählt wird: sich selbst in seiner ewigen Giltigkeit. Erst in der Verzweiflung ist die Persönlichkeit zufrieden gestellt, nicht mit Notwendigkeit, denn ich verzweifle niemals notwendig, sondern mit Freiheit, und erst darin ist das Absolute gewonnen. Es ist meine Meinung, daß in dieser Hinsicht unsre Zeit einen Fortschritt machen wird, wofern anders ich über unsre Zeit überhaupt eine Meinung haben kann, da ich sie lediglich kenne aus Zeitungslektüre oder einer vereinzelten Schrift oder aus Unterhaltungen mit Dir. Die Stunde ist wohl nicht sehr ferne, da man, vielleicht um recht teuren Preis, es erfahren wird, daß der wahre Ausgangspunkt für das Finden des Absoluten nicht Zweifel ist, sondern Verzweiflung.

Indes, ich kehre zurück zu meiner Kategorie, ich bin nicht Logiker, ich habe nur eine einzige Kategorie, aber ich versichere Dir, sie ist meines Herzens wie meines Gedankens Wahl, meiner Seele Lust und meine Seligkeit, – ich kehre zurück zu der Bedeutung des Wählens. Indem ich also absolut wähle, wähle ich die Verzweiflung, und in der Verzweiflung wähle ich das Absolute, denn ich bin selbst das Absolute, ich setze das Absolute und ich bin selbst das Absolute; aber als damit schlechthin gleichsinnig muß ich es sagen: ich wähle das Absolute, welches mich wählt, ich setze das Absolute, das mich setzt; denn erinnere ich mich nicht daran, daß dieser andre Ausdruck ebenso unbedingt gilt, so ist meine Kategorie des Wählens unwahr; denn sie ist eben die Identität von beidem. Was ich wähle, das setze ich nicht, denn wo es nicht gesetzt wäre, könnte ich es nicht wählen, und doch, wo ich es nicht dadurch setzte, daß ich es wähle, wählte ich es nicht. Es ist, denn wäre es nicht, so, könnte ich es nicht wählen; es ist nicht, denn es wird erst dadurch, daß ich es wähle, und ansonst wäre meine Wahl eine Illusion.

Indes, was ist es denn, das ich da wähle, ist es dies oder jenes? Nein, denn ich wähle absolut, und absolut wähle ich ja eben dadurch, daß ich gewählt habe, nicht dieses oder jenes zu wählen. Ich wähle das Absolute, und was ist das Absolute? Es ist ich selbst in meiner ewigen Giltigkeit. Etwas anderes als mich selbst kann ich nie als das Absolute wählen, denn wähle ich etwas anderes, so wähle ich es als eine Endlichkeit, und wähle es mithin nicht absolut. Selbst der Jude, der da Gott wählte, wählte nicht absolut, denn er wählte zwar das Absolute, aber er wählte es nicht absolut, und dadurch hörte es auf, das Absolute zu sein und ward eine Endlichkeit.

Indes, was ist denn dies, mein Selbst? Wollte ich von einem ersten Augenblick, einem ersten Ausdruck dafür sprechen, so ist meine Antwort: es ist das Abstrakteste von allem, welches doch in sich zugleich das Konkreteste von allem ist – es ist die Freiheit. Laß mich hier eine kleine psychologische Beobachtung anstellen. Man hört oft genug Leute ihrem Mißvergnügen Luft machen in Klagen über das Leben, man hört sie oft genug Wünsche aussprechen. Denk Dir nun solch einen Stümper; laß uns über die Wünsche weggehen, die hier nichts aufklären, weil sie im Bereich des durchaus Zufälligen liegen. Er hat den Wunsch; o, daß ich doch jenes Mannes Geist oder dieses

Mannes Talent hätte usf., ja, um bis zur äußersten Höhe zu gehn –: ‚o daß ich jenes Mannes Festigkeit hätte!‘ Wünsche solcher Art hört man häufig genug, aber hast Du jemals im Ernste einen Menschen wünschen hören, daß er ein andrer werden möge, es ist so weit davon, daß es für sogenannte unglückliche Individualitäten gerade kennzeichnend ist, daß sie sich am festesten an sich selber klammern, daß sie allen ihren Leiden zum Trotz um keinen Preis der Welt wünschen, ein andrer zu sein, etwas, das seinen Grund darin hat, daß solche Individualitäten der Wahrheit recht nahe sind und sie die ewige Giltigkeit der Persönlichkeit empfinden, nicht in dem Segen den sie hat, sondern in der Qual die sie hat, wiewohl sie dabei für die Freude nur diesen ganz und gar abstrakten Ausdruck übrig behalten haben, daß sie am liebsten doch sie selber bleiben möchten. Aber nun zu jenem, der die vielen Wünsche hat, er vermeint doch immerfort er selbst zu bleiben, obwohl alles sich wandelte. Mithin ist in ihm selber etwas, welches in Vergleich mit allem andern absolut ist, etwas, dadurch er der ist der er ist, möge gleich die Veränderung, die er mit seinem Wunsch erreichte, die größtmögliche sein. Daß er in einem Mißverständnis befangen ist, werde ich späterhin zeigen, hier aber will ich lediglich den abstraktesten Ausdruck zu finden suchen für dieses „Selbst“, das ihn zu dem macht der er ist. Und das ist nichts andres denn die Freiheit. Auf diesem Wege ließe sich wirklich ein höchst einleuchtender Beweis führen für die ewige Giltigkeit der Persönlichkeit; ja sogar ein Selbstmörder möchte doch eigentlich nicht sein Selbst loswerden, auch er wünscht noch, wünscht eine andere Gestalt für sein Selbst, und man könnte darum wohl einen Selbstmörder finden, der von der Unsterblichkeit der Seele im höchsten Maße überzeugt wäre, dessen ganzes Wesen aber so in Banden läge, daß er vermeinte, durch diesen Schritt die absolute Form für seinen Geist zu finden.

Der Grund jedoch, weshalb es einem Menschen so erscheinen kann, als ob er fort und fort verwandelt werden könnte und doch der gleiche bliebe, als ob sein innerstes Wesen eine algebraische Größenbezeichnung wäre, die das, was eben beliebt, bedeuten kann, liegt darin, daß er eine falsche Stellung eingenommen hat, daß er sich selbst nicht gewählt hat, keine Vorstellung von dergleichen hat; dennoch liegt sogar in seinem Unverstand eine Anerkennung der ewigen Giltigkeit der Persönlichkeit. Wer hingegen die richtige Stellung hat, ihm geht es anders. Er wählt sich selbst, nicht in endlichem Sinne, denn dann würde dies „Selbst“ ja zu einer Endlichkeit, die unter andern Endlichkeiten mit unterliefe, sondern in absolutem Sinne; und doch wählt er ja sich selbst und nicht einen andern. Dies Selbst, das er dergestalt wählt, ist unendlich konkret, denn es ist er selbst; dennoch ist es schlechthin verschieden von seinem früheren Selbst, denn er hat es absolut gewählt. Dies Selbst ist zuvor nicht dagewesen, denn es ist durch die Wahl geworden, und doch ist es dagewesen, denn es war ja „er selbst“.

Die Wahl vollzieht hier mit einem Schlage folgende zwei dialektische Bewegungen: Das, was gewählt wird, ist nicht da und entsteht durch die Wahl; das, was gewählt wird, ist da, sonst wäre es keine Wahl. Wofern nämlich das, was ich wähle, nicht da wäre, sondern durch die Wahl schlechthin entstünde, würde ich nicht wählen, sondern würde erschaffen; aber ich erschaffe mich nicht, ich wähle mich. Während daher die Natur aus nichts erschaffen ist, während ich selbst als unmittelbare Persönlichkeit aus nichts erschaffen bin, bin ich als freier Geist geboren aus dem Satz des Widerspruchs, oder dadurch geboren, daß ich mich selbst gewählt.

Er entdeckt nun, daß das Selbst, welches er wählt, eine unendliche Mannigfaltigkeit in sich trägt, sofern es eine Geschichte hat, eine Geschichte, in der er sich zu der Identität mit sich selbst bekennt. Diese Geschichte ist unterschiedlicher Art, denn in dieser Geschichte steht er in einem Verhältnis zu andern Individuen des Geschlechts und zum ganzen Geschlecht, und diese Geschichte enthält etwas Schmerzhaftes, gleichwohl ist er der, der er ist, allein durch diese Geschichte. Darum gehört Mut dazu, sich selbst zu wählen; denn in eben der Stunde, da es scheint, daß er sich am allermeisten isoliere, in eben ihr senkt er sich am allertiefsten in die Wurzel, durch die er mit dem Ganzen zusammenhängt. Das ängstigt ihn, dennoch muß es so sein; denn wenn der Freiheit Leidenschaft in ihm erwacht ist – und sie ist erwacht in der Wahl, ebenso wie sie sich selbst voraussetzt in der Wahl –, wählt er sich selbst und kämpft für jenen Besitz als für seine Seligkeit, und es ist seine Seligkeit. Er kann von alledem, das dazugehört, nichts aufgeben, auch nicht das Schmerzhafteste, auch nicht das Lastendste; gleichwohl ist der Ausdruck für diesen Kampf, dies Erwerben – Reue. Er reut sich zurück in sich selbst, zurück in der Familie, zurück im Geschlecht, bis daß er sich selbst findet in Gott. [...]

Die Wahl der Verzweiflung ist somit „ich selbst"; denn es ist freilich wahr, daß ich, indem ich verzweifle, wie über alles andre so denn auch über mich selbst verzweifle; jedoch das Selbst, über das ich verzweifle, ist eine Endlichkeit gleich jeder andern Endlichkeit, und das Selbst, das ich wähle, ist das absolute Selbst, oder mein Selbst nach seiner absoluten Giltigkeit. Verhält es sich dergestalt, so wirst Du hier abermals sehen, warum ich im Vorhergehenden und jetzt fort und fort sage, daß das von mir aufgestellte Entweder/Oder zwischen aesthetisch leben und ethisch leben kein vollständiges Dilemma ist, weil eigentlich nur von einer einzigen Wahl die Rede ist. Durch diese Wahl wähle ich eigentlich nicht zwischen Gut und Böse, sondern ich wähle das Gute; indem ich aber das Gute wähle, wähle ich eben damit die Wahl zwischen Gut und Böse. Die ursprüngliche Wahl ist ständig zugegen in einer jeden folgenden Wahl.

So verzweifle denn, und Dein Leichtsinn wird Dich niemals mehr dahin bringen, gleich einem unsteten Geist, gleich einem Gespenst umherzuwandern zwischen den Trümmern einer Welt, die doch für Dich verloren ist; verzweifle, und Dein Geist wird niemals mehr in Schwermut seufzen; denn die Welt wird Dir wieder schön und erfreuend werden, wiewohl Du mit andern Augen auf sie blickst als zuvor, und Dein Geist wird sich befreit emporschwingen in die Welt der Freiheit. [...]

Indem Du nun Dich selbst absolut wählst, entdeckst Du leicht, daß dies Selbst keine Abstraktion oder Tautologie ist; auf solche Art kann es sich höchstens zeigen im Augenblick der Orientierung, in welchem man scheidet und sondert, bis daß man für dies Selbst den abstraktesten Ausdruck gefunden hat, und sogar alsdann ist es eine Illusion, daß es ganz und gar abstrakt und inhaltslos sei, denn es ist ja kein Bewußtsein der Freiheit im Allgemeinen (was eine Gedankenbestimmung wäre); sondern es ist in Erscheinung getreten durch eine Wahl und ist das Bewußtsein von diesem bestimmten freien Wesen, welches es selbst ist und kein andrer. Dies Selbst enthält in sich ein reiches konkretes Sein, eine Vielfalt von Bestimmtheiten, von

Eigenschaften, kurz, es ist das ganze aesthetische Selbst, welches ethisch gewählt worden ist. Je mehr Du Dich daher in Dich selbst vertiefst, um so mehr wirst Du die Bedeutung sogar des Unbedeutenden empfinden, nicht in endlichem Sinne, sondern in unendlichem, weil es durch Dich gesetzt ist, und sofern man dergestalt in ethischem Sinne sich selbst wählt, ist dies nicht lediglich eine Besinnung auf sich selbst, sondern man könnte, um diesen Akt zu kennzeichnen, an das Wort der Schrift erinnern: Rechenschaft geben von einem jeden unnützen Wort, das man geredet hat. Wenn nämlich der Freiheit Leidenschaft erwacht ist, ist sie eifersüchtig auf sich selbst und läßt es nimmermehr zu, daß derart in einem unbestimmten Durcheinander bleibe, was einem zugehört und was nicht. In dem ersten Augenblick der Wahl tritt daher die Persönlichkeit scheinbar ebenso nackt zutage wie das Kind aus seiner Mutter Leib, im nächsten Augenblicke schon ist sie in sich selbst konkret, und nur vermöge einer willkürlichen Abstraktion kann es geschehn, daß etwa ein Mensch auf jenem Punkte verharre. Er wird er selbst, ganz und gar der gleiche, der er vorher gewesen, bis hin zur unbedeutendsten Eigenheit, und dennoch wird er ein andrer, denn die Wahl durchdringt alles und verwandelt es. Dergestalt nun ist seine endliche Persönlichkeit verunendlicht in der Wahl, darin er sich selbst unendlich wählt.

Nunmehr hat er also sich selbst zu eigen als durch sich selbst gesetzt, das will heißen als gewählt von sich selbst, als frei; indem er aber sich dergestalt zu eigen hat, zeigt sich ein absoluter Gegensatz, der zwischen Gut und Böse. Solange er sich selbst nicht gewählt hat, ist dieser Gegensatz latent. Auf welche Art tritt überhaupt der Gegensatz von Gut und Böse in Erscheinung? Läßt er sich denken, das will heißen, ist er für den Gedanken? Nein. Hiermit bin ich wieder zu der Stelle gelangt, an der ich im Vorhergehenden gewesen bin: warum es nämlich so scheinen kann, als ob die Philosophie den Satz vom Widerspruch wirklich aufgehoben habe, was doch allein daran liegt, daß sie zu diesem noch nicht gelangt ist. Sobald ich denke, habe ich ein Verhältnis der Notwendigkeit zu dem, was ich denke, eben deshalb aber ist der Gegensatz von Gut und Böse nicht vorhanden. Denke was Du willst, denke die abstrakteste aller Kategorien, denke die konkreteste, Du denkst nie unter der Bestimmung von Gut und Böse, denke die gesamte Geschichte, Du denkst die notwendige Bewegung der Idee, aber Du denkst nie unter der Bestimmung von Gut und Böse. Du denkst immerzu relative Gegensätze, niemals den absoluten Gegensatz. Der Philosophie darf man daher, meines Dafürhaltens, gern darin Recht geben, daß sie einen absoluten Widerspruch nicht zu denken vermag, daraus aber folgt durchaus nicht, daß dieser nicht da sei. Indem ich denke, verunendliche ich mich selbst freilich ebenfalls, jedoch nicht absolut, denn ich gehe im Absoluten unter; erst indem ich mich selbst absolut wähle, verunendliche ich mich absolut, denn ich *bin* selbst das Absolute, denn allein mich selbst kann ich absolut wählen, und diese absolute Wahl meiner selbst ist meine Freiheit, und allein indem ich mich selbst absolut gewählt habe, habe ich einen absoluten Gegensatz gesetzt, nämlich den von Gut und Böse.

Um das Moment der Selbstbestimmung im Denken hervorzuheben, sagt die Philosophie: das Absolute ist dadurch, daß ich es denke; weil sie aber selbst einsieht, daß damit das freie Denken, nicht das notwendige Denken bezeichnet ist, welches doch das sonst von ihr angepriesene ist, so substituiert sie stattdessen einen andern Ausdruck, nämlich, daß mein Denken des Absoluten das Sich-Denken des Absoluten in mir ist. Dieser Ausdruck ist ganz und gar nicht identisch mit dem Vorhergehenden, dagegen ist er überaus bezeichnend. Mein Denken ist nämlich ein Moment im Absoluten, und darin liegt die Notwendigkeit meines Denkens, darin liegt die Notwendigkeit, mit der ich es denke. Anders verhält es sich mit dem Guten. Das Gute ist dadurch, daß ich es will, und sonst ist es gar nicht. Dies ist der Ausdruck für die Freiheit, ebenso verhält es sich auch mit dem Bösen, es ist nur, indem ich es will. Damit sind die Bestimmungen des Guten und des Bösen durchaus nicht verkleinert, oder zu bloß subjektiven Bestimmungen herabgesetzt. Es ist vielmehr die absolute Giltigkeit dieser Bestimmungen ausgesprochen. Das Gute ist das an und für sich Seiende, gesetzt von dem an und für sich Seienden, und das ist die Freiheit.

Es könnte bedenklich scheinen, daß ich den Ausdruck gebraucht habe: sich selbst absolut wählen; denn es könnte scheinen, als ob darin läge, daß ich das Gute und das Böse beide gleich absolut wählte, und daß beide, das Gute und das Böse, mir gleich wesentlich zugehörten. Um dies Mißverständnis zu verhindern, hab ich den Ausdruck gebraucht, daß ich mich selbst aus dem ganzen Dasein hinausreue. Reue ist nämlich der Ausdruck dafür, daß das Böse mir wesentlich zugehört, und zugleich der Ausdruck dafür, daß es mir nicht wesentlich zugehört. Wofern das Böse in mir mir wesentlich nicht zugehörte, könnte ich es nicht wählen; wäre da aber etwas in mir, das ich nicht vermöchte, absolut zu wählen, so wählte ich mich selbst überhaupt nicht absolut, so wäre ich nicht selbst das Absolute, sondern lediglich Produkt. [...] (E/O II, 223–239)

[...] Darin nämlich liegt eines jeden Menschen ewige Würde, daß er eine Geschichte bekommen kann, darin liegt das Göttliche an ihm, daß er selbst, so er will, dieser Geschichte Zusammenhang verleihen kann; denn diesen gewinnt sie erst, wenn sie nicht bloß der Inbegriff des mir Geschehenen oder Widerfahrenen ist, sondern meine eigene Tat, dergestalt, daß sogar das mir Widerfahrene durch mich von Notwendigkeit in Freiheit gewandelt und übergeführt worden ist. Das ist das Beneidenswerte an einem Menschenleben, daß man der Gottheit zu Hilfe kommen kann, Gott verstehen kann; und das wiederum ist die einzige eines Menschen würdige Weise, Gott zu verstehen, daß man sich in Freiheit alles aneignet, was einem begegnet, sowohl das Frohe wie das Traurige. Oder scheint es Dir nicht so? Mir kommt es so vor, ja mich bedünkt, man brauche dies einem Menschen bloß laut zu sagen, um ihn eifersüchtig auf sich selbst zu machen.

Die beiden hier angedeuteten Standpunkte können nun betrachtet werden als Versuche, eine ethische Lebensanschauung zu verwirklichen. Der Grund, weshalb es nicht gelingt, ist der, daß das Individuum sich in seiner Vereinzelung (Isolation) gewählt hat, oder sich abstrakt gewählt hat. Dies darf man auch dahin ausdrücken, daß der einzelne Mensch sich hier nicht ethisch gewählt hat. Er ist darum mit der Wirklichkeit nicht in Zusammenhang, und bei dieser Voraussetzung kann keine ethische Lebensanschauung durchgeführt werden. Wer dagegen sich ethisch wählt, der wählt sich konkret als dies bestimmte Individuum, und diese Konkretheit erreicht er dadurch, daß diese seine Wahl eines und das Gleiche ist mit jener Reue, welche die Wahl bestätigt. Der einzelne Mensch wird sich also seiner bewußt als dies bestimmte Individuum mit diesen Fähigkeiten, diesen Neigungen, diesen Trieben, diesen Leidenschaften, als beeinflußt von dieser bestimmten Umgebung, als dies bestimmte Produkt einer bestimmten Umwelt. Indem er aber auf diese Art sich seiner bewußt wird, übernimmt er für alles miteinander die Verantwortung. Er bedenkt sich nicht, ob er das Einzelne mit übernehmen solle oder nicht; denn er weiß: wenn er es nicht tut, so ist da ein weit Höheres, das verloren geht. Er ist somit im Augenblick der Wahl in der vollendetsten Isolation; denn er zieht sich aus seiner Umgebung heraus; und gleichwohl ist er in dem gleichen Augenblick in unbedingtem Zusammenhang mit ihr, denn er wählt sich selbst als Produkt; und diese Wahl ist der Freiheit Wahl, in dem Sinne, daß man von ihm, indem er sich selbst als Produkt wählt, ebenso gut sagen kann, er produziere, erzeuge sich selbst. Er ist also im Augenblick der Wahl am Schluß, denn seine Persönlichkeit schließt sich zusammen; und doch ist er im gleichen Augenblick gerade am Anfang; denn er wählt sich selbst nach seiner Freiheit. Als Produkt ist er in die Formen der Wirklichkeit eingezwängt, in der Wahl macht er sich selbst geschmeidig, wandelt seine ganze Äußerlichkeit zu Innerlichkeit. Er hat seinen Platz in der Welt, in der Freiheit wählt er seinen Platz selber, d. h. er wählt den gleichen Platz. Er ist ein bestimmtes Individuum, in der Wahl macht er sich selbst zu einem bestimmten Individuum, zu dem gleichen nämlich; denn er wählt sich selbst.

Der einzelne Mensch wählt sich also als ein vielfältiges bestimmtes konkretes Sein, und wählt sich daher nach dem Zusammenhang, in dem er steht. Dies konkrete Sein ist des Menschen Wirklichkeit; da er es aber nach seiner Freiheit wählt, so kann man auch sagen, daß es seine Möglichkeit ist, oder (um nicht einen so aesthetischen Ausdruck zu brauchen) daß es seine Aufgabe ist. Wer aesthetisch lebt, sieht nämlich allenthalben nichts als Möglichkeiten, diese machen für ihn den Inhalt der Zukunft aus; dahingegen sieht der, welcher ethisch lebt, allenthalben Aufgaben. Dies sein wirkliches konkretes Sein sieht der einzelne Mensch also als Aufgabe, als Bestimmung, als Ziel. Daß aber ein Mensch seine Möglichkeit als seine Aufgabe sieht, das ist eben der Ausdruck für die Souveränität, die er über sich selbst hat, und er gibt diese nie auf, wiewohl er sich anderseits nicht in der höchst ungenierten Souveränität gefällt, die ein König ohne Land allezeit hat. Dies gewährt dem ethischen Individuum eine Sicherheit, welche dem bloß aesthetisch Lebenden ganz und gar fehlt. Wer aesthetisch lebt, der erwartet alles von außen. Daher die krankhafte Angst, mit der viele Menschen von dem Schrecklichen sprechen, daß man seinen Platz in der Welt nicht erlangt habe. Wer möchte leugnen, wie froh es macht, wenn man in dieser Hinsicht so recht den glücklichen Griff getan; indes eine solche Angst deutet stets darauf hin, daß ein Mensch alles vom Platz erwartet, nichts von sich. Wer da ethisch lebt, auch er wird darauf sehen, daß er seinen Platz recht wähle; merkt er indes, daß er fehlgegriffen, oder daß da Hindernisse sich erheben, die nicht in seiner Macht stehn, so verliert er nicht den Mut; denn die Souveränität über sich selbst gibt er nicht preis. Er sieht alsogleich die ihm gestellte Aufgabe, und ist daher gleichen Augenblicks handelnd. Ebenso sieht man oft auch Menschen, die sich fürchten, sie könnten, falls sie sich einmal verlieben, nicht an ein Mädchen geraten, welches das für sie passende Ideal darstellt. Wer möchte leugnen, wie froh es macht, solch ein Mädchen zu bekommen; anderseits aber ist es doch ein Aberglaube, daß das außerhalb eines Menschen Liegende das sei, was ihn glücklich machen könne. Wer da ethisch lebt, auch er begehrt in seiner Wahl glücklich zu sein; zeigt es sich indes, daß die Wahl doch nicht ganz nach Wunsch ist, so verliert er nicht den Mut; er sieht alsogleich seine Aufgabe, sieht, daß die Kunst nicht das Wünschen, sondern das Wollen ist. Viele, die immerhin eine Vorstellung haben von dem, was ein Menschenleben ist, wünschen, Zeitgenossen großer Ereignisse zu sein, in bedeutende Lebensverhältnisse verwickelt zu sein. Wer möchte leugnen, daß dergleichen wirklich etwas ist, anderseits indes ist es doch Aberglaube zu meinen, daß Ereignisse und Lebensverhältnisse als solche einen Menschen zu etwas machen. Wer da ethisch lebt, er weiß, daß es darauf ankommt, was man in jedem Verhältnis zu finden weiß, und mit welcher Energie man es anschaut, sowie daß derjenige, welcher dergestalt in den unbedeutendsten Lebensverhältnissen sich selbst bildet, mehr erleben kann als einer, der Zeuge, ja Teilnehmer der denkwürdigsten Ereignisse gewesen ist. Er weiß, daß zum Tanzen überall ein Platz sich findet, daß sogar der geringste Mensch einen hat, daß sein Tanz, so er selbst es will, ebenso schön, ebenso zierlich, ebenso ausdrucksvoll, ebenso bewegt zu sein vermag wie der Tanz derer, denen ihr Platz in der Weltgeschichte angewiesen worden ist. Es ist diese Fechtkunst, diese Geschmeidigkeit, welche recht eigentlich das unauslöschliche Leben in dem Ethischen ist. Von dem aesthetisch Lebenden gilt das alte Wort von „Sein oder Nichtsein", und je größere Freiheit aesthetisch zu leben er gewinnt, um so mehr Voraussetzungen erfordert sein Leben, und wird auch nur die geringste von ihnen nicht erfüllt, so ist er tot; wer da ethisch lebt, hat allezeit einen Ausweg: läuft alles ihm zuwider, hängt des Unwetters Düsternis so dicht über ihm, daß sein Nachbar ihn nicht mehr sehen kann, so ist er dennoch nicht untergegangen, es gibt immer noch einen Punkt, an dem er sich hält, und das ist – er selbst.

Eines nur möchte ich nicht unterlassen einzuschärfen: sobald des Ethikers Gymnastik zu einem Experimentieren wird, hat er aufgehört, ethisch zu leben. Alles solches gymnastische Experimentieren ist nichts anderes als was auf dem Gebiet der Erkenntnis Sophistik heißt.

Hier will ich nur an die Bestimmung, die ich im Vorhergehenden vom Ethischen gegeben habe, erinnern: daß es nämlich das ist, dadurch ein Mensch wird was er wird. Es will also den einzelnen Menschen zu nichts anderm machen, sondern zu ihm selbst; es will das Aesthetische nicht vernichten, sondern verklären. Damit ein Mensch ethisch lebe, ist es notwendig, daß er sich seiner bewußt wird, und das so durchgreifend, daß keine Zufälligkeit sich ihm entzieht. Das Ethische will dies sein konkretes Sein nicht austilgen, sondern sieht darin seine Aufgabe; es sieht das, daraus es bilden soll und sieht das, dazu es bilden soll. Im Allgemeinen betrachtet man das Ethische rein abstrakt und hat deshalb vor ihm ein heimliches Grauen. Das Ethische wird dann als etwas, das der Persönlichkeit fremd ist, betrachtet, und man sträubt sich, ihm sich hinzugeben, sintemal man nicht recht sicher ist, wozu das im Laufe der Zeit führen mag. Ebenso fürchten sich auch viele Menschen vor dem Tode, weil sie dunkle und unklare Vorstellungen davon hegen, daß die Seele im Tode in eine andre Ordnung der Dinge übergehen werde, allwo Rechte und Gewohnheiten herrschen, die von denen, die sie hier im Leben kennen gelernt, ganz und gar verschieden sind.

Der Grund für solch eine Todesfurcht ist dann die Abgeneigtheit eines solchen Individuums, sich selbst durchsichtig zu werden; denn sobald man Letzteres will, sieht man das Ungereimte dieser Furcht leichtlich ein. So denn auch mit dem Ethischen; wenn ein Mensch Durchsichtigkeit fürchtet, so flieht er stets das Ethische, denn anderes als sie will das Ethische eigentlich nicht. [...] (E/O II, 267–270)

[...] Die Persönlichkeit hat also das Ethische nicht außerhalb ihrer, sondern in sich; und es bricht aus dieser Tiefe an den Tag. Es kommt dann wie gesagt darauf an, daß sie nicht in einem abstrakten und inhaltsleeren Stürmen das Konkrete zunichte mache, sondern es sich aneigne. [...]

Wer ethisch sich selbst wählt, er hat sich selbst als seine Aufgabe, nicht als eine Möglichkeit, nicht als ein Spielzeug für die Launen seiner Willkür. Ethisch kann er sich nur wählen, wenn er sich wählt in einem Zusammenhange, und er besitzt somit sich selbst als eine mannigfaltig bestimmte Aufgabe. Diese Mannigfaltigkeit sucht er nicht zu tilgen oder zu verflüchtigen, vielmehr, er reut sich fest in ihr, weil diese Mannigfaltigkeit er selber ist, und allein, indem er reuend sich in sie vertieft, vermag er zu sich selbst zu kommen, sintemal er nicht annimmt, die Welt fange mit ihm an oder er erschaffe sich selbst; Letzteres hat die Sprache bei uns sogar mit Verachtung gebrandmarkt, und wenn man von einem Menschen sagt, daß er sich erschafft, so meint man verächtlich, daß er sich spreizt. Indem er aber reuend sich selbst wählt, ist er handelnd, nicht in Richtung auf Vereinzelung (Isolation), sondern in Richtung auf Zusammenhang (Kontinuität).

Laß uns nun einmal ein ethisches und ein aesthetisches Individuum einander gegenüberstellen. Der Hauptunterschied, um den alles sich dreht, ist, daß das ethische Individuum sich selbst durchsichtig ist und nicht „ins Blaue hinein“ lebt, wie das aesthetische Individuum es tut. Mit diesem Unterschied ist alles gegeben. Wer ethisch lebt, hat sich selbst gesehen, erkennt sich selbst, durchdringt mit seinem Bewußtsein sein ganzes konkretes Sein, erlaubt es unbestimmten Gedanken nicht in ihm herumzuwirtschaften, und lockenden Möglichkeiten nicht, ihn mit ihrem Gaukelwerk zu zerstreuen, er ist sich selber kein Hexenbrief, aus dem bald das eine, bald das andere herauskommen kann, je nachdem wie man ihn dreht und wendet. Er erkennt sich selbst. [...] Das ethische Individuum erkennt sich selbst, aber dies Erkennen ist keine bloße Kontemplation, denn damit ist das Individuum bestimmt nach seiner Notwendigkeit, es ist eine Besinnung auf sich selbst, die selber eine Handlung ist, und darum habe ich statt des Ausdrucks „sich selbst erkennen" mit Fleiß den Ausdruck „sich selbst wählen" gebraucht. Indem also ein Mensch sich selbst erkennt, ist er nicht am Ende, vielmehr ist dies Erkennen in hohem Maße fruchtbar, und aus diesem Erkennen geht er nach seiner wahren Individualität hervor. Wollte ich geistreich sein, so könnte ich hier sagen, das Individuum erkenne sich selbst auf ähnliche Weise, wie im Alten Testament Adam Eva „erkannt" hat. Durch den Umgang des Individuums mit sich selbst wird das Individuum mit sich selbst geschwängert und gebiert sich selbst. Das Selbst, das vom Individuum erkannt wird, ist zugleich das wirkliche und das ideale Selbst, welches das Individuum außerhalb seiner hat als das Bild, zu dessen Ebenbild es sich bilden soll, und anderseits doch in sich hat, weil es es selber ist. Allein in sich selbst trägt ein Mensch das Ziel, nach dem er streben soll, und gleichwohl hat er dies Ziel außerhalb seiner, sofern er danach strebt. Glaubt ein Mensch nämlich, daß das Allgemein-Menschliche außerhalb seiner liege, daß es ihm von außen her entgegenkommen solle, so ist er im Irrtum, so hat er eine abstrakte Vorstellung, und sein Verfahren bleibt stets eine abstrakte Vernichtung des ursprünglichen Selbst. Allein in sich selbst kann ein Mensch über sich selbst Aufklärung erhalten. Darum hat das ethische Leben diese Zwiegestalt, daß der einzelne Mensch sich selbst außerhalb seiner selbst in sich selbst hat. [...] (E/O II, 275 f.)

3 Die Grenzen von Moral und Ethik

Das Ethische ist als solches das Allgemeine, und als das Allgemeine das, was für jedermann gültig ist, und das läßt sich anderseits so ausdrücken: daß es in jedem Augenblick gültig ist. Es ruht immanent in sich, hat nichts außer sich, was sein Telos[xxxii] wäre, sondern ist selbst Telos für alles, was es außer sich hat, und wenn das Ethische dies in sich aufgenommen hat, so kommt es nicht weiter. Unmittelbar sinnlich und seelisch bestimmt ist der Einzelne ein Einzelner, der sein Telos in dem Allgemeinen hat, und es ist seine ethische Aufgabe, sich beständig in diesem auszudrücken, seine Einzelnheft aufzuheben, um das Allgemeine zu werden. Sobald der Einzelne dem Allgemeinen gegenüber sich in seiner Einzelnheit geltend machen will, sündigt er und kann nur dadurch, daß er dies anerkennt, sich wieder mit dem Allgemeinen versöhnen. Jedesmal, daß der Einzelne, nachdem er in das Allgemeine eingetreten ist, einen Antrieb fühlt, sich als Einzelnen geltend zu machen, ist er in Anfechtung, von welcher er sich nur losarbeitet, indem er vermöge der Reue sich als Einzelnen an das Allgemeine aufgibt. Ist dies das Höchste, was sich über den Menschen und über sein Dasein sagen läßt, so hat das Ethische die gleiche Beschaffenheit wie die ewige Seligkeit eines Menschen, welche in alle Ewigkeit und in jedem Augenblick sein Telos ist, da es ein Widerspruch wäre, daß sie auf gegeben (d.h. teleologisch suspendiert) werden könnte, weil sie, sobald sie suspendiert wird, verscherzt wird, während doch, was suspendiert wird, nicht verscherzt ist, sondern in dem Höheren, das sein Telos ist, gerade erhalten ist. [...] (FZ 57f.)

[...] Die Geschichte von Abraham enthält nun eine solche teleologische Suspension des Ethischen. Es hat nicht an scharfsinnigen Köpfen und gründlichen Forschern gefehlt, die Entsprechungen zu ihr gefunden haben. Ihre Weisheit läuft auf den schönen Satz heraus, daß im Grunde eins immer wie das andre ist. Wenn man ein wenig näher zusehen will, so zweifle ich sehr, daß man in der ganzen Welt eine einzige Analogie finden wird, ausgenommen eine, die später ist; und das beweist nichts, wenn feststeht, daß Abraham den Glauben zur Darstellung bringt, und daß dieser richtig in ihm ausgedrückt ist: sein Leben ist nicht bloß das paradoxeste, das sich denken läßt, sondern so paradox, daß es sich gar nicht denken läßt. Er handelt in kraft des Absurden; denn das eben ist das Absurde, daß er als Einzelner höher ist denn das Allgemeine. Dies Paradox läßt sich nicht vermitteln; denn sobald er damit anfängt, muß er gestehen, daß er in einer Anfechtung sei, und ist dem so, so kommt er nie dazu,

Isaak zu opfern, oder er muß, wenn er Isaak geopfert hat, in Reue zum Allgemeinen zurückkehren. In kraft des Absurden bekommt er Isaak wieder. Abraham ist deshalb in keinem Augenblick ein tragischer Held, sondern etwas ganz andres, entweder ein Mörder oder einer, der glaubt. Die Zwischenbestimmung die den tragischen Helden löst, hat Abraham nicht. Daher kommt es, daß ich einen tragischen Helden verstehen kann, Abraham nicht verstehen kann, wiewohl ich ihn in einem bestimmten unsinnigen Sinne mehr als alle andern bewundere.

Abrahams Verhältnis zu Isaak ist ethisch ausgedrückt ganz schlicht dies, daß ein Vater seinen Sohn höher als sich selber lieben soll. Doch das Ethische hat innerhalb seines Bereiches verschiedene Höhengrade; wir wollen sehen, ob sich in dieser Geschichte irgend solch ein höherer Ausdruck für das Ethische findet, der sein Verhalten ethisch zu erklären, ihn ethisch zu ermächtigen vermag, die ethische Verpflichtung gegen den Sohn zu suspendieren, ohne indessen deshalb über die Teleologie des Ethischen hinauszugehn.

Wenn ein Unternehmen, das eines ganzen Volkes Sache ist, verhindert wird, wenn solch eine Tat gehemmt wird durch die Ungnade des Himmels, wenn die erzürnte Gottheit eine Windstille sendet, die alle Anstrengungen zuschanden macht, wenn der Seher sein bitteres Werk vollendet und verkündet, daß der Gott eine Jungfrau als Opfer heischt, – so wird der Vater mit Heldenmute das Opfer bringen. Hohen Sinns wird er seinen Schmerz verbergen [...] (FZ 60 f.)

[...] Der Unterschied zwischen dem tragischen Helden und Abraham fällt leicht in die Augen. Der tragische Held bleibt noch innerhalb des Ethischen. Er läßt den einen Ausdruck des Ethischen sein Telos in einem andern, höheren Ausdruck des Ethischen haben, er setzt das ethische Verhältnis zwischen Vater und Sohn oder Tochter und Vater herunter zu einem Gefühl, das seine Dialektik in seinem Verhältnis zur Idee der Sittlichkeit hat. So kann denn hier nicht die Rede sein von einer teleologischen Suspension des Ethischen.

Mit Abraham verhält es sich anders. Er hat mit seiner Tat das gesamte Ethische überschritten, er hatte ein höheres Verhältnis außerhalb, und im Verhältnis dazu suspendierte er das Ethische. Denn ich möchte gerne wissen, wie man Abrahams Tun in ein Verhältnis zu dem Allgemeinen bringen will, ob sich irgendeine andere Berührung zwischen Abrahams Tun und dem Allgemeinen entdecken läßt als die, daß Abraham es übertreten hat. Nicht um ein Volk zu erretten, nicht um die Idee des Staats zu behaupten, hat Abraham es getan, nicht um erzürnte Götter zu versöhnen. Könnte davon die Rede sein, daß die Gottheit erzürnt sei, so wäre sie ja allein auf Abraham erzürnt, und Abrahams ganzes Unternehmen steht in keinem Verhältnis zu dem Allgemeinen, ist ein reines Privatunternehmen. Während der tragische Held durch seine sittliche Tugend groß ist, ist Abraham durch eine rein persönliche Tugend groß. Es gibt keinen höheren Ausdruck für das Ethische in Abrahams Leben als den, daß ein Vater seinen Sohn lieben soll. Vom Ethischen im Sinne des Sittlichen kann die Rede nicht sein. Insoweit das Allgemeine vorhanden war, war es ja in Isaak geschlüpft, gleichsam verborgen in Isaaks Hüfte, und mußte denn rufen mit Isaaks Mund: Tu es nicht, du machst alles zunichte.

Warum tut es denn Abraham? Um Gottes willen und in Eins damit um seiner selbst willen. Um Gottes willen tut er es, weil Gott diesen Beweis seines Glaubens heischt, um seiner selbst willen tut er es, um den Beweis zu führen. Die Einheit beider Seiten ist durchaus richtig ausgedrückt mit dem Worte, mit dem man dies Verhältnis stets bezeichnet hat: es ist eine Prüfung, eine Versuchung. Eine Versuchung; was will das doch heißen? Was sonst einen Menschen versucht, ist ja das, was ihn davon abhalten will, seine Pflicht zu tun; aber hier ist das Ethische selber die Versuchung, das ihn abhalten will, Gottes Willen zu tun. Aber was ist denn Pflicht? Pflicht ist doch gerade Ausdruck für Gottes Willen.

Hier zeigt sich, daß eine neue Kategorie notwendig ist, um Abraham zu verstehen. Solch ein Verhältnis zur Gottheit kennt das Heidentum nicht. Der tragische Held tritt nicht in ein Privatverhältnis zur Gottheit, sondern das Ethische ist das Göttliche, und deshalb läßt sich das Paradoxe darin mit dem Allgemeinen vermitteln. [...] (FZ 63 f.)

[...] Wenn aber nun das Ethische dergestalt ethisch suspendiert ist, auf welche Weise existiert dann der Einzelne, in dem es suspendiert ist? Er existiert als der Einzelne im Widerspruch zu dem Allgemeinen. Sündigt er also? – denn dies ist die Form der Sünde, wenn man es der Idee gemäß betrachtet, dergestalt daß die Existenz des Kindes, – obwohl das Kind nicht sündigt, sofern es sich seiner Existenz als solcher nicht bewußt ist, – der Idee gemäß betrachtet, Sünde ist, und das Ethische in jedem Augenblicke heischend vor ihm steht. Will man leugnen, daß diese Form sich in einer Weise aufnehmen läßt, in der sie keine Sünde ist, so ist der Stab über Abraham gebrochen. Auf welche Weise hat also Abraham existiert? Er glaubte. Das ist das Paradox, vermöge dessen er auf der Spitze bleibt, und das er keinem andern deutlich machen kann, denn das Paradox ist, daß er als ein Einzelner sich in ein absolutes Verhältnis zum Absoluten setzt. Hat er das Recht dazu? Sein Recht dazu ist abermals das Paradoxe; denn sofern er es hat, hat er es nicht in kraft des Allgemeinen, sondern in kraft seines Seins als Einzelner. [...] (FZ 66 f.)

[...] Die Geschichte von Abraham enthält also eine teleologische Suspension des Ethischen[xxxiii]. Er ist als Einzelner höher geworden denn das Allgemeine. Das ist das Paradox, das keine Vermittlung duldet. Es ist ebenso unerklärlich, auf welche Weise er in es hineingekommen ist, als es unerklärlich ist, auf welche Weise er in ihm verbleibt. Verhält es sich mit Abraham nicht so, dann ist er noch nicht einmal ein tragischer Held, sondern ein Mörder. [...] (FZ 72)

[...] Die absolute Pflicht kann also einen dahin bringen, das zu tun, was die Ethik untersagen würde, aber keineswegs kann sie den Glaubensritter dahin bringen, die Liebe fahren zu lassen. Das zeigt Abraham. In dem Augenblick, da er Isaak opfern will, ist der ethische Ausdruck für das, was er tut: er haßt Isaak. Aber haßte er Isaak wirklich, so kann er ruhig darüber sein, daß Gott es nicht von ihm verlangt; denn Kain und Abraham sind nicht eins und dasselbe. Isaak muß er lieben von ganzer Seele; und wie Gott ihn heischt, muß er Isaak womöglich noch mehr lieben, und nur dann kann er ihn *opfern*; denn allein seine Liebe zu Isaak mit ihrer paradoxen

Widerspannung gegen seine Liebe zu Gott macht sein Tun zu einem Opfer. Aber das ist die Not und die Angst, die im Paradox liegt, daß er, menschlich gesprochen, sich schlechterdings nicht verständlich zu machen vermag. Nur in dem Augenblick, wo sein Tun ein absoluter Widerspruch zu seinem Gefühle ist, nur in ihm opfert er Isaak, aber mit der Wirklichkeit seines Tuns gehört er dem Allgemeinen an, und hier ist und bleibt er ein Mörder. [...] (FZ 81 f.)

[...] Der tragische Held ist gar bald am Ziel, hat gar bald ausgestritten, er macht die unendliche Bewegung und ist nun im Allgemeinen geborgen. Der Glaubensritter hingegen wird schlaflos gehalten; denn er wird geprüft fort und fort; jeden Augenblick ist eine Möglichkeit, in Reue zurückzukehren zu dem Allgemeinen, und diese Möglichkeit kann ebensogut Anfechtung wie Wahrheit sein. Aufklärung darüber kann er sich bei keinem Menschen holen; denn dann ist er aus dem Paradox heraus.

Der Glaubensritter hat also zuerst und vor allem die Leidenschaft, das gesamte Ethische, mit dem er bricht, in einen einzigen Augenblick zu sammeln, auf daß er sich die Gewißheit verschaffe, daß er Isaak wirklich von ganzer Seele [...] liebt. Kann er das nicht, so liegt er in Anfechtung. Sodann hat er die Leidenschaft, diese ganze Gewißheit im Nu hervorzuholen und dies dergestalt, daß sie ebenso vollgültig ist wie in ihrem ersten Augenblick. Kann er das nicht, so kommt er nicht von der Stelle; denn dann muß er fort und fort von vorne anfangen. Auch der tragische Held sammelt das Ethische, über das er teleologisch schon hinausgegangen ist, in einen einzigen Augenblick, aber er hat in dieser Hinsicht einen Rückhalt an dem Allgemeinen. Der Glaubensritter hat einzig und allein sich selber, und darin liegt das Furchtbare. [...] (FZ 86 f.)

[...] Entweder also: es gibt eine absolute Pflicht gegen Gott, und gibt es eine solche, so ist sie das beschriebene Paradox, daß der Einzelne als der Einzelne höher ist denn das Allgemeine und als Einzelner in einem absoluten Verhältnis zum Absoluten steht, – oder denn: es ist niemals Glaube dagewesen, weil er immer dagewesen ist, oder auch: Abraham ist verloren, oder auch: man muß die Stelle in Luk. 14 so erklären, wie es jener geschmackvolle Ausleger getan, und auf die gleiche Weise auch die entsprechenden Stellen erklären und die ähnlichen. (FZ 90)

Abraham – keinen hat es gegeben, der ihn hätte verstehen können. Und dennoch, was hat er erreicht? Daß er seiner Liebe treu geblieben ist. Wer aber Gott liebt, der braucht der Tränen nicht, und nicht der Bewundrung, in der Liebe vergißt er des Leidens, ja, so ganz und gar hat er seiner vergessen, daß hinterdrein kein einziger etwas ahnen würde von seinem Schmerze, wenn nicht Gott selber seiner gedächte; denn Gott siehet in das Verborgene, und weiß die Not und zählt die Tränen und vergißt keines.

Entweder denn, es gibt so ein Paradox, daß der Einzelne als Einzelner in einem absoluten Verhältnis zu dem Absoluten steht, oder Abraham ist verloren. (FZ 138)

IV. Die Risiken der Existenz

Einleitung

Der aufgeklärte Mensch verlangt nach Autonomie. Er will sich selbst bestimmen, unabhängig sein von jeglicher Fremdeinwirkung. Die Freiheit ist sein kostbarstes Gut, mit dem er seinen Wert, seine Würde als Mensch verknüpft. Doch Kierkegaard hat nicht wie später Jean-Paul Sartre die These vertreten, der Mensch sei radikal frei, seinem Selbstentwurf sei nichts vorgegeben, so dass er ohne irgendeine normative Wesensbestimmung allein entscheiden könne, wer er sein will. Sartres berühmtes Diktum, dass die Existenz der Essenz vorausgehe, beinhaltet, dass der Mensch als solcher erst einmal da ist, völlig unbestimmt und voraussetzungslos quasi wie ein unbeschriebenes Blatt, das er dann im Verlauf seines Lebens mit seiner Geschichte vollschreibt, die erkennen lässt, welche Wesensbestimmungen er sich selbst durch die von ihm getroffenen Entscheidungen gegeben hat.

Kierkegaard hingegen war davon überzeugt, dass der Mensch zwar nicht vorab bereits in seinem Wesen festgelegt sei, aber gleichwohl nicht radikal frei ist, weil er nur als Mensch existieren kann, wenn er seine anthropologischen Ausgangsbedingungen beachtet. Sofern der Mensch als Verhältniswesen angelegt ist und somit nur über Beziehungen zu sich selbst kommt, ist damit schon angedeutet, dass er keine ein für all Mal feststehende Identität hat, sondern aufgrund seiner beweglichen Verhältnisstruktur ein in sich differentes, multiples Wesen ist. Erst durch den realen Gebrauch seiner Freiheit stiftet er seine Identität. Zugleich wird dabei seine moralische Einstellung offenbar.

Eigentlich will die Freiheit das Gute, nämlich die Realisierung von Projekten, die als Gebilde der Freiheit der größtmöglichen Freiheit aller Raum geben. Freiheit ist allerdings riskant, erweist sie sich doch als Einfallstor zum Bösen. Sobald jemand im Horizont der Freiheit gewahr wird, was er alles könnte, lässt er sich, fasziniert von der Unendlichkeit des Möglichen, dazu hinreißen, sein Potential komplett auszuprobieren und dabei anstatt den Horizont der Freiheit offen zu halten, diesen durch Gebilde der Unfreiheit zu vernichten. Das ist das Böse. Die biblische Erzählung vom Sündenfall schildert gleichsam paradigmatisch die erste radikale Selbstverfehlung des Menschen, der seine Freiheit als absolute, keine Grenzen anerkennende Freiheit missverstanden hat, indem er sich über das Gebot Gottes hinweg setzte und damit dessen Freiheit ignorierte.

Dieses Gebot, auf die Früchte des Baumes der Erkenntnis zu verzichten, war ein Hinweis darauf, dass es bei einer Entscheidung nicht allein um die möglichst vollständige Durchsetzung subjektiver Wünsche geht, sondern auch um die Berücksichtigung der Ansprüche anderer freier Wesen. Adam und Eva irrten sich, wenn sie das göttliche Gebot als Einschränkung ihrer Freiheit, gar als eine Freiheitsberaubung auffassten und meinten, sich von Gott befreien zu müssen, um wirklich frei zu sein. Auch ein Blick auf die zehn Gebote macht deutlich, dass sie – zum Beispiel: nicht zu töten, nicht die Frau eines anderen zu begehren – zwar bestimmte Ausübungen von Freiheit einschränken, dies jedoch um der größtmöglichen Freiheit aller Beteiligten und Betroffenen willen.

Kierkegaard hat die Beziehung zu Gott als Grundmuster des menschlichen Selbstverhältnisses beschrieben, das sich nicht *ab ovo* selbst erzeugt hat, sondern sich in einem Netzwerk vorfindet, dessen Fäden auf andere Ursprünge zurückgehen. Ich habe meine genetische Ausstattung ebenso wenig selbst gewählt wie meine Eltern, meine Geschlechtszugehörigkeit, den sozialen und kulturellen Hintergrund der Gesellschaft, in die ich hinein geboren wurde. Meine Freiheit besteht jedoch darin, dass ich mich zu all diesen faktischen Gegebenheiten verhalten kann. Ich lasse mich nicht in das Netz verstricken und am Ende vollständig vereinnahmen, sondern wähle die Fäden, die als meine eigenen anzuerkennen ich bereit bin, und webe daraus mein eigenes Netz.

Einer der Fäden, auf die ein Individuum im Verlauf seines Lebens stößt, ist Gott, und es stellt sich die Frage, ob es ihn in das Netzwerk seiner Existenz aufnehmen will oder nicht. Nach Kierkegaard ist es für das menschliche Individuum notwendig, diesen Faden aufzunehmen, denn er allein führt es zu jenem unverfügbaren Ursprung, um welchen es ihm geht, wenn es nach einen Gesamtsinn für sein Leben verlangt. Dieser Faden ist schon einmal abgerissen, als die ersten Menschen exemplarisch für die gesamte Menschheit Gott geleugnet haben. Der Mensch gewordene Gott bietet sich als Bindeglied an, um die Beziehung wiederherzustellen. Aber um den Faden wirklich in die eigene Lebensgeschichte einweben zu können, muss man glauben, dass dieser Mensch Jesus Christus Gott war. Dann erst findet das Selbst nach seiner selbst verschuldeten Entwurzelung wieder einen Grund, in den es sich einwurzeln kann, um von diesem neu gewonnenen sicheren Halt aus eigenständig ein qualitativ anderes Beziehungsnetz zu den Mitmenschen und zur Welt zu knüpfen. Doch das Risiko der Freiheit und die damit verbundene Möglichkeit der Selbstverfehlung bleibt.

Der Mensch ist zum Urheber des Bösen geworden, das er durch eine Entscheidung für das Gute hätte ausschließen können. Freiheit ist Undeterminiertheit und eröffnet die Möglichkeit sowohl des Guten als auch des Bösen. Die psychologische Erklärung Kierkegaards für die Entscheidung zum Bösen bringt verschiedene existentielle Faktoren ins Spiel. Einerseits ist es Hochmut, der dazu verführt, alle mit der Widersprüchlichkeit des Menschseins verbundenen Selbstzweifel über Bord zu werfen und blindlings seinen Willen ohne Berücksichtigung der Freiheitsansprüche anderer durchzusetzen. Andererseits wecken die ungeheuren Möglichkeiten einer Freiheit, die von sich aus grenzenlos ist, Angst: die Angst, sich zu verfehlen und seine Freiheit zu verlieren. Ausschlaggebend für die Wahl des Bösen ist aus der Sicht des Vigilius Haufniensis die in der flexiblen menschlichen Freiheitsstruktur lauernde Angst vor dem eigenen Können. Diese Angst schaltet das klare Denken aus und lässt den Menschen angesichts des Abgrunds schwindeln, der sich vor ihm als eine potentielle Gefahr auftut. Die Entscheidung für das Böse ist zugleich eine Entscheidung für Unfreiheit. Anstatt sich als Beziehungswesen zu akzeptieren, das ständig seine Gegensätze existentiell miteinander in Einklang bringen muss, erfährt der Existierende sich als innerlich zerrissen. Ihm gelingt jene Synthese nicht, in welcher er, wenn auch nur je und je im Augenblick des Sprunges, seine Einheit und Identität stiftet, als geschichtliche und immer wieder zu erneuernde Generierung seines Selbstseins. Freiheit gibt es nicht als Zustand, sondern nur im Prozess individuellen Selbstwerdens, der in Gemeinschaft mit anderen Individuen stattfindet, die ihrerseits nach Autonomie streben.

1 Freiheit

[...] Der Freiheit Inhalt, intellektuell gesehen, ist Wahrheit, und die Wahrheit macht den Menschen frei Eben darum aber ist die Wahrheit ein Werk der Freiheit dergestalt, daß sie fort und fort die Wahrheit erzeugt. Es versteht sich, von selbst, daß ich hier nicht an die Geistreichigkeit der neuesten Philosophie denke, welche weiß, daß die Notwendigkeit des Gedankens auch seine Freiheit sei, und welche daher, wenn sie von der Freiheit des Gedankens spricht, lediglich von der immanenten Bewegung des ewigen Gedankens spricht. Solche Geistreichigkeit dient lediglich dazu, die Verständigung zwischen den Menschen zu verwirren und zu erschweren. Wovon ich dagegen rede, ist etwas ganz Schlichtes und Einfältiges, daß die Wahrheit nur für den Einzelnen ist, sofern er selbst sie handelnd erzeugt. [...]

Aberglaube und Unglaube sind beide Gestalten der Unfreiheit. Im Aberglauben wird der Objektivität eine Macht eingeräumt gleich der des Medusenhaupts, die Subjektivität zu versteinern, und die Unfreiheit will nicht, daß der Zauber gelöst werde. Des Unglaubens höchster scheinbar freiester Ausdruck ist der Spott. Aber dem Spotte fehlt es eben an der Gewißheit, deshalb spottet er. Und wie manchen Spötters Existenz würde nicht, falls man richtig in sie hineinschauen könnte, an die Angst erinnern, mit der ein Dämonischer ruft: ‚was habe ich mit dir zu tun' (*τί ἐμοὶ καὶ σοί*). Es ist daher eine bemerkenswerte Erscheinung, daß da vielleicht wenige so eitel und so erpicht auf den Beifall des Augenblicks sind wie ein Spötter. (BA, 143–145)

[...] der Gegensatz der Freiheit ist Schuld, und es ist das Höchste an der Freiheit, daß sie stets nur mit sich selbst zu schaffen hat, in ihrer Möglichkeit die Schuld vorausnimmt (projektiert), und sie mithin durch sich selber setzt, und falls die Schuld wirklich gesetzt wird, sie durch sich selber setzt. Falls man dies nicht beachtet, hat man Freiheit geistreich mit etwas ganz anderm verwechselt, mit K r a f t.

Wenn nun die Freiheit die Schuld fürchtet, so fürchtet sie sich nicht, sich als schuldig zu erkennen, falls sie es ist, sondern sie fürchtet sich, es zu werden, und darum kehrt die Freiheit, sobald die Schuld gesetzt ist, wieder als Reue. Aber das Verhältnis der Freiheit zur Schuld ist bis auf weiteres eine Möglichkeit. Hier zeigt sich das Genie abermals, indem es nicht von der ursprünglichen Entscheidung abspringt, indem es nicht die Entscheidung außerhalb seiner sucht bei Krethi und Plethi, indem es nicht sich genügen läßt an dem hergebrachten Feilschen. Nur durch sich selber kann die Freiheit zu wissen bekommen, ob sie Freiheit ist oder die Schuld gesetzt ist. Es gibt darum nichts Lächerlicheres als die Annahme, daß die Frage, ob man ein Sünder sei oder schuldig sei, unter die Rubrik: „Zum Auswendiglernen“ gehöre.

Das Verhältnis der Freiheit zur Schuld ist Angst, weil die Freiheit und die Schuld annoch Möglichkeit sind. Indem aber die Freiheit dergestalt mit aller ihrer Leidenschaft verlangend auf sich selber starrt und die Schuld fernhalten möchte, so daß auch nicht ein Flöckchen von ihr an der Freiheit zu finden ist, kann sie es nicht lassen auf die Schuld zu starren, und dies Starren ist das zweideutige Starren der Angst, wie sogar das Entsagen innerhalb der Möglichkeit ein Begehren ist. [...] (BA, 111 f.)

Das Problem:‚was ist das Gute‘, ist ein Problem, das unsrer Zeit immer näher rückt, weil es entscheidende Bedeutung hat für die Frage nach dem Verhältnis zwischen Kirche und Staat und dem Sittlichen. Bei der Beantwortung muß man indes vorsichtig sein. Das Wahre hat bis jetzt wunderlicherweise den Vortritt gehabt, sofern man die Dreiheit des Schönen, des Guten und des Wahren – im Wahren (in der Erkenntnis) erfaßt und dargestellt hat. Das Gute läßt sich schlechterdings nicht definieren. Das Gute ist die Freiheit. Erst für die Freiheit oder in der Freiheit ist der Unterschied zwischen Gut und Böse und dieser Unterschied ist nie im Abstrakten sondern nur im Konkreten. Daher kommt das für den nicht durchaus Kundigen Verwirrende am Verfahren des Sokrates, daß er dies scheinbar unendlich Abstrakte, das Gute, augenblicklich zum Allerkonkretesten zurückholt. Das Verfahren ist ganz richtig, nur verfehlte er es (griechisch gesprochen tat er recht) damit, daß er das Gute nach seiner äußerlichen Seite faßte (das Nützliche, das in endlichem Sinne Teleologische). Der Unterschied zwischen Gut und Böse ist freilich für die Freiheit, aber nicht im Abstrakten. Dies Mißverständnis kommt daher, daß man aus der Freiheit etwas andres macht, einen Gegenstand des Gedankens. Aber die Freiheit ist nie im Abstrakten. Wenn man der Freiheit einen Augenblick gewähren will um zwischen Gut und Böse zu wählen, ohne daß sie in einem von beiden ist, so ist die Freiheit eben in diesem Augenblick nicht Freiheit sondern eine sinnlose Reflexion, und wozu hilft dann das Experiment außer dazu zu verwirren. Wofern (man verzeihe das

Wort) die Freiheit im Guten bleibt, weiß sie schlechthin nichts vom Bösen. (BA, 114f., Fn.)

[...] Die Freiheit anheben lassen als freien Willensschluß, als ein liberum arbitrium (das nirgends zu Hause ist, vgl. Leibnitz[xxxiv]), das ebenso gut das Gute wählen kann wie das Böse, heißt von Grund auf jede Erklärung unmöglich machen. Von Gut und Böse als den Gegenständen der Freiheit sprechen, heißt sowohl die Freiheit wie die Begriffe Gut und Böse verendlichen. Die Freiheit ist unendlich und entspringt aus nichts. [...] (BA, 115f.)

2 Zweifel

Wie die Existenz beschaffen sein muß, damit das Zweifeln möglich werde?

Indem Johannes dies zu überlegen begann, sah er sehr wohl ein: wenn er eine empirische Antwort auf diese Frage verlangte, so würde das Leben eine Mannigfaltigkeit darbieten, die innerhalb des ganzen Umfangs des Extrems eine nichts als verwirrende Weitläuftigkeit berge. Nicht allein nämlich, daß das, was bei dem Einzelnen den Zweifel hervorrief, überaus verschieden sein konnte, es konnte sogar das Entgegengesetzte sein; denn falls einer, um den Zweifel bei einem andern zu wecken, den Zweifel vortragen wollte, so konnte er damit gerade den Glauben hervorrufen, ebenso wie umgekehrt der Glaube den Zweifel hervorrufen konnte. Auf Grund dieser paradoxen Dialektik, die, worauf er schon früher aufmerksam geworden war, in keinem Wissensbereich eine Entsprechung hatte, da alles Wissen in einem unmittelbaren und immanenten Verhältnis zu seinem Gegenstande und zum Wissenden steht, nicht in einem umgekehrten und transzendenten Verhältnis zu einem Dritten, sah er leichtlich ein, daß jegliche empirische Betrachtung hier zu nichts führen würde. Wenn er also eine Antwort auf jene Frage suchte, mußte er einen andern Weg gehn. Er mußte die ideelle Möglichkeit des Zweifels im Bewußtsein zu ermitteln suchen. Diese mußte ja die gleiche bleiben, wie verschieden die den Anlaß gebende Erscheinung auch war, da sie, ohne selbst von der Erscheinung erklärt zu werden, die Wirkung der Erscheinung erklärte. Was im Einzelnen den Zweifel verursachte, mochte so verschieden sein als es sein wollte: falls in dem Einzelnen diese Möglichkeit nicht lag, so war nichts imstande sie hervorzurufen. Da ferner die Verschiedenheit der den Anlaß gebenden Erscheinung gegensätzlich sein konnte, so mußte die Möglichkeit eine totale, dem menschlichen Bewußtsein wesentliche sein.

Er suchte sich also im Bewußtsein zu orientieren so wie dieses an sich selbst ist als dasjenige, welches jedes einzelne Bewußtsein erklärt, ohne doch selbst ein einzelnes zu sein. Er fragte, wie das Bewußtsein beschaffen sei, wenn es den Zweifel außerhalb seiner habe. Im Kinde ist das Bewußtsein, aber dies Bewußtsein hat den Zweifel außerhalb seiner. Wie ist also das Bewußtsein des Kindes bestimmt? Es ist eigentlich überhaupt nicht bestimmt, und das kann auch so ausgedrückt werden, es ist unmittelbar. Die U n m i t t e l b a r k e i t ist eben die U n b e s t i m m t h e i t. In der Unmittelbarkeit ist keine Beziehung; denn sobald die Beziehung vorhanden ist, ist die Unmittelbarkeit aufgehoben. U n m i t t e l b a r i s t d a h e r a l l e s w a h r, [...] aber diese Wahrheit ist im nächsten Augenblick Unwahrheit; d e n n u n m i t t e l b a r i s t a l l e s u n w a h r. Kann das Bewußtsein in der Unmittelbarkeit bleiben, so ist die Frage nach der Wahrheit aufgehoben.

Wie tritt die Frage nach der Wahrheit in die Erscheinung? Durch die Unwahrheit; denn in dem Augenblick, da ich nach der Wahrheit frage, habe ich schon nach der Unwahrheit gefragt. In der Frage nach der Wahrheit ist das Bewußtsein zu etwas anderm ins Verhältnis gesetzt, und was dies Verhältnis ermöglicht, ist die Unwahrheit.

[...]

Kann denn das Bewußtsein nicht in der Unmittelbarkeit bleiben? Das war eine törichte Frage. Denn wo es das könnte, so wäre gar kein Bewußtsein da. Wie aber wird dann die Unmittelbarkeit aufgehoben? Durch die Mittelbarkeit, welche die Unmittelbarkeit aufhebt, indem sie sie voraussetzt. Was ist dann die Unmittelbarkeit? Es ist die Realität. Was ist die Mittelbarkeit? Es ist das Wort. Auf welche Weise hebt diese jene auf? Indem sie sie ausspricht; denn das was ausgesprochen wird, ist stets vorausgesetzt.

Die Unmittelbarkeit ist die Realität, die Sprache ist die Idealität, das Bewußtsein ist der Widerspruch. In dem Augenblick, da ich die Realität aussage, ist der Widerspruch da; denn was ich sage, ist die Idealität.

Die Möglichkeit des Zweifels liegt also im Bewußtsein, dessen Wesen ein Widerspruch ist, welcher durch eine Zwiefältigkeit erzeugt wird und selber eine Zwiefältigkeit erzeugt.

Eine solche Zwiefältigkeit hat notwendig zwei Ausdrücke. Die Zwiefältigkeit ist die Realität und die Idealität, das Bewußtsein ist das Verhältnis. Ich kann entweder die Realität ins Verhältnis setzen zur Idealität oder die Idealität ins Verhältnis zur Realität. In der Realität allein ist keine Möglichkeit des Zweifels; indem ich sie in der Sprache ausdrücke, ist der Widerspruch da, da ich sie gar nicht ausdrücke sondern etwas anderes erzeuge. Insofern das Gesagte ein Ausdruck für die Realität sein soll, habe ich diese zur Idealität ins Verhältnis gesetzt, insofern das Gesagte ein von mir Erzeugtes ist, habe ich die Idealität zur Realität ins Verhältnis gesetzt. Solange dieser Austausch ohne gegenseitige Berührung vor sich geht, ist das Bewußtsein nur nach seiner Möglichkeit da. In der Idealität ist alles ebenso gefüllt wie in der Realität alles wahr ist. Wie ich daher sagen kann, daß unmittelbar alles wahr ist; so kann ich auch sagen, daß unmittelbar alles wirklich ist; denn erst in dem Augenblick, da die Idealität ins Verhältnis gesetzt wird zur Realität, tritt die Möglichkeit in Erscheinung. In der Unmittelbarkeit ist das Falscheste und das Wahrste gleich wahr, in der Unmittelbarkeit ist das Möglichste und das Unmöglichste gleich wirklich. Solange dieser Austausch ohne Zusammenstoß vor sich geht, ist das Bewußtsein eigentlich nicht da, und diese ungeheure Verkehrung verursacht keine Aufhebung. Die Realität ist nicht das Bewußtsein, die Idealität ebensowenig, und doch ist das Bewußtsein nicht da ohne beide, und dieser Widerspruch ist des Bewußtseins Werden und sein Wesen.

Ehe er weiter ging, überlegte er, ob nicht das, was er hier Bewußtsein nannte, das sei, was man sonst Reflexion nennen würde.[...] Er setzte in dieser Hinsicht die Bestimmung folgendermaßen fest: die Reflexion ist die Möglichkeit des Verhältnisses, das Bewußtsein ist das Verhältnis, dessen erste Form der Widerspruch ist. Er beobachtete zugleich, daher komme es, daß die Bestimmungen der Reflexion stets zweiteilig (dichotomisch) seien. So sind z. B.: Idealität und Realität, Seele und Leib, das Wahre – erkennen, das Gute – wollen, das Schöne – lieben, Gott und Welt usw. Reflexionsbestimmungen. In der Reflexion berühren sie einander dergestalt, daß ein Verhältnis möglich wird. Die Bestimmungen des Bewußtseins hingegen sind dreiteilig (trichotomisch), was auch die Sprache zeigt. Denn wenn ich sage: ich werde mir dieses Sinneneindrucks bewußt, so sage ich eine Dreiheit. Bewußtsein ist Geist, und das ist das Merkwürdige, daß wenn in der Welt des Geistes eines geteilt wird, es zu drei wird, niemals zu zwei. Das Bewußtsein setzt daher die Reflexion voraus. Wofern dies sich nicht so verhielte, so würde es unmöglich, den Zweifel zu erklären. Freilich schien die Sprache hiermit zu streiten; denn in den meisten Sprachen wird, soweit ihm bekannt war, das Wort zweifeln in etymologischer Hinsicht in Beziehung zu zwei gebracht. Indes meinte er, damit sei lediglich die Voraussetzung des Zweifels angedeutet und das umso mehr, als es ihm klar war, daß sobald ich als Geist zu zwei werde, ich eben damit drei bin. Wäre nichts anderes als Dichotomien da, so wäre kein Zweifel da; denn die Möglichkeit des Zweifels liegt eben in dem Dritten, welches die Zwei zu einander ins Verhältnis setzt. Man könnte daher nicht sagen, daß die Reflexion den Zweifel erzeugt, es sei denn, daß man sich verkehrt ausdrücken wollte, man müßte sagen, der Zweifel setzt die Reflexion voraus, ohne daß jedoch dies Vorher zeitlich verstanden werden darf. Der Zweifel ersteht daraus, daß ein Verhältnis zwischen Zweien eintritt, aber damit dies geschehe, müssen die Zwei sein, während doch der Zweifel, als ein höherer Ausdruck, vorausgeht, nicht nachfolgt.

Die Reflexion ist die Möglichkeit des Verhältnisses. Dies kann man auch so ausdrücken: die Reflexion ist uninteressiert. Das Bewußtsein hingegen ist das Verhältnis und damit das Interesse, eine Doppelheit, welche vollständig und mit prägnantem Doppelsinn ausgedrückt ist in dem Worte Interesse (interesse). Alles Wissen daher, welches uninteressiert ist (das mathematische; das ästhetische; das metaphysische) ist lediglich die Voraussetzung des Zweifels. Sobald das Interesse aufgehoben wird, ist der Zweifel nicht überwunden, sondern neutralisiert, und jedes solches Wissen ist nur ein Rückgang. Insofern daher jemand meinte, mit einem sogenannten objektiven Denken den Zweifel zu überwinden, wäre dies ein Mißverständnis; denn der Zweifel ist eine höhere Form als alles objektive Denken; denn er setzt dies voraus, hat aber ein Mehr, ein Drittes, welches das Interesse oder das Bewußtsein ist. In dieser Hinsicht erschien ihm das Verhalten der griechischen Skeptiker weit folgerichtiger denn die moderne Überwindung des Zweifels. Jene sahen recht wohl ein, daß der Zweifel im Interesse liegt, und meinten daher ganz folgerichtig den Zweifel zu beheben, indem sie das Interesse in Apathie verwandelten. Dies Verfahren hatte doch seine Folgerichtigkeit, dahingegen war es eine Folgewidrigkeit, die ihren Grund in Unwissenheit darüber, was Zweifel sei, zu haben schien, welche die neuere Philosophie dazu bewog, den Zweifel auf systematischem Wege überwinden zu wollen. Selbst wenn das System schlechthin vollendet wäre, selbst wenn die Wirklichkeit die Verheißungen überböte, der Zweifel wäre dennoch nicht überwunden, er fängt erst an; denn der Zweifel liegt im Interesse, und jedes systematische Erkennen ist uninteressiert. Man ersieht daraus, daß der Zweifel der Anfang ist zur höchsten Form des Daseins, denn er vermag alles andre zu seiner Voraussetzung zu haben. Die griechischen Skeptiker sahen vortrefflich ein, daß es ungereimt sei, vom Zweifel zu reden, wenn das Interesse aufgehoben ist, aber sie hätten vermutlich zugleich eingesehen, daß es ein Spiel mit Worten sei, von einem objektiven Zweifel zu sprechen; denn laß die Idealität und die Realität in alle Ewigkeit miteinander streiten, so lange kein Bewußtsein, kein Interesse da ist, kein Bewußtsein da ist, das Interesse an diesem Streite nimmt, so lange gibt es keinen Zweifel; laß sie miteinander versöhnt sein, so kann der Zweifel gleichwohl bestehen bleiben.

Das Bewußtsein ist also das Verhältnis, ein Verhältnis, dessen Form der Widerspruch ist. Aber auf welche Weise entdeckt das Bewußtsein den Widerspruch? Wofern jene besprochene Verkehrung, daß die Idealität und die Realität in aller Treuherzigkeit mit einander in Verkehr sind, bestehen bleiben könnte, so würde das Bewußtsein niemals in Erscheinung treten; denn das Bewußtsein tritt eben durch den Zusammenstoß in Erscheinung, gleichwie es den Zusammenstoß voraussetzt. Unmittelbar ist kein Zusammenstoß da, mittelbar aber ist er da. Sobald die Frage nach einer Wiederholung entsteht, ist der Zusammenstoß da; denn Wiederholung ist nur denkbar bei etwas, das vorher gewesen ist.

In der Realität als solcher gibt es keine Wiederholung. Das kommt nicht daher, daß alles verschieden ist, keineswegs. Wäre auch alles in der Welt schlechthin eines und dasselbe, in der Realität gibt es keine Wiederholung, weil sie bloß im Momente ist. Wäre auch die Welt, statt die Schönheit zu sein, nichts als lauter gleichgroße einförmige Feldsteine, es gäbe doch keine Wiederholung. Ich würde in alle Ewigkeit in jedem Augenblick einen Feldstein sehen, aber ob es derselbe sei, den ich vorher gesehen, danach wäre die Frage nicht. In der Idealität allein ist keine Wiederholung; denn die Idee ist und bleibt die gleiche, und kann als solche nicht wiederholt werden. Wenn die Idealität und die Realität einander berühren, so tritt die Wiederholung in Erscheinung. Indem ich da im Moment z. B. etwas sehe, tritt die Idealität hinzu und will erklären, es sei eine Wiederholung. Hier ist der Widerspruch; denn das, was ist, ist zugleich auf eine *andere* Weise. Daß das Äußere ist, das sehe ich, aber im gleichen Augenblick setze ich es ins Verhältnis zu etwas, das auch ist, etwas welches das Selbe ist und das zugleich erklären will, daß das andere das Selbe sei. Hier ist eine Verdoppelung, hier ist die Frage nach einer Wiederholung. Die Idealität und die Realität stoßen mithin zusammen; in welchem Medium? In der Zeit? Das ist ja eine Unmöglichkeit. In der Ewigkeit? Das ist ja eine Unmöglichkeit. Worin denn also? Im Bewußtsein, da ist der Widerspruch. Die Frage ist nicht uninteressiert, so wie wenn man fragte, ob nicht das ganze Dasein ein Abbild der Idee sei, und ob nicht insofern, in einem gewissen abgeblaßten Sinne, das sinnliche Dasein eine Wiederholung sei. Die Frage geht hier näher um eine Wiederholung im Bewußtsein, mithin um die Erinnerung. Die Erinnerung trägt den gleichen Widerspruch in sich. Die Erinnerung ist nicht die Idealität, sie ist die Idealität die gewesen ist, sie ist nicht die Realität, sie ist die Realität die gewesen ist, welches wiederum ein zwiefacher Widerspruch ist; denn die Idealität kann ihrem Begriff zufolge nicht gewesen sein, die Realität ihrem Begriff zufolge ebensowenig. (Deo, 153–159)

Als die Eleaten die Bewegung leugneten[xxxv], trat, wie jedermann weiß, Diogenes[xxxvi] als Opponent auf; er trat wirklich auf; denn er sprach nicht ein Wort; sondern ging lediglich einige Male auf und nieder und meinte damit jene hinreichend widerlegt zu haben. Als ich mich längere Zeit, zum mindesten gelegentlich, mit dem Problem beschäftigt hatte, ob eine Wiederholung möglich sei und welche Bedeutung sie besitze, ob eine Sache dadurch, daß sie wiederholt wird, gewinne oder verliere, fiel es mir plötzlich ein: ‚Du kannst ja nach Berlin fahren, da bist du schon einmal gewesen, und kannst dich alsdann vergewissern, ob eine Wiederholung möglich ist und was sie zu bedeuten hat.' Bei mir zu Hause wäre ich in diesem Problem beinahe stecken geblieben. Man sage darüber, was man wolle, es wird in der neuern Philosophie eine überaus wichtige Rolle zu spielen haben; denn W i e d e r - h o l u n g ist ein entscheidender Ausdruck für das, was „E r i n n e - r u n g" bei den Griechen gewesen ist. Gleich wie diese also gelehrt haben, daß alles Erkennen ein sich Erinnern sei, ebenso wird die neuere Philosophie lehren, daß das ganze Leben eine Wiederholung ist. Der einzige neuere Philosoph, der hiervon eine Ahnung gehabt hat, ist Leibniz. Wiederholung und Erinnerung sind die gleiche Bewegung, nur in entgegengesetzter Richtung; denn wessen man sich erinnert, das ist gewesen, wird rücklings wiederholt; wohingegen die eigentliche Wiederholung sich der Sache vorlings erinnert. Daher macht die Wiederholung, falls sie möglich ist, den Menschen glücklich, indessen die Erinnerung ihn unglücklich macht, unter der Voraussetzung nämlich, daß er sich Zeit nimmt zu leben und nicht schnurstracks in seiner Geburtsstunde einen Vorwand zu finden trachtet, sich aus dem Leben wieder davon zu stehlen, z. B. weil er etwas vergessen habe.

Die Liebe der Erinnerung ist die einzige glückliche, hat ein Schriftsteller gesagt. Damit hat er auch vollkommen recht, wenn man sich nur daran erinnert, daß sie zunächst einmal den Menschen unglücklich macht. Die Liebe der Wiederholung ist in Wahrheit die einzige glückliche. Sie kennt ebenso wie die der Erinnerung nicht die Unruhe der Hoffnung, nicht die beängstigende Abenteuerlichkeit der Entdeckung, aber auch nicht die Wehmut der Erinnerung, sie hat des Augenblicks selige Sicherheit. Die Hoffnung ist ein neues Kleid, steif und stramm und glänzend, man hat es jedoch niemals angehabt, und weiß darum nicht, wie es einen kleiden wird oder wie es sitzt. Die Erinnerung ist ein abgelegtes Kleid, welches, so schön es ist, nicht mehr paßt, da man aus ihm herausgewachsen ist. Die Wiederholung ist ein unverschleißbares Kleid, welches fest und zart sich anschmiegt, weder drückt noch schlottert. Die Hoffnung ist eine liebliche Maid, die den Händen entschlüpft; die Erinnerung ist eine schöne alte Frau, mit der man jedoch im Augenblick nichts anzufangen weiß; die Wiederholung ist ein geliebtes Eheweib, dessen man niemals leid wird; denn allein des Neuen wird man leid. Des Alten wird man niemals leid; und wenn man es vor sich hat, wird man glücklich; und so recht glücklich wird allein der, welcher sich selbst nicht mit der Einbildung betrügt, daß die Wiederholung etwas Neues sein werde. Denn alsdann wird man ihrer leid. Es gehört Jugend dazu, um zu hoffen, Jugend dazu, um sich zu erinnern, aber es gehört Mut dazu, die Wiederholung zu wollen. Wer nichts als hoffen will, ist feige; wer nichts als sich erinnern will, ist wollüstig; wer aber die Wiederholung will, der ist ein Mann, und je gründlicher er es verstanden hat, sie sich klar zu machen, ein um so tieferer Mensch ist er. Wer aber nicht begreift, daß das Leben eine Wiederholung ist, und daß dies des Lebens Schönheit ist, der hat sich selbst gerichtet und verdient nichts Besseres, als daß er umkommt, was ihm denn auch widerfahren wird; denn die Hoffnung ist eine lockende Frucht, die nicht satt macht, die Erinnerung ist ein kümmerlicher Zehrpfennig, der nicht satt macht; die Wiederholung aber ist das tägliche Brot, welches satt macht und dabei segnet. Wenn man das Dasein umschifft hat, so wird es sich zeigen, ob man Mut hat zu verstehen, daß das Leben eine Wiederholung ist, und Lust hat sich an ihr zu freuen. Wer das Leben nicht umschifft hat, ehe denn er anhob zu leben, der gelangt niemals dahin, zu leben; wer es umschifft hat, aber satt geworden ist, der hätte eine kümmerliche Leibesverfassung; wer die Wiederholung gewählt, er lebt. Er läuft nicht einem Knaben gleich den Schmetterlingen nach, oder steht auf den Zehenspitzen, um nach den Herrlichkeiten der Welt zu spähen; denn er kennt sie; er sitzt auch nicht da wie ein altes Weib und spinnt den Rocken der Erinnerung ab; sondern er geht geruhig seines Weges, der Wiederholung froh. Ja, gäbe es keine Wiederholung, was wäre dann das Leben? Wer möchte sich denn wünschen, eine Tafel zu sein, auf welche die Zeit jeden Augenblick eine neue Schrift setzt oder eine Gedächtnisschrift zu sein auf das Vergangene? Wer möchte sich wünschen, sich von all dem Flüchtigen, dem Neuen bewegen zu lassen, das immer von neuem weichlich die Seele vergnügt? Hätte nicht Gott selber die Wiederholung gewollt, die Welt wäre nie entstanden. Er hätte entweder der Hoffnung leichte Pläne verfolgt, oder er hätte alles zurückgenommen und es aufbewahrt in der Erinnerung. So hat er nicht getan, darum hat die Welt Bestand und hat dadurch Bestand, daß sie eine Wiederholung ist. Die Wiederholung, sie ist die Wirklichkeit und des Daseins Ernst. Wer die Wiederholung will, er ist im Ernst gereift. [...] (Wie 3–5)

[...] Die Dialektik der Wiederholung ist leicht, denn was sich wiederholt, ist gewesen, sonst könnte es sich nicht wiederholen; aber eben dies, daß es gewesen ist, macht die Wiederholung zu dem Neuen. Wenn die Griechen sagten, daß alles Erkennen ein sich Erinnern ist, so sagten sie: das ganze Dasein, welches da ist, ist da gewesen; wenn man sagt, daß das Leben eine Wiederholung ist, so sagt man: das Dasein, welches da gewesen ist, tritt jetzt ins Dasein. Wenn man die Kategorie der Erinnerung oder der Wiederholung nicht besitzt, so löst das ganze Leben sich auf in leeren und inhaltlosen Lärm. Die Erinnerung ist die heidnische Lebensbetrachtung, die Wiederholung die moderne; die Wiederholung ist das I n t e r e s s e der Metaphysik; und zugleich dasjenige Interesse, an dem die Metaphysik scheitert; die Wiederholung ist die Losung in jeder ethischen Anschauung, die Wiederholung ist die unerläßliche Voraussetzung (conditio sine qua non) für jedes dogmatische Problem. [...] (Wie 22)

Mein Leben ist bis zum Äußersten gebracht; es ekelt mich des Daseins, welches unschmackhaft ist, ohne Salz und Sinn. Wäre ich gleich hungriger als Pierrot, ich möchte dennoch nicht die Erklärung fressen, welche die Menschen anbieten. Man steckt den Finger in die Erde, um zu riechen, in welch einem Lande man ist, ich stecke den Finger ins Dasein – es riecht nach nichts. Wo bin ich? Was heißt denn das: die Welt? Was bedeutet dies Wort? Wer hat mich in das Ganze hinein betrogen, und läßt mich nun dastehen? Wer bin ich? Wie bin ich in die Welt hineingekommen; warum hat man mich nicht vorher gefragt, warum hat man mich nicht erst bekannt gemacht mit Sitten und Gewohnheiten, sondern mich hineingestukt in Reih und Glied als wäre ich gekauft von einem Menschenhändler? Wie bin ich Teilhaber geworden in dem großen Unternehmen, das man die Wirklichkeit nennt? Warum soll ich Teilhaber sein? Ist das nicht Sache freien Entschlusses? Und falls ich genötigt sein soll es zu sein, wer ist denn da der verantwortliche Leiter – ich habe eine Bemerkung zu machen –? Gibt es keinen verantwortlichen Leiter? An wen soll ich mich wenden mit meiner Klage? Das Dasein ist ja eine Diskussion, darf ich bitten, meine Betrachtung mit zur Verhandlung zu stellen? Wenn man das Dasein nehmen soll wie es ist, wäre es dann nicht das Beste, man erführe wie es ist? Was will das heißen: ‚ein Betrüger'? Sagt Cicero nicht, man finde einen Betrüger heraus, wenn man frage: wer hat den Vorteil (cui bono)[xxxvii]? Ich lasse jedermann fragen, und frage jedermann, ob ich irgend einen Vorteil davon gehabt habe, mich selbst und ein Mädchen unglücklich zu machen. „Schuld" – was will das heißen? Ist das Hexerei? Weiß man etwa nicht mit Bestimmtheit, wie es zugeht, daß ein Mensch schuldig wird? Will da niemand antworten? Ist dies denn nicht von äußerster Wichtigkeit für sämtliche Herren Teilnehmer?

Mein Verstand steht stille, oder richtiger, ich gehe seiner verlustig? In dem einen Augenblick bin ich müde und matt, ja wie tot vor Gleichgiltigkeit, in dem andern Augenblick tobe ich und fahre verzweifelt von einem Ende der Welt zum andern, um jemanden zu finden, an dem ich meinen Grimm auslassen könnte. Alles, was in meinem Wesen enthalten ist, schreit auf in Widerspruch zu sich selbst. Wie ist es zugegangen, daß ich schuldig ward? Oder bin ich etwa nicht schuldig? Warum werd ich dann so genannt in allen Zungen? Was ist doch die menschliche Sprache für eine jämmerliche Erfindung, die das eine sagt und das andere meint?

Ist mir nicht einfach etwas zugestoßen, ist das Ganze nicht eine Widerfahrnis? Hätte ich vorauswissen können, daß mein ganzes Wesen eine Veränderung erfahren würde, daß ich ein andrer Mensch werden würde? Ist vielleicht etwa hervorgebrochen, was dunkel schon in meiner Seele lag? Jedoch, lag es im Dunkel, wie hätte ich es dann voraussehen sollen? Konnte ich es aber nicht voraussehn, so bin ich ja unschuldig. Falls ich einen Schlaganfall erlitten hätte, wäre ich dann auch schuldig gewesen? Was ist das menschliche Laut geben, welches man Sprache nennt, für ein jämmerliches Kauderwelsch, das nur von einer Clique verstanden wird! Sind die der Sprache Entbehrenden nicht weiser, weil sie niemals dergleichen sagen? – Bin ich treulos? Falls sie fortführe, mich zu lieben, und niemals einen andern liebte, so wäre sie gegen mich ja treu. Falls ich fortfahre, allein sie lieben zu wollen, bin ich dann treulos? Wir tun ja beide das Gleiche, wieso werde ich also ein Betrüger, weil ich dadurch meine Treue zeige, daß ich betrüge? Warum soll sie recht haben, ich unrecht? Wenn wir beide treu sind, warum drückt man dies denn in der menschlichen Sprache dergestalt aus, daß sie treu ist, ich ein Betrüger? [...] (Wie 70 ff.)

3 Angst

Der Begriff Angst

Die Unschuld ist Unwissenheit. In der Unschuld ist der Mensch nicht als Geist bestimmt, sondern seelisch bestimmt in unmittelbarer Einheit mit seiner Natürlichkeit. Der Geist ist träumend im Menschen. Diese Auffassung ist ganz in Übereinstimmung mit der der Bibel, welche dem Menschen im Stande der Unschuld das Kennen des Unterschiedes von Gut und Böse abspricht und somit den Stab bricht über alle katholischen Phantastereien von Verdienst.

In diesem Zustand ist Friede und Ruhe; aber da ist zu gleicher Zeit noch etwas Anderes, welches nicht Unfriede und Streit ist; denn es ist ja nichts da, damit zu streiten. Was ist es denn? Nichts. Aber welche Wirkung hat Nichts? Es gebiert Angst. Das ist die tiefe Heimlichkeit der Unschuld: sie ist zugleich Angst.

Träumend spiegelt der Geist seine eigene Wirklichkeit hin, aber diese Wirklichkeit ist Nichts, aber dieses Nichts sieht die Unschuld fort und fort außerhalb ihrer.

Angst ist eine Bestimmung des träumenden Geistes, und gehört als solche in die Psychologie. Wach ist der Unterschied zwischen mir selbst und meinem Andern gesetzt, schlafend ist er suspendiert, träumend ist er ein angedeutetes Nichts. Des Geistes Wirklichkeit zeigt sich fort und fort als eine Gestalt, die seine Möglichkeit lockt, ist jedoch entschwebt, sobald diese danach greift und ist ein Nichts, das nichts als ängsten kann. Mehr vermag sie nicht, solange sie sich bloß zeigt. Man sieht den Begriff Angst nahezu niemals in der Psychologie behandelt, ich muß daher darauf aufmerksam machen, daß er ganz und gar verschieden ist von Furcht und ähnlichen Begriffen, die sich auf etwas Bestimmtes beziehen, wohingegen Angst die Wirklichkeit der Freiheit als Möglichkeit für die Möglichkeit ist. Man wird darum beim Tier Angst nicht finden, eben weil es in seiner Natürlichkeit nicht als Geist bestimmt ist.

Wenn wir die dialektischen Bestimmungen von Angst betrachten wollen, so zeigt es sich, daß diese eben die dialektische Zweideutigkeit haben. Angst ist eine sympathetische Antipathie und eine antipathetische Sympathie. Man sieht, denk ich, leichtlich, daß dies in ganz anderm Sinne eine psychologische Bestimmung ist als jenes Gelüste (concupiscentia). Der Sprachgebrauch bestätigt dies vollkommen, man sagt: die süße Angst, die süße Beängstigung, man sagt: eine wunderliche Angst, eine scheue Angst usw.

Die Angst, welche in der Unschuld gesetzt ist, ist denn fürs erste keine Schuld, zum andern ist sie keine beschwerliche Last, kein Leiden, welches sich nicht in Einklang bringen ließe mit der Seligkeit der Unschuld. Bei der Beobachtung von Kindern wird man diese Angst bestimmter angedeutet finden als ein Trachten nach dem Abenteuerlichen, dem Ungeheuerlichen, dem Rätselhaften. Daß es Kinder gibt, bei denen sie sich nicht findet, beweist nichts; denn das Tier hat sie auch nicht, und je weniger Geist desto weniger Angst. Diese Angst ist dem Kinde so wesentlich eigen, daß es sie nicht entbehren mag; ob sie gleich es ängstigt, sie verstrickt es doch in ihre süße Beängstigung. Unter allen Nationen, bei denen das Kindliche sich erhalten hat als des Geistes Träumen, ist diese Angst; und je tiefer sie ist, umso tiefer ist die Nation. Allein prosaische Albernheit kann meinen, dies sei eine Desorganisation. Angst hat hier die gleiche Bedeutung wie Schwermut an einem weit späteren Punkte, wo die Freiheit, nachdem sie die unvollkommenen Gestalten ihrer Geschichte durchlaufen, im tiefsten Sinne zu sich selber kommen soll [...]. Gleichwie also das Verhältnis der Angst zu ihrem Gegenstande, zu etwas, das Nichts ist (der Sprachgebrauch sagt denn auch prägnant: sich ängsten um nichts), ganz und gar zweideutig ist, so wird auch der Übergang, der hier von Unschuld zu Schuld gemacht werden kann, eben so dialektisch sein, daß er zeigt, die Erklärung sei, was sie sein solle, psychologisch. Der qualitative Sprung steht außerhalb aller Zweideutigkeit, aber der, welcher durch Angst hindurch schuldig wird, er ist ja unschuldig; denn er ist es nicht selbst gewesen, sondern die Angst, eine fremde Macht, welche ihn gepackt, eine Macht, die er nicht liebte, nein, vor der er sich ängstigte; – und doch ist er ja schuldig, denn er versank in der Angst, welche er dennoch liebte indem er sie fürchtete. Es gibt in der Welt nichts Zweideutigeres als dies, und darum ist diese Erklärung die einzige psychologische, indessen sie, um es noch einmal zu wiederholen, es sich nie einfallen läßt, die Erklärung sein zu wollen, die den qualitativen Sprung erklärt. Jede Vorstellung dahin, daß das Verbot ihn gereizt, oder daß der Verführer ihn betrogen habe, hat nur für oberflächliche Beobachtung genügende Zweideutigkeit, verfälscht die Ethik, bringt ein quantitatives Bestimmen zuwege, und will mit Hilfe der Psychologie dem Menschen ein Kompliment auf Kosten der Ethik machen, und dies Kompliment muß sich ein jeder, der ethisch entwickelt ist, verbitten als eine neue und abgründige Verführung.

Daß die Angst sichtbar werde, das ist der Angelpunkt des Ganzen. Der Mensch ist eine Synthesis des Seelischen und des Leiblichen. Aber eine Synthesis ist nicht denkbar, wenn die Zwei nicht in einem Dritten vereinigt werden. Dies Dritte ist der Geist. In der Unschuld ist der Mensch nicht nur Tier, wie er denn überhaupt, falls er irgend einen Augenblick in seinem Leben nur Tier wäre, niemals Mensch werden würde. Der Geist ist mithin gegenwärtig, aber als unmittelbar, als träumend. Insofern er nun gegenwärtig ist, ist er gewissermaßen eine feindliche Macht; denn er stört fort und fort das Verhältnis zwischen Seele und Leib, welches zwar Bestand hat, aber doch insofern nicht Bestand hat, als es seinen Bestand erst vom Geiste empfängt. Anderseits ist er eine freundliche Macht, die das Verhältnis ja gerade begründen will. Welches ist also des Menschen Verhältnis zu dieser zweideutigen Macht, wie verhält der Geist sich zu sich selbst und seiner Bedingung? Er verhält sich als Angst. Seiner selbst ledig werden kann der Geist nicht; sich selber ergreifen kann er auch nicht, so lange er sich selbst außerhalb seiner hat; ins Vegetative versinken kann der Mensch auch nicht; denn er ist ja bestimmt als Geist; die Angst fliehen kann er nicht, denn er liebt sie; eigentlich lieben kann er sie nicht, denn er flieht sie. Nun ist die Unschuld auf ihrer Spitze. Sie ist Unwissenheit, aber keine tierische Roheit, sondern eine Unwissenheit, die geistbestimmt ist; welche aber eben Angst ist, weil ihre Unwissenheit auf Nichts geht. Hier ist kein Wissen von Gut und Böse usw.; sondern die gesamte Wirklichkeit des Wissens spiegelt sich in der Angst als das ungeheuerliche Nichts der Unwissenheit.

Noch ist die Unschuld, aber es braucht nur ein Wort zu verlauten, so hat sich die Unwissenheit gesammelt. Verstehen kann die Unschuld dies Wort natürlich nicht, aber die Angst hat gleichsam ihre erste Beute gehascht, anstelle des Nichts hat sie ein rätselhaftes Wort bekommen. Wenn es somit in der Genesis heißt, daß Gott zu Adam sprach: „allein von dem Baum der Erkenntnis des Guten und Bösen sollst du nicht essen“, so versteht es sich ja von selbst, daß Adam dies Wort eigentlich nicht verstanden hat; denn wie sollte er wohl den Unterschied von Gut und Böse verstehen, da diese Unterscheidung doch erst mit dem Genuß sich einstellte. [...] (BA, 39–42)

Subjektive Angst

Je reflektierter man die Angst setzen darf, desto leichter, könnte es scheinen, bekommt man sie dahin in Schuld umzuschlagen. Hier gilt es jedoch, sich nicht von Näherungsbestimmungen beirren zu lassen, gilt es, daß kein „Mehr“ den Sprung hervorbringt, daß kein „Leichter“ die Erklärung in Wahrheit leichter macht. Hält man daran nicht fest, so läuft man die Gefahr, plötzlich auf eine Erscheinung zu stoßen, bei der alles so leicht geht, daß der Übergang ein einfacher Übergang wird, oder aber die Gefahr, seinen Gedanken niemals abschließen zu dürfen, weil die rein empirische Beobachtung nie fertig zu werden vermag. Mag darum die Angst auch reflektierter und reflektierter werden, die Schuld, welche mit dem qualitativen Sprunge in der Angst hervorbricht, behält dennoch die gleiche Zurechenbarkeit wie die Adams, und die Angst die gleiche Zweideutigkeit.

Leugnen wollen, daß ein jedes spätere Individuum einen Zustand der Unschuld, der eine Entsprechung zu dem Adams ist, gehabt habe, oder daß man voraussetzen müsse, es habe ihn gehabt, dies würde ebenso sehr jedermann empören, wie es alles Denken aufhöbe, weil damit denn ein Individuum sein würde, welches kein Individuum wäre, sondern sich lediglich als Exemplar zu seiner Art verhielte, obwohl es doch gleichzeitig unter der Bestimmung des Individuums, d. h als schuldig, angesehen werden soll.

Angst kann man vergleichen mit Schwindel. Der, dessen Auge es widerfährt in eine gähnende Tiefe niederzuschauen, er wird schwindlig. Aber was ist der Grund? es ist ebensosehr sein Auge wie der Abgrund; denn falls er nicht herniedergestarrt hätte. Solchermaßen ist die Angst der Schwindel der Freiheit, der aufsteigt, wenn der Geist die Synthesis setzen will, und die Freiheit nun niederschaut in ihre eigne Möglichkeit, und sodann die Endlichkeit packt sich daran zu halten. In diesem Schwindel sinkt die Freiheit zusammen. Weiter vermag die Psychologie nicht zu kommen und will es auch nicht. Den gleichen Augenblick ist alles verändert, und indem die Freiheit sich wieder aufrichtet, sieht sie, daß sie schuldig ist. Zwischen diesen beiden Augenblicken liegt der Sprung, den keine Wissenschaft erklärt hat oder erklären kann. Wer in Angst schuldig wird, er wird so zweideutig schuldig wie nur möglich. Angst ist eine weibliche Ohnmacht, in welcher die Freiheit das Bewußtsein verliert, psychologisch gesprochen geschieht der Sündenfall stets in Ohnmacht; aber Angst ist zugleich das Selbstischste von allem, und keine konkrete Äußerung der Freiheit ist so selbstisch wie die Möglichkeit zu jeder Konkretion. Dies ist wiederum das Überwältigende, welches das zweideutige, sympathetische und antipathetische Verhältnis des Individuums bestimmt. In der Angst ist die selbstische Unendlichkeit des Möglichen, die nicht versuchlich ist wie eine Wahl, sondern drückend ängstigt mit ihrer süßen Beängstigung. [...] (BA, 60 f.)

[…] Dem Weibe ist mehr angst als dem Manne. Dies liegt nun nicht daran, daß sie geringere physische Kraft hat usw., denn von dieser Art Angst ist hier überhaupt nicht die Rede; sondern es liegt daran, daß sie sinnlicher ist, und gleichwohl wesentlich geistig bestimmt ist ebenso wie der Mann. Wovon man des öfteren geredet hat, daß sie das schwächere Geschlecht sei, ist mir daher recht gleichgiltig; denn deswegen könnte ihr gut und gerne weniger angst sein als dem Manne. Angst ist hier stets zu nehmen in Richtung auf Freiheit. Wenn also die Geschichte der Genesis, schnurstracks wider alle Analogie, das Weib den Mann verführen läßt, so ist dies doch bei näherer Überlegung ganz und gar in der Ordnung; denn jene Verführung ist eben insofern eine weibliche Verführung, als Adam eigentlich doch bloß durch Eva hindurch verführt wird von der Schlange. Wenn sonst von Verführung die Rede ist, so wahrt der Sprachgebrauch (betören, beschwatzen usw.) allemal dem Manne die Überlegenheit.

Was also als in aller Erfahrung anerkannt gelten darf, das möchte ich lediglich durch eine experimentierende Beobachtung aufweisen. Wenn ich mir ein junges unschuldiges Mädchen denke, und nun einen Mann einen begehrlichen Blick auf sie heften lasse, so wird ihr angst. Im Übrigen mag sie entrüstet werden, aber zuerst wird ihr angst. Denke ich mir hingegen ein Weib einen begehrlichen Blick heften auf einen unschuldigen jungen Mann, so wird seine Stimmung nicht Angst sein, sondern höchstens eine mit Widerwillen vermischte Beschämung, eben weil er mehr als Geist bestimmt ist. […] (BA 66 f.)

[…] Aber weshalb diese Angst? Weil der Geist auf dem Gipfelpunkt des Erotischen nicht mit dabei sein kann. Ich will reden gleich einem Griechen. Wohl ist der Geist zugegen; denn er ist es, der die Synthesis begründet, aber er kann sich im Erotischen nicht ausdrücken, er fühlt sich fremd. Er sagt gleichsam zum Erotischen: Lieber! Hier kann ich der Dritte nicht sein, darum will ich mich so lange verstecken. Dies aber ist eben die Angst, und dies ist zugleich eben die Scham; denn es ist eine große Albernheit anzunehmen, daß die kirchliche Trauung oder daß die Treue, mit welcher sich der Mann allein an sein eheliches Weib hält, genüge. Es ist so manche Ehe entweiht worden, obschon es nicht durch einen Fremden geschah. Aber wenn das Erotische rein und unschuldig und schön ist, so ist diese Angst freundlich und milde, und darum haben die Dichter recht von der süßen Beängstigung zu reden. Es versteht sich indes von selbst, daß die Angst beim Weibe größer ist als beim Manne.

Laß uns nun zum Vorhergehenden zurückkehren, zur Folge, die das Generationsverhältnis im Individuum hat, die das Mehr ist, welches ein jedes spätere Individuum hat im Vergleich zu Adam. Im Augenblick der Empfängnis ist der Geist am weitesten fort und darum die Angst am größten. In dieser Angst entsteht das neue Individuum. Im Augenblick der Geburt erreicht die Angst zum zweiten Male ihren Gipfel im Weibe, und in diesem Augenblick kommt das neue Individuum zur Welt. [...] (BA 72)

Angst als das kraft des Glaubens Erlösende

Man hat in Grimms Märchen die Geschichte von einem jungen Burschen, der auf Abenteuer auszog, um das Gruseln zu lernen. Wir wollen jenen Abenteuerlichen seines Wegs ziehen lassen, ohne uns darum zu kümmern, wieweit er bei seiner Fahrt auf das Entsetzliche gestoßen ist. Dahingegen möchte ich sagen, daß dies ein Abenteuer ist, welches jeder Mensch zu bestehen hat: das Gruseln, das Sichängstigen zu lernen, damit er nicht verloren sei, entweder dadurch, daß ihm niemals angst gewesen, oder dadurch, daß er in der Angst versinkt; wer daher gelernt, sich zu ängstigen nach Gebühr, er hat das Höchste gelernt.

Wäre der Mensch ein Tier oder ein Engel, so würde er sich nicht ängstigen können. Da er eine Synthesis ist, vermag er sich zu ängstigen; und je tiefer er sich ängstigt, desto größer der Mensch, jedoch nicht in dem Sinne, in dem es die Menschen gewöhnlich nehmen, wo die Angst auf das Äußerliche geht, auf das, was außerhalb des Menschen ist, sondern dergestalt, daß er selbst die Angst erzeugt. [...] (BA, 161)

V. Die auf den christlichen Glauben gegründete Lebensform

Einleitung

Das Prekäre der menschlichen Freiheit und das daraus resultierende Unglück kann religiös abgefedert werden. Kierkegaard verweist auf das Christentum und die christliche Heilsbotschaft. Dazu lässt er das Pseudonym Johannes Climacus in den *Philosophischen Brocken* eine Perspektive wählen, die sich mit der Frage, wie man Christ wird, aus einer neutralen Distanz beschäftigt. Climacus bezeichnet sich als Nichtchrist, interessiert sich aber für das Christentum aus einem ganz bestimmten Grund. Wie alle Menschen möchte er ein sinnvolles, im Ganzen geglücktes Leben führen. Er hat schon Verschiedenes ausprobiert, aber, was ihn so richtig glücklich macht, noch nicht gefunden. Nun hört er eines Tages, dass die christliche Religion ein Glück verheißt, das ewige Seligkeit genannt wird. In seinen Ohren klingt dies äußerst viel versprechend, und so beschließt er, dieses Angebot zu prüfen. Er hat verstanden, dass die ewige Seligkeit nur jemandem zuteil wird, der den christlichen Glauben annimmt. Also fragt er, wie man Christ wird. Auf diese Frage erhält er zur Antwort: Man wird Christ, indem man an Jesus Christus, den Gottessohn glaubt.

Wer sich für die religiöse Existenz entscheidet, hat begriffen dass das Verhältnis zu sich selbst und zu den Mitmenschen ermöglicht ist durch einen Gott, so dass „das Verhältnis, das sich zu sich selbst verhält, durch ein Anderes gesetzt [ist und sich entsprechend] zu dem verhält, was das ganze Verhältnis gesetzt hat.“ (KT, 9) Religiös zu existieren heißt demnach: Indem man sich zu sich selbst verhält und indem man sich zu den Mitmenschen verhält, verhält man sich wissentlich und willentlich zugleich zu Gott als demjenigen Wesen, das die Bedingung der Möglichkeit menschlichen Existierens überhaupt ist. „Indem er sich zu sich selbst verhält und indem er er selbst ist, gründet sich der Einzelne durchsichtig in der Macht, die ihn gesetzt hat.“ Der Existierende kehrt in seinen Grund zurück, in welchem er wurzelt, und zieht aus seinem Gottesverhältnis die Kraft, ein im ganzen geglücktes Leben zu führen, getragen vom Bewusstsein eines unzerstörbaren Sinns.

Doch bis dahin ist es ein mühevoller, von ständigen Selbstzweifeln begleiteter Weg. Das Ärgerliche am Paradox des Gottmenschen zeigt sich darin, dass sowohl die rationale als auch die ethische Kompetenz des Menschen an ihm scheitern. Diese doppelte Kränkung demütigt. Trotzdem nimmt der ernsthaft an dem vom Christentum verheißenen Glück einer ewigen Seligkeit den Weg auf sich. Kierkegaard lässt sein Pseudonym Johannes Climacus fragen: „Kann es einen historischen Ausgangspunkt geben für ein ewiges Bewusstsein; inwiefern vermag ein solcher mehr als bloß historisch zu interessieren; kann man eine ewige Seligkeit auf ein historisches Wissen gründen?“ (Br. 1) Entzündet hat sich dieser Fragenkomplex an der Behauptung, dass Gott Mensch geworden sei und unter dem Namen Jesus zu Beginn unserer Zeitrechnung gelebt hat und gestorben ist. Was Climacus als Denker an dieser Behauptung fraglich erscheint, ist die Vermengung von Zeit und Ewigkeit. Wieso kann man unter Bezugnahme auf ein historisches Faktum, sei es auch noch so gut dokumentiert, ewig selig werden? Kann man sein Glück aus der Geschichte ableiten?

Da die Philosophen zwischen Tatsachenwissen und Vernunftwissen unterscheiden und gute Gründe angeben, warum das eine mit dem anderen nicht vermittelt werden kann, scheint die Rückführung der *ewigen* Seligkeit auf historische Ereignisse, die vor über zweitausend Jahren passiert sind, einen Widerspruch zu enthalten, zum mindesten für den Verstand, aus dessen Perspektive historisches und ewiges Wissen einen kontradiktorischen Gegensatz bilden. Deshalb ist es undenkbar, etwas, das die Qualität des Ewigen hat, historisch zu begründen, denn das würde bedeuten, dass man etwas jederzeit Gültiges, das von übergeschichtlicher Bedeutung ist, auf etwas zurückführt, das eine Raum-Zeit-Stelle hat; so wie wenn man sagen würde: a^2 plus $b^2 = c^2$ ist deshalb gültig, weil Pythagoras diesen Satz aufgestellt hat. Hätte der Mensch nur seinen Verstand, um zu Erkenntnissen zu gelangen, dann wäre es unmöglich, da logisch ausgeschlossen, seine ewige Seligkeit auf ein historisches Faktum zu gründen.

Climacus versucht zu zeigen, dass der Verstand nicht das einzige Vermögen ist, vermittels dessen sich der Mensch Wissen verschaffen kann. Vielmehr hat er als fühlendes, wollendes, leidendes und handelndes Wesen noch andere Zugangsweisen zur Welt und damit zu möglichen Wissensinhalten. Er nimmt die Welt nicht nur intellektuell wahr, sondern ist an ihr interessiert, in der ursprünglichen Bedeutung des Wortes: *inter-est* = er ist dazwischen, zwischen dem Natürlichen und dem Historischen auf der einen

Seite und dem Ewigen, Ungeschichtlichen auf der anderen Seite. Was also begrifflich streng getrennt werden muss, wird durch das Zwischensein des Menschen, durch sein Sichverhalten zusammengehalten im Existieren.

Existierend bezieht der Mensch Historisches und Ewiges aufeinander, indem er sich für das Historische interessiert. Er will es nicht wissen um des Wissens willen – zur Vermehrung seiner historischen Kenntnisse oder zur Erweiterung seiner Informationen –, sondern er will es wissen um des Handelns und damit um des Lebens willen. Dieses Wissen ist kein intellektuelles Wissen, sondern ein Glaube.

Wenn man in einem Glauben anerkennt, dass etwas Historisches einen mehr als nur historisch angeht, so bekommt das Historische ewige Bedeutung. Das heißt jedoch nicht, dass das Ewige auf das Historische gegründet wird, vielmehr wird umgekehrt das Historische auf etwas Ewiges bezogen und von daher mit einer überzeitlichen Bedeutung versehen. Daraus folgt, dass man seine ewige Seligkeit nicht auf ein historisches Faktum gründen kann. Climacus behauptet daher, dass sich die christliche These, der Mensch gründe seine ewige Seligkeit auf ein historisches Faktum, nur aufrechterhalten lässt, wenn man unterstellt, dass jenes historische Faktum von sich aus Ewigkeitscharakter hat. Diese Annahme sprengt jedoch die menschlichen Verstehensmöglichkeiten, und der nach Glück Suchende steht ratlos und verärgert vor dem absoluten Paradox des Gottmenschen. Dieses Paradox löst sich nur im christlichen Glauben auf, dass Jesus Christus Gott ist – nicht in einem objektiven Sinn, sondern für mich persönlich. Wer dies glaubt, gründet seine ewige Seligkeit auf ein historisches Faktum. Damit stellt er eine religiöse Beziehung zu etwas Ewigem her, das sich nicht als solches, sondern in historischem Gewand zeigt.

Der sündige, gefallene Mensch kann somit durch die Vermittlung des Sohnes wieder eine Beziehung zu Gottvater herstellen. Damit verhält er sich mittels des Historischen zum Ewigen und wird jenes Glücks teilhaftig, das ewige Seligkeit heißt. Der im Glaubensvollzug neu als Repräsentant des Ewigen, des zeitlos und übergeschichtlich Gültigen zur Existenz gebrachte Gott wirkt über die wiederhergestellte religiöse Beziehung auf den zum Christen gewordenen Menschen zurück und wird zum Garanten seiner ewigen Seligkeit.

Wenn Anti-Climacus die menschliche Existenz als ein bewegliches Selbstverhältnis beschreibt, meint er damit jenes Ensemble von Beziehungen, das durch konkretes Sichverhalten – zu den Dingen, zu den Mitmenschen, zur Welt insgesamt, zu Gott – entsteht. Der Mensch ist dadurch Mensch, dass er sich als Beziehungswesen verwirklicht. Dies lässt sich am Beispiel der Liebe veranschaulichen. Liebe existiert nur in einer Beziehung und als Beziehung. Indem man sich einer anderen Person oder einem Tier oder einem göttlichen Wesen oder auch sich selbst mit der Kraft des Herzens zuwendet, entsteht aufgrund dieses Verhaltens Liebe als Qualität dieser Beziehung. Außerhalb dieser Beziehung gibt es Liebe nicht.

Man kann zwar theoretisch-abstrakt definieren, was Liebe ist. Aber wirkliche Liebe existiert nur in einer gelebten Beziehung, die sich nicht wie ein Selbstläufer für immer und ewig im Vollzug hält, nachdem sie einmal geknüpft ist. Wir sagen manchmal durchaus zutreffend, an einer Beziehung müsse man arbeiten, damit sie Bestand hat, und das heißt nichts anderes, als dass man sich ständig um die Aufrechterhaltung der Liebesbeziehung bemüht, indem man sich liebend verhält. Eine Liebesbeziehung impliziert immer auch Hingabe, ja ein Stück Selbstaufgabe, was aber keinen Verlust bedeutet, da man auch immer etwas zurück bekommt, jedenfalls solange es sich um eine wechselseitige Beziehung handelt.

Was für die Liebe gilt, gilt gleichermaßen für andere zentrale Beziehungsbegriffe wie: Freiheit, Gerechtigkeit, Menschenwürde, Toleranz usf. Das mit diesen Begriffen Gemeinte gibt es nur, wenn es handelnd zur Existenz gebracht wird, wenn also ein Mensch sich so verhält, dass er Freiheit, Gerechtigkeit, Menschenwürde usf. existentiell beglaubigt. In einem eminenten Sinn gilt dies auch für die von Jesus Christus vorgelebte Liebe zu Gott.

Nachdem der Mensch die Beziehung zu Gott aufgekündigt hat, musste er ohne dessen Unterstützung auskommen. Ein Sich-Verhalten, das den Rückbezug auf den Ermöglichungsgrund des Sich-Verhaltenkönnens ablehnt, hat sich selbst ohnmächtig gemacht. Der Mensch hat sich gewissermaßen seiner existentiellen Wurzeln beraubt, ohne deren Rückhalt er außer Stande ist, Beziehungen zwischen sich und der Welt herzustellen, da er seiner verhältnisstiftenden Kraft verlustig gegangen ist. Diesen Zustand des aus christlicher Sicht gefallenen Menschen kennzeichnet Anti-Climacus als Verzweiflung. Das Wort verweist auf jene Krankheit zum Tode, von der im Titel seiner Schrift die Rede ist, eine Krankheit im Selbst, das in sich zerrissen ist, weil es nicht es selbst sein wollte, sondern ein anderes Selbst, ein gott-loses Selbst, als das es jedoch nicht aus eigener Kraft zu existieren vermag. Das Selbst hat sich nicht anerkannt als von Gott abhängig, ja es bestreitet dies geradezu und versagt damit der Kraft, die es gesetzt hat, die Anerkennung. Es verleugnet Gott. Verzweiflung macht eine unüberwindliche Zweiheit sichtbar, insofern die existentiellen Gegensätze nun bleiben, was sie sind: einander entgegengesetzte Pole, die sich wechselseitig ausschließen. Dem Individuum gelingt es, allein auf sich selbst gestellt, trotz größter Anstrengung nicht mehr, sich zu sich selbst zu verhalten und auf diese Weise ein Selbst zu konstituieren, das als vermittelnde Instanz jene Bezugssysteme herstellt, in denen es lebt.

Damit das Individuum wieder als es selbst und damit als ein Selbst existieren kann, muss es ein neues Gottesverhältnis initiieren. Dies vermag es jedoch nicht aus eigener Kraft. Es bedarf dazu der Hilfe Gottes. Anti-Climacus verweist auf den Mensch gewordenen Gott, Jesus Christus, über dessen Anerkennung als Gott die Beziehung zum Ursprung des Selbst wieder hergestellt wird, im christlichen Glauben. Die auf diese Weise ermöglichte neue Selbstbeziehung wird also getragen nicht mehr durch eine direkte Beziehung zum Schöpfergott, mit dem die Menschen im Paradies kommunizierten, sondern durch eine indirekte Beziehung, die über Jesus Christus läuft und über diesen Mittler wieder an Gottvater anknüpft.

1 Auf der Suche nach der ewigen Seligkeit

Kann es einen geschichtlichen Ausgangspunkt geben für ein ewiges Bewußtsein; inwiefern vermag ein solcher mehr als bloß geschichtlich zu interessieren; kann man eine ewige Seligkeit gründen auf ein geschichtliches Wissen? (Br 1)

[...] Für die sokratische Betrachtung ist ein jeder Mensch sich selber der Mittelpunkt, und die ganze Welt gewinnt allein in der Beziehung auf ihn einen Mittelpunkt, weil seine Selbsterkenntnis Gotteserkenntnis ist. Dergestalt verstand Sokrates sich selbst, dergestalt müßte nach seiner Anschauung ein jeder Mensch sich selbst verstehen, und kraft dessen müßte er sein Verhältnis zum Einzelnen verstehen, allezeit gleich demütig und gleich stolz. Dazu hatte Sokrates Mut und Besonnenheit um sich selber genug zu sein, jedoch auch um im Verhältnis zu andern lediglich Veranlassung zu sein sogar beim dümmsten Menschen. [...]

Es kann mir auch nicht anders als geschichtlich von Wichtigkeit sein, daß die Lehre des Sokrates oder des Prodikos[xxxviii] die und die war, denn die Wahrheit, in der ich ruhe, ist in mir selbst gewesen und aus mir selbst an den Tag gekommen, und nicht einmal Sokrates hat es vermocht sie mir zu geben, so wenig wie der Kutscher es vermag des Pferdes Last zu ziehen, ob er gleich dem Pferde dabei helfen kann mit der Peitsche, [...] Mein Verhältnis zu Sokrates und Prodikos kann mich in Beziehung auf meine ewige Seligkeit nicht beschäftigen, denn diese ist nach rückwärts hin gegeben in dem Besitz der Wahrheit, die ich von Anbeginn an hatte, ohne es zu wissen. [...] (Br 9 ff.)

Der zeitliche Ausgangspunkt ist ein Nichts; denn in dem gleichen Augenblick da ich entdecke, daß ich die Wahrheit von Ewigkeit her gewußt, ohne es zu wissen, im gleichen Nu ist jener Augenblick im Ewigen verborgen, darin aufgenommen, derart, daß ich, sozusagen, ihn nicht einmal finden kann, auch wenn ich ihn suchte, weil es kein Hier und Dort gibt, sondern nur ein Überall und Nirgends. [...]

Soll dies nun sich anders verhalten, so muß der Augenblick in der Zeit entscheidende Bedeutung haben, dergestalt daß ich keinen Augenblick weder in Zeit noch in Ewigkeit ihn werde vergessen können, weil das Ewige, das zuvor nicht war, in diesem Augenblick entstanden ist.

a) Der vorhergehende Zustand.

Wir beginnen mit der sokratischen Schwierigkeit, wie man die Wahrheit suchen könne, da das ja gleich unmöglich ist, man habe sie, oder man habe sie nicht. Das sokratische Denken hob das Entweder – Oder eigentlich auf, indem es sich zeigte, daß im Grunde ein jeder Mensch die Wahrheit hat. Dies war seine Erklärung; wir haben gesehen, was hinsichtlich des Augenblickes daraus folgte. Soll dieser nun entscheidende Bedeutung erhalten, so muß der Suchende eben bis zu dem Augenblick hin die Wahrheit nicht gehabt haben, auch nicht in der Gestalt der Unwissenheit, denn dann wird der Augenblick nur der der Veranlassung; ja er muß nicht einmal der Suchende sein; denn auf die Art müssen wir die Schwierigkeit ausdrücken, wenn wir sie nicht sokratisch erklären wollen. Er muß denn also bestimmt sein als außerhalb der Wahrheit (nicht als im Kommen zu ihr, als Proselyt, sondern als fortgehend von ihr), oder als Unwahrheit. Er ist somit die Unwahrheit. Aber wie soll man ihn nun erinnern, oder was soll es helfen ihn an das zu erinnern, was er nicht gewußt hat, und worauf er mithin sich nicht besinnen kann.

b) Der Lehrer.

Soll der Lehrer die Veranlassung sein, die den Lernenden erinnert, so kann er ja nicht dazu beitragen, daß er sich erinnert, eigentlich wisse er die Wahrheit, denn der Lernende ist ja die Unwahrheit. Dasjenige denn für das der Lehrer Veranlassung werden kann, daß er sich daran erinnert, ist, daß er die Unwahrheit ist. Aber durch diese Besinnung ist der Lernende ja gerade ausgeschlossen von der Wahrheit, mehr als da er noch unwissend darüber war, daß er die Unwahrheit sei. Auf diese Art stößt mithin der Lehrer den Lernenden eben dadurch, daß er ihn erinnert, fort von sich, nur daß der Lernende, dadurch daß er solchermaßen in sich selbst hineingekehrt wird, nicht entdeckt, daß er die Wahrheit im voraus gewußt habe, sondern seine Unwahrheit entdeckt, ein Bewußtseinsakt, hinsichtlich dessen das Sokratische gilt, daß der Lehrer nur Veranlassung ist, wer immer er denn auch sei, und wäre er selbst ein Gott; denn meine eigne Unwahrheit kann ich nur aus mir selber entdecken, denn erst wenn ich es entdecke, ist es entdeckt, vorher nicht, und wüßte es denn die ganze Welt. (Unter der angenommenen Voraussetzung betreffs des Augenblicks wird dies die einzige Entsprechung zum Sokratischen.)

Soll nun der Lernende die Wahrheit empfangen, so muß der Lehrer sie ihm bringen, und nicht bloß dies, sondern er muß ihm auch die Bedingung dafür mitgeben sie zu verstehen; denn wofern der Lernende selbst sich selber die Bedingung wäre die Wahrheit zu verstehen, so braucht er sich ja bloß zu erinnern; denn es ist mit der Bedingung die Wahrheit zu verstehen wie mit dem nach ihr fragen Können, die Bedingung und die Frage enthalten das Bedingte und die Antwort. (Verhält es sich nicht auf die Art, so ist der Augenblick lediglich sokratisch zu verstehen.)

Aber der, welcher dem Lernenden nicht allein die Wahrheit gibt, sondern die Bedingung mitgibt, der ist nicht Lehrer. Alle Unterweisung beruht darauf, daß die Bedingung doch in allerletzter Hinsicht vorhanden ist; fehlt diese, so vermag der Lehrer nichts; denn andernfalls muß er den Lernenden ja nicht umgestalten sondern ihn umschaffen, ehedenn er anfängt ihn zu lehren. Aber dies vermag kein Mensch, soll es denn geschehen, so muß es durch den Gott selber sein.

Insofern nun der Lernende vorhanden ist, ist er ja doch geschaffen, und insofern muß Gott ihm die Bedingung gegeben haben um die Wahrheit zu verstehen (denn sonst wäre er ja vorher bloß ein Tier, und jener Lehrer, der ihm mit der Bedingung die Wahrheit gäbe, würde ihn erst zum Menschen machen); aber sofern der Augenblick entscheidende Bedeutung haben soll (und wird dies nicht angenommen, so stehen wir ja bei dem Sokratischen), muß er ohne die Bedingung sein, mithin ihrer beraubt sein. Dies kann nicht durch den Gott geschehen sein (denn das ist ein Widerspruch), auch nicht durch einen Zufall (denn es ist ein Widerspruch, daß das was das Niedere ist, über das Höhere die Macht sollte gewinnen können), es muß also durch ihn selbst geschehen sein. Hätte er der Bedingung so verlustig gehen können, daß es nicht durch ihn geschehen wäre, und könnte er im Verlustzustande sein ohne daß es durch ihn selbst geschieht, so hat er die Bedingung nur zufällig besessen, und das ist ein Widerspruch, da die Bedingung für die Wahrheit eine wesentliche Bedingung ist. Die Unwahrheit ist denn also nicht bloß außerhalb der Wahrheit, sondern ist polemisch wider die Wahrheit, und das wird ausgedrückt durch den Satz, daß er selber die Bedingung verscherzt hat und verscherzt.

Der Lehrer ist denn also der Gott selbst, welcher, als Veranlassung wirkend, veranlaßt, daß der Lernende daran erinnert wird, er sei die Unwahrheit, und sei es durch eigne Schuld. Aber diesen Zustand, die Unwahrheit sein und es sein durch eigne Schuld, wie können wir ihn wohl nennen? Laßt uns ihn S ü n d e nennen.

Der Lehrer ist denn also der Gott, welcher die Bedingung gibt und die Wahrheit gibt. Wie sollen wir nun wohl solch einen Lehrer nennen; denn darüber sind wir ja einig, daß wir die Begriffsbestimmung eines Lehrers bereits weit überschritten haben. Insofern der Lernende in der Unwahrheit ist, aber es durch sich selber ist (und auf andre Weise kann er ja dem Vorhergehenden zufolge es nicht sein), könnte es scheinen, als wäre er frei; denn bei sich selber sein, das ist ja Freiheit. Und dennoch ist er ja unfrei und gebunden und ausgeschlossen; denn frei sein von der Wahrheit, das heißt ja ausgeschlossen sein, und durch sich selber ausgeschlossen sein, heißt ja gebunden sein. Weil er aber durch sich selber gebunden ist, kann er da denn nicht sich selber lösen oder sich selber befreien? (Br 11–14)

[...] Mithin, der Hypothese gemäß wird er sich nicht selbst freimachen können. (Und so ist es auch in Wahrheit; denn er braucht die Kraft der Freiheit in der Unfreiheit Dienst, da er ja frei in ihr ist, und dergestalt wächst die vereinte Kraft der Unfreiheit und macht ihn zu der Sünde Knecht. – Wie sollen wir nun solch einen Lehrer nennen, der ihm die Bedingung wieder gibt und mit ihr die Wahrheit? Laßt uns ihn einen Heiland, einen Befreier nennen, denn er macht den Lernenden ja aus der Unfreiheit frei, macht ihn von sich selber frei; einen Erlöser, denn er löst ja den, der sich selbst gefangen gesetzt hatte, und niemand ist ja so schrecklich gefangen, und aus keiner Gefangenschaft ist es so unmöglich auszubrechen, als aus der, in welcher das Individuum sich selber hält! Und dennoch ist damit ja noch nicht genug gesagt; denn mit der Unfreiheit hatte er sich ja schuldig gemacht, und gibt ihm denn also jener Lehrer die Bedingung und die Wahrheit, so ist er ja ein Versöhner, der den Zorn fortnimmt, der über der Verschuldung lag.

Solch eines Lehrers wird denn der Lernende niemals vergessen können; denn im gleichen Augenblick versinkt er wiederum in sich selbst, ebenso wie der, welcher einstmals, als er im Besitz der Bedingung war, in der Unfreiheit versunken ist, dieweil er vergaß, daß Gott da ist. Träfen sie in einem andern Leben zusammen, so würde jener Lehrer dem, welcher sie nicht empfangen hätte, wiederum die Bedingung geben können; aber für den, welcher sie einmal empfangen hätte, würde er ein anderer sein. Die Bedingung war ja ein Anvertrautes, wofür der Empfänger jederzeit Rechenschaft schuldig geblieben ist. Aber solch einen Lehrer, wie sollen wir ihn nennen? Ein Lehrer kann ja den Lernenden beurteilen, ob er Fortschritte macht oder nicht, aber ihn richten, das kann er nicht; denn er muß ja sokratisch genug sein um einzusehen, daß er das Wesentliche dem Lernenden nicht geben kann. Jener Lehrer ist denn also eigentlich nicht Lehrer, sondern er ist Richter. Selbst wenn der Lernende die Bedingung sich völlig angetan und vermöge ihrer sich in die Wahrheit vertieft hat, dennoch kann er nie jenes Lehrers vergessen, oder ihn sokratisch entschwinden lassen, etwas das doch weit tiefsinniger ist als alle unzeitige Kleingeisterei und enttäuschte Schwärmerei, ja das Höchste ist, wenn jenes andre nicht Wahrheit ist.

Und nun der Augenblick. Solch ein Augenblick ist eigener Art. Er ist freilich kurz und ein zeitlich Ding wie der Augenblick es ist, vorübergehend wie der Augenblick es ist, vorübergegangen, wie der Augenblick es ist, im nächsten Augenblick, und dennoch ist er entscheidend, und dennoch ist er erfüllt von dem Ewigen. Solch ein Augenblick muß doch einen besonderen Namen erhalten, laß uns ihn nennen: die Fülle der Zeit.

c) Der Jünger.

Wenn der Jünger die Unwahrheit ist (und ansonst gehen wir ja auf das Sokratische zurück), und doch Mensch ist, und er nun die Bedingung und die Wahrheit erhält, dann wird er ja nicht erst jetzt Mensch, denn das ist er schon gewesen; sondern er wird ein andrer Mensch, nicht in dem spaßhaften Sinne, als würde er ein andrer von der gleichen Beschaffenheit wie zuvor, sondern er wird ein Mensch von andrer Beschaffenheit, oder, wie wir es auch nennen können, ein neuer Mensch.

Insofern er die Unwahrheit gewesen ist, war er ja fort und fort dabei von der Wahrheit fortzugehn; dadurch daß er in dem Augenblick die Bedingung empfängt, hat sein Gang die entgegengesetzte Richtung genommen, oder er ist umgekehrt. Laßt uns diese Veränderung Umkehr (Bekehrung) nennen, mag dies auch ein bisher nicht gebrauchtes Wort sein; aber darum wählen wir es gerade, um nicht verwirrt zu werden; denn es ist ja wie geschaffen für die Veränderung, von der wir sprechen.

Insofern er durch eigene Schuld in der Unwahrheit gewesen ist, kann diese Bekehrung nicht vor sich gehen ohne daß sie in sein Bewußtsein aufgenommen wird, oder ohne daß er sich bewußt wird, daß es durch seine eigne Schuld gewesen ist; und mit diesem Bewußtsein nimmt er Abschied von dem Vorherigen. Indes wie nimmt man wohl Abschied, außer mit Leid in Seele und Sinn? Dies Leid jedoch ergeht hier darüber, daß er so lange in dem vorigen Zustande gewesen ist. Laßt uns ein solches Leid Reue nennen; denn was wäre Reue wohl sonst, die wohl sich umsieht nach rückwärts, aber doch dergestalt, daß sie eben damit den Gang beschleunigt auf das zu, was da vorne liegt.

Insofern er in der Unwahrheit gewesen ist und jetzt mit der Bedingung die Wahrheit empfängt, geht ja eine Veränderung mit ihm vor, wie die von Nichtsein zu Sein. Aber dieser Übergang von Nichtsein zu Sein ist ja der der Geburt. Indes der, welcher *ist*, kann ja nicht geboren werden, und dennoch wird er geboren. Laßt uns diesen Übergang die *Wiedergeburt* nennen, vermöge deren er zum andern Male auf die Welt kommt ganz wie vermöge der Geburt, als ein einzelner Mensch, welcher noch nichts weiß von der Welt, in die er hineingeboren wird, ob sie bewohnt sei, ob es andre Menschen in ihr gebe; denn man kann wohl in Masse getauft werden aber nie in Masse wiedergeboren werden. So wie der, welcher mit sokratischer Geburtshilfe sich selbst geboren hat, darüber alles andere in der Welt vergaß, und in tieferem Sinne keinem einzigen Menschen etwas schuldig war, so schuldet ja der Wiedergeborene keinem einzigen Menschen etwas, aber alles jenem göttlichen Lehrer, und muß, so wie jener über sich selbst die ganze Welt vergaß, wiederum über diesem Lehrer seiner selbst vergessen.

[...]

Aber läßt sich das hier Entwickelte denken? Wir wollen mit der Antwort nicht hasten, und nicht bloß der bliebe ja die Antwort schuldig, der vermöge der Weitläuftigkeit der Überlegung niemals dazu käme zu antworten, sondern auch der, welcher zwar eine besondere Behendigkeit im Antworten an den Tag legte, indes nicht die wünschenswerte Langsamkeit darin, die Schwierigkeit zu bedenken, ehedenn er sie erklärte. Bevor wir antworten, wollen wir denn also fragen, wer es ist, der da die Frage beantworten soll. Geboren worden sein, läßt sich das denken? Ja warum nicht; aber wer ist der, welcher es denken soll; der, welcher geboren ist, oder der, welcher nicht geboren ist? Das Letztere ist ja doch eine Ungereimtheit, welche denn auch niemand eingefallen sein kann; denn der welcher geboren ist kann ja nicht auf diesen Einfall kommen. Wenn der Geborene denn sich geboren denkt, so denkt er ja diesen Übergang von Nichtsein zu Sein. Auf die Art muß dies sich wohl auch mit der Wiedergeburt verhalten. Oder macht etwa dies die Sache schwieriger, daß das der Wiedergeburt vorausgehende Nichtsein mehr Sein enthält als das Nichtsein, welches der Geburt vorausgeht? Aber wer ist denn der welcher es denken soll? Es muß ja der Wiedergeborene sein, denn daß es der Nichtwiedergeborene tun sollte, wäre ja doch eine Ungereimtheit, und wäre es nicht überaus lächerlich, wo der Nicht-Wiedergeborene auf diesen Einfall käme?

Wofern ein Mensch ursprünglich im Besitz der Bedingung ist um die Wahrheit zu verstehen, denkt er damit, daß er da ist, zugleich daß Gott da ist. Wofern er in der Unwahrheit ist, muß er ja auch dies über sich selbst denken, und die Erinnerung wird ihm nicht helfen können außer dazu dies zu denken. Ob er weiter kommen wird, muß der Augenblick entscheiden (obwohl dieser bereits darin wirksam gewesen ist, ihn einsehen zu lassen, daß er die Unwahrheit ist). [...] (Br 15–19)

2 Das Scheitern der Gottesbeweise

Wiewohl Sokrates sich mit aller seiner Kraft bemühte, Menschenkenntnis zu sammeln und sich selbst zu kennen, ja wiewohl er Jahrhunderte hindurch gepriesen worden ist als der Mensch der wohl am besten den Menschen kannte, gesteht er doch, der Grund, weshalb er abgeneigt sei, über die Natur solcher Wesen wie des Pegasus[xxxix] und der Gorgonen[xl] nachzudenken, sei der, daß er noch nicht ganz mit sich im Reinen sei, ob er (der Menschenkenner) ein absonderlicheres Ungeheuer als Typhon[xli] sei oder ein freundlicheres und einfacheres Wesen, welches von Natur an etwas Göttlichem Teil habe (vgl. Phaedrus § 229 E). Das scheint ein Paradox. Doch soll man vom Paradox nichts Übles denken; denn das Paradox ist des Gedankens Leidenschaft, und der Denker, der ohne das Paradox ist, er ist dem Liebenden gleich welcher ohne Leidenschaft ist: ein mäßiger Patron. Aber die höchste Potenz jeder Leidenschaft ist es stets, ihren eignen Untergang zu wollen, und so ist es auch des Verstandes höchste Leidenschaft, den Anstoß zu wollen, ganz gleich, daß der Anstoß auf die eine oder andre Weise sein Untergang werden muß. Das ist denn des Denkens höchstes Paradox: etwas entdecken wollen, das es selbst nicht denken kann. Diese Leidenschaft des Denkens ist im Grunde überall im Denken vorhanden, auch in dem des Einzelnen, insofern er denkend ja nicht bloß er selber ist. Aber auf Grund der Gewohnheit entdeckt man dies nicht. So ist auch der menschliche Gang, wie die Naturforscher erläutern, ein fortgesetztes Fallen; aber ein adretter und bedächtiger Mann, der des Morgens ins Kontor geht und mittags nach Hause, er meint vermutlich, daß das eine Übertreibung sei, denn sein Vorwärtsschreiten ist ja die Vermittlung; wie sollte es ihm einfallen, daß er beständig falle, er der ja schnurstracks der Nase nach geht.

Jedoch damit wir dazu kommen zu beginnen, laß uns nun eine kühne Voraussetzung machen; laß uns annehmen, daß wir wissen, was ein Mensch ist.[...] Darin haben wir ja das Kriterium der Wahrheit, das von der ganzen griechischen Philosophie gesucht oder bezweifelt oder postuliert oder fruchtbar gemacht worden ist. Und ist es nicht recht merkwürdig, daß es sich so mit den Griechen verhält; ist es nicht gleichsam ein kurzer Inbegriff der Bedeutung des Griechentums, ein Epigramm, das es selbst auf sich geschrieben hat, und mit dem ihm auch besser gedient ist als mit dem mitunter recht Weitläuftigen, das mitunter über es geschrieben wird. So ist die Voraussetzung wohl wert, daß man sie annimmt, und das auch noch aus einem andern Grunde, weil wir sie bereits in den beiden vorhergehenden Kapiteln erklärt haben, indessen man, wenn man Sokrates anders erklären will als wir getan, wohl zusehen soll, daß man sich nicht in den Schlingen der älteren oder jüngeren griechischen Skepsis fange. Wofern die sokratische Theorie über die Erinnerung und darüber, daß jeglicher einzelne Mensch der Mensch ist, nicht festgehalten wird, steht Sextus Empiricus[xlii] da, bereit, den Übergang, der im ‚Lernen' liegt, nicht bloß schwierig, sondern unmöglich zu machen; und Protagoras[xliii] beginnt da wo er aufhörte, daß alles des Menschen Maß ist, so verstanden, daß er das Maß für andre ist, keineswegs sokratisch so, daß der Einzelne sich selbst das Maß ist, weder mehr noch weniger.

So wissen wir denn, was der Mensch ist, und diese Weisheit, deren Wert ich am wenigsten von allen gering anschlagen möchte, kann beständig reicher und bedeutungsvoller werden, und mithin auch die Wahrheit; aber da steht der Verstand auch stille – so wie Sokrates es tat; denn nun wacht des Verstandes paradoxe Leidenschaft auf, die den Anstoß will, und, ohne sich selbst recht zu verstehen, ihren eignen Untergang will. Solchermaßen ist es ja mit dem Paradox der Verliebtheit. Der Mensch lebt ungestört in sich selber, da wacht das Paradox der Selbstliebe auf als Liebe zu einem andern, zu einem, den man entbehrt. (Selbstliebe liegt zugrunde oder geht zugrunde in aller Liebe, darum, falls wir uns eine Religion der Liebe denken wollen, so müßte diese ebenso epigrammatisch wie wahr nur eine Bedingung voraussetzen und als gegeben annehmen: daß man sich selbst liebe, um dann zu gebieten, daß man den Nächsten liebe als sich selbst.) Gleichwie nun der Liebende durch dies Paradox der Liebe verändert wird, so daß er sich beinahe nicht mehr kennt (davon zeugen ja die Dichter, die der Liebe Dolmetscher sind, davon zeugen auch die Liebenden selbst, sofern sie den Dichtern nur erlauben sie als des Wortes entbehrend zu schildern, aber nicht als der Sache), so wirkt jenes erahnte Paradox des Verstandes wieder zurück auf den Menschen und auf seine Selbsterkenntnis, so daß er, der da meinte sich selber zu kennen, nicht länger mehr mit Bestimmtheit weiß, ob er etwa ein noch absonderlicher zusammengesetztes Untier als Typhon sei, oder ob er in seinem Wesen ein milderes und göttlicheres Teil habe. […]

Aber was ist denn dies Unbekannte, an dem der Verstand in seiner paradoxen Leidenschaft sich stößt, und das dem Menschen sogar seine Selbsterkenntnis stört? Es ist das Unbekannte. Aber es ist ja nicht irgend ein Mensch, soweit er diesen kennt, oder irgendein ander Ding, das er kennt. So laßt uns denn dies Unbekannte *den Gott* nennen. Es ist bloß ein Name den wir ihm damit geben. Beweisen zu wollen, daß dies Unbekannte (der Gott) da ist, kommt dem Verstande wohl kaum bei. Wofern nämlich der Gott nicht da ist, so ist es ja eine Unmöglichkeit es beweisen zu wollen, aber ist er da, so ist es ja eine Torheit es beweisen zu wollen; denn eben in dem Augenblick, wo der Beweis beginnt, habe ich es vorausgesetzt, nicht als zweifelhaft (welches ja eine Voraussetzung nicht sein kann, dieweil sie eine Voraussetzung ist), sondern als ausgemacht, dieweil ich sonst nicht beginnen würde, leicht einsehend, daß das Ganze eine Unmöglichkeit werden würde, wenn Er nicht da wäre. Meine ich hingegen mit dem Ausdruck ‚des Gottes Dasein beweisen', daß ich beweisen will, daß das Unbekannte, welches da ist, der Gott ist, dann drücke ich mich weniger glücklich aus; denn da beweise ich nichts, am allerwenigsten ein Dasein, sondern ich entwickle eine Begriffsbestimmung. Überhaupt: beweisen wollen, daß etwas da ist, ist eine schwierige Sache; ja, was noch schlimmer ist für die Mutigen, die sich daran wagen wollen: die Schwierigkeit ist eine solche, daß nicht gerade ein berühmter Name auf den wartet, der sich mit ihr beschäftigt. Die ganze Beweisführung wird beständig etwas ganz andres, wird eine mehr äußerliche Schlußfolgerung aus dem, – wird was ich schließe aus dem, – daß ich angenommen habe, daß das in Frage Stehende da ist. So schließe ich beständig nicht auf das Dasein, sondern ich schließe aus dem Dasein, mag ich mich nun in der Welt der sinnlichen Handgreiflichkeit bewegen oder in der des Gedankens. Ich beweise somit nicht, daß ein Stein da ist, sondern daß das Etwas, das da ist, ein Stein ist; das Gericht beweist, nicht daß ein Verbrecher da ist, sondern daß der Angeklagte, der ja da ist, ein Verbrecher ist. Mag man nun das Dasein ein accessorium nennen, oder das ewige prius, es kann niemals bewiesen werden. Wir wollen uns gut Zeit nehmen; es gibt ja für uns nicht solchermaßen Grund eilig zu sein, wie für die, welche aus Besorgnis für sich selbst, oder für den Gott, oder für etwas andres, eilig damit sein müssen, bewiesen zu haben, daß es da ist. Wenn dem so ist, so ist da allerdings Grund, eilig zu sein, besonders wenn der Betreffende sich recht aufrichtig Rechenschaft gäbe von der Gefahr, daß er selbst oder das in Frage Stehende gar nicht da wäre, bevor er es bewiesen hätte und nicht etwa arglistig den geheimen Gedanken hegte, daß es im Grunde doch da ist, er beweise es nun oder nicht.

Wofern einer aus Napoleons Taten Napoleons Dasein beweisen wollte, wäre das nicht höchst absonderlich, dieweil sein Dasein wohl seine Taten erklärt, aber seine Taten nicht ‚sein' Dasein beweisen: es sei denn, ich hätte das Wort ‚sein' bereits im voraus so verstanden, daß ich damit angenommen habe, daß er da ist. Jedoch Napoleon ist nur der Einzelne, und insofern findet kein schlechthinniges Verhältnis statt zwischen ihm und seinen Taten, dergestalt daß ja auch ein andrer die gleichen Taten vollbracht haben könnte. Vielleicht kommt es daher, daß ich von den Taten nicht aufs Dasein schließen kann. Nenne ich die Taten Taten Napoleons, so ist der Beweis überflüssig, da ich ihn bereits mit Namen genannt habe; ignoriere ich dies, so kann ich aus den Taten niemals beweisen, daß es Napoleons sind, wohl aber (rein ideell) beweisen, daß solche Taten die eines großen Generals sind usf. Doch zwischen dem Gott und seinen Taten ist ein schlechthinniges Verhältnis: Gott ist nicht ein Name, sondern Begriff; vielleicht kommt es daher, daß „sein Wesen das Dasein einschließt" (essentia involvit existentiam)[8].

---

[8] So Spinoza, welcher durch Vertiefung in den Gottesbegriff mittels des Gedankens das Sein aus ihm hervorlocken will, jedoch wohl zu merken nicht als eine zufällige Eigenschaft, sondern als Wesens-Bestimmung. Dies ist an Spinoza das Tiefsinnige, aber laßt uns sehen, wie er verfährt. In den Prinzipien der Cartesianischen Philosophie, erster Teil Propositio VII Lemma I sagt er: „Je vollkommener ein Ding von Natur ist, ein desto größeres und notwendigeres Dasein schließt es ein; und umgekehrt, ein je notwendigeres Dasein ein Ding von Natur einschließt, umso vollkommener ist es." („quo res sua natura perfectior est, eo majorem existentiam et magis necessariam involvit; et contra, quo magis necessariam existentiam res sua natura involvit, eo perfectior"). Mithin je vollkommener, desto mehr Sein; je mehr Sein, desto vollkommener. Dies ist indes eine Tautologie. Diese wird noch deutlicher durch eine Anmerkung (Nota II): „Wir sprechen hier nicht von Schönheit und andern Vollkommenheiten, welche die Menschen aus Aberglaube und Unwissenheit haben Vollkommenheiten nennen wollen. Sondern unter Vollkommenheit verstehe ich allein Realität oder Sein." („quod hic non loquimur de pulchritudine et aliis perfectionibus, quas homines ex superstitione et ignorantia perfectiones vocare voluerunt. Sed per perfectionem intelligo tantum realitatem sive esse"). Er erklärt Vollkommenheit (perfectio) mit Realität, Sein (realitas, esse); mithin je vollkommener ein Ding ist, desto mehr ist es; aber seine Vollkommenheit ist, daß es mehr Sein (esse) in sich hat, das will also heißen, je mehr es ist, desto mehr ist es. Soviel von der Tautologie, doch nun weiter. Was hier zu vermissen ist, ist eine Begriffsunterscheidung zwischen faktischem Sein und ideellem Sein. Der an und für sich nicht klare Sprachgebrauch, von mehr

Taten Gottes kann denn also nur der Gott tun; ganz recht, aber welches sind denn des Gottes Taten? Unmittelbar existieren die Taten überhaupt nicht, aus denen ich sein Dasein beweisen will. Oder liegt es vielleicht gerade vor der Nase, die Weisheit in der Natur, die Güte oder Weisheit in der Weltlenkung zu sehen? Begegnen hier nicht die entsetzlichsten Anfechtungen, und ist es nicht unmöglich, mit allen diesen Anfechtungen fertig zu werden? Aber aus einer solchen Ordnung der Dinge werde ich doch nicht Gottes Dasein beweisen, und wenn ich gleich begönne, würde ich nie fertig werden, und müßte zugleich fort und fort in der Schwebe leben, darum daß da plötzlich etwas so Entsetzliches geschehen könnte, daß mein bißchen Beweis verdorben würde. Mithin, was für Taten sind es, aus denen ich es beweise? Es sind die Taten, wie sie ideell betrachtet werden, d. h. so, wie sie sich nicht unmittelbar zeigen. Aber dann beweise ich es ja nicht aus den Taten, sondern ich entwickle lediglich die Idealität, die ich vorausgesetzt habe; im

---

oder weniger Sein zu sprechen, mithin der Gradunterschied im Sein, wird noch verwirrender, wenn man jene Unterscheidung nicht macht, wenn mit andern Worten Spinoza wohl tiefsinnig redet, aber es unterläßt erst einmal nach der Schwierigkeit zu fragen. In Beziehung auf faktisches Sein ist ein Reden von mehr oder weniger Sein sinnlos. Eine Fliege, wenn sie ist, hat ebensoviel Sein wie der Gott; die dumme Bemerkung, die ich hier schreibe, hat hinsichtlich des faktischen Seins ebensoviel Sein wie Spinozas Tiefsinn, denn hinsichtlich des faktischen Seins gilt die Dialektik Hamlets: Sein oder Nichtsein. Das faktische Sein ist gleichgiltig gegen die Unterschiedlichkeit aller Wesensbestimmungen, und alles, was da ist, hat ohne kleinliche Eifersucht Teil am Sein, und hat gleich sehr Teil daran. Ideell verhält es sich anders, das ist ganz richtig. Jedoch sobald ich ideell von Sein spreche, spreche ich nicht mehr von Sein, sondern vom Wesen. Die höchste Idealität hat das Notwendige, darum ist es. Aber dies Sein ist sein Wesen, vermöge dessen es in den Bestimmungen des faktischen Seins nicht dialektisch werden kann, eben weil es ist; und auch in Beziehung auf etwas andres kann von ihm nicht gesagt werden es habe mehr oder weniger Sein. Dies hat man, wenn schon etwas unvollkommen, in alten Tagen so ausgedrückt: wenn Gott möglich ist, so ist er eben damit notwendig (Leibniz). Spinozas Satz ist also ganz richtig, und die Tautologie ist in der Ordnung, aber es ist ebenso gewiß, daß er die Schwierigkeit ganz und gar umgeht; denn die Schwierigkeit ist das faktische Sein zu fassen zu bekommen, und die Idealität Gottes hineinzubekommen in das faktische Sein.

Vertrauen auf s i e wage ich es sogar allen Einwänden zu trotzen, sogar denen, die noch nicht ins Dasein getreten sind. Indem ich denn also anfange, habe ich die Idealität vorausgesetzt, und vorausgesetzt, daß es mir gelingen wird, sie zu Ende zu führen; aber was heißt das andres als daß ich es vorausgesetzt habe, daß der Gott da ist, und im Vertrauen auf ihn ist es eigentlich, daß ich anfange.

Und wie kommt nun des Gottes Dasein aus dem Beweise an den Tag? Geschieht das so ganz geradezu? Ist es damit nicht wie mit den bekannten kartesianischen Püppchen[xliv]? Sobald ich das Püppchen loslasse, stehts auf dem Kopfe. Sobald ich's loslasse: ich muß es also loslassen. So denn auch mit dem Beweise; solange ich am Beweise festhalte (d. i. fortfahre, der Beweisende zu sein), kommt das Dasein nicht an den Tag, wenn nicht aus anderm Grund, dann aus dem, daß ich dabei bin, es zu beweisen; aber indem ich den Beweis loslasse, ist das Dasein da. Jedoch daß ich loslasse, dies ist doch wohl auch etwas, das ist ja meine Zutat; müßte er alsdann nicht auch in Anschlag gebracht werden, dieser kleine Augenblick, wie kurz er auch sei, – lang braucht er ja nicht zu sein, da er ein S p r u n g ist. Wie klein dies Moment auch sei, wenn es auch in demselben Nu ist: dieses selbe Nu, es muß in Anschlag gebracht werden. Sollte man es vergessen haben, so will ich um zu zeigen, daß es doch da ist, es benutzen um eine kleine Anekdote zu erzählen. Chrysipp[xlv] machte Experimente um die Aufwärts- und Abwärtsbewegung eines Häufelschlusses (Sorites) in der Qualität zum Stehen zu bringen. Dies konnte Karneades[xlvi] nicht in seinen Kopf bekommen, wann das geschehe, daß die Qualität wirklich zum Vorschein komme. Da sagte Chrysipp zu ihm, könne beim Zählen einen Augenblick innehalten, und dann, dann – dann könne man es besser verstehen. Aber Karneades antwortete: Bitte, meinethalben mußt du dich nicht genieren, du kannst nicht bloß innehalten, sondern dich sogar schlafen legen, das hilft ebenso viel; wenn du aufwachst, fangen wir wieder an, wo du aufgehört hast. Und so ist's ja auch; es hilft ebensowenig, sich von etwas wegschlafen wollen, wie sich zu etwas hinschlafen wollen.

Wer darum Gottes Dasein beweisen will (in irgendeinem andern Sinne, als daß er sich den Gottesbegriff deutlich macht, und ohne den letztlichen Vorbehalt, den wir aufgezeigt haben, daß das Dasein selbst hervorgeht aus dem Beweise durch einen Sprung), er beweist mangels dessen etwas andres, etwas, das zuweilen vielleicht nicht einmal eines Beweises bedürfte, und, wie der Fall auch liege, keineswegs etwas Besseres; denn wohl spricht es der Tor in seinem Herzen, es ist kein Gott; wer aber in seinem Herzen oder zu den Menschen sagt: wart nun bloß noch ein Weilchen, so werde ich es beweisen, o, was für ein seltsamer Weiser ist er nicht![...] Ist es nicht in dem Augenblicke, da er den Beweis beginnen soll, schlechthin in der Schwebe, ob der Gott da ist oder nicht, so beweist er es ja nicht; und ist es, wenn er anfängt, derart in der Schwebe, so kommt er niemals dazu anzufangen, teils aus Furcht davor es könne nicht glücken, da der Gott vielleicht nicht da ist, und teils weil er nichts hat womit er anfangen kann. – Im Altertum hat man sich schwerlich mit solchen Sachen abgegeben. Sokrates zum mindesten, der ja, wie es heißt, den physikotheologischen Beweis für Gottes Dasein zur Welt gebracht haben soll, hat sich so nicht benommen. Er setzt beständig voraus, daß der Gott da ist, und unter dieser Voraussetzung sucht er nun die Natur mit dem Gedanken der Zweckmäßigkeit zu durchdringen. Wofern man ihn gefragt hätte, warum er sich so benehme, so würde er wohl erklärt haben, er hätte nicht so viel Mut, um sich auf eine solche Entdeckungsreise wagen zu dürfen, ohne sich zuvor nach rückwärts zu versichern, daß der Gott da sei. Auf das Wort des Gottes wirft er gleichsam das Netz aus, um den Gedanken der Zweckmäßigkeit zu fassen; denn die Natur selber sinnt auf viele Schreckmittel und auf viele Ausflüchte, um zu stören.

Die paradoxe Leidenschaft des Verstandes stößt sich so denn beständig an diesem Unbekannten, das wohl da ist, aber auch unbekannt, und insofern nicht da ist. Weiter kommt der Verstand nicht, doch kann er es in seiner Paradoxie nicht lassen, herzu zu kommen und sich damit zu beschäftigen; denn sein Verhältnis zu ihm dergestalt ausdrücken wollen, daß jenes Unbekannte nicht da ist, das geht nicht an, dieweil diese Aussage eben ein Verhältnis einschließt. Aber was ist denn dies Unbekannte (denn daß es der Gott ist, bedeutet uns ja nur, daß es das Unbekannte ist)? Damit, daß man darüber sagt, es sei das Unbekannte, da man es nicht kennen könne und, sogar falls man es kennen könnte, es nicht aussagen könnte, wird die Leidenschaft nicht zufrieden gestellt, ob sie gleich das Unbekannte richtig als Grenze aufgefaßt hat; aber Grenze ist eben der Leidenschaft Marter, wenn auch zugleich ihr Anreiz. Und doch kann sie nicht weiter kommen, mag sie nun einen Ausfall via negationis oder via eminentiae wagen.

Was ist denn das Unbekannte? Es ist die Grenze, zu welcher man beständig kommt, und insofern ist es, um die Bestimmung der Bewegung zu vertauschen mit der der Ruhe, das Verschiedene, das schlechthin Verschiedene. Aber das ist das schlechthin Verschiedene: wofür man kein Kennzeichen hat. Als das Schlechthin-Verschiedene bestimmt scheint es in Begriff zu sein offenbart zu werden; aber dem ist nicht so; denn die schlechthinnige Verschiedenheit kann der Verstand nicht einmal denken; denn schlechthin kann er sich selbst nicht verneinen, sondern er benützt sich selber dabei und denkt mithin die Verschiedenheit an sich selbst, die er mit sich selbst denkt; und schlechthin kann er nicht über sich selbst hinausgehen und denkt darum nur die Erhabenheit über sich selbst hinaus, die er mit sich selbst denkt. Wofern denn also das Unbekannte (der Gott) nicht bloß Grenze bleibt, so verwirrt sich der eine Gedanke über das Verschiedene durch die vielen Gedanken über das Verschiedene. Das Unbekannte ist alsdann in einer Zersplitterung, einer *διασπορᾷ*, und der Verstand hat eine Auswahl nach Gefallen unter dem was zur Hand ist und was die Einbildung ersinnen mag (das Ungeheure, das Lächerliche usw. usw.).

Aber diese Verschiedenheit läßt sich nicht greifen. Jedesmal, wenn es geschieht, ist es im Grunde Willkür und zutiefst in der Gottesfurcht lauert auf wahnwitzige Weise die launenhafte Willkür, welche weiß, daß sie selbst den Gott hervorgebracht hat. Läßt nun die Verschiedenheit sich nicht greifen, weil es kein Kennzeichen gibt, so geht es mit der Verschiedenheit und der Gleichheit wie mit allen solchen dialektischen Gegensätzen: sie sind identisch. Die Verschiedenheit, die dem Verstande untrennlich anhängt, hat diesen verwirrt, so daß er sich selbst nicht kennt und ganz folgerichtig sich selbst mit der Verschiedenheit verwechselt. In Hinsicht auf phantastische Erfindung ist das Heidentum reich genug gewesen; was die zuletzt hervorgehobene Annahme, die das sich selber Ironisieren des Verstandes ist, anlangt, so will ich sie bloß mit ein paar Zügen herausstreichen, ohne Rücksicht darauf, ob sie geschichtlich wirklich geworden ist oder nicht. Da lebt denn ein einzelner Mensch, er sieht ganz aus wie andre Menschen, wächst auf ganz wie andre Menschen, verheiratet sich, hat einen Lebenserwerb, ist bedacht auf sein Auskommen für den morgigen Tag, wie das sich für einen Menschen gehört; denn es mag ja recht schön sein, leben zu wollen wie die Vögel unter dem Himmel, aber es ist unzulässig und kann ja auf das Traurigste enden, entweder, wenn man Ausdauer dabei hat, so, daß man umkommt vor Hunger, oder so, daß man von dem Geld und Gut andrer lebt. Dieser Mensch ist zugleich der Gott. Woher weiß ich das? Ja, wissen kann ich es nicht, denn dann müßte ich den Gott und die Verschiedenheit kennen; und die Verschiedenheit kenne ich nicht, dieweil der Verstand sie dem gleich gemacht hat, davon sie verschieden ist. Dergestalt ist der Gott der entsetzlichste Betrüger geworden, dadurch, daß der Verstand sich selbst betrogen hat. Der Verstand hat den Gott so nahe als es möglich ist bekommen, und doch ebenso fern. [...] (Br 34–44)

Wofern das Paradox und der Verstand aufeinander stoßen im gemeinsamen Verständnis ihrer Verschiedenheit, so ist der Zusammenstoß glücklich wie das Liebesverständnis, glücklich in der Leidenschaft, der wir annoch keinen Namen gegeben, und erst späterhin einen Namen geben werden. Geschieht der Zusammenstoß nicht im Verständnis, so ist das Verhältnis unglücklich, und diese, wenn ich so sagen darf, unglückliche Liebe des Verstandes (welche, wohl zu merken, nur jener unglücklichen Liebe gleich ist, die allein in mißverstandner Selbstliebe ihren Grund hat, weiter erstreckt sich die Entsprechung nicht, da des Zufalls Macht hier nichts vermag) könnten wir bestimmter Ärgernis nennen.

Alles Ärgernis nun ist im tiefsten Grunde leidend.[9] Es ist hier wie mit jener unglücklichen Liebe; sogar dann wenn die Selbstliebe (und scheint es nicht bereits ein Widerspruch, daß Liebe zu sich selbst Leiden ist?) sich kund macht in der tollkühnsten Handlung, in verblüffendem Tun, sie ist leidend, sie ist verwundet, und der

---

[9] Unsre Sprache nennt den Affekt richtig ein Seelen leiden; indessen wir, wo wir das Wort Affekt brauchen, oft vornehmlich an die krampfhafte Kühnheit denken, die verblüfft, und darüber vergessen, daß es sich um ein Leiden handelt. So z.B. bei Hochmut, Trotz usw.

Schmerz der Wunde erzeugt diese scheinhafte Kraftäußerung, welche wie Handeln aussieht und leicht täuschen kann, vor allem weil die Selbstliebe dies mehr als alles andre versteckt. Sogar dann, wenn sie den Gegenstand der Liebe hinunterstößt, sogar dann wenn sie selbstquälerisch sich zu verhärteter Gleichgiltigkeit erzieht, und sich selbst peinigt um Gleichgiltigkeit zu erzeigen, sogar dann, sogar dann wenn sie sich einem siegjauchzenden Leichtsinn ergibt darüber daß es gelingt (diese Gestalt täuscht am meisten), sogar dann ist sie leidend. So auch mit dem Ärgernis; es mag sich ausdrücken wie es wolle, und ob es gleich frohlockend den Triumph der Gleichgiftigkeit feire, es ist allezeit leidend, möge der Ärgernis Nehmende zerknirscht dasitzen und nahezu bettlergleich auf das Paradox starren, in seinem Leiden zu Stein werdend, oder möge er sich wappnen mit Hohn, und mit dem Pfeil des Witzes zu zielen wissen sogar wie von ferne – er ist dennoch leidend und hat nicht die Ferne; möge das Ärgernis kommen und dem Ärgernis Nehmenden den letzten Tropfen Trost und Freude stehlen, oder ihn stark machen – das Ärgernis ist dennoch leidend; es hat mit dem Stärkeren gestritten, und mit seiner Kraft ist es ebenso bestellt wie im Leiblichen mit der dessen, dem der Rücken gebrochen ist, was ja eine eigentümliche Art von Geschmeidigkeit verleiht.

Mittlerweile können wir gut und gern zwischen dem leidenden und dem handelnden Ärgernis unterscheiden, ohne indes zu vergessen: das leidende ist stets soweit handelnd, daß es nicht ganz und gar es mag, sich zunichtemachen zu lassen (denn Ärgernis ist immer eine Handlung, nicht eine Begebenheit), und das handelnde ist stets so schwach, daß es nicht vermag, sich von dem Kreuze loszureißen, an das es genagelt ist, oder den Pfeil herauszureißen, durch den es verwundet ist.[10]

---

10 Der Sprachgebrauch zeigt es seinerseits, daß alles Ärgernis leidend ist. Man sagt „geärgert sein“, was beinahe nichts als das Zuständliche ausdrückt, jedoch man braucht als gleichsinnig damit auch „Ärgernis n e h m e n" (Einheit von handelnd sein und leidend sein). Griechisch heißt es: σκανδαλίζεσθαι. Dies Wort kommt von σκάνδαλον (Anstoß) und bedeutet somit Anstoß nehmen. Hier zeigt sich zugleich deutlich die Richtung; das Ärgernis stößt nicht an, sondern nimmt den Anstoß, ist mithin leidentlich, wiewohl soweit tätig, daß es selbst nimmt. Daher hat der Verstand das Ärgernis nicht selbst erfunden; denn

Jedoch eben weil das Ärgernis dergestalt leidend ist, gehört die Entdeckung, wenn man so sagen will, nicht dem Verstande, sondern dem Paradox; denn so wie die Wahrheit das Kennzeichen ihrer selbst und des Verkehrten (index sui et falsi) ist, so ist es auch das Paradox, und das Ärgernis versteht nicht sich selber[11], sondern wird verstanden vom Paradox. Während daher das Ärgernis, wie es auch sich ausdrücken möge, von andrer Stelle her laut wird, ja vom entgegengesetzten Rande her, bleibt es dennoch das Paradox, das in ihm widerhallt, und dies ist allerdings eine Gehörstäuschung. Ist aber das Paradox Kennzeichen und Richter seiner selbst und des Verkehrten (index et judex sui et falsi), so darf das Ärgernis betrachtet werden als mittelbare Probe auf die Richtigkeit des Paradoxes; denn das Ärgernis ist die verkehrte Berechnung, ist die Folge der Unwahrheit, dadurch das Paradox von sich abstößt. Der Ärgernis Nehmende spricht nicht aus seinem Eignen, er spricht aus dem was des Paradoxes ist, ebenso wie der, welcher Zerrbilder zeichnet, nicht selber etwas erfindet, sondern lediglich in der Verkehrung einen andern nachbildet. Je tiefere Leidenschaft der Ausdruck des Ärgernisses hat (es sei im Handeln oder im Leiden), umso mehr zeigt es sich, wie viel das Ärgernis dem Paradox verdankt. Das Ärgernis ist also nicht die Erfindung des Verstandes, weit davon; denn alsdann hätte der Verstand auch das Paradox erfinden können müssen; nein, mit dem Ärgernis e n t s t e h t das Paradox; ja, e n t s t e h t es, hier haben wir wiederum den Augenblick, worum sich ja alles dreht. Laß uns kurz wiederholen. Wofern wir den Augenblick nicht annehmen, kehren wir zu Sokrates zurück, und ihn wollten wir ja gerade verlassen um etwas zu entdecken. Wird der Augenblick gesetzt, so ist das Paradox da; denn in seiner am stärksten abgekürzten Gestalt kann man das Paradox den Augenblick nennen; vermöge des Augenblicks wird der Lernende die Unwahrheit; der Mensch, der sich selber gekannt hat, wird ratlos betreffs seiner selbst, und erhält

---

das paradoxe sich Stoßen, welches der für sich allein bleibende Verstand erzeugt entdeckt weder das Paradox noch das Ärgernis.

11 Somit ist der sokratische Satz richtig, daß alle Sünde Unwissenheit sei; sie versteht sich nicht in der Wahrheit; aber daraus folgt nicht, daß sie ja recht gut sich selbst in der Unwahrheit wollen kann.

anstelle von Selbsterkenntnis Sündenbewußtsein usw.; denn sobald nur wir den Augenblick setzen, geht alles von selbst.

Psychologisch betrachtet wird nun das Ärgernis höchst mannigfaltige Abstufungen zeigen innerhalb der Bestimmungen des mehr Tätigen und des mehr Leidentlichen. Auf eine Schilderung hiervon einzugehen, entspricht nicht dem Zweck gegenwärtiger Überlegung; dahingegen ist es von Wichtigkeit festzuhalten, daß alles Ärgernis nach seinem Wesen ein Mißverstehen des Augenblicks ist, denn es ist ja Ärgernis am Paradox, und das Paradox wiederum ist der Augenblick.

Die Dialektik des Augenblicks ist nicht schwierig. Sokratisch gesehen ist er nicht zu sehen oder zu unterscheiden, er ist nicht da, ist nicht gewesen, wird nicht kommen; dafür ist ja der Lernende selbst die Wahrheit, und der Augenblick der Veranlassung ist nur ein Spiel, einem Zwischentitel gleich, der wesentlich nicht mit zum Buche gehört; und der Augenblick der Entscheidung ist eine Torheit; denn soll die Entscheidung gesetzt werden, so (vgl. das Vorhergehende) wird der Lernende zur Unwahrheit, jedoch eben dies macht ein Beginnen in dem Augenblick notwendig. Der Ausdruck Ärgernis ist, daß der Augenblick Torheit ist, das Paradox Torheit ist; welches der Anspruch des Paradoxes darauf ist daß der Verstand das Absurde sei, nun jedoch vermöge eines Widerhalls aus dem Ärgernis herausschallt. Oder der Augenblick soll beständig kommen, man sieht sich die Sache an, und der Augenblick soll das Ansehnliche sein; da aber das Paradox den Verstand zu dem Absurden gemacht hat, so ist die Ansehnlichkeit des Verstandes kein Kennzeichen.

Das Ärgernis bleibt somit außerhalb des Paradoxes, und der Grund ist: „weil es absurd ist" (quia absurdum). Jedoch der Verstand hat das nicht entdeckt, es ist vielmehr das Paradox, welches dies entdeckt hat, und nun dem Ärgernis Zeugnis abnimmt. Der Verstand sagt, das Paradox sei das Absurde, doch dies ist nur eine verzerrte Abbildung, denn das Paradox ist ja das Paradox, „weil es absurd ist" (quia absurdum). Das Ärgernis bleibt außerhalb des Paradoxes und behält die Wahrscheinlichkeit, indessen das Paradox das ganz Unwahrscheinliche ist. Es ist wiederum nicht der Verstand, der dies entdeckt, er plappert vielmehr nur dem Paradox nach, wie wunderlich es auch scheinen möge; denn das Paradox sagt es selbst: „Komödien und Romane und Lügen müssen wahrscheinlich sein; aber wie sollte ich wohl wahrscheinlich sein?“ Das Ärgernis bleibt außerhalb des Paradoxes, was Wunder, da das Paradox das Wunder ist? Dies hat der Verstand nicht entdeckt, im Gegenteil, es ist das Paradox welches dem Verstande den Platz auf dem Verwunderungsstuhl anweist und ihm erwidert: nun worüber wunderst du dich, es ist gerade wie du sagst, und das Wunderliche ist, daß du glaubst, es sei ein Einwand; jedoch „die Wahrheit in eines Heuchlers Munde ist mir lieber als wenn ich sie von einem Engel hörte oder einem Apostel“. Wenn der Verstand um seiner Herrlichkeit willen sich brüstet, im Vergleich mit dem Paradox, welches das Erbärmlichste und Verächtlichste sei, so hat der Verstand das nicht erfunden, sondern das Paradox selbst ist der Erfinder, der dem Verstande alles überläßt was glänzt, sogar die „glänzenden Laster“ (vitia splendida). Wenn der Verstand sich des Paradoxes erbarmen will und ihm zu einer Erklärung verhelfen, so findet sich das Paradox wohl nicht darein, findet es aber in der Ordnung, daß der Verstand das tut; denn „sind unsre Philosophen nicht dazu da, die übernatürlichen Dinge alltäglich und trivial zu machen“? Wenn der Verstand das Paradox nicht in seinen Kopf bekommen kann, so hat der Verstand dies nicht erfunden, sondern das Paradox selbst, welches paradox genug dazu gewesen ist ohne alle Scheu den Verstand für einen „Klotz und Stein“ zu erklären, der zuhöchst „Ja und Nein“ zur gleichen Sache sagen kann, was „keine gute Theologie“ ist So ist es mit dem Ärgernis. Alles was es über das Paradox spricht, hat es von diesem gelernt, ob es gleich selbst es erfunden haben will, indem es sich eine Gehörstäuschung zunutze macht. [...] (Br 46–50)

[...] Des Tages Neuigkeit ist der Ewigkeit Anfang! – hätte der Gott sich in einer Herberge gebären lassen, in Lumpen sich wickeln, in eine Krippe sich legen lassen, ist dann der Widerspruch größer als wenn des Tages Neuigkeit des Ewigen Windel ist, ja so wie in dem angenommenen Falle dessen wirkliche Gestalt, in der Art daß der A u g e n b l i c k wirklich die Entscheidung der Ewigkeit ist! Wofern der Gott nicht die Bedingung mitgibt um es zu verstehen, wie sollte dann der Lernende darauf verfallen; aber dies daß der Gott selbst die

Bedingung mitgibt, haben wir ja im Vorhergehenden entwickelt als das was aus dem Augenblick folgt, und gezeigt, daß der Augenblick das Paradox ist, und daß wir ohne dieses nicht weiter kommen, sondern zurück zu Sokrates.

Wir wollen sofort hier darauf achtgeben, daß es deutlich werde, daß auch für den gleichzeitigen Jünger es die Frage nach einem geschichtlichen Ausgangspunkt gibt; denn geben wir hier nicht acht, so wird die Schwierigkeit unübersteiglich an einer späteren Stelle [...], wenn von dem Verhältnis desjenigen Jüngers gehandelt wird, den wir den Jünger zweiter Hand nennen. Einen geschichtlichen Ausgangspunkt für sein ewiges Bewußtsein erhält ja auch der Gleichzeitige; denn er ist ja eben gleichzeitig mit dem Geschichtlichen, welches nicht der Augenblick der Veranlassung sein will, und dies Geschichtliche will ihn auf andre Art interessieren als bloß historisch, will ihm Bedingung seiner ewigen Seligkeit sein, ja, (laßt uns die Folgen in umgekehrter Richtung ziehen), ist dem nicht so, so ist jener Lehrer nicht der Gott, sondern bloß ein Sokrates, welcher, wo er sich nicht wie Sokrates benimmt, noch nicht einmal ein Sokrates ist.

Wie kommt nun der Lernende zum Einverständnis mit diesem Paradox, denn wir sagen nicht, er solle das Paradox verstehen, sondern nur er solle verstehen, daß dies das Paradox ist? Wie dies geschieht, haben wir bereits gezeigt, es geschieht, wenn der Verstand und das Paradox in dem Augenblick glücklich aufeinander stoßen, wenn der Verstand sich selbst beiseite schafft und das Paradox sich selbst hingibt; und das Dritte, in welchem es geschieht (denn es geschieht ja nicht durch den Verstand, welcher verabschiedet ist, auch nicht durch das Paradox, welches sich hingibt, – mithin in etwas), ist jene glückliche Leidenschaft, der wir nunmehr einen Namen geben wollen, wenn es uns eben auch nicht auf den Namen ankommt. Wir wollen sie Glaube nennen. Diese Leidenschaft muß denn wohl jene besprochene Bedingung sein, welche das Paradox mitgibt. Laßt uns dies nicht vergessen: wofern das Paradox die Bedingung nicht mitgibt, ist der Lernende in ihrem Besitz; aber ist er im Besitz der Bedingung, so ist er ja eben damit selbst die Wahrheit, und der Augenblick nur der der Veranlassung.

Der gleichzeitige Lernende hat es nun leicht genug jegliche geschichtliche Aufklärung zu erhalten. Laßt uns jedoch nicht vergessen, daß er hinsichtlich der Geburt des Gottes dennoch in der gleichen Lage sein wird, wie der Jünger zweiter Hand, dergestalt, daß wo wir die unbedingte Genauigkeit des historischen Wissens scharf geltend machen wollen, nur ein einziger Mensch vollständig unterrichtet sein wird, nämlich das Weib, von dem er sich gebären ließ. Geschichtlicher Augenzeuge zu werden, damit also hat es der Lernende leicht, das Unglück ist indes, daß das Wissen von einem geschichtlichen Umstande, ja das Wissen von ihnen allen mit der Verläßlichkeit des Augenzeugen, keineswegs den Augenzeugen zum Jünger macht, was man ja daraus ersehen kann, daß dies Wissen für ihn nichts andres bedeutet als die historische Tatsache Hier zeigt sich sogleich, daß das im konkreteren Sinne Geschichtliche gleichgiltig ist; wir können in Beziehung darauf die Unwissenheit eintreten lassen und die Unwissenheit gleichsam ein Stück nach dem andern zunichtemachen lassen, geschichtlich das Geschichtliche zunichtemachen lassen; falls nur der Augenblick noch übrig bleibt, als Ausgangspunkt für das Ewige, ist das Paradox zugegen. Wofern da ein Gleichzeitiger gewesen, welcher sogar seinen Schlaf auf die kürzeste Zeit beschränkt hätte um jenem Lehrer zu folgen, dem er untrennlicher folgte, als der kleine Fisch welcher dem Hai folgt, wofern er hundert Spione in seinem Dienste hätte, die allenthalben jenen Lehrer belauerten, und mit denen er selbst jeden Abend Besprechung hielte, so daß er jenes Lehrers Personenbeschreibung bis in das Geringfügigste hinein kennte, wüßte was er gesagt, wo er sich aufgehalten eine jede Stunde am Tage, weil sein Eifer ihn auch das Unbedeutendste als wichtig ansehen ließ, wäre ein solcher Gleichzeitiger der Jünger? Keineswegs. Er könnte seine Hände waschen, falls jemand ihn historischer Unzuverlässigkeit zeihen würde, aber mehr auch nicht. Wofern ein andrer sich um nichts als die Lehre gekümmert hätte, die jener Lehrer gelegentlich vortrug, wofern jedes lehrende Wort das aus seinem Munde ging ihm wichtiger gewesen wäre als das tägliche Brot, wofern er sich hundert andre hielte, die jeden Buchstaben auffingen, auf daß nichts umkomme; wofern er sorgfältig mit diesen Besprechung hielte um die verläßlichste Darstellung der Lehre zuwege zu bringen, wäre er deshalb der Jünger? Keineswegs, ebensowenig wie Plato etwas andres als eben Sokratesjünger war. Wofern da ein Gleichzeitiger gewesen, der sich in fremden Landen aufgehalten hätte, und erst heimkehrte, als jener Lehrer von seinem Leben nur noch einen Tag oder zwei übrig hatte, wofern jener Gleichzeitige abermals durch Geschäfte abgehalten würde, jenen Lehrer zu sehen, und erst dazu käme beim Allerletzten, als er den Geist aufgeben wollte, wäre diese geschichtliche Unwissenheit dem im Wege daß er der Jünger sein könnte, wenn der Augenblick für ihn die Entscheidung der Ewigkeit war? Für jenen ersten Gleichzeitigen wäre jenes Leben nur eine geschichtliche Begebenheit gewesen; für den zweiten wäre jener Lehrer die Veranlassung gewesen, daß er sich selbst verstand, und er wird jenen Lehrer vergessen können; denn einem ewigen Verständnis seiner selbst gegenüber ist ein Wissen vom Lehrer ein zufälliges und geschichtliches Wissen, eine Sache des Gedächtnisses. Solange das Ewige und das Geschichtliche eins außerhalb des andern stehen, ist das Geschichtliche nur Veranlassung. Spräche denn also jener eifrig Lernende, welcher es doch nicht dazu brachte Jünger zu sein, sehr viel und sehr laut davon, was er jenem Lehrer verdanke, so daß seine Lobrede beinahe kein Ende fände und ihre Vergoldung beinahe nicht mehr einzuschätzen wäre, und erzürnte er also sich über uns, wo wir ihm zu erklären suchten, jener Lehrer sei nur die Veranlassung gewesen, dann würde wohl weder seine Lobrede noch sein Zorn unsrer Überlegung dienlich sein, denn beides hat den gleichen Grund, daß er, ohne den Mut auch nur zum bloßen Verstehen zu haben, es nicht an Vorwitzigkeit hat fehlen lassen wollen um weiter zu gehen. Damit daß man, wie er, fabelt und posaunt, betrügt man nur sich selbst und andre, insofern man sich selbst und andre davon überführt, man habe wirklich Gedanken – sintemal man sie einem andern verdanke. Indes obwohl Höflichkeit sonst kein Geld kostet, so ist jenes Höflichkeit doch teuer bezahlt; denn die begeisterte Danksagung, die vielleicht sogar nicht ohne Tränen ist und nicht ohne daß sie andre zu Tränen rührt, ist ein Mißverständnis; denn die Gedanken, die so einer hat, verdankt er denn sicher keinem andern, und das Geschwätz verdankt er auch keinem andern. Ach, wie manchen hat es gegeben, der so höflich war, Sokrates gar so viel verdanken zu wollen, und dies ungeachtet dessen daß er ihm schlechterdings nichts verdankte! Denn wer Sokrates aufs beste versteht, der versteht gerade, daß er Sokrates nichts schuldig ist, und das will Sokrates am liebsten, und imstande gewesen sein das zu wollen ist schön; wer aber glaubt Sokrates gar so viel schuldig zu sein, der kann ziemlich sicher sein, daß Sokrates ihn mit Vergnügen von der Zahlung befreit, da er wohl nicht ohne Betrübnis erfahren mag, daß er dem Betreffenden irgendwelches Betriebskapital übergeben haben solle damit zu wuchern. Verhält sich hingegen das Ganze nicht sokratisch, wie wir ja annehmen, so ist der Jünger jenem Lehrer *alles* schuldig (welches man Sokrates unmöglich schuldig sein kann, da er ja, wie er selbst sagt, nicht zu *gebären* vermochte), und dies Verhältnis läßt sich nicht damit ausdrücken daß man fabelt und posaunt, sondern allein in jener glücklichen Leidenschaft, die wir den Glauben nennen, deren Gegenstand das Paradox ist, aber das Paradox macht gerade das Widersprechende eins, ist die Ewigsetzung des Geschichtlichen und die Geschichtlichsetzung des Ewigen. Jeder der das Paradox anders versteht behalte die Ehre es erklärt zu haben, eine Ehre die er dadurch gewonnen daß er sich nicht daran genügen lassen wollte es zu verstehen.

Man sieht denn leicht (wenn anders es nötig ist darzulegen, was darin liegt, daß der Verstand verabschiedet ist), daß Glaube keine Erkenntnis ist; denn alles Erkennen ist entweder Erkennen des Ewigen und läßt dann das Zeitliche und das Geschichtliche als das Gleichgiltige ausgeschlossen sein, oder es ist das rein geschichtliche Erkennen; und kein Erkennen kann zum Gegenstande haben dies Absurde, daß das Ewige das Geschichtliche ist. Wenn meinem Erkennen Spinozas Lehre einsichtig wird, so bin ich in dem Augenblick ihres Erkennens nicht mit Spinoza beschäftigt, sondern mit seiner Lehre, indessen ich zu andrer Zeit historisch mit ihm beschäftigt bin; der Jünger hingegen verhält sich gläubig zu jenem Lehrer dergestalt daß er ewiglich beschäftigt ist mit seinem geschichtlichen Dasein.

Nehmen wir nun an, es verhalte sich so wie wir angenommen (und ohne das kehren wir ja zu dem Sokratischen zurück), daß jener Lehrer selbst die Bedingung mitgibt, so wird nicht die *Lehre* Gegenstand des Glaubens, sondern der *Lehrer*; denn darin eben liegt das Sokratische, daß der Lernende, weil er selbst die Wahrheit ist und die Bedingung hat, den Lehrer von sich abstoßen kann; ja darin eben lag des Sokrates Kunst und Heroismus den Menschen dazu zu helfen daß sie das tun konnten. Der Lehrer muß denn also den Glauben beständig bei sich festhalten. Damit aber der Lehrer die Bedingung geben könne, muß er der Gott sein, und damit er den Lernenden in deren Besitz setze, muß er der Mensch sein. Dieser Widerspruch ist abermals der Gegenstand des Glaubens, und ist das Paradox, der Augenblick. Daß der Gott ein für alle Mal dem Menschen die Bedingung gegeben habe, ist die ewige sokratische Voraussetzung, welche mit der Zeit nicht feindlich zusammenstößt, aber kein gemeinsames Maß mit den Bestimmungen der Zeitlichkeit hat; sondern der Widerspruch ist, daß er in dem Augenblick die Bedingung empfängt, welche, da sie eine Bedingung für das Verständnis der ewigen Wahrheit ist, eben damit die ewige Bedingung ist. Verhält es sich anders, so stehen wir bei der sokratischen Erinnerung.

Man sieht denn leicht (wenn anders es nötig ist darzulegen, was daraus folgt, daß der Verstand verabschiedet ist), daß der Glaube kein Willensakt ist; denn alles menschliche Wollen ist immer nur vermögend innerhalb der Bedingung. So z. B. falls ich den Mut habe es zu wollen, werde ich das Sokratische verstehen, d. h. mich selbst verstehen, weil ich sokratisch gesehen im Besitz der Bedingung bin, und daher es wollen kann. Bin ich jedoch nicht im Besitz der Bedingung (und das nehmen wir ja an um nicht zum Sokratischen zurückzukehren), so hilft all mein Wollen ja dennoch zu nichts, wenn gleich, sobald die Bedingung gegeben ist, ja wiederum gilt was sokratisch gegolten hat.

Der gleichzeitige Lernende, er ist nun im Besitz eines Vorteils, welchen, ach, sicherlich der Spätere, um doch etwas zu tun, ihm höchlich mißgönnen wird. Der Gleichzeitige kann hingehen und jenen Lehrer betrachten – und alsdann darf er seinen Augen glauben? Ja warum nicht, aber darf er darum auch glauben daß er der Jünger ist? Keineswegs, falls er seinen Augen glaubt, ist er gerade betrogen; denn der Gott läßt sich ja nicht unmittelbar erkennen. So kann er ja seine Augen verschließen? Ganz recht, aber, solchenfalls, was nützt es ihm dann, daß er gleichzeitig ist?

Und falls er seine Augen verschließt, dann wird er sich wohl den Gott vorstellen. Kann er dies aber aus sich selbst, so ist er ja im Besitz der Bedingung. Und das was er sich vorstellt wird ja wohl eine Gestalt sein, die sich der Seele innerm Auge zeigt; sieht er diese nun, so wird die Knechtsgestalt ihn verstören, sobald er das Auge auftut. Laß uns weiter gehen: jener Lehrer stirbt ja, nun wohl, so ist er denn tot, was tut alsdann der, welcher gleichzeitig mit ihm gewesen? Vielleicht hat er sein Bild abgezeichnet, vielleicht hat er sogar eine ganze Folge solcher Bilder, welche jede Veränderung darstellen und genau wiedergeben, die im Alter und vermöge der Gemütsverfassung in der äußeren Erscheinung jenes Lehrers vor sich gegangen sein mögen; wenn er sie dann betrachtet und sich dessen vergewissert, so habe er ausgesehen, darf er alsdann seinen Augen glauben? Ja warum nicht, aber ist er darum der Jünger? Keineswegs. Aber so kann er sich ja den Gott vorstellen. Aber der Gott läßt sich nicht vorstellen, eben darum ist er ja in der Knechtsgestalt gewesen; dennoch war die Knechtsgestalt kein Trug, denn wäre dem so, so wäre jener Augenblick nicht der Augenblick, sondern eine Zufälligkeit, eine bloße Erscheinung, die als Veranlassung unendlich schwindet im Vergleich mit dem Ewigen. Und hätte der Lernende aus sich selber die Vorstellung, so wäre er ja selbst im Besitz der Bedingung, und hätte also nur die Erinnerung daran nötig, sich den Gott so vorzustellen wie er es sehr wohl vermochte, ob er gleich nichts davon wußte, Ist dem aber so, dann schwindet im gleichen Augenblick dies Erinnertwerden einem Atome gleich in der ewigen Möglichkeit, die in seiner Seele gewesen, und jetzt wirklich wird, aber als Wirklichkeit abermals ewig sich selbst vorausgesetzt hat.

Auf welche Weise wird also der Lernende Gläubiger oder Jünger? Wenn der Verstand verabschiedet ist und der Lernende die Bedingung empfängt. Wann empfängt er diese? In dem Augenblick. Diese Bedingung, was bedingt sie? Daß er das Ewige versteht. Solch eine Bedingung aber muß ja eine ewige Bedingung sein. – Mithin in dem Augenblick empfängt er die ewige Bedingung, und das weiß er daher, daß er sie in dem Augenblick empfangen hat; denn andernfalls besinnt er sich lediglich darauf, daß er sie von Ewigkeit her gehabt. In dem Augenblick empfängt er die Bedingung, und empfängt sie von jenem Lehrer selbst. Alles Fabeln und Posaunen darüber, daß er obgleich er die Bedingung nicht vom Lehrer erhielt, dennoch schlau genug gewesen das Inkognito des Gottes zu entdecken: daß er es an sich selber spüren können, denn ihm war so wunderlich jedes Mal wenn er jenen Lehrer gesehen; daß da so etwas in jenes Lehrers Stimme und Miene gewesen usw. usw. – ist Altweibertratsch, mit dem man nicht Jünger wird, sondern lediglich des Gottes spottet.[12] Jene Gestalt wäre kein Inkognito, und wenn der Gott mit seinem allmächtigen Ratschluß, der gleichsam seine Liebe ist, dem Geringsten gleich sein will, so soll kein Wirtshaushalter so wenig wie ein Professor der Philosophie sich einbilden, daß er Pfiffikus genug dazu sei etwas zu merken, wo der Gott selbst die Bedingung nicht geben will. Und wenn der Gott in der Knechtsgestalt die Hand der Allmacht ausreckt, so soll der, der erstaunt darauf gafft, sich nicht einbilden, er sei deshalb der Jünger, weil er erstaunt ist, und weil er andre um sich sammeln kann, die ihrerseits sich erstaunen über seine Erzählung. Wofern der Gott selbst nicht die Bedingung mitgibt, so hat der Lernende schon von Anbeginn an gewußt, wie es sich mit dem Gotte verhält, wenn er gleich nichts davon wußte, daß er es wußte, und jenes andre ist nicht das Sokratische, sondern steht unendlich tief darunter.

Indes ist für den Jünger die äußerliche Gestalt (nicht das Einzelne an ihr) nicht gleichgiltig. Sie ist, was der Jünger gesehen und mit seinen Händen betastet hat; aber die Gestalt ist nicht auf die Art wichtig, daß er darum aufhörte ein Gläubiger zu sein, falls es ihm widerführe, daß er eines Tags den Lehrer auf der Straße sähe und ihn nicht alsogleich erkennte, oder wohl gar ein Stück Weges neben ihm her ginge ohne darauf aufmerksam zu werden daß er es sei. Sondern die Bedingung es zu sehen gab dem Jünger der Gott, und tat ihm das

---

12 Jede Bestimmung, die den Gott unmittelbar kenntlich sein lassen will, ist allerdings ein Meilenstein der Annäherung, zählt jedoch nicht zu, sondern ab, nicht hin zum Paradox, sondern rückwärts vom Paradox fort, rückwärts vorbei an Sokrates und der sokratischen Unwissenheit. Darauf achte man gut, auf daß es einem in der Welt des Geistes nicht gehe wie jenem Wandrer, dem ein Engländer auf seine Frage, ob dieser Weg nach London führe, ein „ja, er tut's" antwortete, der aber trotzdem nicht nach London gelangte, weil der Engländer verschwiegen hatte, daß er kehrt machen müsse, da er gerade dabei sei von London fort zu gehen.

Auge des Glaubens auf. Das Sehen der äußerlichen Gestalt jedoch ist ein schrecklich Ding gewesen: mit ihm umgehen wie mit einem von uns, und in einem jeden Augenblick, da der Glaube nicht zugegen war, nichts als die Knechtsgestalt sehen. Wenn dann der Lehrer vom Jünger weggestorben ist, so kann das Gedächtnis freilich die Gestalt erzeugen, aber darum ist es nicht daß er glaubt, sondern weil er vom Lehrer die Bedingung empfangen, darum sieht er abermals in dem verläßlichen Bilde der Erinnerung den Gott. So also der Jünger, welcher wissend davon ist, daß er ohne die Bedingung nichts gesehen hätte, da das erste was er verstanden dies war, daß er selber die Unwahrheit sei.

Aber alsdann ist der Glaube ja ebenso paradox wie das Paradox? Allerdings; wie sollte er sonst am Paradox seinen Gegenstand haben und glücklich sein in seinem Verhältnis zu ihm? Der Glaube selbst ist ein Wunder, und alles was vom Paradox gilt, gilt auch vom Glauben. Innerhalb dieses Wunders aber verhält sich wieder alles sokratisch, jedoch dergestalt daß das Wunder niemals aufgehoben wird, welches darin besteht, daß die ewige Bedingung gegeben ist in der Zeit. Alles verhält sich sokratisch; denn das Verhältnis zwischen dem einen Gleichzeitigen und dem andern Gleichzeitigen, sofern sie beide Gläubige sind, ist durchaus sokratisch, keiner von beiden verdankt dem andern etwas, sondern beide alles dem Gotte. (Br 55–62)

3 Die Verzweiflung des Ungläubigen

Verzweiflung ist eine Krankheit im Geist, im Selbst, und kann somit ein Dreifaches sein: verzweifelt sich nicht bewußt sein ein Selbst zu haben (uneigentliche Verzweiflung); verzweifelt nicht man selbst sein wollen; verzweifelt man selbst sein wollen.

Der Mensch ist Geist. Was aber ist Geist? Geist ist das Selbst. Was aber ist das Selbst? Das Selbst ist ein Verhältnis, das sich zu sich selbst verhält, oder ist das an dem Verhältnisse, daß das Verhältnis sich zu sich selbst verhält; das Selbst ist nicht das Verhältnis, sondern daß das Verhältnis sich zu sich selbst verhält. Der Mensch ist eine Synthesis von Unendlichkeit und Endlichkeit, von dem Zeitlichen und dem Ewigen, von Freiheit und Notwendigkeit, kurz eine Synthesis. Eine Synthesis ist ein Verhältnis zwischen Zweien. Auf die Art betrachtet ist der Mensch noch kein Selbst.

In dem Verhältnis zwischen Zweien ist das Verhältnis das Dritte als negative Einheit, und die Zwei verhalten sich zu dem Verhältnis, und in dem Verhältnis zum Verhältnis; so ist z.B. unter der Bestimmung Seele das Verhältnis zwischen Seele und Leib ein Verhältnis. Verhält dagegen das Verhältnis sich zu sich selbst, so ist dies Verhältnis das positive Dritte, und dies ist das Selbst.

Ein solches Verhältnis, das sich zu sich selbst verhält, ein Selbst, muß entweder sich selbst gesetzt haben, oder durch ein Andres gesetzt sein.

Ist das Verhältnis, das sich zu sich selbst verhält, durch ein Andres gesetzt, so ist das Verhältnis freilich das Dritte, aber dies Verhältnis, dies Dritte, ist dann doch wiederum ein Verhältnis, verhält sich zu demjenigen, welches das ganze Verhältnis gesetzt hat.

Ein solches abgeleitetes, gesetztes Verhältnis ist des Menschen Selbst, ein Verhältnis, das sich zu sich selbst verhält, und, indem es sich zu sich selbst verhält, zu einem Andern sich verhält. Daher kommt es, daß für eigentliche Verzweiflung zwei Formen möglich werden. Hätte des Menschen Selbst sich selber gesetzt, so könnte nur von einer Form die Rede sein, von der, nicht man selbst sein zu wollen, sich selbst los werden zu wollen, aber es könnte nicht davon die Rede sein, daß man verzweifelt man selbst sein will. Letztere Formel ist nämlich der Ausdruck für die Abhängigkeit des ganzen Verhältnisses (des Selbsts), der Ausdruck dafür, daß das Selbst durch sich selber nicht zu Gleichgewicht und Ruhe gelangen oder darinnen sein kann, sondern allein dadurch, daß es, indem es sich zu sich selbst verhält, zu demjenigen sich verhält, welches das ganze Verhältnis gesetzt hat. Ja, es ist so weit davon, daß diese zweite Form der Verzweiflung (verzweifelt man selbst sein wollen) lediglich eine eigene Art von Verzweiflung bezeichnete, daß vielmehr letztlich alle Verzweiflung in sie aufgelöst und auf sie zurückgeführt werden kann. Wofern ein Verzweifelnder auf seine Verzweiflung, wie er meint, aufmerksam ist, nicht sinnlos von ihr spricht, wie von etwas, das ihm widerfährt (ungefähr wie wenn der, welcher an Schwindel leidet, vermöge einer nervösen Täuschung von einem Schwersein des Kopfes spricht, oder daß es sei als ob etwas auf ihn niederfiele, usw., während die Schwere und der Druck doch nichts Äußerliches sind, sondern eine verkehrte Spiegelung des Inwendigen) – und nun mit aller Macht aus eigenem Vermögen und allein aus eigenem Vermögen die Verzweiflung beheben will: so ist er annoch in der Verzweiflung und arbeitet sich mit aller seiner vermeintlichen Anstrengung nur desto tiefer in eine tiefere Verzweiflung hinein. Der Verzweiflung Mißverhältnis ist nicht ein einfaches Mißverhältnis, sondern ein Mißverhältnis in einem Verhältnisse, das sich zu sich selbst verhält, und durch ein Andres gesetzt ist, so daß das Mißverhältnis in jenem für sich seienden Verhältnis sich zugleich unendlich reflektiert in dem Verhältnis zu der Macht, welche es gesetzt hat.

Folgendes ist nämlich die Formel, welche den Zustand des Selbsts beschreibt, wenn die Verzweiflung ganz und gar ausgetilgt ist: indem es sich zu sich selbst verhält, und indem es es selbst sein will, gründet sich das Selbst durchsichtig in der Macht, welche es gesetzt hat.

Möglichkeit und Wirklichkeit der Verzweiflung

Ist Verzweiflung ein Vorzug oder ein Mangel? Rein dialektisch ist sie alles beides. Hielte man den abstrakten Gedanken der Verzweiflung fest, ohne irgendeinen Verzweifelten zu denken, so müßte man sagen: sie ist ein ungeheurer Vorzug. Die Möglichkeit dieser Krankheit ist des Menschen Vorzug vorm Tiere, und dieser Vorzug zeichnet ihn auf ganz andre Weise aus als der aufrechte Gang; denn sie deutet hin auf das unendliche Aufgerichtetsein oder die unendliche Erhabenheit, daß er Geist ist. Die Möglichkeit dieser Krankheit ist des Menschen Vorzug vorm Tiere; auf diese Krankheit aufmerksam sein ist des Christen Vorzug vor dem natürlichen Menschen; von dieser Krankheit geheilt sein des Christen Seligkeit.

Mithin, es ist ein unendlicher Vorzug verzweifeln zu können; und dennoch ist es nicht nur das größte Unglück und Elend es zu sein, nein, es ist Verlorenheit. Dergestalt ist das Verhältnis zwischen

Möglichkeit und Wirklichkeit sonst nicht; ist es ein Vorzug das und das sein zu können, so ist es ein noch größerer Vorzug es zu sein, das will heißen, das Sein verhält sich zum Seinkönnen wie ein Aufsteigen. Was hingegen Verzweiflung anlangt, so verhält sich das Sein zum Seinkönnen wie ein Fall; so unendlich der Vorzug der Möglichkeit ist, so tief ist der Fall. Was somit in Beziehung auf Verzweiflung das Aufsteigende ist, ist dies, daß man es nicht ist. Doch ist diese Bestimmung abermals zweideutig. Es steht mit dem nicht verzweifelt Sein nicht ebenso wie mit dem nicht lahm, nicht blind oder dergleichen Sein. Wofern das nicht verzweifelt Sein nicht mehr und nicht weniger bedeutet, als daß man es nicht ist, so heißt es gerade daß man es ist. Nicht verzweifelt sein, es muß bedeuten die zunichte gemachte Möglichkeit, es sein zu können; soll es wahr sein, daß ein Mensch nicht verzweifelt ist, so muß er jeglichen Augenblick die Möglichkeit zunichtemachen. Dergestalt ist das Verhältnis zwischen Möglichkeit und Wirklichkeit sonst nicht. Denn freilich sagen die Denker, Wirklichkeit sei die vernichtete Möglichkeit, aber das ist nicht ganz wahr, sie ist die erfüllte, die tätige Möglichkeit. Hier hingegen ist die Wirklichkeit (nicht verzweifelt sein), die daher auch eine Verneinung ist, die ohnmächtige, die zunichte gemachte Möglichkeit; ansonst ist Wirklichkeit im Verhältnis zu Möglichkeit eine Bestätigung, hier eine Verneinung.

Verzweiflung ist das Mißverhältnis im Verhältnis einer Synthesis, die sich zu sich selbst verhält. Die Synthesis aber ist das Mißverhältnis nicht, sie ist bloß die Möglichkeit, oder in der Synthesis liegt die Möglichkeit des Mißverhältnisses. Wäre die Synthesis das Mißverhältnis, so wäre die Verzweiflung gar nicht da, so würde die Verzweiflung etwas, das in der Menschennatur als solcher läge, das heißt, so wäre es nicht Verzweiflung; sie würde etwas, das dem Menschen widerführe, etwas, das er erlitte, gleich einer Krankheit, in die ein Mensch fällt, oder gleich dem Tode, welcher das Los aller ist. Nein, ob er verzweifelt, das liegt am Menschen selber; indes, wäre er nicht Synthesis, so könnte er gar nicht verzweifeln, und wäre die Synthesis nicht ursprünglich, so wie sie aus Gottes Hand kommt, in dem rechten Verhältnis, so könnte er gleichfalls nicht verzweifeln.

Woher kommt dann also die Verzweiflung? Aus dem Verhältnis, in welchem die Synthesis sich zu sich selbst verhält, indem Gott, der den Menschen zu dem Verhältnis gemacht hat, ihn gleichsam aus seiner Hand losläßt, das heißt, indem das Verhältnis sich zu sich selbst verhält. Und darin, daß das Verhältnis Geist ist, das Selbst ist, darin liegt die Verantwortung, unter welcher alle Verzweiflung steht und jeden Augenblick steht den sie da ist, wie viel der Verzweifelte gleich, und wie sinnreich sich selber und andere täuschend, da von seiner Verzweiflung als von einem Unglück rede, vermöge einer Verwechslung gleich der in jenem oben angeführten Falle des Schwindels, mit dem Verzweiflung, ihrer qualitativen Verschiedenheit zum Trotz, vieles gemein hat, sintemal dieser unter der Bestimmung Seele das ist, was Verzweiflung ist unter der Bestimmung Geist, und schwanger ist von Entsprechungen zur Verzweiflung.

Wenn nun das Mißverhältnis, die Verzweiflung, eingetreten ist, versteht es sich dann von selbst, daß es fortdauert? Nein, das versteht sich nicht von selbst; falls das Mißverhältnis fortdauert, so folgt dies nicht aus dem Mißverhältnis, sondern aus dem Verhältnis, das sich zu sich selbst verhält. Das will heißen, jedes Mal, daß das Mißverhältnis sich äußert, und einen jeden Augenblick, in dem es da ist, muß auf das Verhältnis zurückgegangen werden. Sieh, man spricht davon, daß ein Mensch sich eine Krankheit zuziehe, z. B. durch Unvorsichtigkeit. So tritt denn also die Krankheit ein, und von dem Augenblick an macht sie sich geltend und ist jetzt eine Wirklichkeit, deren Entstehung mehr und mehr etwas Vergangenes wird. Es wäre zugleich grausam und unmenschlich, wenn man in einem weg fortführe zu sagen „in diesem Augenblick ziehst du, der Kranke, dir deine Krankheit zu", das heißt, wenn man in einem jeden Augenblick die Wirklichkeit der Krankheit auflösen wollte in ihre Möglichkeit. Es ist wahr, er hat sich die Krankheit zugezogen, aber das hat er nur einmal getan, die Fortdauer der Krankheit ist eine einfache Folge davon, daß er einstmals sie sich zugezogen, ihr Fortgang ist nicht in einem jeden Augenblick auf ihn als auf die Ursache zurückzuführen; er hat sie sich zugezogen, aber man kann nicht sagen, er zieht sie sich zu. Anders mit dem Verzweifeln; ein jeder wirkliche Augenblick der Verzweiflung ist zurückzuführen auf Möglichkeit, jeden Augenblick, den er verzweifelt ist, zieht er sich das Verzweifeltsein zu; der Augenblick ist fort und fort die gegenwärtige Zeit, welche nicht etwas wird, das in Beziehung auf Wirklichkeit zurückgelegt und vergangen wäre; in einem jeden wirklichen Augenblick der Verzweiflung trägt der Verzweifelte alles Vorhergehende in der Möglichkeit als ein Gegenwärtiges. Das kommt daher, daß Verzweiflung eine Bestimmung des Geistes ist, sich zu dem Ewigen im Menschen verhält. Des Ewigen aber kann er nicht quitt werden, nein, in alle Ewigkeit nicht; er kann es nicht ein für allemal fortwerfen, nichts ist unmöglicher, er muß in einem jeden Augenblick, da er es nicht hat, es fortgeworfen haben oder fortwerfen – aber es kehrt wieder, das heißt, jeden Augenblick, da er verzweifelt ist, zieht er sich das Verzweifeln zu. Denn die Verzweiflung folgt nicht aus dem Mißverhältnis, sondern aus dem Verhältnis, das sich zu sich selbst verhält. Und des Verhältnisses zu sich selbst kann ein Mensch nicht quitt werden, so wenig wie seines Selbsts, was übrigens eines und dasselbe ist, sintemal das Selbst das Verhältnis zu sich selber ist.

Verzweiflung ist: „die Krankheit zum Tode“

Dieser Begriff: die Krankheit zum Tode muß jedoch auf eine eigene Art genommen werden. Unmittelbar bedeutet er eine Krankheit, deren Ende, deren Ausgang der Tod ist. Dergestalt spricht man in gleicher Bedeutung von einer tödlichen Krankheit und einer Krankheit zum Tode. In diesem Sinne kann Verzweiflung nicht die Krankheit zum Tode heißen. Christlich verstanden aber ist der Tod selber ein Durchgang zum Leben. Insofern ist, christlich, keine irdische, leibliche Krankheit zum Tode. Denn der Tod freilich ist das Letzte der Krankheit, aber der Tod ist nicht das Letzte. Soll im strengesten Sinne von einer Krankheit zum Tode die Rede sein, so muß es eine sein, bei der das Letzte der Tod ist und der Tod das Letzte ist. Und dies eben ist Verzweiflung.

Indes in einem andern Sinne ist Verzweiflung noch bestimmter die Krankheit zum Tode. Es ist nämlich so weit wie möglich davon, daß man, unmittelbar verstanden, an dieser Krankheit stirbt, oder daß diese Krankheit mit dem leiblichen Tode endet. Im Gegenteil, der Verzweiflung Qual ist gerade, daß man nicht sterben kann. Sie hat dergestalt mehr gemeinsam mit dem Zustand des Todkranken, wenn er daliegt und mit dem Tode ringt und nicht sterben kann. Solchermaßen heißt zum Tode krank sein nicht sterben können, jedoch nicht so, als ob da Hoffnung für das Leben wäre, nein, die Hoffnungslosigkeit ist, daß selbst die letzte Hoffnung, der Tod, nicht ist. Wenn der Tod die größte Gefahr ist, hofft man auf das Leben; wenn man aber die noch entsetzlichere Gefahr kennen lernt, hofft man auf den Tod. Wenn also die Gefahr so groß ist, daß der Tod die Hoffnung geworden, so ist Verzweiflung die Hoffnungslosigkeit, noch nicht einmal sterben zu können.

In dieser letzten Bedeutung ist denn Verzweiflung die Krankheit zum Tode, dieser qualvolle Widerspruch, diese Krankheit im Selbst, ewig zu sterben, zu sterben und doch nicht zu sterben, den Tod zu sterben. Denn sterben bedeutet, daß es vorüber ist, aber den Tod sterben bedeutet das Sterben zu erleben; und läßt sich dies einen einzigen Augenblick erleben, so heißt das, es damit auf ewig erleben. Würde ein Mensch an Verzweiflung sterben, so wie man an einer Krankheit stirbt, dann müßte das Ewige in ihm, das Selbst, sterben können in dem gleichen Sinne in dem der Leib an der Krankheit stirbt. Aber dies ist eine Unmöglichkeit; der Verzweiflung Sterben setzt sich fort und fort um in ein Lebendigsein. Der Verzweifelte kann nicht sterben; „so wenig der Dolch Gedanken töten kann", so wenig vermag die Verzweiflung das Ewige zu verzehren, das Selbst, welches der Verzweiflung zu Grunde liegt, deren Wurm nicht stirbt, und deren Feuer nicht verlischt. Dennoch ist Verzweiflung eben eine Selbstverzehrung, jedoch eine ohnmächtige Selbstverzehrung, die nicht vermag was sie selber will. Was sie aber selber will ist sich selbst verzehren, welches sie nicht vermag, und diese Ohnmacht ist eine neue Gestalt der Selbstverzehrung, in welcher jedoch die Verzweiflung abermals nicht vermag was sie will, sich selbst verzehren. Dies ist eine Potenzierung oder das Gesetz für die Potenzierung. Dies ist das Erhitzende, oder dies ist der kalte Brand in der Verzweiflung, dies Nagende, dessen Bewegung fort und fort nach innen geht, tiefer und tiefer in ohnmächtige Selbstverzehrung hinein. Es ist so weit davon, daß es ein Trost für den Verzweifelten wäre, daß die Verzweiflung ihn nicht verzehrt, es ist gerade umgekehrt, dieser Trost ist eben die Pein, ist eben das, was den nagenden Schmerz am Leben hält und das Leben im nagenden

Schmerze; denn eben darüber – nicht verzweifelte – sondern verzweifelt er: daß er nicht sich selbst verzehren kann, nicht sich selber loswerden kann, nicht zu Nichts werden kann. Dies ist die potenzierte Formel für die Verzweiflung, das Steigen des Fiebers in dieser Krankheit des Selbsts.

Ein Verzweifelnder verzweifelt über e t w a s . Dergestalt sieht es einen Augenblick aus, aber es ist nur einen Augenblick; im gleichen Augenblick zeigt die wahre Verzweiflung sich oder zeigt sich die Verzweiflung in ihrer Wahrheit. Indem er über e t w a s verzweifelte, verzweifelte er eigentlich über s i c h s e l b s t, und will nun sich selber los sein. Wenn so z. B. der Herrschsüchtige, dessen Losung es ist „entweder Caesar oder gar nichts", nicht Caesar wird, dann verzweifelt er darüber. Aber dies bedeutet etwas andres: daß er, eben weil er nicht Caesar geworden, es nun nicht aushalten kann er selbst zu sein. Er verzweifelt mithin eigentlich nicht darüber, daß er nicht Caesar ward, sondern über sich selbst daß er nicht Caesar ward. Dies Selbst, welches, wenn es Caesar geworden wäre, seines Herzens ganze Lust gewesen wäre, übrigens in einem andern Sinne ebenso verzweifelt, dies Selbst ist ihm nun das Allerunerträglichste. Was ihm das Unerträgliche ist, ist in einem tieferen Sinne nicht dies, daß er nicht Caesar ward, sondern dies Selbst, welches nicht Caesar geworden, ist ihm das Unerträgliche, oder noch richtiger, was ihm das Unerträgliche ist, ist dies, daß er sich selbst nicht loswerden kann. Wäre er Caesar geworden, so wäre er verzweifelt sich selbst losgeworden; aber nun ward er nicht Caesar, und kann verzweifelt sich selbst nicht loswerden. Wesentlich ist er gleich verzweifelt, denn er hat nicht sein Selbst, er ist nicht er selbst. Indem er Caesar geworden wäre, wäre er dennoch nicht er selbst geworden, sondern sich selber losgeworden; und indem er nicht Caesar geworden, verzweifelt er darüber sich selber nicht loswerden zu können. Es ist darum eine oberflächliche Betrachtung (welche denn vermutlich niemals einen Verzweifelten gesehen hat, nicht einmal sich selber), wenn man von einem Verzweifelten sagt, so als ob dies seine Strafe wäre: er verzehrt sich selbst; denn eben dies ist es was er verzweifelt will, und eben dies ist es was er zu seiner Qual nicht kann, dieweil durch die Verzweiflung Feuer aufgegangen ist in etwas, das nicht brennen kann, und nicht verbrennen, im Selbst.

Verzweifeln über etwas ist mithin noch nicht eigentlich Verzweiflung. Es ist der Anfang, oder es ist, wie wenn der Arzt von einer Krankheit sagt, sie hat sich noch nicht erklärt. Das Nächste ist die erklärte Verzweiflung, über sich selbst verzweifeln. Ein junges Mädchen verzweifelt aus Liebe, also sie verzweifelt über den Verlust des Geliebten, daß er starb. oder daß er ihr untreu ward. Das ist keine erklärte Verzweiflung, nein, sie verzweifelt über sich selbst. Dieses ihr Selbst, welches sie, wenn es die Geliebte von „ihm" geworden wäre, auf die liebenswürdigste Weise losgeworden wäre, oder verloren hätte, dies Selbst ist ihr nun eine Plage, wenn es sein soll ein Selbst ohne „ihn"; dies Selbst, welches ihr übrigens in einem andern Sinne ebenso verzweifelt ein reicher Schatz geworden wäre, ist ihr nun eine widerwärtige Leerheit geworden, weil „er" tot ist, oder es ist ihr ein Abscheu geworden, weil es sie daran gemahnt, daß sie betrogen ist. Versuch es nur, sprich zu so einem jungen Mädchen: du verzehrst dich selbst, und du wirst sie erwidern hören: „o nein, die Qual ist eben, daß ich das nicht kann."

Über sich verzweifeln, verzweifelt sich selber los sein wollen, ist die Formel für alle Verzweiflung, so daß daher die zweite Form von Verzweiflung, verzweifelt man selbst sein wollen, zurückgeführt werden kann auf die erste, verzweifelt nicht man selbst sein wollen, ebenso wie wir im Vorhergehenden die Form verzweifelt nicht man selbst sein wollen aufgelöst haben in die Form verzweifelt man selbst sein wollen. Ein Verzweifelnder will verzweifelt er selbst sein. Aber wenn er verzweifelt er selbst sein will, so will er ja sich selbst nicht los sein. Ja, so scheint es; sieht man aber näher zu, so sieht man gleichwohl, daß der Widerspruch der gleiche ist. Das Selbst, das er verzweifelt sein will, ist ein Selbst das er nicht ist (denn das Selbst sein wollen, das er in Wahrheit ist, ist ja das gerade Gegenteil von Verzweiflung), er will nämlich sein Selbst losreißen von der Macht, die es gesetzt hat. Indes das vermag er trotz allem Verzweifeln nicht; trotz aller Anstrengung der Verzweiflung ist jene Macht die stärkere, und zwingt ihn das Selbst zu sein, das er nicht sein will. Aber dergestalt will er ja doch sich selber los sein, das Selbst los sein, das er ist, um das Selbst zu sein, auf das er verfallen ist. So Selbst sein, wie er es will, das würde, wiewohl in einem andern Sinne, ebenso verzweifelt, seines Herzens Lust sein; aber gezwungen werden so

Selbst zu sein, wie er es nicht sein will, das ist seine Qual, die Qual, daß er sich selber nicht los werden kann.

Sokrates hat die Unsterblichkeit der Seele daraus bewiesen, daß die Krankheit der Seele (die Sünde) sie nicht verzehrt, so wie die Krankheit des Leibes den Leib verzehrt. Ebenso kann man auch das Ewige im Menschen daraus beweisen, daß die Verzweiflung sein Selbst nicht zu verzehren vermag, daß eben dies die Qual des Widerspruchs ist in der Verzweiflung. Wäre in einem Menschen nichts Ewiges, so könnte er überhaupt nicht verzweifeln; könnte aber die Verzweiflung sein Selbst verzehren, so wäre gleichwohl keine Verzweiflung da.

So ist denn Verzweiflung, diese Krankheit im Selbst, die Krankheit zum Tode. Der Verzweifelte ist todkrank. Es sind in ganz anderem Sinne als es sonst von einer Krankheit gilt, die edelsten Teile, welche die Krankheit angegriffen hat; und dennoch kann er nicht sterben. Der Tod ist nicht das Letzte der Krankheit, aber der Tod ist immerfort das Letzte. Von dieser Krankheit durch den Tod befreit zu werden ist eine Unmöglichkeit, denn die Krankheit und ihre Qual – und der Tod ist eben daß man nicht sterben kann

Dies ist in Verzweiflung der Zustand. Mag es dem Verzweifelten noch so sehr entgehen, mag es dem Verzweifelten (welches insbesondere von der Art Verzweiflung gilt, welche Unwissenheit ist darüber daß sie Verzweiflung ist) noch so gut gelingen, sein Selbst ganz und gar verloren zu haben, und derart verloren, daß man nicht im mindesten etwas davon merkt: die Ewigkeit wird es dann doch offenbar machen, daß sein Zustand Verzweiflung gewesen ist, und ihm sein Selbst zunageln, so daß jedoch die Qual bleibt, sein Selbst nicht los werden zu können, und es offenbar wird, daß es eine Einbildung gewesen zu meinen, es sei ihm gelungen. Und dergestalt muß die Ewigkeit handeln, dieweil ein Selbst haben, ein Selbst sein das größte, das unendliche Zugeständnis ist, welches dem Menschen gemacht ist, zugleich aber der Ewigkeit Forderung auf ihn.

Die Allgemeinheit dieser Krankheit (der Verzweiflung)

Gleich wie der Arzt wohl sagen muß, es lebe vielleicht kein einziger Mensch der ganz gesund sei, ebenso müßte man, wo man den Menschen recht kennte, sagen, es lebe da kein einziger Mensch, ohne daß er denn doch ein bißchen verzweifelt sei, ohne daß da doch tief im Innersten eine Unruhe wohne, ein Unfriede, eine Disharmonie, eine Angst vor einem unbekannten Etwas, oder vor einem Etwas, mit dem er es nicht einmal sich getraut Bekanntschaft zu stiften, eine Angst vor einer Daseinsmöglichkeit oder eine Angst vor sich selber, so daß er doch (wie der Arzt davon spricht daß einer mit einer Krankheit im Leibe herumgehe) mit einer Krankheit herumgeht, dahingeht und an einer Krankheit des Geistes trägt, welche gelegentlich aufzuckend, in und mit einer ihm selbst unerklärlichen Angst, sich bemerklich macht, daß sie da innen sitzt. Und auf jeden Fall hat kein Mensch gelebt und lebt auch kein Mensch außerhalb der Christenheit, ohne daß er verzweifelt ist, und ebenso in der Christenheit niemand, sofern er kein wahrer Christ ist; und sofern er dies nicht ganz ist, ist er doch etwas verzweifelt.

Diese Betrachtung wird sicherlich vielen ein Paradox scheinen, eine Übertreibung, und dazu eine düstere und verstimmende Anschauung. Sie ist jedoch nichts von alledem. Sie ist nicht düster, sie sucht vielmehr Licht zu bringen in etwas, das man gemeinhin dahingestellt sein läßt in einer gewissen Dunkelheit; sie ist nicht verstimmend, vielmehr gerade erhebend, da sie jeden Menschen betrachtet unter der Bestimmung der höchsten Forderung an ihn, daß er Geist sein soll; sie ist auch kein Paradox, sie ist vielmehr eine folgerichtig durchgeführte Grundanschauung, und insofern denn auch keine Übertreibung.

Die gewöhnliche Betrachtung der Verzweiflung bleibt dagegen stehen bei der bloßen Erscheinung, und ist somit eine oberflächliche Betrachtung, das heißt, gar keine Betrachtung. Sie nimmt an, ein jeder Mensch müsse es ja von sich selber am besten wissen, ob er verzweifelt sei oder nicht. Wer da von sich selber sagt, er sei es, der wird für verzweifelt angesehn; wer aber meint, er sei es nicht, der wird auch nicht dafür angesehen. Die Folge hiervon ist, daß Verzweiflung ein selteneres Phänomen wird, während sie doch das ganz Gewöhnliche ist. Es ist nicht eine Seltenheit, daß einer verzweifelt ist; nein, das ist das Seltene, das gar Seltene, daß einer in Wahrheit es nicht ist.

Jedoch die gewöhnliche Betrachtung versteht sich sehr mäßig auf Verzweiflung. Sie übersieht so z. B. unter anderm ganz (um nur dies eine zu nennen, welches doch recht verstanden Tausende und Abertausende und Millionen unter die Bestimmung: Verzweiflung stellt), sie übersieht ganz, daß es gerade eine Form von Verzweiflung ist, es nicht zu sein, nicht sich dessen bewußt zu sein, daß man es ist. Es geht der gewöhnlichen Betrachtung hinsichtlich der Auffassung der Verzweiflung in einem weit tieferen Sinne ebenso, wie es ihr zuweilen geht hinsichtlich der Feststellung, ob ein Mensch krank ist oder nicht – in einem weit tieferen Sinne; denn die gewöhnliche Betrachtung versteht sich noch weit weniger darauf, was Geist ist (und ohne das kann man sich auch auf Verzweiflung nicht verstehen) als auf Krankheit und Gesundheit. Im allgemeinen nimmt man an, wenn ein Mensch nicht selber sage, daß er krank ist, so sei er gesund, ganz zu schweigen wenn er es selber sagt, er sei gesund. Der Arzt hingegen sieht die Krankheit anders an. Und warum? Weil der Arzt eine bestimmte und ausgebildete Vorstellung davon hat, was gesund sein heißt, und gemäß dieser prüft er den Zustand eines Menschen. Der Arzt weiß: so wie es eine Krankheit gibt, die nur Einbildung ist, ebenso auch eine Gesundheit; er wendet daher in letzterem Falle zunächst Mittel an, um die Krankheit ans Licht zu ziehen. Überhaupt hat der Arzt, eben weil er Arzt (der Einsichtsvolle) ist, nicht unbedingt Zutrauen zu der eigenen Aussage des Menschen über sein Befinden. Verhielte es sich so, daß dem, was jeder Mensch über sein Befinden sagt, darüber ob er gesund oder krank ist, wie er leidet usw., unbedingt zu trauen wäre, dann wäre das Arzt Sein eine Einbildung. Denn ein Arzt hat nicht allein die Arzneien zu verschreiben, sondern zu allererst die Krankheit zu erkennen, und somit wiederum zu allererst zu erkennen, ob der vermeintlich Kranke wirklich krank ist, oder ob der vermeintlich Gesunde nicht in Wirklichkeit etwa krank ist. Ebenso denn auch mit dem Verhältnis des Seelenkundigen zu Verzweiflung. Er weiß, was Verzweiflung ist, er kennt sie und begnügt sich daher nicht mit der Aussage eines

Menschen, weder wenn er sagt er sei nicht verzweifelt, noch wenn er sagt er sei es. Es muß nämlich bemerkt werden, daß in gewissem Sinne auch nicht immer die verzweifelt sind, welche sagen sie seien es. Man kann ja Verzweiflung affektieren, und man kann sich irren und Verzweiflung, welche eine Bestimmung des Geistes ist, verwechseln mit allerlei vorübergehender Verstimmtheit, Zerrissenheit, die wieder vergeht ohne es zu Verzweiflung zu bringen. Mittlerweile sieht der Seelenkundige allerdings auch dies für Formen von Verzweiflung an; er sieht recht gut, daß es Affektiertheit ist – aber eben diese Affektiertheit ist Verzweiflung, er sieht recht gut, daß diese Verstimmtheit usw. nichts Großes zu bedeuten hat aber eben dies, daß sie nichts Großes zu bedeuten hat und haben wird, ist Verzweiflung.

Die gewöhnliche Betrachtung übersieht ferner, daß Verzweiflung, im Vergleich mit Krankheit, auf andre Weise dialektisch ist als das was man sonst Krankheit nennt, weil sie eine Krankheit ist des Geistes. Und dies Dialektische, recht verstanden, stellt abermals Tausende unter die Bestimmung Verzweiflung. Wofern nämlich ein Arzt in gegebenem Augenblick sich vergewissert hat, daß der und der gesund ist – und dieser dann in einem späteren Augenblick krank wird: so kann der Arzt recht damit haben, daß dieser Mensch damals gesund gewesen ist, jetzt dagegen ist er krank. Anders mit Verzweiflung. Sobald Verzweiflung sich zeigt, erweist es sich, daß der Mensch verzweifelt schon war. Insofern kann man in keinem Augenblick etwas entscheiden über einen Menschen, der nicht erlöst ist vermöge dessen daß er verzweifelt gewesen ist. Denn wenn oder falls das geschieht, was ihn zur Verzweiflung bringt, so wird es im gleichen Augenblick offenbar, daß er sein ganzes vorhergehendes Leben hindurch verzweifelt gewesen ist. Hingegen kann man, wenn einer Fieber bekommt, keineswegs sagen, jetzt werde es offenbar, daß er sein ganzes Leben hindurch Fieber gehabt. Verzweiflung aber ist eine Bestimmung des Geistes, verhält sich zum Ewigen, und hat daher etwas vom Ewigen in ihrer Dialektik.

Verzweiflung ist nicht allein auf andre Weise dialektisch als eine Krankheit, sondern es sind auch in Beziehung auf Verzweiflung alle Kennzeichen dialektisch, und deshalb täuscht die oberflächliche Betrachtung sich so leicht bei der Feststellung, ob Verzweiflung vorliege oder nicht. Nicht verzweifelt sein kann nämlich gerade verzweifelt sein bedeuten, und es kann bedeuten erlöst sein aus dem Verzweifeltsein. Sicherheit und Beruhigung kann verzweifelt sein bedeuten, eben diese Sicherheit, diese Beruhigung kann die Verzweiflung sein; und sie kann bedeuten Verzweiflung überwunden und Frieden gefunden zu haben. Es ist mit nicht verzweifelt Sein nicht wie mit dem nicht krank Sein; denn nicht krank sein kann doch nicht heißen, daß man krank ist, jedoch nicht verzweifelt sein kann gerade heißen, daß man verzweifelt ist. Es ist mit Verzweiflung nicht so wie mit einer Krankheit, daß das Übelbefinden die Krankheit ist. Keinerwege. Das Übelbefinden ist abermals dialektisch. Niemals dies Übelbefinden verspürt haben, heißt gerade verzweifelt sein.

Das will heißen, und es hat seinen Grund darin, daß der Zustand des Menschen als Geist betrachtet (und wenn man von Verzweiflung reden will, muß man den Menschen unter der Bestimmung Geist betrachten) allezeit kritisch ist. Man spricht in Beziehung auf Krankheit von einer Krise, aber nicht in Beziehung auf Gesundheit. Und warum nicht? Weil leibliche Gesundheit eine unmittelbare Bestimmung ist, welche erst im Zustande der Krankheit dialektisch wird, allwo es dann zu der Rede von der Krise kommt. In geistiger Hinsicht aber, oder wenn der Mensch als Geist betrachtet wird, ist sowohl Gesundheit wie Krankheit kritisch; es gibt keine unmittelbare Gesundheit des Geistes.

Sobald man den Menschen nicht unter der Bestimmung Geist betrachtet (und tut man es nicht, so kann man auch nicht von Verzweiflung reden), sondern bloß als Leib-seelische Synthesis, ist Gesundheit eine unmittelbare Bestimmung, und erst die Krankheit der Seele oder des Leibes ist die dialektische Bestimmung. Aber Verzweiflung ist es eben, daß der Mensch sich dessen nicht bewußt ist als Geist bestimmt zu sein. Sogar was da menschlich gesprochen das Schönste und Liebenswürdigste von allem ist, jugendlicher weiblicher Sinn, der eitel Friede, Harmonie und Freude ist: es ist dennoch Verzweiflung. Dergleichen ist nämlich Glück, Glück aber ist keine Bestimmung des Geistes, und tief, tief drinnen, zu allerinnerst in des Glückes heimlichster Verborgenheit, da wohnt auch hier die Angst, welche die Verzweiflung ist; sie möchte so gerne Erlaubnis haben da drinnen zu bleiben, denn das ist der Verzweiflung die liebste, die begehrteste Wohnstatt: zu allerinnerst im Glück. Alle Unmittelbarkeit ist ihrer eingebildeten Sicherheit und Ruhe zum Trotz Angst, und daher durchaus folgerichtig am bängsten vor Nichts; man macht der Unmittelbarkeit durch die grausigste Beschreibung der entsetzlichsten Wirklichkeit nicht so angst, als durch ein hinterlistig, beinahe achtlos, gleichwohl aber mit der berechnenden Zielsicherheit der Reflexion hingeworfenes halbes Wort über ein Unbestimmtes, ja man macht der Unmittelbarkeit am allermeisten angst, indem man ihr listig unterschiebt, sie wisse schon recht gut, wovon man rede. Denn freilich weiß es die Unmittelbarkeit nicht; jedoch nie fängt die Reflexion so sicher ein, als wenn sie ihre Schlinge aus Nichts bildet; und nie ist die Reflexion so sehr sie selbst, als wenn sie – Nichts ist. Es gehört eine ungewöhnliche Reflexion, oder richtiger es gehört ein großer Glaube dazu, um die Reflexion des Nichts, d. h. die unendliche Reflexion aushalten zu können. Mithin sogar das Schönste und Liebenswürdigste von allem, jugendlicher weiblicher Sinn, ist dennoch Verzweiflung, ist Glück. Es gelingt darum wohl auch nicht durch das Leben hindurchzuschlüpfen mit dieser Unmittelbarkeit. Und gelingt es diesem Glücke hindurchzuschlüpfen, ja, das hilft nur wenig, denn es ist Verzweiflung. Verzweiflung ist nämlich, eben weil sie ganz und gar dialektisch ist, diejenige Krankheit, von der gilt: es ist das größte Unglück sie nie gehabt zu haben – eine wahre Gottesgabe sie zu bekommen, wiewohl sie die allergefährlichste Krankheit ist, wenn man sich von ihr nicht heilen lassen will. Ansonst kann doch wohl allein davon die Rede sein, daß es ein Glück ist von einer Krankheit geheilt zu werden, die Krankheit selber ist das Unglück.

Es ist darum so weit wie möglich davon, daß die gewöhnliche Betrachtung recht hätte, die annimmt Verzweiflung sei eine Seltenheit, sie ist vielmehr durchaus das Allgemeine. Es ist so weit wie möglich davon, daß die gewöhnliche Betrachtung recht hätte, die annimmt: wer da nicht meine verzweifelt zu sein oder sich verzweifelt fühle, der sei es auch nicht, und nur der sei es, der von sich sage daß er es ist. Vielmehr, wer ohne Affektiertheit sagt, daß er es ist, er ist doch ein wenig, er ist um ein dialektisches Moment näher daran geheilt zu werden als alle die, welche für verzweifelt nicht gehalten werden und sich nicht halten. Indes es ist, darin wird mir der

Seelenkundige sicherlich recht geben, es ist das Allgemeine, daß die meisten Menschen dahin leben ohne sich so recht dessen bewußt zu werden daß sie bestimmt sind als Geist – und daher denn alle die sogenannte Sicherheit, Zufriedenheit mit dem Leben usw., usw., welches eben Verzweiflung ist. Die hingegen, welche sagen, sie seien verzweifelt, sind in der Regel entweder solche, die eine so sehr viel tiefere Natur haben, daß sie sich ihrer als Geist bewußt werden müssen, oder solche, denen schwere Begebenheiten und furchtbare Entscheidungen dahin geholfen haben sich ihrer als Geist bewußt zu werden – also entweder diese oder jene; denn überaus selten ist sicherlich der, welcher in Wahrheit nicht verzweifelt ist.

O, man spricht so viel von menschlicher Not und menschlichem Elend – ich suche das zu verstehen, habe auch Unterschiedliches davon aus der Nähe kennen gelernt; man spricht so viel davon, daß einer sich das Leben verdirbt: aber das Leben allein d e s Menschen wäre verdorben, welcher, von des Lebens Freuden oder Kümmernissen betrogen, derart dahinlebte, daß er niemals ewig entscheidend sich seiner selbst bewußt würde als Geist, als Selbst, oder was das Gleiche ist, niemals darauf aufmerksam würde und in tiefstem Sinne einen Eindruck davon empfinge, daß da ein Gott ist und daß „er", er selber, er mit seinem Selbst da ist für diesen Gott: ein unendlicher Gewinn, der nie erreicht wird außer durch Verzweiflung hindurch. Und ach, dieser Jammer, daß so sehr viele derart dahinleben, um den seligsten aller Gedanken betrogen, dieser Jammer, daß man sich mit allem andern beschäftigt, oder was die Menge der Menschen angeht, diese mit allem andern beschäftigt, sie als Kräfte im Schauspiel des Lebens gebraucht, aber nie sie erinnert an diese Seligkeit, daß man sie aufeinanderhäuft – und sie betrügt, statt sie auseinanderzuscheiden, auf daß jeder Einzelne das Höchste, das Einzige gewinne, das des Lebens wert ist, und genugsam um eine Ewigkeit lang darinnen zu leben: mich deucht, ich könnte eine Ewigkeit lang darüber weinen, daß es diesen Jammer gibt. Und oh, ein grauenhafter Ausdruck mehr, für diese Krankheit, diese Elendigkeit, welche von allen die entsetzlichste ist, ist meines Dafürhaltens dies: ihre Verstecktheit, nicht allein, daß der an ihr Leidende es wünschen kann sie zu verstecken und imstande sein kann es zu tun, daß sie in einem Menschen wohnen kann und niemand, niemand sie zu entdecken vermag, nein, daß sie sogar so tief in einem Menschen versteckt sein kann, daß er nicht einmal selber etwas davon weiß! Oh, und wenn dann dereinst der Sand im Stundenglas verronnen ist, im Stundenglas der Zeitlichkeit; wenn der Weltlichkeit Lärm verstummt ist, und die rastlose oder tatenlose Emsigkeit ihr Ende gefunden; wenn alles um dich herum stille ist mit der Stille der Ewigkeit – magst du nun Mann gewesen sein oder Weib, reich oder arm, abhängig oder unabhängig, glücklich oder unglücklich; magst du nun der Krone Glanz getragen haben in Hoheit oder in unbeachteter Niedrigkeit allein des Tages Last und Hitze; mag deines Namens gedacht werden solange die Welt bestehen wird, und somit seiner gedacht gewesen sein solange sie bestanden hat, oder magst du, ohne Namen, als ein Namenloser mit untergelaufen sein in der zahllosen Menge; mag die Herrlichkeit, die dich umgeben, alle menschliche Beschreibung übertroffen haben, oder über dich ergangen sein der strengeste und entehrendste menschliche Spruch: die Ewigkeit fragt dich, wie jeden einzelnen in diesen Millionen von Millionen, nur dies Eine, ob du in Verzweiflung gelebt hast oder nicht, ob in einer Verzweiflung der Art, daß du nichts wußtest von deiner Verzweiflung, oder der Art, daß du deine Verzweiflung versteckt in deinem Innern trugest, als deine nagende Heimlichkeit, als einer sündigen Liebe Frucht unter deinem Herzen, oder der Art, daß du, andern ein Grauen, getobt hast in Verzweiflung. Und ist's an dem, hast du gelebt in Verzweiflung, was immer du ansonst gewonnen oder verloren, es ist für dich nun alles verloren, die Ewigkeit bekennt sich nicht zu dir, sie hat dich nie gekannt, oder noch entsetzlicher, sie kennt dich so, wie du erkannt bist, sie setzt dich gefangen durch dein Selbst in der Verzweiflung! (KT 8–24)

Verzweiflung gesehen unter der Bestimmung Bewußtsein

Das Maß des Bewußtseins ist in seinem Steigen, oder entsprechend dem wie es steigt, die ständig steigende Potenzierung in der Verzweiflung; je mehr Bewußtsein, um so intensivere Verzweiflung. Dies ist überall ersichtlich, am deutlichsten beim Maximum und beim Minimum der Verzweiflung. Die Verzweiflung des Teufels ist die intensivste Verzweiflung, denn der Teufel ist lauter Geist, und insofern schlechthinnige Bewußtheit und Durchsichtigkeit; es ist keinerlei Dunkelheit im Teufel, welche als abmildernde Entschuldigung dienen könnte, seine Verzweiflung ist daher der unbedingteste Trotz. Dies ist das Maximum der Verzweiflung. Das Minimum der Verzweiflung ist ein Zustand, welcher (ja es dergestalt zu sagen könnte man menschlich versucht sein) in einer Art von Unschuld noch nicht einmal davon weiß, daß es Verzweiflung ist. Wenn also die Unbewußtheit im Maximum steht, ist die Verzweiflung am geringsten; es ist ja beinahe so, als wäre es dialektisch, ob man das Recht habe einen solchen Zustand Verzweiflung zu nennen.

[...] Die Verzweiflung, die unwissend ist darüber, daß sie Verzweiflung ist, oder die verzweifelte Unwissenheit, die nicht weiß, daß sie ein Selbst hat, ein ewiges Selbst.

Daß dieser Zustand gleichwohl Verzweiflung ist und mit Recht so genannt wird, ist ein Ausdruck für das, was im guten Sinne des Worts die Rechthaberei der Wahrheit heißen muß. Die Wahrheit ist Kennzeichen ihrer selbst und des Verkehrten (veritas est index sui et falsi). Aber diese Rechthaberei der Wahrheit achtet man freilich nicht, so wie es auch weit davon ist, daß die Menschen im allgemeinen das Verhältnis zum Wahren, dies, daß man sich zum Wahren verhält, für das höchste Gut ansehen, gar weit davon, daß sie nach Art des Sokrates Befangensein in einem Irrtum für das größte Unglück halten; das Sinnliche in ihnen hat sehr oft weitaus das Übergewicht über ihre Geistigkeit. Wenn so z. B. ein Mensch vermeintlich glücklich ist, sich einbildet glücklich zu sein, während er im Licht der Wahrheit betrachtet doch unglücklich ist, so ist es allermeist sehr weit davon, daß er aus diesem Irrtum herausgerissen zu werden begehrt. Im Gegenteil, er wird erbittert, er sieht den, der dies tut, für seinen ärgsten Feind an, er betrachtet es als einen Überfall, etwas das fast einem Morde gleichkommt, auf diese Art, wie man so sagt, sein Glück zu morden. Und woher kommt das? Es kommt daher, daß das Sinnliche und das Sinnlich-Seelische ihn ganz und gar beherrscht; es kommt daher, daß er in den Kategorien des Sinnlichen lebt, dem Angenehmen und dem Unangenehmen, daß er dem Geist, der Wahrheit u. dgl. Valet sagt; es kommt daher, daß er zu sinnlich ist als daß er den Mut hätte, es zu wagen und es auszuhalten Geist zu sein. Wie eitel und eingebildet die Menschen auch sein mögen, sie haben doch meist eine sehr niedrige Vorstellung von sich selbst, das heißt, sie haben keine Vorstellung davon was Geist sein heißt, das Absolute, das ein Mensch sein kann; sondern eitel und eingebildet sind sie – vergleichsweise. Dächte man sich ein Haus bestehend aus Keller, Erdgeschoß und Obergeschoß, derart bewohnt, oder derart eingerichtet, daß da zwischen den Bewohnern jedes Stockwerks ein Standesunterschied wäre oder doch auf ihn gerechnet wäre – und vergliche man das ein Mensch Sein mit solch einem Hause: so tritt bei den meisten Menschen leider der traurige und lächerliche Fall ein, daß sie es vorziehn in ihrem eigenen Hause im Keller zu wohnen. Ein jeder Mensch ist die leib-seelische Synthesis, die aufs Geistsein angelegt ist, dies ist das Bauwerk; aber er zieht es vor im Keller zu wohnen, das heißt, in den Bestimmungen des Sinnlichen. Und er zieht es nicht bloß vor im Keller zu wohnen, nein, er liebt es dermaßen, daß er erbittert wird, wenn etwa jemand ihm vorschlüge den ersten Stock zu beziehen, welcher leer dasteht zu seiner Verfügung – denn er wohnt ja in seinem eigenen Hause.

Nein, in einem Irrtum zu sein, ist, ganz unsokratisch, dasjenige, was die Menschen am wenigsten fürchten. Man kann erstaunliche Beispiele hierfür sehen, die dies nach einem ungeheuerlichen Maßstabe beleuchten. Ein Denker führt ein ungeheures Bauwerk auf, ein System, ein das gesamte Dasein und die ganze Weltgeschichte usw. umfassendes System – und betrachtet man sein persönliches Leben, so entdeckt man zu seinem Erstaunen das Entsetzliche und Lächerliche, daß er diesen ungeheuren, hoch sich wölbenden Palast nicht persönlich bewohnt, sondern einen Schuppen daneben, oder eine Hundehütte, oder zuhöchst das Pförtnerstübchen. Erlaubte man es sich auf diesen Widerspruch mit einem einzigen Worte aufmerksam zu machen, so wäre er beleidigt. Denn einem Irrtum verfallen zu sein fürchtet er nicht, wenn er nur das System fertig kriegt – vermöge dessen, daß er in einem Irrtum ist.

Mithin, es tut nichts zur Sache, daß der Verzweifelte seinerseits davon nichts weiß daß sein Zustand Verzweiflung ist: er ist trotzdem verzweifelt. Ist Verzweiflung eine Verirrung, so bedeutet der

Umstand, daß man davon unwissend ist, lediglich das Mehr, zugleich in einem Irrtum zu sein. Es ist mit der Unwissenheit im Verhältnis zu Verzweiflung ebenso wie im Verhältnis zu Angst (vgl. Der Begriff Angst von Vigilius Haufniensis), die Angst der Geistlosigkeit wird eben an der geistlosen Sicherheit erkannt. Indes die Angst wohnt gleichwohl im Grunde, und ebenso wohnt die Verzweiflung auch im Grunde, und wenn die Betörung der Sinnestäuschungen aufhört, wenn das Dasein zu wanken beginnt, so zeigt sich alsogleich auch die Verzweiflung als das, was im Grunde gewohnt hat.

Der Verzweifelte, der darüber unwissend ist, daß er verzweifelt ist, er ist, im Vergleich mit dem, der sich dessen bewußt ist, lediglich um ein Verneinendes weiter fort von Wahrheit und Erlösung. Die Verzweiflung selbst ist eine Negativität, und daß man über sie unwissend ist, eine neue Negativität. Um aber zur Wahrheit zu gelangen muß man durch jegliche Negativität hindurch; denn hier gilt, was die Volkssage vom Aufheben eines gewissen Zaubers erzählt: das Stück muß ganz und gar von rückwärts durchgespielt werden, sonst wird der Zauber nicht behoben. Jedoch allein in e i n e m Sinne, in rein dialektischem Sinne ist der, welcher über seine Verzweiflung unwissend ist, der Wahrheit und dem Erlösenden ferner als der Wissende, der dennoch in der Verzweiflung bleibt; denn in einem andern Sinne, ethisch-dialektisch, ist der Verzweifelte, welcher mit Bewußtsein in der Verzweiflung bleibt, der Erlösung ferner, dieweil seine Verzweiflung intensiver ist. Aber die Unwissenheit ist so weit davon, die Verzweiflung zu beheben oder Verzweiflung in Nichtverzweiflung zu verwandeln, daß sie vielmehr die gefährlichste Form von Verzweiflung sein kann. In der Unwissenheit ist der Verzweifelte, jedoch zu seinem eigenen Verderben, gewissermaßen davor sicher aufmerksam zu werden, das heißt, er ist völlig sicher in der Verzweiflung Gewalt.

In der Unwissenheit darüber, daß er verzweifelt ist, ist der Mensch dem am allerfernsten, seiner als Geist sich bewußt zu sein. Eben dies aber, daß man sich seiner als Geist nicht bewußt ist, ist Verzweiflung, welche Geistlosigkeit ist, möge der Zustand im übrigen eine völlige Erstorbenheit sein, ein rein vegetatives Leben, oder ein potenziertes Leben, dessen Geheimnis jedoch Verzweiflung ist. In letzterem Falle geht es dem Verzweifelten so, wie es dem ergeht, der an Auszehrung leidet: er befindet sich wohl, hält sich für durchaus gesund, scheint andern vielleicht gar vor Gesundheit zu blühen, gerade dann wenn die Krankheit am gefährlichsten ist.

Diese Form von Verzweiflung (die Unwissenheit über sie) ist die allgemeinste in der Welt. Ja, das, was man so Welt nennt, oder genauer bestimmt, was das Christentum Welt nennt, das Heidentum und der natürliche Mensch in der Christenheit, das Heidentum so wie es geschichtlich gewesen ist und ist, und das Heidentum in der Christenheit, ist eben diese Art von Verzweiflung, ist Verzweiflung, weiß aber nichts davon. Denn freilich wird sowohl im Heidentum wie vom natürlichen Menschen gleichfalls ein Unterschied gemacht zwischen verzweifelt sein und nicht verzweifelt sein, das heißt, man spricht von Verzweiflung, als wären da nur ein paar Einzelne verzweifelt. Aber diese Unterscheidung ist ebenso trügerisch wie die, welche das Heidentum und der natürliche Mensch zwischen Liebe und Selbstliebe machen, gleich als ob nicht alle diese Liebe wesentlich Selbstliebe wäre. Jedoch weiter als bis zu dieser trügerischen Unterscheidung könnte und kann das Heidentum mitsamt dem natürlichen Wünschen unmöglich gelangen, denn das Besondere der Verzweiflung ist eben dies, unwissend darüber zu sein, daß es Verzweiflung ist.

Hieraus ersieht man nun leicht, daß der aesthetische Begriff von Geistlosigkeit keineswegs den Maßstab des Urteils darüber hergibt, was Verzweiflung ist und was nicht, und das ist übrigens durchaus in der Ordnung; da es nämlich aesthetisch sich nicht bestimmen läßt, was Geist in Wahrheit ist, wie sollte da das Aesthetische eine Frage beantworten können, die für es schlechterdings nicht da ist! Es wäre ja auch eine ungeheuerliche Dummheit zu leugnen, daß sowohl heidnische Völker scharenweise (en masse), als auch einzelne Heiden erstaunliche Taten vollbracht haben, welche die Dichter begeistert haben und begeistern werden, zu leugnen, daß das Heidentum Exempel bietet, die man aesthetisch gar nicht genug bewundern kann. Auch wäre es eine Torheit zu leugnen, daß im Heidentum geführt worden ist und vom natürlichen Menschen geführt werden kann ein Leben reich an größestem aesthetischen Genuß, welches jede vergönnte Gunst sich aufs geschmackvollste zunutze macht, und sogar Kunst und Wissenschaft dienstbar macht der Erhöhung, Verschönerung, Veredelung des Genusses. Nein, nicht der aesthetische Begriff von Geistlosigkeit gibt den Maßstab her, was Verzweiflung ist und was nicht; die Bestimmung, die man brauchen soll, ist die ethisch-religiöse von Geist oder (negativ) von Mangel an Geist, Geistlosigkeit. Eine jede menschliche Existenz, die nicht ihrer als Geist sich bewußt ist oder vor Gott persönlich ihrer als Geist sich bewußt ist, eine jede menschliche Existenz, die sich nicht dergestalt durchsichtig gründet in Gott, sondern trübe ruht und aufgeht in irgendeinem abstrakten Allgemeinen (dem Staat, der Nation u. dgl.), oder in Dunkelheit über ihr eigenes Selbst ihre Fähigkeiten lediglich als wirksame Kräfte auffaßt ohne in tieferem Sinne sich dessen bewußt zu sein, woher sie sie hat, ihr eigenes Selbst als ein unerklärliches Etwas auffaßt, wofern es im Blick nach innen verstanden werden solle – eine jede solche Existenz, was sie auch verrichte, und sei es das Erstaunlichste, was sie auch erkläre, und sei es das ganze Dasein, wie intensiv sie auch aesthetisch das Leben genieße: eine jede solche Existenz ist dennoch Verzweiflung. Dies haben die alten Kirchenlehrer gemeint, wenn sie davon sprachen, daß die Tugenden der Heiden glänzende Laster seien, sie meinten damit, daß das Innerste im Heiden Verzweiflung sei, daß der Heide sich nicht vor Gott seiner selbst bewußt sei als Geist. Daher kam es auch (um dies als ein Beispiel anzuführen, wiewohl es doch überdies zugleich eine tiefere Beziehung zu dieser ganzen Untersuchung hat), daß der Heide so merkwürdig leichtsinnig über den Selbstmord urteilte, ja sogar ihn empfahl, was doch für den Geist die entschiedenste Sünde ist, derart aus dem Dasein auszubrechen, Empörung wider Gott. Dem Heiden fehlte des Geistes Bestimmung von einem Selbst, daher urteilte er derart vom S e l b s t mord; und dies tat der gleiche Heide, welcher doch sittlich streng über Diebstahl, Unzucht u. dgl. urteilte. Er ermangelte des Gesichtspunktes für den Selbstmord, er ermangelte des Gottesverhältnisses und des Selbsts; rein heidnisch gedacht ist Selbstmord das Gleichgiltige, etwas, bei dem es jeder machen kann wie es ihm beliebt, weil es niemand etwas angeht. Sollte man vom Standpunkt des Heldentums her vor dem Selbstmord warnen, so müßte es auf dem langen Umweg geschehen, daß man zeigte, man breche damit sein pflichtmäßiges Verhältnis gegen andre Menschen. Die Pointe am Selbstmord, daß er eben ein Frevel wider Gott ist, entgeht dem Heiden völlig. Man kann darum nicht sagen, der Selbstmord sei Verzweiflung gewesen, welches ein gedankenloses Hysteron-Proteron wäre; man muß sagen, es sei Verzweiflung gewesen, daß der Heide so, wie er tat, über den Selbstmord urteilte.

Mittlerweile ist und bleibt da doch ein Unterschied, und zwar ein qualitativer zwischen Heidentum in strengerem Sinne und Heidentum innerhalb der Christenheit: jener Unterschied, auf den Vigilius Haufniensis mit Bezug auf die Angst aufmerksam gemacht hat, daß das Heidentum zwar des Geistes ermangelt, aber doch in Richtung auf Geist zu bestimmt ist, indessen das Heidentum innerhalb der Christenheit des Geistes ermangelt in der Richtung von ihm fort, oder vermöge eines Abfalls, und darum im strengsten Sinne Geistlosigkeit ist.

b) Die Verzweiflung, die sich dessen bewußt ist Verzweiflung zu sein, die mithin sich dessen bewußt ist ein Selbst zu haben, worin doch etwas Ewiges ist, und in der man nun entweder verzweifelt nicht man selbst sein will, oder verzweifelt man selbst sein will.

Hier muß natürlich die Unterscheidung gemacht werden, ob der, welcher seiner Verzweiflung sich bewußt ist, die richtige Vorstellung hat hinsichtlich dessen was Verzweiflung ist. Dergestalt kann jemand, gemäß der Vorstellung die er hat, freilich recht darin haben, daß er sich verzweifelt nennt, er kann auch recht darin haben, daß er verzweifelt ist, und gleichwohl ist damit noch nicht gesagt, daß er die wahre Vorstellung von Verzweiflung habe; möglicherweise muß man, wenn man sein Leben unter letzterer betrachtet, sagen: du bist im Grunde noch weit mehr verzweifelt als du weißt, die Verzweiflung steckt noch weit tiefer. So verhält es sich (um an das Vorhergehende zu erinnern) mit dem Heiden; wenn er sich im Vergleich mit andern Heiden für verzweifelt hielt, so hatte er sicherlich recht darin, daß er verzweifelt sei, aber unrecht darin, daß die andern es nicht wären, das heißt, er hatte nicht die wahre Vorstellung von Verzweiflung.

Zur bewußten Verzweiflung wird also auf der einen Seite erfordert die wahre Vorstellung davon was Verzweiflung ist. Auf der andern Seite wird erfordert Klarheit über sich selbst, das will heißen, insoweit Klarheit und Verzweiflung zusammengedacht werden können. Inwieweit vollkommene Klarheit über sich selbst, daß man verzweifelt ist, sich damit vereinigen läßt, daß man verzweifelt ist, das heißt, ob nicht diese Klarheit der Erkenntnis und der Selbsterkenntnis den Menschen gerade aus der Verzweiflung herausreißen müßte, ihn so erschrocken über sich selbst werden lassen müßte, daß er aufhörte verzweifelt zu sein: das wollen wir hier nicht entscheiden, wir wollen auch keinen Versuch dazu machen, da wir an späterer Stelle für diese ganze Untersuchung einen Platz finden werden. Wir machen jedoch, ohne den Gedanken bis zu dieser äußersten dialektischen Spitze zu verfolgen, lediglich darauf aufmerksam, daß ebenso wie das Maß des Bewußtseins von dem was Verzweiflung ist recht verschieden sein kann, ebenso auch das Maß des Bewußtseins von dem eigenen Zustande, daß der Verzweiflung ist. Das wirkliche Leben ist zu mannigfaltig als daß es nur solche abstrakten Gegensätze zeigte, wie den zwischen einer Verzweiflung, die vollkommen unwissend darüber ist daß sie es ist, und einer Verzweiflung, die vollkommen dessen sich bewußt ist es zu sein. Allermeist ist sicherlich der Zustand des Verzweifelten ein, jedoch wieder mannigfaltig abgetöntes, Halbdunkel hinsichtlich des eigenen Zustandes. Der Mensch weiß es allerdings soso in einem gewissen Maße bei sich selbst, daß er verzweifelt ist, er merkt es sich selber an, so wie einer es sich selber anmerkt, daß er eine Krankheit im Leibe sitzen hat, aber er will nicht recht zugeben, was es mit der Krankheit ist. In dem einen Augenblick ist es ihm beinahe deutlich geworden, daß er verzweifelt ist, aber dann in einem andern Augenblick ist ihm doch so, als hätte sein Übelbefinden einen andern Grund, als läge es an etwas Äußerlichem, an etwas außerhalb seiner Person; und würde dies anders werden, so wäre er nicht verzweifelt. Oder, er sucht etwa durch Zerstreuungen und auf andre Weise, z.B. durch Arbeit und Geschäftigkeit als Mittel der Zerstreuung, bei sich selbst eine Dunkelheit aufrecht zu erhalten über seinen Zustand, jedoch wieder dergestalt, daß ihm es nicht durchaus deutlich wird, er tue es deshalb, er tue was er tue, um Dunkelheit zuwege zu bringen. Oder, er ist vielleicht sogar dessen sich bewußt, daß er solchermaßen arbeite um die Seele in Dunkelheit zu tauchen, und tut dies mit einem gewissen Scharfsinn und kluger Berechnung, mit psychologischer Einsicht, ist in tieferem Sinne aber sich nicht klar bewußt, was er tut, wie verzweifelt er sich benimmt usw. In aller Dunkelheit und Unwissenheit ist da nämlich ein dialektisches Zusammenspiel von Erkenntnis und Wille, und man kann beim Begreifen eines Menschen fehl gehen: indem man allein auf die Erkenntnis den Ton legt und indem man allein auf den Willen den Ton legt.

Aber, wie vorhin bemerkt worden, das Maß des Bewußtseins potenziert die Verzweiflung. In dem gleichen Maße, in dem ein Mensch die wahrere Vorstellung von Verzweiflung hat, falls er dennoch in ihr bleibt, und in dem gleichen Maße, in dem er deutlicher dessen sich bewußt ist verzweifelt zu sein, falls er dennoch in der Verzweiflung bleibt, in dem gleichen Maße ist diese intensiver. Wenn ein Mensch mit einem Bewußtsein davon, daß Selbstmord Verzweiflung ist, und insofern mit der wahren Vorstellung von dem, was Verzweiflung ist, einen Selbstmord begeht, so ist seine Verzweiflung intensiver als die dessen, der einen Selbstmord begeht ohne die wahre Vorstellung davon zu haben, daß Selbstmord Verzweiflung ist; dahingegen ist seine unwahre Vorstellung von Selbstmord die weniger intensive Verzweiflung. Anderseits: je klarer das Bewußtsein von sich selber (das Selbstbewußtsein) ist, mit dem ein Mensch Selbstmord begeht, desto intensiver ist seine Verzweiflung im Vergleich mit der Verzweiflung dessen, dessen Seele, verglichen mit der seinen, in einem verwirrten und dunklen Zustande ist.

Im folgenden werde ich nun die zwei Formen der bewußten Verzweiflung auf die Art durchnehmen, daß nachgewiesen wird zugleich eine Steigerung des Bewußtseins von dem was Verzweiflung ist, und des Bewußtseins davon, daß der Zustand in dem man ist Verzweiflung ist, oder was das Gleiche und das Entscheidende ist, eine Steigerung des Bewußtseins vom Selbst. Der Gegensatz aber zu verzweifelt sein ist glauben, darum ist allerdings auch, was da im Vorhergehenden aufgestellt worden ist als die Formel, die einen Zustand beschreibt, in welchem schlechterdings nichts von Verzweiflung ist – ebendies ist auch die Formel für den Glauben: indem es sich zu sich selbst verhält und indem es es selbst sein will, gründet sich das Selbst durchsichtig in der Macht, welche es gesetzt hat. [...] (KT 39–47)

Die Verzweiflung potenziert sich im Verhältnis zum Bewußtsein vom Selbst, das Selbst aber potenziert sich im Verhältnis zum Maßstab für das Selbst, und unendlich, wenn Gott der Maßstab ist. Je mehr Gottesvorstellung, desto mehr Selbst; je mehr Selbst, desto mehr Gottesvorstellung. Erst, wenn ein Selbst als dies bestimmte einzelne sich bewußt ist, da zu sein für Gott, erst dann ist es das unendliche Selbst; und dieses Selbst sündigt dann vor Gott. Das selbstische Wesen des Heidentums ist daher, allem, was darüber gesagt werden kann, zum Trotz, auch nicht annähernd so qualifiziert wie das der Christenheit, sofern auch hier selbstisches Wesen ist; denn der Heide hatte sein Selbst nicht Gott gegenüber. Der Heide und der natürliche Mensch haben das rein menschliche Selbst zum Maßstab. Man mag deshalb freilich recht damit haben, wenn man von einem höheren Gesichtspunkt aus das Heidentum in Sünde liegen sieht; aber die Sünde des Heidentums ist eigentlich die verzweifelte Unwissenheit über Gott gewesen, darüber, daß man da ist für Gott; sie ist: „ohne Gott in der Welt sein". Von einer andern Seite her ist es darum wahr, daß der Heide nicht in dem strengsten Sinne gesündigt hat, denn er hat nicht gesündigt vor Gott; und alle Sünde ist vor Gott. Es ist fernerhin in bestimmtem Sinne durchaus gewiß, daß einem Heiden zu vielen Malen es gelungen ist, gleichsam unanstößig durch die Welt zu schlüpfen, eben weil seine pelagianisch-leichtsinnige Vorstellung ihn bewahrte, aber dann ist seine Sünde eine andere: diese pelagianisch-leichtsinnige Auffassung. Hingegen ist es anderseits auch durchaus gewiß, daß oftmals ein Mensch, eben vermöge der strengen Erziehung im Christentum, die er erfahren hat, in bestimmtem Sinne in Sünde gestürzt worden ist, weil die ganze christliche Anschauung ihm zu ernsthaft gewesen ist, besonders in einem früheren Abschnitt seines Lebens; aber dann wiederum ist doch in einem andern Sinne dies etwas, das ihm hilft, diese tiefere Vorstellung davon, was Sünde ist.

Sünde ist: vor Gott verzweifelt nicht man selbst sein wollen, oder vor Gott verzweifelt man selbst sein wollen. Indes ist diese Definition, mag man ihr auch in andern Rücksichten vielleicht zugestehn, daß sie ihre Vorzüge habe (und unter diesen den wichtigsten von allen, daß sie die einzige schriftmäßige ist; denn die Schrift definiert die Sünde stets als Ungehorsam): ist sie nicht allzu geistig? Darauf muß zu allererst erwidert werden: eine Definition der Sünde kann nie zu geistig sein (es sei denn, sie wäre so geistig, daß sie die Sünde abschafft); denn Sünde ist eben eine Bestimmung von Geist. Und sodann: warum sollte sie denn zu geistig sein? Weil sie nicht von Mord, Diebstahl, Unzucht und dgl. spricht? Aber spricht sie etwa nicht davon? Ist dies etwa nicht auch eine Eigenwilligkeit wider Gott, ein Ungehorsam, der seinem Gebote trotzt? Dahingegen wird, wenn man beim Reden von Sünde allein von solchen Sünden spricht, sehr leicht vergessen, daß in der Hinsicht alles so gewissermaßen menschlich gesprochen in Ordnung sein, und dennoch das ganze Leben Sünde sein kann, die bekannte Art Sünde: die glänzenden Laster, Eigenwille, der, sei es geistlos, sei es frech darüber unwissend bleibt oder sein will, in welch einem unendlich viel tieferen Sinne ein menschliches Selbst Gott zum Gehorsam verpflichtet ist hinsichtlich eines jeden heimlichen Wunsches und Gedankens, hinsichtlich der Hörsamkeit im Auffassen und der Bereitschaft im Befolgen eines jeden, auch des geringsten göttlichen Winks darüber, was sein Wille sei mit diesem Selbst. Des Fleisches Sünden sind der Eigenwille des niederen Selbsts; wie oft aber wird nicht ein Teufel ausgetrieben mit des Teufels Hilfe, und das Letzte wird ärger denn das Erste. Denn dergestalt geht es ja eben zu in der Welt: zuerst sündigt ein Mensch aus Gebrechlichkeit und Schwachheit; und dann – ja, dann lernt er es vielleicht, zu Gott seine Zuflucht zu nehmen und sich zum Glauben helfen zu lassen, der freimacht von aller Sünde; jedoch davon reden wir hier jetzt nicht – dann verzweifelt er über seine Schwachheit, und wird entweder ein Pharisäer, welcher es verzweifelt zu einer gewissen legalen Gerechtigkeit bringt, oder er stürzt sich verzweifelt wiederum in die Sünde.

Die Definition begreift daher sicherlich in sich jede denkbare und jede wirkliche Form der Sünde, sie hebt jedoch, sicherlich richtig, das Entscheidende hervor, daß Sünde Verzweiflung ist (denn Sünde ist nicht die Irrnis von Fleisch und Blut, sondern des Geistes Einwilligung darein), und ist: vor Gott. Als Definition ist sie Buchstabenrechnung; es würde in dieser kleinen Schrift nicht am rechten Orte sein, und zudem ein Versuch, der mißlingen müßte, falls ich damit anfinge, die einzelnen Sünden zu beschreiben. Die Hauptsache ist hier lediglich, daß die Definition gleich einem Netze alle Formen in sich begreift. Und dies tut sie, wie man auch ersehen kann, wenn man auf sie die Probe macht, indem man den Gegensatz aufstellt, die Definition des Glaubens, nach der ich in dieser ganzen Schrift das Steuer richte wie nach einem verläßlichen Seezeichen. Glaube ist: daß das Selbst, indem es es selbst ist und es selbst sein will, durchsichtig sich gründet in Gott.

Dies aber ist oft genug übersehen worden, daß der Gegensatz zu Sünde keineswegs Tugend ist. Dies ist eine zum Teil heidnische Betrachtung, welche sich an einem bloß menschlichen Maßstabe genügen läßt, welche eben nicht weiß, was Sünde ist, daß nämlich alle Sünde vor Gott ist. Nein, der Gegensatz zu Sünde ist Glaube, wie es darum Röm. 14, 23 heißt: Was nicht aus dem Glauben gehet, das ist Sünde. Und dies ist eine der für das ganze Christentum entscheidendsten Bestimmungen, daß der Gegensatz zu Sünde nicht Tugend ist, sondern Glaube. (KT 79 ff.)

Die Fortsetzung der Sünde

Jeder sündige Zustand ist neue Sünde; oder wie es genauer ausgedrückt werden müßte und im Folgenden ausgedrückt werden wird, der sündige Zustand ist die neue Sünde, ist die Sünde. Dies scheint dem Sünder vielleicht eine Übertreibung zu sein; er erkennt höchstens jede neue Tatsünde als eine neue Sünde an. Die Ewigkeit aber, welche über ihn Konto führt, muß den sündigen Zustand als neue Sünde aufführen. Sie hat bloß zwei Rubriken, und „Alles, was nicht aus dem Glauben gehet, das ist Sünde"; jede unbereute Sünde ist eine neue Sünde, und jeder Augenblick, in dem sie unbereut bleibt, ist neue Sünde. Indes, wie selten ein Mensch, der da im Verhältnis zu seinem Bewußtsein von sich selbst Zusammenhang (Kontinuierlichkeit) besitzt! Allermeist sind die Menschen nur augenblicksweise ihrer sich bewußt, ihrer sich bewußt in den großen Entscheidungen, das tägliche Leben aber wird überhaupt nicht in Anschlag gebracht; sie sind soso Geist, so einmal in der Woche für eine Stunde – versteht sich, dies ist freilich eine ziemlich viehische

Weise, Geist zu sein. Jedoch die Ewigkeit ist die wesentliche Kontinuierlichkeit, sie verlangt diese vom Menschen, d. h. daß er seiner als Geist sich bewußt sein solle und den Glauben haben. Der Sünder hingegen ist dergestalt in der Macht der Sünde, daß er keine Vorstellung von deren Ganzheitsbestimmung hat, daß er auf dem Wege ist, der zur Verdammnis abführt. Er bringt lediglich jede einzelne neue Sünde in Anschlag, mit der er gleichsam neu in Fahrt kommt voran auf dem Wege der Verdammnis, gerade so, als ob er nicht schon in dem Augenblick vorher mit der Geschwindigkeit aller vorhergehenden Sünden dahinführe auf diesem Wege. Die Sünde ist ihm so natürlich geworden, oder die Sünde ist ihm so zur andern Natur geworden, daß er das Tagtägliche durchaus in der Ordnung findet und lediglich seinerseits einen Augenblick anhält, jedesmal daß er durch neue Sünde sozusagen neu in Fahrt kommt. Er ist in seiner Verlorenheit blind dafür, daß sein Leben, anstatt dadurch, daß es im Glauben vor Gott ist, des Ewigen wesentliche Kontinuierlichkeit zu besitzen, die Kontinuierlichkeit der Sünde hat.

Indes, „Kontinuierlichkeit der Sünde“ – ist Sünde denn nicht gerade das Nicht-Kontinuierliche? Sieh, hier kehrt jene Rede wieder, daß die Sünde bloß eine Negation sei, auf die man sich kein Recht ersitzen könne, ebenso wenig wie man sich ein Recht ersitzen kann auf gestohlen Gut, eine Negation, ein ohnmächtiger Versuch sich zu behaupten, der aber dennoch in verzweifeltem Trotz alle Qual der Ohnmacht erleidend, dies nicht vermag. Ja, so verhält es sich spekulativ; christlich aber ist die Sünde (dies muß geglaubt werden, da es ja das Paradoxe ist, das kein Mensch begreifen kann) eine Position, welche aus sich heraus eine immer mehr „setzende“ Kontinuierlichkeit entfaltet.

Und das Gesetz für das Wachsen dieser Kontinuierlichkeit ist auch ein anderes als das für das Wachsen einer Schuldsumme oder einer Negation. Denn eine Schuld wächst nicht, weil sie nicht bezahlt wird, sie wächst jedesmal, wenn sie vermehrt wird. Die Sünde aber wächst mit jedem Augenblick, da man nicht aus ihr herauskommt. Es ist so weit wie möglich davon, daß der Sünder recht damit hätte, allein jede neue Sünde als eine Vermehrung der Sünde anzusehn, daß vielmehr, christlich verstanden, der sündige Zustand größere Sünde ist, die neue Sünde ist. Sogar ein Sprichwort sagt: „Sündigen ist menschlich, doch in der Sünde verharren teuflisch“; christlich aber muß dies Sprichwort freilich etwas anders verstanden werden. Die rein sprunghafte Betrachtung, die allein auf die neue Sünde sieht und das überspringt, was dazwischen liegt, was zwischen den einzelnen Sünden liegt, ist eine ebenso oberflächliche Betrachtung, wie wenn jemand annähme, ein Eisenbahnzug bewege sich lediglich jedesmal, wenn die Lokomotive schnaufe. Nein, dies Schnaufen und der Ruck vorwärts, der darauf folgt, ist eigentlich nicht das, darauf man achten soll, sondern die gleichmäßige Fahrt, mit der die Lokomotive geht und die jenes Schnaufen veranlaßt. Und ebenso ist es mit der Sünde. Der sündige Zustand ist Sünde im tiefsten Sinne, die einzelnen Sünden sind nicht die Fortsetzung der Sünde, sondern der Ausdruck für die Fortsetzung der Sünde; in der einzelnen neuen Sünde wird der Sünde Fahrt lediglich leichter sinnlich wahrnehmbar.

Der sündige Zustand ist eine ärgere Sünde als die einzelnen Sünden, er ist die Sünde. Und auf die Art verstanden gilt es, daß der sündige Zustand die Fortsetzung der Sünde ist, neue Sünde ist. Im allgemeinen versteht man es anders, man denkt dabei an die Tatsache, daß die eine Sünde neue Sünde aus sich gebiert. Doch dies hat einen weit tieferen Grund, den, daß der sündige Zustand neue Sünde ist. Es ist psychologisch meisterhaft, was Shakespeare Macbeth sagen läßt (3. Akt 2. Szene): Sündentsproßne Werke erlangen nur durch Sünde Kraft und Stärke. Das will heißen, die Sünde hat innerhalb ihrer selbst eine Folgerichtigkeit, und vermöge dieser Folgerichtigkeit des Bösen in sich hat sie auch eine gewisse Kraft. Zu solch einer Betrachtung gelangt man aber nie, wenn man bloß auf die einzelnen Sünden sieht.

Die meisten Menschen leben sicherlich mit allzu geringem Bewußtsein ihrer selbst, als daß sie eine Vorstellung davon haben könnten, was Folgerichtigkeit ist; das will heißen, sie existieren nicht in Eigenschaft als (qua) Geist. Ihr Leben besteht, entweder mit einer gewissen kindlichen liebenswürdigen Naivität oder mit Geschwätzigkeit, aus so ein bißchen Handlung, ein bißchen Widerfahrnis, bald dies, bald das; jetzt tun sie etwas, das recht ist, und dann wieder etwas, das verkehrt ist, und dann fangen sie wieder von vorne an; jetzt sind sie verzweifelt, einen Nachmittag lang, vielleicht drei

Wochen lang, dann aber sind sie wieder obenauf und dann wieder für einen Tag verzweifelt. Sie spielen sozusagen mit im Leben, aber nie erleben sie es, alles an Eines zu setzen, nie gelangen sie zu der Vorstellung von einer unendlichen Folgerichtigkeit in sich. Darum ist unter ihnen fort und fort bloß die Rede von dem Einzelnen, einzelnen guten Taten, einzelnen Sünden.

Eine jede Existenz, die unter der Bestimmung Geist ist, mag sie dies gleich lediglich auf eigne Hand und Verantwortung hin sein, hat wesentlich Folgerichtigkeit in sich und Folgerichtigkeit in einem Höheren, zumindest in einer Idee. Solch ein Mensch aber scheut wiederum unendlich eine jede Folgewidrigkeit, weil er eine unendliche Vorstellung von dem hat, was daraus folgen könnte, daß er nämlich herausgerissen werden könnte aus der Ganzheit, in der er sein Leben hat. Die geringste Folgewidrigkeit ist ein ungeheurer Verlust, denn er verliert ja die Folgerichtigkeit; im gleichen Augenblick ist vielleicht der Zauber gebrochen, die geheimnisvolle Macht ermattet, welche alle Kräfte in Harmonie verknüpfte, die Springfeder entspannt, das Ganze vielleicht ein Chaos geworden, allwo die Kräfte in Aufruhr widereinander streiten, dem Selbst zum Leiden, allwo es aber keine, ja keine Übereinstimmung mit sich selbst gibt, keine „Fahrt“, keinen Antrieb (impetus). Die ungeheure Maschinerie, welche in der Folgerichtigkeit so fügsam gewesen bei aller ihrer stählernen Kraft, so geschmeidig in aller ihrer Stärke, ist in Unordnung; und je vortrefflicher, je großartiger die Maschinerie gewesen, desto furchtbarer ist der Wirrwarr. – Der Gläubige, der mithin in der Folgerichtigkeit des Guten ruht, sein Leben darinnen hat, er hat eine unendliche Furcht auch vor der kleinsten Sünde; denn er hat unendlich zu verlieren. Die unmittelbaren, die kindlichen oder kindischen Menschen haben nicht ein Ganzes zu verlieren, sie verlieren und gewinnen fort und fort allein im einzelnen, oder das Einzelne. [...] (KT 105 ff.)

Anmerkungen

i Anspielung auf das Theaterstück *Die Wochenstube* von Ludwig Holberg

ii Pfennigfuchser, Pedant

iii Wer existiert, ist – wie es später heißt – „distrait“, d. h. zerstreut. Es besteht nicht von vornherein eine personelle Identität, vielmehr muss eine solche durch die Vielschichtigkeit und Unterschiedlichkeit der Ich-Komponenten allererst hergestellt werden.

iv Zu Hegels Lehre vom Widerspruch vgl. *Wissenschaft der Logik*, Zweites Buch, Erster Abschnitt, 2. Kapitel C Der Widerspruch (Nürnberg 1813; Nachdruck bei Meiner, 2 Bde., Hamburg 1969)

v Der Riese Antaios war der Sohn des Meeresgottes Poseidon und der Erdgöttin Gaia. Solange er Kontakt mit dem Erdboden (seiner Mutter) hatte, war er unbezwingbar. Herakles hob ihn hoch und erwürgte ihn.

vi Zu den aus Elea stammenden Philosophen zählen Xenophanes, Parmenides und Zeno.

vii zerstreut

viii Ziel

ix vermitteln

x Vgl. René Descartes: *Meditationen*, 2. Meditation

xi Anspielung auf die sokratische Geburtshelferkunst, die darin bestand, dass er als Lehrer den Schüler nicht indoktrinierte, sondern ihm bei der Entbindung von dessen Wahrheit behilflich war.

xii erhabener Stil

xiii Lucian (ca. 120–200), griechischer Satiriker unterhält sich mit Charon, dem Fährmann der Toten in der Unterwelt.

xiv Vgl. Carl Daub: Die Form der christlichen Dogmen- und Kirchen-Historie, in: Zeitschrift für spekulative Theologie, Bd. 1 (1836)

xv Vgl. Gottfried Wilhelm Leibniz: Die Theodizee, 1.8; 2.16

xvi Vgl. Friedrich Heinrich Jacobi: Von den göttlichen Dingen und ihrer Offenbarung, Leipzig 1811

xvii Die Lessing-Zitate hat Kierkegaard dem 5. Band von Gotthold Ephraim Lessings sämtliche Schriften, 32 Bände, Berlin 1825–28, entnommen.

xviii Plotin und Spinoza haben pantheistische Systeme entwickelt, in denen die These vertreten wird, dass alles in Gott inbegriffen ist und aus Gott entwickelt werden muss.

xix Phalaris, Tyrann von Akragos, dessen Folterwerkzeug ein eiserner Ochse war, in dem Menschen geröstet wurden.

xx Cornelius Nepos (ca. 100–25 v. Chr.), römischer Historiker, schrieb über die Weltgeschichte und verfasste Biographien über berühmte Männer.

xxi In der griechischen Mythologie Figur mit einem alles durchdringenden Blick. In Goethes *Faust* (2. Teil) der Turmwächter, der Helenas Ankunft beobachtet.

xxii Der Zauberer Vergilius ist der Held des gleichnamigen deutschen Volksbuches.

xxiii Apis war ein heiliger Stier, der in Ägypten verehrt wurde.

xxiv Anspielung auf den Mythos von Narziss und Echo, deren Worte zu dem in sein Spiegelbild Verliebten nicht durchdrangen und zu ihr zurückkehrten.

xxv Friedrich Heinrich Jacobi, der die Vorstellung einer ewigen Fortdauer unerträglich fand: Vgl. Werke IV 2, 68

xxvi lat. memorabilia (Erinnerungswürdiges)

xxvii großer Wald im Norden Seelands

xxviii Die drei namentlich Genannten sind pseudonyme Figuren in Kierkegaards Schriften: Johannes der Verführer ist der Tagebuchschreiber in *Entweder/Oder* 1, Victor Eremita der Herausgeber von *Entweder/Oder*, Constantin Constantius der Verfasser von *Die Wiederholung.*

xxix Der Neuplatoniker Plotin (205–270 n. Chr.) sprach von einer „Wachstumskraft der Seele“, die sich in Menschen, Tieren und Pflanzen unterschiedlich entfaltet. Beim Menschen manifestiert sich in ihr die bevorzugte Lebensform, und entsprechend kann sie nach dem Tod des Körpers in ein Tier oder eine Pflanze wechseln. Vgl. Abhandlung III,4 (*Der Daimon, der uns erloste*)

xxx Johann Heinrich Wilhelm Tischbein (1751–1829), der „Neopolitaner“, malte das bekannte Bild *Goethe in der Campagne.*

xxxi Vgl. das Evangelium nach Markus, 5,9: „Jesus fragte ihn: Wie heißt Du? Er antwortete: Mein Name ist Legion; denn wir sind viele.“

xxxii Ziel

xxxiii Das ethisch für allgemeingültig Gehaltene wird zugunsten eines als höherwertig erachteten individuellen Ziels eingeklammert und damit seine Geltungskraft außer acht gesetzt.

xxxiv Vgl. Gottfried Wilhelm Leibniz: *Die Theodizee* (1710), Dritter Teil, Kap. 320

xxxv Vgl. das Lehrgedicht des Parmenides

xxxvi Berichtet wird dieser Auftritt des Diogenes von Sinope von Diogenes Laertius in *Leben und Meinungen berühmter Philosophen,* Buch VI, Kapitel 2, Abschnitt 39

xxxvii Marcus Tullius Cicero stellte die Frage *cui bono?* (wem nützt es) in seiner Verteidigungsrede für Sextus Roscius. Siehe Sämtliche Reden Zürich 1971 ff., 81. Rede

xxxviii Prodikos von Keos (ca. 5. Jahrhundert v. Chr.), Sophist in Athen

xxxix Pegasus: in der griechischen Mythologie ein geflügeltes Pferd

xl Gorgonen: in der griechischen Mythologie drei Ungeheuer: Medusa, Euryale und Stheno

xli Typhon: in der griechischen Mythologie ein hundertköpfiger Drache

xlii Sextus Empiricus (ca. 3. Jahrhundert v. Chr.) griechischer Philosoph und Arzt xliii Protagoras aus Abdera (ca. 480–421 v. Chr.), griechischer Sophist

xliv Gemeint sind umgedrehte Stehaufmännchen, die eigentlich kartesianische Taucher heißen

xlv Chrysipp (ca. 281–204 v. Chr.), Mitbegründer der Stoa

xlvi Karneades von Kyrene (214–129 v. Cr.), griechischer Skeptiker

Literatur

1 Werkausgaben

Gesammelte Werke und Tagebücher. 32 Bde. Hg. und übers. v. Emanuel Hirsch, Hayo Gerdes u. Hans Martin Junghans. Grevenberg Verlag Dr. Ruff & Co. OHG, Simmerath 2003/04.

Die Tagebücher, ausgew. u. übers. v. H. Gerdes. 5 Bde. Eugen Diederichs: Düsseldorf/Köln 1980 (Reprint Grevenberg: Simmerath 2004).

Teilausgaben

Diem H./Rest, W. (Hg.): S. Kierkegaard. 3 Bde. dtv: München 1975–177 (E/O, Br, UN, Wie, FZ, KT).

Richter, L. (Hg.): S. Kierkegaard. Ausgewählte Werke. 5 Bde., Rowohlt: Reinbek 1960–1964 (BA, Wie, FZ, KT, Br).

Ausgaben einzelner Werke

Greve, W.: S. Kierkegaard. Der Einzelne. Suhrkamp: Frankfurt/M. 1990.

Perlet, G.: S. Kierkegaard. Der Begriff Angst, Reclam: Stuttgart 1992.

Rochol, H.: S. Kierkegaard: Der Begriff Angst; Philosophische Bissen. Felix Meiner: Hamburg 1984/1989.

Dänische Ausgabe

Samlede Værker, hg. v. A. B. Drachmann, J. L. Heiberg u. H. O. Lange. 15 Bde., Kopenhagen 1901–1906; 3. Auflage 20 Bde. Gyldendal: Kopenhagen 1962–1964.

Papirer, hg. v. P. A. Heiberg, V. Kuhr u. E. Torsting. 20 Bde.. Kopenhagen 1909–1948; 2. Erw. Auflage, hg. v. N. Thulstrup, 16 Bde. Gyldendal: Kopenhagen 1968–1978.

2 Biographien

Rohde, P. P.: Kierkegaard, mit Selbstzeugnissen und Bilddokumenten, Rowohlt: Reinbek 1959.

Hohlenberg, J.: Søren Kierkegaard. Eine Biographie. Schwabe: Basel 1949; Nachdruck 2011.

Huizing, K.: Der letzte Dandy (Roman), Albrecht Knaus: München 2003.
Garff, J.: Kierkegaard. Hanser: München/Wien 2004.

3 Einführungen

Liessmann, K. P.: Kierkegaard zur Einführung. Junius: Hamburg 1993/2010.
Pieper, A.: Søren Kierkegaard. Beck: München 2000/2014.
Purkarthofer, R.: Kierkegaard. Reclam: Leipzig 2005
Wesche, T.: Kierkegaard. Eine philosophische Einführung. Stuttgart 2003.

4 Neuere Spezialliteratur

Bösch, A.: Søren Kierkegaard. Schicksal – Angst – Freiheit. Schöningh: Paderborn 1994.
Bösl, A.: Unfreiheit und Selbstverfehlung. Søren Kierkegaards existenzdialektische Bestimmung von Schuld und Sünde. Herder: Freiburg/Basel/ Wien 1997.
Cattepoel, J.: Dämonie und Gesellschaft. Søren Kierkegaard als Sozialkritiker und Kommunikationstheoretiker. Alber: Freiburg/München 1992.
Dietz, W.: Kierkegaard. Existenz und Freiheit. Anton Hain: Frankfurt/M. 1993.
Disse, J.: Kierkegaards Phänomenologie der Freiheitserfahrung. Alber: Freiburg/München 1991.
Greve, W.: Kierkegaards maieutische Ethik. Suhrkamp: Frankfurt/M. 1990.
Hagemann, T.: Reden und Existieren. Kierkegaards antipersuasive Rhetorik. Philo: Berlin/Wien 2001.
Hühn, L.: Kierkegaard und der Deutsche Idealismus. Mohr Siebeck: Tübingen 2009.
Krenzke, H.-J.: Ästhetik und Existenz. Könighausen & Neumann: Würzburg 2002.
Mendelssohn, H. v.: Søren Kierkegaard. Ein Genie in der Kleinstadt. Klett-Cotta: Stuttgart 1995.
Ringleben, J.: „Die Krankheit zum Tode“ von Søren Kierkegaard. Erklärung und Kommentar. Vandenhoeck & Ruprecht: Göttingen1995.
Theunissen, M.: Das Selbst auf dem Grund der Verzweiflung. Kierkegaards negativistische Methode. Suhrkamp: Frankfurt/M. 1991.
–: Der Begriff der Verzweiflung. Korrekturen an Kierkegaard. Suhrkamp: Frankfurt/M. 1993.

Viertbauer, K.: Gott am Grund des Bewusstseins? Skizzen einer präreflexiven Interpretation von Kierkegaards Selbst. Friedrich Pustet: Regensburg 2017.

Register

Besonders wichtige Fundstellen sind im Personen- und Sachregister **fett** hervorgehoben.

1 Personen

2 Sachen